CURIOSITÉS BIOGRAPHIQUES.

LA BIBLIOTHÈQUE DE POCHE,

VARIÉTÉS CURIEUSES ET AMUSANTES DES SCIENCES, DES LETTRES ET DES ARTS,

Se compose de **10 volumes** pareils à celui-ci,
et dont voici les titres :

Paris. — Imprimerie de Schneider et Langrand, rue d'Erfurth, 1.

BIBLIOTHÈQUE DE POCHE.

CURIOSITÉS BIOGRAPHIQUES

PAR

L'AUTEUR DES CURIOSITÉS LITTÉRAIRES.

———————

PARIS,

PAULIN, LIBRAIRE-ÉDITEUR,

RUE RICHELIEU, 60.

—

1846

TABLE DES CHAPITRES.

—

ERRATA.

Page 58, ligne 24. *Pryme,* lisez *Prynne.*

— 79, — 5 en remontant. *Guardate mi,* lisez *Guar-datemi.*

— 88, — 5. *Flesque,* lisez *Fiesque.*

— 90, — 18. *Le comédien Baron,* ajoutez : *père du célèbre acteur de ce nom.*

— 166, — 19. *Harancourt,* lisez *Haraucourt.*

— 202, — 27. *Guidecca,* lisez *Giudecca.*

— 524, — 21. (Tome x), lisez (tome vii).

CURIOSITÉS BIOGRAPHIQUES.

PARTICULARITÉS PHYSIQUES

RELATIVES A QUELQUES HOMMES CÉLÈBRES.

L'auteur anonyme des *Nugæ venales* (1663, in-12), livre réimprimé plusieurs fois, s'est posé bon nombre de questions assez plaisantes, et entre autres, celle-ci : *Quel est le meilleur nez?* — « C'est le grand, répond-il. Voyez plutôt les portraits de tous les empereurs romains. Le nez de Numa avait un demi-pied, ce qui lui fit donner le surnom de Pompilius, comme qui dirait un nez superlatif. Selon Plutarque, Lycurgue et Solon ont eu le même avantage, ainsi que tous les rois d'Italie, à l'exception de Tarquin le Superbe : aussi fut-il détrôné celui-là. — Un grand nez est toujours une preuve de sagesse; et celui d'Homère, qui avait sept pouces, en est une preuve. De là ces deux proverbes, que les hommes prudents sentent de loin, et que les sots n'ont point de nez [1]. »

« Les grands nez, dit Vigneul-Marville, sont en honneur partout le monde, excepté à la Chine et chez les Tartares. Les nez camus déplaisent, et sont de mauvais

[1] Couppé, *Soirées littéraires*, t. vii, p. 119.

augure. Le connétable Anne de Montmorenci était camus ; et on l'appelait, à la cour, le *camus de Montmorenci*. Le duc de Guise, fils de celui qui fut tué à Blois, était aussi camus ; et j'ai connu un gentilhomme qui, ayant une vénération singulière pour ces deux maisons de Guise et de Montmorenci, ne se pouvait consoler de ce qu'il s'y était trouvé deux camus, comme si ce défaut en diminuait le lustre. »

Puisque décidément les grands nez sont les meilleurs, il est incontestable que les nez de Tite-Live, d'Ovide, d'Ange Politien, de Charles Borromée, de Léoni d'Ancône [1], président de l'académie *della Virtù*, au seizième siècle ; du Camoëns et de l'écrivain anglais Kett [2], ont dû faire bien des envieux.

Il n'en pouvait être ainsi des nez de Béraud II, dauphin d'Auvergne, dit le *comte camus*, ni de Guillaume d'Orange *au court nez*, célébré dans tant de romans de chevalerie.

François, duc d'Alençon, frère de Henri III, avait été si maltraité par la petite vérole que son nez avait été partagé en deux. Aussi, après la tentative perfide et infructueuse qu'il fit, en 1583, pour s'emparer, sur ses alliés les Flamands, de la ville d'Anvers, tentative qui est

---

[1] Annibal Caro composa sur l'énorme nez de Léoni une dissertation qui fut imprimée sous le titre de la *Diceria de nasi*.

[2] On fit sur lui un quatrain satirique, qui a été imité de la manière suivante par un auteur français,

« Vois ce nez, critique perfide,
« Et tu diras avec raison
« Que si Kett n'est pas un Ovide,
« Du moins, ma foi, c'est un Nason. »

connue sous le nom de *folie d'Anvers*, on fit sur lui cette épigramme, rapportée par l'Estoile :

> Flamans, ne soiés estonnés,
> Si à François voiés deux nés,
> Car, par droit, raison et usage,
> Fault deux nés à double visage.

Le nez de Cyrano de Bergerac avait atteint de telles dimensions, que son maître mettait à chaque instant l'épée à la main pour châtier les insolents qui osaient le regarder trop longtemps.

Les lecteurs désireux de connaître la forme du nez de différents artistes n'ont qu'à consulter *la Vita di Pittori*, Rome, 1752. L'auteur, Pascoli, a donné, à cet égard, les renseignements les plus précis.

Madame de Genlis, douée d'un nez moins volumineux que ceux des personnages précédents, le regardait comme un nez modèle, si l'on en juge par quelques passages de ses Mémoires. Le graveur lui ayant fait un nez aquilin sur une médaille frappée en son honneur : « Est-ce donc là, s'écria-t-elle, ce petit nez retroussé?... Ce nez avait été chanté en vers et en prose... Il était très-délicat, et, en vérité, le plus joli du monde... et, comme tous les nez de ce genre, il avait une petite bosse ; et le bout avait... ces petites facettes que les peintres appellent des méplats. » Puis elle fait, avec l'esprit prétentieux qui la caractérise, l'histoire de la décadence de son nez.

Vigneul-Marville a émis quelques idées assez originales sur la configuration du visage humain :

« On admire avec raison, dit-il, que de tous les hommes qui sont au monde, il n'y en a peut-être pas deux qui se ressemblent entièrement de visage : mais on ne

prend pas garde à une autre chose aussi merveilleuse,
que chaque visage est formé de sorte, que quelque laid
qu'il nous paraisse, pourvu qu'il ne soit point défiguré
par aucun accident, on ne saurait y rien changer pour le
rendre plus beau sans le rendre difforme ; parce que dans
sa laideur, même la nature a observé une symétrie si
exacte, que l'on ne peut raisonnablement y trouver à
redire. Par exemple, si l'on prétendait allonger le nez
d'un camus, je dis qu'on ne ferait rien qui vaille ; parce
que ce nez étant allongé, il ne ferait plus symétrie avec
les autres parties du visage, qui, étant d'une certaine
grandeur, et ayant de certaines élévations ou de certains
enfoncements, demandent que le nez leur soit propor-
tionné. Ainsi, selon de certaines règles très-parfaites en
elles-mêmes, un camus doit être camus ; et selon ces
règles, c'est un visage régulier qui deviendrait un monstre,
si on lui faisait le nez aquilin. Je dis bien plus, qu'il est
quelquefois aussi nécessaire qu'un homme n'ait point de
nez, qu'il est nécessaire dans l'ordre toscan, par exemple, que le chapiteau de la colonne n'ait point de volute.
C'est un bel ornement que la volute dans l'ordre ionique
ou dans le corinthien, mais ce serait un monstre et une
irrégularité dans l'ordre toscan.

« Un petit nez, de petits yeux, une grande bouche qui
nous choquent d'ordinaire, appartiennent à un ordre de
beauté qui peut bien n'être pas de notre goût ; mais que
nous ne devons pas condamner, parce qu'en effet c'est
un ordre qui a ses règles, qu'il ne nous appartient pas de
contredire. Ces règles sont si constantes, que ce n'est
que par la connaissance parfaite que les habiles dessina-
teurs en ont, qu'ils peuvent rendre très-ressemblans les
portraits qu'ils peignent d'après nature. Et c'est ce que

voulait dire l'incomparable Nanteuil, quand il se vantait d'attraper toujours la ressemblance, et de s'être fait pour cela des règles très assurées. Je lui ai ouï dire qu'il y a de certains traits du visage qu'il faut extrêmement considérer, parce qu'ils servent de mesure à tous les autres; et que quand une fois on a dessiné exactement ces traits, le reste est comme immanquable. Je lui demandai un jour s'il pourrait peindre une personne absente sur le rapport que je lui en ferais. — Oui, me dit-il, pourvu que vous fussiez assez habile pour répondre exactement à ce que je pourrais vous demander, en quoi consiste tout le secret de mon art. »

L'auteur d'un *Essai sur la laideur*, publié en 1754, l'Anglais Hay, s'exprime ainsi : « La difformité corporelle est fort rare. Sur cinq cent cinquante-huit gentlemen qui composent la chambre des communes, je suis le seul qui ait à se plaindre de sa figure. Je remercie mes dignes constituants de n'avoir jamais rien allégué contre ma personne, et j'espère qu'ils n'auront jamais rien à alléguer contre ma conduite. »

Voici, en ne remontant pas plus haut que le quatorzième siècle, les personnages dont la laideur ou la difformité nous a paru, d'après le témoignage des contemporains dignes d'être mentionnés : Marguerite, comtesse de Tyrol, surnommée *Gueule de sac* (Maultasche) : on peut voir son hideux portrait à la galerie de Versailles; Léonce-Pilate, savant grec du quatorzième siècle; Giotto, Campagni, écrivain italien du quinzième siècle; de la Trémouille, ami de madame de Sévigné[1]; la fameuse vi-

---

[1] Madame de Sévigné raconte qu'il regardait une fois une jeune personne dont il faisait l'amoureux et tournait le dos à une autre qui s'écria : « C'est à moi qu'il veut plaire assurément. »

sionnaire Bourignon ; Saint-Martin, littérateur français du
dix-septième siècle ; mademoiselle de Scudéri, Danchet[2],
Delille, Florian, Gibbon, Coffey, auteur anglais, mort en
1745 ; Boulanger, l'auteur de l'*Antiquité dévoilée* ; Chauvelin, l'adversaire des jésuites ; le gastronome Grimod de
la Reynière, Linguet, Mirabeau, Danton, Grassi, historien et poète piémontais du dix-neuvième siècle, et enfin
le célèbre comédien anglais Matthews, aussi laid que
Lekain, son rival de gloire.

La laideur de Pélisson était devenue proverbiale. On
sait qu'une dame le pria un jour de vouloir bien poser
devant un peintre qu'elle avait chargé de représenter le
diable. Il était tellement laid que, comme on hésitait à
proposer pour confesseur au duc de Bourgogne le jésuite
Martineau, homme d'une figure repoussante : « Bah, dit
le prince, rien ne saurait effrayer un homme qui a vu
Pélisson. »

Le moraliste Vauvenargues fut tellement défiguré par
la petite vérole qu'il n'osa rentrer dans le monde, et
c'est à cette retraite que l'on doit ses remarquables ouvrages.—Un écrivain au-dessous du médiocre, le Lyonnais
Deviriau, devint si laid à la suite d'une maladie, qu'il
n'osa plus rentrer en France et s'enfuit à Constantinople.

Nous ne savons si ce fut par le même motif que le naturaliste prussien Hilsenberg, mort en 1824, s'enfuit à
Madagascar ; toujours est-il que les Malgaches, aussi bons
appréciateurs, à ce qu'il semble, de la beauté physique
que les Européens, surnommèrent ce savant *vouroundoule*
(effraie). Il avait le teint très-blanc, les cheveux et les

---

[2] On connaît l'épigramme de Rousseau, qui commence ainsi :

　　Je te vois, innocent Danchet
　Grands yeux ouverts, bouche béante.

sourcils très-blonds, et la membrane entourant les cils d'une teinte rouge, et leur rappelait ainsi l'image de cet oiseau de nuit.

Becker, auteur allemand, d'une figure hideuse, ayant nié l'existence du diable dans son *Monde enchanté*, La Monnoie fit contre lui cette mordante épigramme :

> Oui, par toi de Satan la puissance est brisée;
> Mais tu n'as cependant pas encore assez fait !
> Pour nous ôter du diable entièrement l'idée,
> Bekker, supprime ton portrait.

Le traducteur des *Métamorphoses d'Ovide*, Saint-Fariau, plus connu sous le nom de Saint-Ange, d'une laideur remarquable qu'augmentaient encore sa bouche béante, sa grande taille et ses cheveux nattés comme ceux d'un garde-suisse, ne put pas échapper aux sarcasmes que justifiaient d'ailleurs ses ridicules prétentions littéraires. A l'époque où parut son livre, on fit courir contre lui l'épigramme suivante :

> Ovide osa nous raconter
> Comment, sous mainte forme étrange,
> Le roi des cieux donnait le change
> Aux belles qu'il voulait dompter;
> Mais aujourd'hui Jupin se venge
> En le faisant ressusciter
> Sous la figure de Saint-Ange [1].

Scarron nous a laissé de lui-même le portrait suivant :

« Lecteur qui ne m'as jamais vu, et qui peut-être ne t'en soucies guère à cause qu'il n'y a pas beaucoup à profiter à la vue d'une personne faite comme moi; sache que je

---

[1] *Correspondance secrète*, xv, ch. 28.

ne me soucierais pas aussi que tu me visses, si je n'avais
appris que quelques beaux esprits facétieux se réjouis-
sent aux dépens du misérable, et me dépeignent d'une
autre façon que je ne suis,fait. Les uns disent que je suis
cul-de-jatte; les autres, que je n'ai pas de cuisses, et que
l'on me met sur une table dans un étui, où je cause comme
une pie-borgne ; et les autres, que mon chapeau tient à
une corde qui passe dans une poulie, et que je le hausse
et baisse pour saluer ceux qui me visitent. Je pense
être obligé, en conscience, de les empêcher de mentir
plus longtemps, et c'est pour cela que j'ai fait faire la
planche que tu vois au commencement de mon livre. Tu
murmureras sans doute; car tout lecteur murmure, et
je murmure comme les autres, quand je suis lecteur ; tu
murmureras, dis-je, et trouveras à redire de ce que je
ne me montre que par le dos. Certes ce n'est pas pour
tourner le derrière à la compagnie, mais seulement à
à cause que le convexe de mon dos est plus propre à
recevoir une inscription que le concave de mon estomac, qui est tout couvert de ma tête penchante, et que
par ce côté-là, aussi bien que par l'autre, on peut voir la
situation ou plutôt le plan irrégulier de ma personne.
Sans prétendre faire un présent au public (car, par mesdames les neuf muses, je n'ai jamais espéré que ma tête
devint l'original d'une médaille), je me serais bien fait
peindre, si quelque peintre avait osé l'entreprendre. Au
défaut de la peinture, je m'en vais te dire à peu près
comme je suis fait.

« J'ai trente ans passés, comme tu peux voir au dos de
ma chaise. Si je vais jusqu'à quarante, j'ajouterai bien
des maux à ceux que j'ai déjà soufferts depuis huit ou
neuf ans. J'ai eu la taille bien faite, quoique petite. Ma

maladie l'a raccourcie d'un bon pied. Ma tête est un peu
grosse pour ma taille. J'ai le visage assez plein pour
avoir le corps très-décharné ; des cheveux assez pour ne
porter point de perruque ; j'en ai beaucoup de blancs,
en dépit du proverbe ; j'ai la vue assez bonne, quoique
les yeux gros ; je les ai bleus ; j'en ai un plus enfoncé
que l'autre, du côté que je penche la tête. J'ai le nez
d'assez bonne prise. Mes dents, autrefois perles carrées,
sont de couleur de bois, et seront bientôt de couleur
d'ardoise. J'en ai perdu une et demie du côté gauche,
et deux et demie du côté droit, et j'en ai deux un peu
égrignées. Mes jambes et mes cuisses ont fait première-
ment un angle obtus, et puis un angle égal, et enfin un
aigu. Mes cuisses et mon corps en font un autre, et ma
tête se penchant sur mon estomac, je ne représente pas
mal un Z. J'ai les bras raccourcis aussi bien que les jambes, et les doigts aussi bien que les bras. Enfin, je suis
un raccourci de la misère humaine. Voilà à peu près
comme je suis fait. Puisque je suis en si beau chemin, je
te vais apprendre quelque chose de mon humeur ; aussi
bien cet avant-propos n'est fait que pour grossir le livre, à la prière du libraire, qui a eu peur de ne retirer
pas les frais de l'impression ; sans cela il serait très-in-
utile, aussi bien que beaucoup d'autres, mais ce n'est
pas d'aujourd'hui que l'on fait des sottises par complaisance, outre celles que l'on fait de son chef.

« J'ai toujours été un peu colère, un peu gourmand et
un peu paresseux. J'appelle souvent mon valet sot, et
un peu après monsieur. Je ne hais personne. Dieu
veuille qu'on me traite de même. Je suis bien aise quand
j'ai de l'argent, et serais encore plus aise si j'avais la
santé. Je me réjouis assez en compagnie. Je suis assez

content quand je suis seul. Je supporte mes maux assez
patiemment; et il me semble que mon avant-propos est
assez long, et qu'il est temps que je le finisse[1]. »

Voici la description que Saint-Pavin a donnée de sa
personne :

> Soit par hasard, soit par dépit,
> La nature injuste me fit
> Court, entassé, la panse grosse ;
> Au milieu de mon dos se hausse
> Certain amas d'os et de chair
> Fait en pointe comme un clocher ;
> Mes bras d'une longueur extrême,
> Et mes jambes presque de même,
> Me font prendre le plus souvent
> Pour un petit moulin à vent.

Les poètes aveugles, depuis le vieil Homère, sont assez
nombreux. Nous citerons entre autres : Milton[2], le Lu-
beckois Ach. Dan. Léopold (aveugle-né, mort en 1753),
La Motte-Houdart, Delille, Blacklock, Avisse, Kozlov, et
l'Argovienne Louise Egloff. Cette dernière était devenue
aveugle dès l'enfance.

Asconius Pédianus, grammairien du premier siècle,
Didyme, célèbre docteur d'Alexandrie (mort vers 595),
le Florentin Brandolini, prédicateur et poète latin (mort
en 1497), le célèbre grammairien italien Pontanus, l'Allemand Griesinger, qui savait sept langues, le philologue

---

[1] OEuvres, 1720, in-8, t. i, p. 313.

[2] Un jour, dans le parc de Saint-James, Charles II rencontra un aveugle, c'était Milton. « Monsieur, dit le roi au vieillard, voilà comme le
ciel vous a puni d'avoir conspiré contre mon père. — Sire, répondit le
poëte, si les maux qui nous affligent en ce monde sont le châtiment de
nos fautes, votre père devait être bien coupable. »

piémontais Grassi (mort en 1831), etc., ont été, à un âge plus ou moins avancé, atteints de cécité.

Le plus remarquable des hommes qui, bien qu'aveugles, se sont fait un nom dans les sciences [1], est, sans contredit, l'Anglais Saunderson, qui, à un an, en 1685, fut privé de la vue à la suite de la petite vérole. Malgré sa cécité complète, il se livra assidument à l'étude des sciences, et enseigna, avec le plus grand éclat, à l'Université de Cambridge, les mathématiques et l'optique. Chez lui, le sens du toucher avait atteint une sensibilité exquise. Ainsi, dans une collection de médailles romaines, il savait distinguer les vraies d'avec les fausses, quoique celles-ci fussent assez bien contrefaites pour tromper des hommes qui avaient pu en juger avec leurs yeux. Par la différence de l'impression de l'air sur son visage, il reconnaissait quand un objet était placé devant lui. Grâce à son ouïe, qui lui permettait de saisir et d'apprécier les moindres sons, il pouvait juger de la grandeur d'une salle où on l'introduisait, de la distance où il se trouvait de la muraille, etc.

Le Prussien Louis Dulon, habile joueur de flûte, était devenu aveugle à huit ans. Vers 1796, Wolve, directeur d'une école primaire à Dresde, inventa, pour lui, un alphabet en relief et mobile, à l'aide duquel il parvint à écrire une *autobiographie*, qui fut publiée par Wieland, Zurich, 1807, 2 vol. in-8.

[1] Nous citerons entre autres les botanistes Rumpf (m. 1693), Ant. Laurent de Jussieu (m. 1838), le mathématicien hollandais J. Borghes (m. 1652), le comte de Pagan, ingénieur et astronome français (m. 1665), Galilée, l'astronome Cassini, le naturaliste genévois Huber, qui a laissé de très-beaux travaux sur les abeilles, et enfin, Bérard, qui devenu aveugle à vingt-trois ans, professa longtemps les mathématiques au collége de Briançon, et publia un *photophore* ou porte-lumière.

Mademoiselle Paradies, pianiste célèbre de Vienne, devenue aveugle à deux ans, vint à Paris, en 1784, et y obtint un grand succès.

Au seizième siècle, lors de l'inauguration du théâtre de Vicence, par l'Académie olympique de cette ville, on représenta l'*OEdipe* de Sophocle, traduit par Orsato Justiniani, noble vénitien. Le rôle d'OEdipe, pendant le dernier acte, fut joué par Louis Grotto, auteur dramatique et aveugle.

Au dix-septième siècle, le sculpteur Jean Gonnelli, né à Gambassi (Toscane), étant devenu aveugle, à vingt ans, n'en continua pas moins l'exercice de son art, et, malgré son infirmité, exécuta plusieurs portraits en terre cuite, qui sont regardés comme des chefs-d'œuvre. On conserve, entre autres, de lui, au palais Barberini, à Rome, un portrait du pape Urbain VIII. Il lui suffisait de passer la main sur le visage d'une personne pour en reproduire exactement les traits. C'est, bien certainement, lui dont il est question dans le passage suivant des Mémoires de l'abbé Arnauld, où, nous ne savons pourquoi, le nom de l'artiste est resté en blanc :

« J'aurais bien souhaité de pouvoir passer par Lucques, pour y voir un prodige de nos jours, le fameux sculpteur... qui, ayant excellé dans son art, et étant devenu aveugle, ne cesse pas de travailler sur le marbre, et même de faire des portraits ressemblants en tâtant le visage des personnes. On en conte une chose étonnante.

« La princesse de Palestrine (dona Anna Colonna), femme du prince préfet Barberin, ayant passé à Lucques en venant en France, voulut voir cet homme extraordinaire, qu'elle avait connu à la cour du pape Urbain avant qu'il eût perdu la vue. Pour éprouver la vérité des choses qu'elle avait ouï dire, elle lui présenta une médaille qu'elle lui dit être la tête du prince préfet, et lui en demanda son avis ; mais cet homme, après l'avoir un peu maniée, commença à la baiser en lui disant : « Madame, « vous ne me tromperez pas ainsi ; je connais trop bien « que c'est le visage de mon bon maitre le pape Urbain ; » comme s'il avait eu des yeux au bout des doigts pour discerner une chose aussi peu sensible à l'attouchement que le relief d'une médaille [1]. »

Lomazzo, peintre italien du dix-huitième siècle, devint aveugle dans un âge assez avancé.

Quelques hommes de guerre, bien qu'aveugles, n'en ont pas moins dirigé des armées. Tels furent Henri Dandolo, et Jean Ziska. Le premier, doge de Venise, fut l'un des chefs de l'armée latine qui conquit Constantinople en 1204. « Viels home ere (était), dit Geoffroy de Ville-Hardouin (ch. 54), et si avoit les yaulx en la teste biaus, et si n'en veoit gote, que perduë avoit la veuë per une plaie qu'il ot (eut) el chief. »

Jean de Troczow, plus connu sous le nom de Ziska (en bohémien, *Borgne*), qu'il reçut après avoir eu, étant fort jeune, un œil crevé en jouant avec des enfants, fut l'instigateur et le chef de cette terrible guerre des Hussites qui dura plus d'un demi-siècle. Il perdit, dès 1420, au siége de Raby, l'œil qui lui restait, et ce fut pourtant, après ce dernier accident, que ce *vieux Chien aveugle*, comme il s'appelait lui-même, remporta ses plus éclatantes victoires.

« Après qu'il eut perdu la vue, dit Lenfant dans son *Histoire de la guerre des Hussites*, on le menait sur un

---

[1] *Mémoires de l'abbé Arnauld*, année 1648.

char auprès du principal drapeau. De là il se faisait expliquer l'ordre de la bataille, la situation des lieux, les vallons, les rochers, les montagnes, les forêts, et, selon ces instructions, il rangeait son armée en bataille et donnait le signal du combat. » Du reste, pour lui, quand il fallait combattre, il n'y avait plus de distinction entre le jour et la nuit. Un soir, comme il venait de donner l'ordre d'attaquer, on le prévint que l'obscurité empêchait d'agir ; aussitôt il fit mettre le feu à un village pour éclairer son armée qui fut victorieuse, suivant son habitude. Il mourut de la peste au siége de Przibislaw, en 1424.

Le chroniqueur russe, Nestor, parle, à l'année 1023, d'une bataille où se trouvait un chef de troupes varègues, nommé Jakun, qui était aveugle et portait sur les yeux un bandeau d'étoffe brochée d'or.

On connaît la mort glorieuse de Jean l'*Aveugle*, roi de Bohême, à la bataille de Crécy, en 1346. Ayant appris que la bataille était perdue, il se fit conduire, par ses chevaliers, au milieu de la mêlée. « Et, dit Froissart, il alla si avant sur ses ennemis qu'il férit un coup d'épée, voire trois, voire quatre, et se combattit moult vaillamment ; et aussi firent tous ceux qui avec lui étoient pour l'accompagner ; et si bien le servirent, et si avant se boutèrent sur les Anglois, que tous y demeurèrent, ni onques nul ne s'en partit : et furent trouvés lendemain sur la place autour de leur seigneur, et leurs chevaux tous alloiés (liés) ensemble [1]. »

Un nombre considérable de princes aveugles est fourni par l'histoire de l'empire grec et des États musulmans,

[1] L. 1, part. 1, ch. 288.

où le supplice de l'aveuglement était fort en usage. Pour les autres pays, nous citerons : Louis III, roi de Provence, Boleslas III, duc de Bohême, Magnus IV, roi de Norwège, Bela II, roi de Hongrie.

Nathaniel Price, libraire de Norwich au dix-neuvième siècle, perdit la vue dans un voyage en Amérique, ce qui ne l'empêcha pas de se faire relieur. On a des livres reliés élégamment par lui pendant sa cécité [1].

Passons maintenant à ceux qui seraient rois dans le royaume des précédents. « Tout le monde en général, dit Vigneul-Marville, a pitié des aveugles; et tout le monde sent de l'aversion pour les borgnes : quoiqu'en bonne justice, les borgnes méritent la moitié de la compassion, comme le disait M. de Servien qui était borgne. Les louches, surtout quand ils ne le sont pas à l'excès, ne déplaisent pas. On aimait dans M. de Montmorency son œil un peu tourné; et on appelait cela à la cour de Louis XIII, avoir l'œil à la Montmorency. M. Descartes avait de l'inclination pour les personnes louches; et il en rapportait la cause, à ce que sa nourrice l'était. Cependant il y a des gens qui ne sauraient regarder les louches sans en sentir quelque douleur aux yeux : je suis de ceux-là. »

Au nombre des borgnes célèbres, nous citerons Tyrtée, Philippe de Macédoine, Annibal, Boémond IV, prince d'Antioche, Raoul Ier, comte de Vermandois, Venceslas III,

---

[1] James Wilson, aveugle dès son enfance, a publié une *Biographie des aveugles célèbres, poètes, philosophes, etc.* Birmingham, in-12, 1833. Un Français du dix-septième siècle, Jean Thierry, mort vers 1660, et aveugle depuis son enfance, acquit une assez grande réputation dans la prédication et l'enseignement. Il avait eu le projet de publier un *Traité des couleurs*.

roi de Bohême, le grammairien Despautère, Camoëns,
Porro, graveur italien du seizième siècle, Lillo, auteur
dramatique anglais (m. 1739), Saint-Marc, littérateur du
dix-huitième siècle, Potemkin, favori de Catherine II, le
chimiste Conté, inventeur des crayons qui portent son
nom, l'antiquaire danois Arendt (m. 1824).

Quant aux louches qui sont très-nombreux, nous nom-
merons seulement, Tyrtée, Néron, le calife Hescham, le
souverain persan Mir-Mahmoud, détrôné en 1722, le
peintre le Guerchin et madame de Montausier.

« Les yeux de Tibère, dit Suétone (ch. 68), étaient fort
grands, et, chose étonnante, ils voyaient aussi la nuit et
dans les ténèbres, mais pendant peu de temps, et quand
il venait de dormir ; après quoi sa vue s'obscurcissait
peu à peu. »

L'empereur d'Orient, Anastase Ier, avait un œil noir et
un autre bleu, d'où il fut surnommé *Dicore*.

La physionomie offre souvent le plus grand contraste
avec le caractère. Timoléon de Cossé, comte de Brissac,
« estoit, dit Brantôme [1], le jeune homme qui aymoit
autant à mener son épée et en tirer du sang, et un peu
trop certes, ainsy que je l'ay veu, et aucuns de nous
autres ses amys, qui le luy disions ; car il estoit trop
cruel au combat et prompt à y aller et à tuer ; et aymoit
cela jusques-là qu'avec sa dague il se plaisoit de s'achar-
ner sur une personne à luy en donner des coups, jusques-là que le sang luy en rejaillissoit sur le visage. Cas
estrange pourtant que ce brave Brissac se monstroit doux
par son visage, beau, délicat et féminin, et estoit dans
le cœur si cruel et altéré de sang.

---

[1] *Des couronnels françois*, édition du Panthéon, t. 1, p. 665.

« Bien contraire à ce vaillant Strozze, qui avoit son visage quasy barbare, refroigné et noiraut, et n'estoit guières remply de cruauté fust ou par ses mains, ou par justice, ainsy que je l'ay cognu tel ; et peu souvent lui ay-je veu commander à son prévost de camp de rigoureuses justices. »

Il est pourtant, d'après ce que raconte Brantôme lui-même, permis de douter de la mansuétude de Strozzi, qui un jour fit précipiter du pont de Cé et noyer *huit cents femmes* que son armée traînait avec elle, ce qui faillit amener une sédition.

On a remarqué comme une singularité que Tyrtée, Parini, Shakespeare[1], Byron et Walter-Scott, tous poètes, étaient boiteux. Zoïle Agésilas, Genséric, Robert II, duc de Normandie, Henri II, empereur d'Occident, Othon II, duc de Brunswick, Charles II, roi de Naples, Tamerlan étaient aussi atteints de cette difformité, ainsi que mademoiselle de la Vallière, Benjamin Constant, etc. Nous laisserons le lecteur décider si, comme le prétend Byron, qui n'était pas désintéressé dans la question, « une âme est plus ardente dans un corps difforme, à cause des efforts qu'elle fait pour dominer l'imperfection physique[2]. »

---

[1] Tous les écrivains ne sont pas d'accord sur cette difformité attribuée au grand tragique anglais.

[2] Byron ne pardonnait pas à sa mère de ne l'avoir pas confié, dans sa jeunesse, à quelque orthopédiste qui eût fait disparaître ou diminué cette difformité. On conçoit, du reste, combien devait en souffrir un homme qui, très-irritable par la nature même de son génie, portait jusqu'à l'excès le soin de sa personne. Ainsi il dormait une serviette entre ses dents, de peur qu'elles ne s'éraillassent en se frottant les unes contre les autres pendant la nuit.

On connaît quelques peintres manchots ou gauchers. A la suite d'une paralysie, le célèbre Jouvenet se mit à peindre de la main gauche ; Mazzola, directeur de la galerie impériale de Milan, mort en 1838, ayant été condamné à l'amputation de la main droite par son médecin, ne consentit à subir l'opération, qu'après s'être assuré qu'il pourrait peindre de la main gauche ; on cite encore, au nombre des artistes manchots, Dal Sole, qui dut à son habileté le surnom de *Manchino de Paesi*, et Richard Martin. Du reste, plusieurs peintres, se servaient aussi de la main gauche avec une adresse remarquable, on cite entre autres, Holbein [1].

Muley Muhamad VII, quinzième roi de Grenade, a été surnommé *El Hayzari*, le Gaucher, non pas parce qu'il se servait réellement de la main gauche de préférence à la main droite, mais, à ce que prétendent quelques historiens, à cause de la mauvaise fortune qui le poursuivit toute sa vie. Cette explication pourtant nous semble peu satisfaisante.

Le gastronome Grimod de la Reynière (1758-1838), vint au monde avec des mains tellement difformes, qu'il fut obligé de se faire faire des doigts postiches.

On cite plusieurs bossus parmi les princes et les hommes de guerre [2], et entre autres, Jean II, comte d'Armagnac, Bérenger Raymond le *Courbé*, comte de Barcelone, le duc de Parme, le maréchal de Luxembourg ; l'adver-

[1] Le célèbre peintre hollandais Corneille Ketel, mort au commencement du dix-septième siècle, s'était mis, sur la fin de sa vie, à abandonner presque entièrement l'usage des pinceaux et à les remplacer par les doigts de sa main gauche, et même de ses pieds. Il peignit ainsi son propre portrait et plusieurs autres qui obtinrent un grand succès.

[2] « Le feu duc de Rouanès, dit Tallemant, fit faire une peinture qui est encore chez lui à Oiron, vers Loudun, où le cardinal de Richelieu

saire malheureux de ce dernier, Guillaume III, prince d'Orange, était contrefait[1].

Parmi les littérateurs contrefaits, on trouve Amelunghi, Saint-Pavin, Pierre de Saint-Louis, qui, comme Polichinelle, était bossu par devant et par derrière ; Desorgues, auteur d'un poëme sur la pédérastie ; le Champenois, Pons, etc., etc.

Il ne faut pas oublier Cecil, ministre d'Élisabeth ; le député Chauvelin, le théologien allemand Eber (mort en 1614), l'ascétique Guidi, le physicien Lichtenberg, etc.[2] Quant à la bosse de Richard III, il paraît qu'il ne faut pas trop y croire : du moins, Rapin-Thoyras et Horace Walpole prétendent que les historiens, en le dépeignant, suivant l'expression du poëte, comme

> Le spectacle vivant de la difformité,

n'ont eu d'autre but que de flétrir encore davantage la perversité de son âme.

Le premier bègue dont l'histoire fasse mention est Moïse, qui, suivant l'Exode, employa le ministère de son

est peint habillé comme la Fortune, qui tend un bâton de maréchal à un petit grimaud qui représente La Meilleraye, donne une ancre à un fort vilain *gobin* (bossu), le général des galères, Pont de-Courlay, et les enseignes des Suisses au colonel des Suisses, le marquis de Coislin, autre bossu.» 2e édition. t. III, p. 53.

[1] Cette difformité lui fut reprochée d'une manière sanglante dans plusieurs pamphlets jacobites et, entre autres, dans celui qui a pour titre : *La difformité du péché redressée, sermon prêché à Saint-Michael's, rue Tortue* (Crooked-lane), *devant le prince d'Orange ; par J. Crookshanks* (Jambe-Croche), 1703.

[2] Il n'y avait pas que le corps de Lichtenberg qui fût de travers, si l'on en juge par un acte de sa jeunesse, bien digne d'un Allemand : Voulant connaître la cause qui produit l'aurore boréale, il la demanda à un esprit, par un billet déposé sous le toit de la maison de son père.

frère Aaron pour déclarer au roi d'Égypte la volonté
de l'Éternel. Passant sous silence les bègues de l'antiquité, et entre autres, Démosthènes et Claude, nous ren-
controns, plus tard, Louis le Bègue, Michel II, empereur
d'Orient ; Méhémed-el-Nasser, roi arabe d'Espagne, mort
en 1213 ; Éric, roi de Suède, mort en 1250 ; l'amiral d'An-
nebaut, l'ingénieur italien Tartaglia, le poète Malherbe [1],
Caumartin, garde des sceaux de Louis XIII, et bègue, ainsi
que son maître [2] ; le médecin-poète Darwin, l'avocat Co-
queley [3], mort en 1791 ; l'actrice Inchbald, qui débuta
courageusement, et finit par se corriger en partie ; Camille Desmoulins, Boissy d'Anglas, surnommé l'orateur
Babebibobu, le peintre David et le critique Hoffmann.

Parmi les sourds, qui sont excessivement nombreux,
nous citerons seulement Dibil Alkoffay, poète arabe du
huitième siècle ; le tacticien Folard, le poète allemand
Engelshall, Lesage, La Condamine [4] et Beethoven.

Quant aux muets, comme nous tenons à ne pas parler

---

[1] Il crachait toujours en récitant ses vers ; aussi le cavalier Marin disait de lui : « Je n'ai jamais vu d'homme plus humide, ni de poète
plus sec. »

[2] Caumartin est bègue, disait Louis, et moi aussi ; de sorte que lui, qui
doit aider à ma parole, aura besoin d'un autre pour parler pour lui. »
« M. d'Alamont (seigneur de Molandry), dit Tallemant, est fort bègue. Le
roi, la première fois qu'il le vit, lui demanda quelque chose en bégayant.
Comme vous pouvez penser, l'autre lui répondit de même. Cela surprit
le roi, comme si cet homme eût voulu se moquer de lui. Voyez quelle
apparence il y avait à cela, et si on n'eût assuré le roi que ce gentilhomme
était bègue, il l'eût peut-être maltraité. » 2e édition, t. III, p. 56.

[3] On sait que plaidant un jour contre Linguet, qu'il appelait en bégayant monsieur Lin-gu-et, celui-ci, en l'appelant à son tour monsieur
Coqu-e-ley, ne lui appliqua que deux épithètes parfaitement justes.

[4] Voyez CURIOSITÉS LITTÉRAIRES, p. 505, l'épigramme qu'il composa
lui-même sur son infirmité.

du fils de Crésus, nous ne mentionnerons que Fernandez, peintre espagnol du seizième siècle.

Athénée a consacré un passage assez long aux personnages qui se sont fait remarquer par leur obésité. Nymphis d'Héraclée, cité par lui, parle ainsi de Denys, tyran d'Héraclée : « Ayant succédé à son père dans la tyrannie de sa patrie, il devint insensiblement si corpulent par ses excès journaliers, qu'il était suffoqué par la masse énorme de sa graisse ; c'est pourquoi les médecins ordonnèrent de faire des aiguilles menues et fort longues pour lui en percer les côtés et le ventre, toutes les fois qu'il tomberait dans un trop profond sommeil, et de les enfoncer jusqu'à ce qu'on arrivât aux chairs, après avoir percé au delà de la graisse, et qu'enfin il donnât quelque signe de sentiment ; c'est ce qui avait lieu lorsque l'aiguille touchait les chairs, alors il se réveillait. S'il avait une affaire à traiter avec quelqu'un, il se cachait le corps avec un panier, ne laissant voir que son visage qui s'élevait au-dessus ; et c'est ainsi qu'il s'entretenait avec ceux qui se présentaient [1]. »

Athénée, dans ce chapitre, parle encore de quelques souverains remarquables par leur obésité, et entre autres de Ptolémée VII et de son fils Alexandre. « Ce dernier, dit Posidonius, cité par le même auteur, devint si gros, qu'à peine pouvait-il marcher sans être soutenu par deux personnes. Néanmoins, lorsqu'il s'agissait de danser aux repas, il s'élançait sans chaussure, des lits fort élevés, et exécutait les danses avec plus de vigueur et d'agilité que ceux qui en avaient l'habitude. »

[1] *Banquet des savants*, l. XII, ch. 12, traduction de Lefebvre de Villebrune. Dans le chapitre suivant du même livre, il est question des gens remarquables par leur maigreur.

A Rome, comme le rapporte Aulu-Gelle, les chevaliers romains qui étaient devenus trop gras étaient condamnés par les censeurs à la perte de leurs chevaux.

Au moyen âge, l'embonpoint paraît avoir été considéré, par quelques écrivains, comme une grâce de Dieu. Le moine Guillaume, dans la vie de Suger, s'exprime ainsi : « Au milieu de tous les genres divers de grâces qu'il reçut du ciel, une seule lui manqua, celle de devenir après avoir pris les rênes du gouvernement de Saint-Denis, plus gras qu'il ne l'était dans l'état de simple particulier, tandis que presque tous les autres, quelque maigres qu'ils fussent auparavant, n'ont pas plutôt obtenu l'imposition des mains, qu'ils engraissent ordinairement des joues et du ventre, pour ne pas dire même du cœur [1]. »

Aux noms précédemment cités, on peut ajouter ceux de Guillaume le Conquérant, Charles le Gros, Louis le Gros, Humbert II, comte de Maurienne ; Henri Ier, roi de Navarre ; Henri III, comte de Champagne ; Conan III, duc de Bretagne ; Sanche Ier, roi de Léon ; Alphonse II, roi de Portugal ; le poète italien Bruni, mort en 1635 ; de Vivonne, général des galères sous Louis XIV ; le célèbre botaniste allemand Dillenius, Haller, Frédéric Ier, roi de Wurtemberg [2], et Louis XVIII.

Au nombre des petits hommes, nous trouvons, dans l'antiquité, Agésilas, l'orateur C. Licinius Calvus, qui plaida plusieurs fois contre Cicéron, et l'acteur Lucius.

---

[1] *Vie de Suger*, par Guillaume, l. II, collection Guizot, t. VIII, p. 178.

[2] Son obésité devint de bonne heure proverbiale. On le surnommait l'*Éléphant*. On vit pendant longtemps, à l'hôtel de ville de Paris, la vaste échancrure pratiquée à une des tables pour y loger son ventre royal, lors du banquet donné à l'occasion du mariage de Marie-Louise.

— Alypius d'Alexandrie, philosophe célèbre et contemporain de Jamblique, n'avait pas deux pieds de haut. On raconte qu'il louait Dieu de n'avoir chargé son âme que d'une si petite portion de matière corruptible.

Parmi les personnages de petite taille célèbres à des titres divers, nous mentionnerons Attila, l'historien Procope, Grégoire de Tours, Pepin le Bref, Philippe-Auguste, Charles III, roi de Naples, Albert le Grand, auquel, dit-on, le pape ordonna un jour plusieurs fois de se lever, le croyant encore à genoux devant lui [1], le pape Jean XXII, le roi de Pologne Vladislas IV, dit *Lokiekek* (pas plus haut qu'une aune), le navigateur portugais Gama, le philosophe italien Pomponazzi, Erasme, les jurisconsultes Balde, Dumoulin et Cujas, le carme Pierre de Saint-Louis, Godeau, surnommé le *Nain de Julie* [2], le savant allemand Freher, qui, atteignant à peine la hanche d'un homme de taille ordinaire, s'entendait dire qu'il n'était pas un homme de tête ; Guiton, qui défendit si héroïquement, contre Richelieu, la Rochelle dont il était maire ; le peintre hollandais Does, le peintre anglais Gibson dont la femme, haute de trois pieds comme lui, lui donna neuf enfants ; le prince Eugène, Marie-Thérèse, le chimiste Rouelle, l'amiral espagnol Gravina, le girondin Brissot, les acteurs Fleury et Garrick, le conteur allemand Hoffmann, l'Italien Apostoli, envoyé de la république de Saint-Marin auprès de la république fran-

[1] On raconte la même anecdote du jésuite Cornélius à Lapide, de Jean André, canoniste du quatorzième siècle, et de Jacques de Castello, député à Boniface VIII par l'académie de Bologne.

[2] Voyez CURIOSITÉS LITTÉRAIRES, p. 562.

çaise, et qui se mettait en colère chaque fois qu'on lui
répétait qu'il était de la taille de son pays,

Piccola republica, piccolo rappresentante,

Hussein-Pacha, célèbre par ses réformes sous Sélim III[1],
le voyageur et antiquaire danois Arendt, et le baron
Denon[2].

Quant aux personnages de grande taille, nous nous
contenterons de mentionner, parmi les souverains et les
hommes de guerre, Guillaume d'Écosse, Édouard III, Godefroi de Bouillon, Philippe le Long, Fairfax, Feth-Aly-
Chek, Humbert, Moncey, Mortier, Kléber; et parmi les
diverses célébrités des temps modernes, Huss l'hérésiar-
que, Colomb, Ercilla, auteur de l'*Araucana*, poème très-
beau, que personne ne lit, et que tout le monde admire,
comme on a l'habitude de le faire pour la plupart des
compositions épiques; Rochester, le favori de Charles II ;
le jurisconsulte Pothier, le naturaliste anglais Banks,
Gall, Coffinhal, Brillat-Savarin, Benjamin Constant, le
peintre David, Bellart, le géographe Delamarche et Care,
fondateur du *Gentleman's Magazine*.

Au nombre des personnages doués d'une vigueur extraordinaire, on voit figurer l'empereur Maximin, le calife Mostasem-Billah, Edmond, *Côte-de-Fer*, roi d'Angleterre ; Baudouin, *Bras-de-Fer*, comte de Flandre ; Guillaume IV, dit *Fier-à-Bras*, duc d'Aquitaine ; Christophe,
fils d'Albert le Pieux, duc de Bavière ; Godefroi de Bouillon, l'empereur Charles IV, Scanderberg, Léonard de

---

[1] Il était surnommé *Koutchouk*, le Petit.

[2] On peut consulter pour plus de détails le traité du Prussien Quade :
De viris statura parvis et eruditione magnis, Greifswalde, 1786.

Vinci, La Châtaigneraie, l'antiquaire écossais Dempster, le maréchal de Saxe, l'actrice Gauthier, le tacticien français Drummond de Melfort, etc.

« Le corps d'Auguste, rapporte Suétone (ch. 80), était, dit-on, parsemé de taches, et il avait sur la poitrine et sur le ventre des marques naturelles, disposées comme les étoiles de la constellation de l'Ourse... Il avait la hanche, la cuisse et la jambe gauches un peu faibles; il boîtait même souvent de ce côté. De temps en temps, il sentait tant d'inertie dans le doigt indicateur de la main droite, que, quand le froid venait encore à l'engourdir, il était obligé, pour écrire, de l'entourer d'un cercle en corne. »

Alexandre le Grand, en marchant, portait la tête un peu penchée; et, seul rapprochement qu'il eût avec Cujas, sa transpiration exhalait, dit-on, une odeur agréable [1].

Au moyen âge, il semble, d'après plusieurs passages de chroniqueurs, que les cheveux roux aient été considérés comme une chose déshonorante. Ainsi, le moine de Saint-Gall raconte une histoire arrivée « à un pauvre très-roux qui, n'ayant point de bonnet, et *honteux* de la couleur de ses cheveux, se couvrait la tête de sa robe, et n'osait entrer dans une église où prêchait un évêque. »

Ce préjugé contre les roux venait de ce que Judas Iscariote était, dit-on, de cette couleur; c'était là la raison qui faisait dire à Guibert de Nogent : « Les roux portent une

---

[1] Henri IV était loin de jouir de cette propriété du héros macédonien, et Tallemant, après avoir à cet égard donné des détails que nous nous dispenserons de rapporter, ajoute : « Quand la feue reine-mère (Marie de Médicis) coucha avec lui la première fois, quelque bien garnie qu'elle fût d'essences de son pays, elle ne laissa pas que d'en être terriblement parfumée. »

tache toute brûlante d'infidélité. » (Hist. des croisades, l. VII).

Zoïle, Foulques Ier, comte d'Anjou ; Jean Ier, duc de Bretagne ; Méhémed-el-Nasser, roi d'Afrique et d'Espagne (mort en 1213) ; Colomb, Camoëns, Anne de Boleyn, Eugène Beauharnais, le maréchal Ney, etc., avaient les cheveux roux. Le surnom de *Tête d'Étoupe* fut donné à Guillaume III, duc d'Aquitaine, et à Raymond de Bérenger II, comte de Barcelone, à cause de la couleur et de l'épaisseur de leurs cheveux.

Louis de Bavière, mort en 1294, apprenant l'innocence de sa femme, qu'il avait fait périr sur un soupçon d'infidélité, ses cheveux devinrent blancs presque subitement. Il en arriva autant à l'helléniste Vauvilliers, à la suite d'un songe terrible ; au comédien Brizard, qui étant tombé dans le Rhône, resta quelque temps accroché à l'anneau d'une pile d'un pont. — La barbe et les cheveux du duc de Brunswick blanchirent en vingt-quatre heures, lorsqu'il eut appris que son père avait été blessé mortellement à la bataille d'Auerstadt. Nous ne savons si c'est à une cause semblable qu'était dû, dans l'origine, le toupet de cheveux blancs que tous les membres de l'ancienne maison de Rohan avaient, dit-on, sur le devant de la tête.

« M. l'abbé de Marolles, dit Vigneul-Marville, témoigne, dans ses mémoires, que le régent Crassot remuait facilement les oreilles : chose merveilleuse dans les hommes, qui n'ont point de muscles qui donnent mouvement à ces parties. Saint Augustin parle d'un homme de son temps qui, sans remuer la tête ni les mains, soulevait ses cheveux et remuait les oreilles. La raison que M. Patin rendait de ce prodige dans le pédant Crassot, c'est, disait-il, que ce plaisant personnage était un franc magot, animal qui, étant entre la nature de l'homme et celle des bêtes, ne remue pas les oreilles autant que les brutes, mais les remue plus que les hommes [1]. »

Au dire de Procope (*Histoire secrète*, ch. 38, p. 88), l'empereur Justinien jouissait de la même propriété que le régent Crassot, ce qui l'avait fait surnommer *Ane* par l'une des factions du cirque.

Guys, littérateur marseillais du dix-huitième siècle, était venu au monde n'ayant qu'une oreille; la place de l'autre était entièrement vide.

Plusieurs personnages sont nés avec des dents, entre autres Guillaume Bigot, médecin et philosophe français du seizième siècle, Louis XIV et le poëte anglais Boyd.

Le tragédien Apelle, au dire de Caligula (Suétone, ch. 53), criait mélodieusement quand on le fouettait.

Saint-Evremond avait une loupe énorme entre les deux yeux. Leibnitz et le biographe Rossi en avaient une sur le sommet de la tête.

Le portrait de Jacques de La Roche, gentilhomme dauphinois, né en 1595, est trait pour trait celui d'Olivier Cromwell, mort en 1658. Les deux peintres allemands Gérard (mort en 1820), et Ferdinand (mort en 1832) Kugelgen, frères jumeaux, se ressemblaient tellement qu'on les avait surnommés les ménechmes.

Garcie II, roi de Navarre, mort en 1001, fut surnommé

---

[1] L'homme de saint Augustin et Crassot méritaient bien d'appartenir à ce peuple de l'Inde qui, au dire de Pomponius Méla, se servait de ses oreilles en guise de marteau. Saint Augustin, au chap. 24 du livre xiv de la *Cité de Dieu*, parle de gens qui jouissaient d'une autre propriété non « moins singulière : *Nonnulli*, dit-il, *ab imo, sine pudore ullo, tam numerosos edunt sonitus, ut etiam ex illa parte cantare videantur.* »

le Trembleur. « On lui donna ce surnom, parce qu'il était agité d'un tremblement nerveux au moment d'engager un combat ; soit, dit Mariana dont les raisons ne valent pas grand'chose, soit que le poids de ses armes le fatiguât, soit qu'il fût ému lui-même de la majesté royale dont il se voyait environné ; mais ce tremblement n'était qu'un défaut du tempérament ; car lorsque la bataille était engagée, et qu'il se trouvait dans la chaleur du combat au milieu des ennemis, il donnait des preuves de sa valeur intrépide, jointe à une présence d'esprit merveilleuse [1]. »

« J'ay ouy raconter à aucuns des anciens, dit Brantôme, et mesmes qui disoient l'avoir ouy dire au roi François, que ce brave chevallier d'Imbercourt (tué à Marignan) avoit une complexion en luy, que toutes les fois qu'il vouloit venir au combat, il falloit qu'il allast à ses affaires et descendist de cheval pour les faire ; et pour ce portoit ordinairement des chausses à la Martingalle, ou autrement à pont-levis, ainsy que j'en ay veu autrefois porter aux soldats espaignols, portant le corselet et la picque, afin qu'en marchant ils eussent plus tost faict, sans s'amuser tant à deffaire leurs aiguillettes et s'attacher ; car en rien cela estoit faict. De dire que le proverbe eust lieu à l'endroict de M. d'Imbercourt, en ce faict qu'il dict *il se conch.. de peur,* ce serait mal parler et l'adatter très faucement à luy, ce disoit le roy ; car c'estoit l'un des plus vaillants et hardys de son royaume : et après qu'il avoit esté là et qu'il avoit le cul sur la selle, il combattoit comme un lion ; mais on tenoit que l'animosité et le courage grand qu'il avoit de

combattre, lui esmouvoit ainsi les entrailles et le ventre.
Je m'en rapporte aux médecins pour en dire là-dessus
leurs raisons. J'ay ouy parler de quelques-uns qui
avoient ceste mesme complexion [1]. »

Brantôme aurait pu sans crainte nommer Henri IV.
« Quelque brave qu'il fût, dit Tallemant des Réaux, on
dit que quand on lui venoit dire : « Voilà les ennemis, »
il lui prenoit toujours une espèce de dévoiement, et
que, tournant cela en raillerie, il disoit : « Je m'en vais
faire bon pour eux. »

Tallemant parle encore ailleurs (*Historiette de mesdames de Rohan*) d'un ami de son beau-frère, nommé Plassac,
« brave garçon, dit-il, mais qui, avant que de mettre l'épée
à la main, avait un tremblement dans tout le corps. »

———

BIZARRERIES, HABITUDES ET GOUTS SINGULIERS
DE QUELQUES PERSONNAGES CÉLÈBRES.

Quelques hommes illustres ont eu une prédilection
marquée pour un certain jour de l'année ; on connaît celle
de Napoléon pour le 20 mars.

« Charles le Quint, dit Brantôme, aimoit le jour et
feste de sainct Mathias (24 février), et le sainct et tout,
parce qu'à tel jour il fut esleu empereur, tel jour couronné, et tel jour aussi il prit le roy François prisonnier,
non pas luy proprement, mais ses lieutenants. »

Brantôme aurait pu ajouter que l'empereur était né
aussi le jour de la saint Mathias (24 février 1500), que, le

---

[1] *Hommes illustres et grands capitaines françois*, ch. 17.

24 février 1627, son frère Ferdinand avait été élu roi de Bohême, et que, le 24 février 1556, il abdiqua l'empire.

Le 1er janvier était pour François Ier ce que le 24 février était pour Charles-Quint. Né le 1er janvier, ce fut le 1er janvier que ce prince perdit son père, qu'il devint roi, qu'il maria sa fille, et que Charles-Quint fit son entrée à Paris.

Sixte-Quint naquit un mercredi (13 décembre 1521); fit profession, chez les cordeliers, un mercredi; fut promu au cardinalat un mercredi; fût élu pape un mercredi, et exalté le mercredi suivant.

« Louis XIII, quelques heures avant sa mort (le jeudi 14 mai 1643), appela ses médecins et leur demanda s'ils croyaient qu'il pût encore aller jusqu'au lendemain, disant que le vendredi lui avait toujours été heureux, qu'il avait, ce jour-là, entrepris des attaques qu'il avait emportées; qu'il avait même, ce jour-là, gagné des batailles; que ç'avait été son jour heureux, et qu'il avait toujours cru mourir ce même jour-là [1]. »

« Auguste, dit Suétone, avait une peur insensée du tonnerre et des éclairs, et il croyait se garantir du péril en portant toujours avec lui une peau de veau marin. Aux approches d'un orage, il allait se cacher dans un lieu souterrain et voûté.... Cet effroi lui venait de ce qu'autrefois, pendant une marche nocturne, dans son expédition contre les Cantabres, la foudre avait sillonné sa litière et tué l'esclave qui le précédait un flambeau à la main [2]. »

---

[1] *Mémoire fidèle des choses qui se sont passées à la mort de Louis XIII*, par Dubois, collection Michaud-Poujoulat, 1re série, tome xi, p. 529.

[2] Chap. xc et cxix.

L'empereur Héraclius, à l'âge de cinquante-neuf ans, fut saisi d'une frayeur insurmontable à la vue de la mer. Au retour d'une expédition en Syrie il séjourna dans le palais d'Hérée, sur la côte, d'Asie. « Les principaux de Constantinople, dit Nicéphore (ch. vii), obligèrent le préfet d'établir un pont de bateaux sur le Bosphore, et de le garnir des deux côtés avec des planches et des branches d'arbres, de sorte que l'on pouvait y passer sans voir la mer. Cet ouvrage ayant été achevé très-promptement, l'empereur le traversa à cheval comme s'il eût été sur la terre ferme. »

Lope ne pouvait souffrir qu'on prît du tabac en sa présence. Il avait, en outre, la manie de se fâcher toutes les fois qu'il entendait demander l'âge d'une personne, si cette demande n'avait pas été faite dans des intentions de mariage.

. Louis XIV détestait les chapeaux gris presque à l'égal des jansénistes [1].

Rien n'égalait la timidité, ou, pour mieux dire, la poltronnerie du célèbre moraliste Nicole. Il avait peur des

---

[1] Voici ce que raconte Saint-Simon : « Le roi ayant voulu savoir les gens qui devaient suivre M. le duc d'Orléans en Espagne (1709), celui-ci nomma entre autres Fonterpuis. A ce nom, voilà le roi qui prend un air austère : « Comment, mon neveu, lui dit le roi, Fonterpuis, le fils de cette janséniste, de cette folle qui a couru M. Arnaud partout? Je ne veux point de cet homme-là avec vous. — Ma foi, sire, lui répondit le duc d'Orléans, je ne sais pas ce qu'a fait la mère, mais pour le fils, il n'a garde d'être janséniste, et je vous en réponds; car il ne croit pas en Dieu. — Est-il possible, mon neveu? répliqua le roi en se radoucissant. — Rien de plus certain, sire, répondit le duc d'Orléans, je puis vous en assurer. — Puisque cela est, dit le roi, il n'y a point de mal, vous pouvez le mener. » Cette scène, car on ne peut lui donner d'autre nom, se passa le matin, et l'après-dinée même, M. le duc d'Orléans me la rendit pâmant de rire, mot pour mot, telle que je l'écris. »

voyages, des promenades sur l'eau, et, à la fin de sa vie, il ne sortait dans les rues qu'en tremblant, craignant sans cesse que quelque tuile ne lui tombât sur la tête. Il habita fort longtemps le faubourg Saint-Marcel, « parce que, disait-il, les ennemis qui menacent Paris entreront par la porte Saint-Martin, et ils seront obligés, par conséquent, de traverser toute la ville avant de venir chez moi. » En un mot, il pouvait dire comme cet acteur qui estropiait Racine.

Je crains *tout*, cher Abner, et n'ai pas d'autre crainte.

Henri III, qui avait une passion si prononcée pour les petits chiens, ne pouvait demeurer seul dans une chambre où il y avait un chat. Le duc d'Epernon s'évanouissait à la vue d'un levraut.

Le maréchal de Brézé (mort en 1650) ayant fait tuer à l'affût un de ses valets de chambre, mari d'une de ses maîtresses, s'évanouissait toujours quand il voyait un lapin, ainsi que le raconte Tallemant.

« La première occasion, dit Brantôme, qu'eut la reine de Naples, Jeanne II, de faire entendre à Caraccioli qu'elle l'aymoit, fut qu'il craignoit fort les souris. Un jour qu'il jouoit aux eschets en la garde-robe de la reine, elle-même luy fit mettre une souris devant luy; et luy, de peur, courant deçà et delà, et heurtant puis l'un et puis l'autre, s'enfuit à la porte de la chambre de la reyne, et vint cheoir sur elle; et ainsy, par ce moyen, la reyne luy descouvrit son amour; et eurent tôt faict leurs affaires ensemble; et après ne demeura guières qu'elle ne l'eust faict son grand seneschal. » (*Vie des dames illustres*, Jeanne II.)

Le maréchal d'Albret se trouvait mal dans un repas

où l'on servait un marcassin ou un cochon de lait. Vladislas, roi de Pologne, se troublait et prenait la fuite quand il voyait des pommes. Erasme ne pouvait sentir le poisson sans en avoir la fièvre. Scaliger frémissait de tout son corps en voyant du cresson. Tycho-Brahé sentait ses jambes défaillir à la rencontre d'un lièvre ou d'un renard. Le chancelier Bacon tombait en défaillance lorsqu'il y avait éclipse de lune. Bayle avait des convulsions lorsqu'il entendait le bruit que fait l'eau en sortant d'un robinet. Lamothe le Vayer ne pouvait souffrir le son d'aucun instrument. Favoriti, poëte italien, mort en 1682, ne pouvait supporter l'odeur de la rose.

Quelques personnages célèbres sont connus par leur affection pour certains animaux. Ainsi, Alexandre chérissait Bucéphale ; Auguste, un perroquet ; Commode, un singe ; Héliogabale, un étourneau, etc.

L'empereur d'Occident, Honorius, avait pour une poule une tendresse profonde qui, probablement, était peu payée de retour. Il se trouvait à Ravenne, ayant eu la précaution de mettre entre lui et les Goths les lagunes de la mer Adriatique, lorsque, après la prise de Rome par Alaric, en 410, l'esclave chargé de la volière impériale vint lui annoncer que la capitale de l'Italie et de l'Occident était perdue. « Comment ! s'écria l'empereur consterné ; comment, Rome est perdue ! mais il n'y a qu'un moment qu'elle a mangé dans ma main. » C'était vers sa poule favorite, qui, elle aussi s'appelait Rome, que s'étaient de suite tournées toutes les inquiétudes du monarque. Aussi, éprouva-t-il un grand soulagement quand il eut été certain qu'il s'agissait, non pas de son oiseau chéri, mais de la capitale de son empire. « Ah ! dit-il, je pensais que ce fût ma poule. » Tant, ajoute l'historien grec Procope, auquel nous devons cette anecdote, tant il était stupide et abruti [1]. »

Le célèbre financier français, Samuel Bernard (mort en 1739), croyait son existence attachée à celle d'une poule noire, qui, grâce à cette circonstance, devait être soignée et choyée, Dieu sait comment. Ils moururent tous deux à peu près à la même époque. Bernard, du reste, avait alors quatre-vingt-huit ans.

Passeroni, poète italien, mort en 1802, aimait un coq dont il parle toujours dans ses poésies.

Saint-Évremond et Crébillon étaient toujours entourés de chiens et de chats.

Juste Lipse n'aimait que les chiens, et, entre autres, son chien appelé Saphir, auquel il avait fait surmonter la répugnance que les animaux de cette espèce ont, en général, pour le vin. Aussi, dit-il quelque part : « Ce qui rapproche Saphir de l'homme, c'est qu'il aime le vin et est sujet à la goutte. »

Godefroy Mind, peintre bernois, mort en 1814, a été surnommé le *Raphaël des chats*, parce qu'il excellait à peindre ces animaux auxquels il portait une vive affection ; il en avait toujours plusieurs autour de lui. « Pendant son travail, dit M. Depping, sa chatte favorite était presque toujours à côté de lui, et il avait une sorte d'entretien avec elle ; quelquefois elle occupait ses genoux, deux ou trois petits chats étaient perchés sur ses épaules, et il restait dans cette attitude des heures entières sans bouger, de peur de déranger les compagnons de sa solitude. »

Ce n'était pas seulement pour une ou deux espèces du

---

[1] *Histoire de la guerre des Goths*, l. I, ch. 2.

règne animal, que Dennis Rolle, membre du parlement anglais au dix-huitième siècle, manifestait ses sympathies; c'était pour tous les animaux sans distinction, et ceux-ci, à l'en croire, savaient reconnaître ses bons procédés.

« J'ai, dit-il dans une brochure qu'il composa pour faire abolir les combats de coqs et de taureaux, j'ai éprouvé la reconnaissance d'un ours sauvage, qui, après une absence, se laissa prendre par moi et conduire par le museau. Je ne puis encore bien m'expliquer l'inclination des chevaux qui devenaient sur-le-champ dociles sans aucun manége de ma part, ni celle des dogues, dans la gueule desquels je pouvais fourrer ma main, ni celle des serpents vénimeux, qui ne m'ont jamais inspiré la moindre crainte. Pendant des années, j'ai erré dans des forêts épaisses, sans être jamais attaqué ; je me suis couché dans des marécages remplis de reptiles et d'insectes venimeux : des serpents ont été mon oreiller sans qu'aucun m'ait mordu. Je pourrais parler d'une grue qui courait partout derrière moi, et me suivait dans les champs ; et d'un chien étranger, qui, toutes les fois que je traversais Waltham, accourait comme pour ma défense, et exprimait par des gémissements le déplaisir de me quitter. Je me souviens encore d'un petit chat de Floride, qui s'élança sur des chiens qui aboyaient autour de moi, et dont il craignait une attaque sur ma personne. Je ne puis expliquer ces témoignages d'attachement, qu'en supposant que c'est ainsi que la Providence a voulu récompenser ma bienveillance pour les animaux. »

« On rapporte que Démosthène, dit Aulu-Gelle, était d'une propreté extrême dans ses vêtements, et qu'il portait même le soin de sa personne jusqu'à une élégance et une délicatesse recherchée. De là toutes ces railleries de ses rivaux et de ses adversaires sur son manteau coquet, sur sa molle tunique. De là aussi ces propos injurieux et obscènes qui le traitaient d'efféminé, et l'accusaient des plus infâmes turpitudes. On raconte la même chose d'Hortensius, le plus célèbre des orateurs de son temps, après Cicéron. Une mise toujours soignée, des habits arrangés avec art, des gestes fréquents, une action étudiée et théâtrale lui attirèrent une foule de sarcasmes et d'outrageantes apostrophes, et le firent souvent traiter d'histrion en plein barreau [1]. »

« Othon, dit Suétone (ch. 12), était curieux de sa toilette presque autant qu'une femme, se faisait épiler tout le corps, et portait sur sa tête, à peu près chauve, de faux cheveux [2] fixés et arrangés avec tant d'art que personne ne s'en apercevait. Il se rasait tous les jours la figure avec beaucoup de soin, et se la frottait avec du pain détrempé ; habitude qu'il avait contractée dès l'âge de puberté, afin de ne jamais avoir de barbe. »

Le poëte anglais Gray se faisait remarquer par la recherche de ses manières et de sa toilette, recherche qu'il poussait jusqu'à la fatuité.

Le physicien anglais Cavendish, qui laissa, en mourant (1810) la fortune la plus considérable que jamais savant ait possédée (30 millions), était toujours vêtu de drap gris, et se faisait faire régulièrement un habit aux mêmes époques. Il avait rassemblé une magnifique bibliothèque qui était à la disposition de tous les savants, mais

---

[1] *Nuits attiques*, l. i, ch. 6, collection Dubochet, p. 434.
[2] On voit que les faux toupets et les perruques ne sont pas d'invention moderne.

afin de n'être pas dérangé, il l'avait placée à deux lieues de sa demeure. Lorsqu'il voulait un livre, il l'envoyait prendre, en donnait un reçu, et le rendait ensuite avec la plus grande exactitude.

Un autre physicien Desmarets (mort en 1815), ne changea jamais la forme de ses vêtements, et, jusqu'à la fin de sa vie, sa perruque et son habit ont rappelé à peu près les modes en usage sous le cardinal de Fleury.

Le chimiste anglais Davy s'habillait entièrement de vert pour aller à la pêche, et de rouge pour aller à la chasse ; il prétendait que, vêtu de cette manière, il effrayait moins le poisson et le gibier.

L'infant d'Espagne, Jacques de Bourbon, ayant été créé en 1735, cardinal à huit ans, abandonna ensuite l'état ecclésiastique, et dans son antipathie pour tout ce qui rappelait le petit collet, il ne porta plus que des habits dont le collet descendait jusqu'au milieu de la poitrine.

A la fin du siècle dernier, quelques individus adoptèrent le genre d'alimentation prôné par Pythagore. Nous citerons, entre autres, Ritson, écrivain anglais, qui ne se nourrissait que de légumes, et publia, en 1803, un *Essai sur l'abstinence des aliments tirés du règne animal, comme devoir moral pour l'homme.*

Un autre auteur anglais, Wakefield (mort en 1801), s'abstenait de vin ainsi que des aliments tirés du règne animal. Il en était de même du négrophile et philanthrope Ant. Benezet (mort en 1784).

Au dix-septième siècle, l'enthousiaste allemand Hoyer (mort en 1656) ne mangeait que du poisson mort naturellement.

Spinosa dépensait environ de 5 à 6 sous par jour pour

sa nourriture. — Buttner, naturaliste et philologue allemand du dix-huitième siècle, ne faisait par jour qu'un seul repas qui lui coûtait trois sous.

Tout le monde sait que l'astronome Lalande affectait de manger avec délices des araignées et des chenilles dont il portait toujours sur lui une provision dans une bonbonnière.

Tiraqueau, jurisconsulte français, mort en 1558, ne buvait que de l'eau, ce qui ne l'empêcha pas de faire, par an, un livre et un enfant : aussi, fit-on sur lui l'épigramme suivante :

> Tiraqueau, fécond à produire,
> A mis au monde trente fils ;
> Tiraqueau, fécond à bien dire,
> A fait pareil nombre d'écrits,
> S'il n'eût point noyé dans les eaux,
> Une semence si féconde,
> Il eût enfin rempli le monde
> De livres et de Tiraqueaux.

« C. Gracchus, dit Aulu-Gelle, s'aidait d'une flûte pour régler les intonations de sa voix, quand il était à la tribune. Il n'est pas vrai, comme le grand nombre se l'imagine, qu'un musicien, jouant de la flûte, se tenait derrière le dos de Gracchus pendant qu'il parlait, et, par ses différents accords, tempérait et excitait tour à tour les mouvements et l'action de l'orateur. Quelle absurdité de croire que la flûte pouvait marquer à Gracchus, haranguant en public, la mesure, le rhythme et les différentes cadences, comme elle règle les pas d'un histrion dansant sur le théâtre ! Les auteurs mieux instruits sur ce fait rapportent seulement qu'un homme,

caché dans les environs, l'avertissait de modérer les
éclats trop bruyants de sa voix, en tirant d'une courte
flûte un accord lent et grave. C'était là tout ; et je ne pense
pas que, pour s'animer à la tribune, le génie naturellement passionné de Gracchus eût besoin d'une excita-
tion extérieure. Cependant Cicéron croit qu'il employait
ce joueur de flûte pour un double usage, et que, d'a-
près ses accords, ou plus vifs ou plus calmes, il ra-
nimait le cours trop lent de sa parole, ou bien en mo-
dérait l'impétuosité trop fougueuse. Voici le passage
même de Cicéron : « Aussi, comme Licinius, homme in-
« struit, autrefois son secrétaire et aujourd'hui ton client,
« pourra te le dire, Catulus, ce même Gracchus avait
« à son service un homme intelligent, qui, se cachant
« près de la tribune avec une flûte d'ivoire, lui donnait
« rapidement le son qui devait l'exciter quand son ac-
« tion était trop lente, ou le calmer, quand elle était
« trop vive [1]. »

« Auguste, dit Suétone (ch. 84), pour ne pas s'exposer
à manquer de mémoire et ne point passer son temps à
apprendre par cœur, prit l'habitude de lire tout ce qu'il
disait. Il rédigeait d'avance jusqu'à ses conversations
particulières, même celles qu'il voulait avoir avec Livie, quand elles devaient rouler sur un sujet grave, et
il parlait alors en lisant, de peur que l'improvisation ne
lui en fît dire trop ou trop peu. »

« Eschyle, rapporte Athénée, avait toujours une pointe
de vin lorsqu'il composait ses tragédies..... Nous savons
qu'Alcée, le poète lyrique, et Aristophane, le comique,
écrivaient leurs poèmes dans l'ivresse [2]. »

---

[1] *Nuits attiques*, l. i, ch. 11, traduction de la collection Dubochet.
[2] *Banquet des savants*, l. x, ch. 7.

Madame de la Suze, l'humaniste Lefèvre, au dix-septième siècle, Buffon au dix-huitième, ne pouvaient travailler sans être habillés avec la plus grande élégance. Rien, pas même l'épée, ne manquait à la toilette de ce dernier.

Bacon, Milton, Warburton, Alfiéri, avaient besoin, pour travailler, d'entendre de la musique; et l'on raconte que Bourdaloue exécutait toujours un air sur le violon avant de se préparer à écrire un sermon.

L'Anglais Thomson, auteur du poème des *Saisons*, passait des jours entiers dans son lit; et quand on lui demandait pourquoi il ne se levait pas, il répondait : « Je ne vois pas de motifs pour me lever. »

Thomas restait tous les jours jusqu'à midi dans son lit, les rideaux fermés. Là il composait, dans sa tête, les ouvrages qu'il écrivait ensuite, d'un seul jet, lorsqu'il s'était levé. C'est ainsi que, pendant toute sa vie, il parvint à produire ce que Voltaire appelait du *galithomas*.

Casti, le spirituel auteur des *Animaux parlants*, composait ses jolis vers en jouant aux cartes tout seul, sur son lit.

Corneille, Malebranche et Hobbes composaient le plus souvent dans l'obscurité, tandis que Mézeray, au contraire, ne travaillait qu'à la chandelle, la nuit ou en plein jour; et il ne manquait jamais de reconduire, même à midi, jusqu'au milieu de la rue, la lumière à la main, ceux qui venaient lui rendre visite.

Cujas travaillait toujours par terre, couché sur le ventre, ses livres et ses papiers placés autour de lui.

Le bibliographe allemand Reimmann (mort en 1743) passa la plus grande partie de sa vie debout. Pour ne pas contrevenir à la loi bizarre qu'il s'était imposée, il resta plus de trente ans sans avoir de chaises ni de fauteuils dans son cabinet.

Gœthe composait en marchant; Descartes, au contraire, pratiquait comme Leibnitz la *méditation horizontale*.

Un écrivain politique fort obscur, le marquis d'Antonelle (mort en 1817), lorsqu'il écrivait, avait à côté de lui une pile d'assiettes, qu'il plaçait successivement sur son cou nu, et qu'il changeait à mesure qu'elles venaient à s'échauffer. Il prétendait rafraîchir ainsi les vapeurs bouillantes de son cerveau.

« Gluck faisait transporter son clavecin au milieu d'une prairie; un vaste espace, le ciel découvert, la chaleur du soleil et quelques bouteilles de champagne, lui faisaient trouver les chants divins des deux *Iphigénies* et d'*Orphée*. Tout au contraire, Sarti ne pouvait travailler que dans une salle immense, voûtée, obscure. Le silence de la nuit, la funèbre lueur d'une lampe accrochée au plancher, lui étaient indispensables pour qu'il trouvât les pensées solennelles qui forment le caractère de son style. Cimarosa voulait entendre autour de lui le bruissement d'une conversation animée; c'est en riant et causant avec ses amis qu'il composa *les Horaces* et *le Mariage secret*, deux inimitables chefs-d'œuvre, dans deux genres tout opposés; l'air : *Pria che spunti in ciel l'aurora*, lui vint à l'improviste, au milieu d'une partie de plaisir, aux environs de Prague.

« Sacchini ne pouvait écrire une note s'il n'avait à ses côtés sa jeune femme, et si une famille de petits chats, qu'il affectionnait particulièrement, ne jouait pas près de lui. C'était très-sérieusement qu'il se disait redevable à leurs mouvements gracieux des chants les plus heureux de son *OEdipe à Colonne*. Traetta se plaisait surtout dans les églises à peine éclairées par un reste de jour.

« Salieri, pour exciter son imagination, avait besoin de se promener à pas pressés dans les rues les plus encombrées de foule. Une petite boîte de fruits confits, dans laquelle il puisait fréquemment, composait, avec son album et un crayon, tout le bagage dont il se munissait en ces occasions; il courait, la canne à la main, à la chasse des idées musicales; et dès qu'il en avait *fait lever* une, il s'arrêtait un moment pour la saisir et la fixer sur le papier.

« En rendant hommage, dans ses *Lettere Haydine*, au talent de Ferdinand Paër, Carpini dit que ce spirituel compositeur écrivait les partitions de *Camille*, de *l'Agnese*, de *Sargine*, tout en badinant avec ses amis, et en faisant mille récits joyeux, tandis qu'au même moment, il trouvait encore le loisir de gronder ses domestiques, de quereller sa femme et ses enfants, et de faire de tendres caresses à son chien bien-aimé. Paesiello ne pouvait pas trouver une note s'il n'était couché dans son lit; et c'est entre deux draps qu'il inventa les charmants motifs de *Nina*, de *la Molinara* et du *Barbier*. Zingarelli, avant de prendre la plume, se transportait dans une haute région intellectuelle, en lisant plusieurs passages, soit des Pères de l'Église, soit des classiques latins; ainsi préparé, il mettait moins de quatre heures à improviser un acte de *Pyrrhus* ou de *Roméo et Juliette*. »

« Carpani parle d'un Marcantonio Anfossi, frère du célèbre Anfossi, et qui, probablement, eût lui-même atteint une haute renommée musicale, s'il ne fût mort

très-jeune. Ce Marcantonio était moine, et son procédé
pour stimuler la faculté créatrice était assez étrange; ce
n'était point devant un clavecin qu'il se plaçait pour
composer, mais bien devant une table sur laquelle il faisait apporter sept ou huit plats surchargés de chapons
rôtis, de cochons de lait rissolés et de saucisses fuman-
tes. Au milieu de cette bienfaisante vapeur, les inspirations les plus suaves se produisaient sans effort.

« Haydn, sobre et régulier comme Newton, silencieu-
sement enfermé dans son cabinet de travail, avait aussi
son petit artifice : il se rasait, se poudrait, mettait du
linge blanc, s'habillait de la tête aux pieds, comme pour
aller présenter ses respectueux hommages au prince Es-
terhazy son patron, ou même à l'empereur d'Allemagne ;
puis, s'asseyant devant un bureau sur lequel il y avait
papier soigneusement rayé et plumes bien taillées, il
mettait à son doigt la bague dont son révéré souverain
lui avait fait présent; après ces préliminaires, il commençait à écrire; cinq ou six heures s'écoulaient sans
qu'il ressentît aucune fatigue; pas une rature ne venait
déparer l'extrême propreté de ses notes, d'ailleurs assez
peu lisibles, et que lui-même appelait ses pattes de mou-
che, tant elles étaient grêles et serrées [1].

« Lorsque je me trouve livré tout à fait à moi-même,
écrivait Mozart en 1788, lorsque je suis seul, et que j'ai
l'âme calme et satisfaite, que, par exemple, je suis en
voyage dans une bonne voiture, ou que je me promène
à pied après un bon repas, ou que la nuit je suis couché
sans avoir sommeil, c'est alors que les idées me viennent
et qu'elles s'offrent en foule à mon esprit. Dire d'où elles
viennent, et comment elles arrivent, cela me serait im-

[1] *Magasin pittoresque*, 1833, p. 363.

possible ; ce qui est certain, c'est que je ne puis pas les faire venir quand je veux. »

Méhul composait en plaçant sur son piano une tête de mort ; tandis que l'auteur de l'oratorio de *Judas Macha-bée*, Haendel, puisait ses inspirations dans une bouteille de vin.

Fouquières, peintre flamand du dix-septième siècle, ne peignait jamais sans avoir l'épée au côté.

Lucas de Leyde peignit et grava dans son lit pendant les dernières année de sa vie.

Léonard de Vinci, avant de se mettre à peindre, commençait toujours par faire de la musique.

Quelqu'un qui avait connu Godecharles, sculpteur belge (mort en 1835), raconte sur lui le trait suivant :

« En entrant un jour chez lui, à Bruxelles, je vis environ trente personnes à genoux et récitant les *Litanies de la Vierge*, femmes, enfants, voisins, ouvriers, tous faisaient chorus. On n'entendait que le retour du grave et religieux *bied vor ons* (priez pour nous). Je crus qu'il y avait là un agonisant, et je voulais me retirer. — Restez, me dit-on, cela va finir. Le *maître* est au moment d'entamer un bloc de marbre, et l'on prie Dieu pour qu'il n'y rencontre ni mauvaise veine ni coquille [1]. »

« Pendant l'hiver, Auguste, dit Suétone (c. 82), mettait quatre tuniques par-dessous une toge épaisse : il y ajoutait une chemise et un vêtement de laine ; il se garnissait aussi les cuisses et les jambes. L'été, il couchait les portes de sa chambre ouvertes, et souvent sous le péristyle de son palais, où des jets d'eau rafraîchissaient l'air, et où un esclave était, en outre, chargé de l'éventer. Il

[1] *Biographie Michaud*, supplément, t. LXV, p. 445.

ne pouvait souffrir le soleil, pas même celui d'hiver ; et jamais il ne se promenait à l'air, même chez lui, sans une large coiffure. »

« Ferdinand II, grand-duc de Toscane (mort en 1670), était, dit l'abbé Arnauld, esclave de sa santé. Je l'ai vu se promener dans sa chambre, au milieu de deux grands thermomètres, sur lesquels il avait continuellement les yeux attachés, et s'ôter, se remettre des calottes, dont il avait toujours cinq ou six à la main, selon les degrés de froid ou de chaud que ces machines lui marquaient. C'était une chose assez plaisante à voir ; il n'y a point de joueur de gobelets qui soit plus adroit à les manier que ce prince l'était à changer ses calottes [1]. »

« L'abbé de Saint-Martin, qui, au dix-septième siècle, se rendit si ridicule par ses prétentions et ses manies, avait toujours, dit le Fureteriana, neuf calottes sur la tête pour se garantir du froid, avec une perruque par-dessus, qui était toujours de travers et mal peignée ; de manière que sa figure n'était jamais dans une situation naturelle. Il avait neuf paires de bas l'une sur l'autre, comme neuf calottes ; son lit était de briques, sous lequel il y avait un fourneau, où il faisait faire du feu, pour se donner tant et si peu de degrés de chaleur qu'il en souhaitait ; ce lit n'avait qu'une fort petite ouverture par où il se couchait comme les Espagnols. »

Le jésuite Ghezzi, écrivain du dix-huitième siècle, portait sept bonnets sous une perruque.

Le savant mathématicien Fourier était revenu d'Égypte presque perclus de rhumatismes, et avec une sensation continuelle de froid ; il souffrait cruellement quand il

---

[1] *Mémoires*, année 1646, collection Michaud-Poujoulat, p. 51.

se trouvait dans une température au-dessous de vingt degrés Réaumur ; un domestique le suivait partout, prêt à lui prendre où à lui donner un manteau. Dans les derniers temps de sa vie, épuisé par un asthme dont il souffrait depuis sa jeunesse, il se tenait, pour écrire et pour parler, dans une espèce de boîte, qui ne permettait nulle déviation au corps, et qui ne laissait passer que sa tête et ses bras.

« Le lieutenant général de la police, Sartine, avait un faible incroyable pour les belles perruques bien frisées, bien poudrées, etc. La collection de ses perruques, tant *in-folio*, qu'*in-quarto*, *in-douze*, grand et petit format, les unes plus carrées que les autres, se montait à soixante ou quatre-vingts pièces, du plus bel échantillon et du meilleur faiseur [1]. »

« On disoit autrefois à Paris de M. des Iveteaux [2], rapporte Vigneul-Marville, qu'il se chaussait comme les autres se coiffent, et qu'il se coiffait comme les autres se chaussent, parce qu'il portait des souliers de castor et des calottes de maroquin, les calottes de satin étant alors les seules qui fussent d'usage, celles de cuir n'étant devenues à la mode que depuis.

« Comme il s'imaginait que la vie champêtre est la plus heureuse de toutes les vies, et qu'il voulait être heureux, il s'habillait en berger, et prenant l'air d'un *pastor fido* avec sa dame [3], la houlette à la main, la panetière au côté, le chapeau de paille doublé de satin couleur de rose sur la tête, il conduisait paisiblement, le long des allées de

---

[1] *Correspondance secrète*, t. x, p. 289.
[2] Poète normand et précepteur de Louis XIII.
[3] Une aventurière qu'il avait épousée.

son jardin, ses troupeaux imaginaires, leur disait des chansonnettes et les gardait du loup. »

Le célèbre sculpteur florentin Donatello (mort en 1466) avait l'habitude de mettre son argent dans un panier attaché au mur de sa chambre. Ses ouvriers et ses amis y puisaient à discrétion.

Beethoven n'eut jamais ni femme ni maîtresse ; mais il avait, en revanche, deux goûts impérieux : celui des déménagements et de la promenade. A peine installé dans un appartement, il y trouvait quelque défaut, et s'occupait immédiatement d'en chercher un autre. Tous les jours, après son dîner, malgré la pluie, le vent, la grêle, il fallait qu'il sortît et fît à pied une longue et fatigante promenade.

« Les philosophes sont naturellement curieux ; mais jamais philosophe n'a poussé la curiosité aussi loin que M. de la Condamine. Voulant examiner de près, et par ses yeux, tous les mouvements d'un homme dans le supplice, il assista à l'exécution de Damien, assassin du feu roi Louis XV. Il s'introduisit dans l'enceinte où était le criminel, et où les bourreaux seuls avaient droit d'entrer. Des gardes ayant voulu le faire sortir, le bourreau de Paris, qui le connaissait, leur dit : « Laissez, laissez monsieur tranquille, c'est un amateur. » Quand il allait voir quelques-uns de ses amis, il employait le temps de sa visite à toucher tout ce qui était dans son appartement, à fouiller dans toutes les armoires et les tiroirs. Se trouvant à Chanteloup, dans le cabinet de M. de Choiseul, au moment où on apportait ses lettres, ce ministre s'absenta et resta quelques instants dans la chambre voisine de son cabinet. M. de la Condamine s'assit tranquillement, ouvrit les lettres qui étaient sur la table, et qui traitaient sans doute des intérêts les plus secrets des différents États de l'Europe. M. de Choiseul s'écria en rentrant : « Eh ! monsieur, que faites-vous ? vous ouvrez mes lettres ? — Ah ! ah ! ce n'est rien, reprit l'indiscret académicien, je voyais s'il n'y avait pas de nouvelles de Paris. On assure que M. de la Condamine était l'homme le plus questionneur et le plus curieux de son siècle [1]. »

« Claude, dit Suétone (c. 33), avait un goût très-vif pour le jeu, et il fit de cet art le sujet d'un livre. Il jouait même en voyage, ses voitures et ses tables étant faites de manière que le mouvement ne troublât pas le jeu. »

Louis XIII, qui avait proscrit les jeux de hasard à la cour, avait pour les échecs un goût tellement prononcé, qu'il y jouait même en carrosse. Les pièces, garnies à leurs pieds d'aiguilles, se fichaient dans un échiquier rembourré, de manière que le mouvement ne pouvait pas les faire tomber.

« Le connétable Anne de Montmorency, dit Brantôme, ne manquoit jamais à ses dévotions ny à ses prières ; car tous les matins il ne failloit de dire et entretenir ses patenostres, fust qu'il ne bougeast du logis, ou fust qu'il montast à cheval et alast par les champs, aux armées : parmy lesquelles on disoit qu'il se falloit garder des patenostres de M. le connestable ; car en les disant et marmottant, lorsque les occasions se présentoient, comme force débordements et désordres y arrivent maintenant, il disoit : « Allez-moy prendre un tel ; attachez celuy-là « à cest arbre ; faites passer celuy-là par les picques tout « ceste heure, ou les arquebuses tout devant moy ; taillez-« moi en pièces tous ces marauts, qui ont voulu tenir ce

---

[1] *Correspondance secrète*, t. I, p. 125.

« clocher contre le roy; bruslez-moi ce village; bouttez-
« moy le feu partout, à un quart de lieue à la ronde; »
et, ainsy, tels ou semblables mots de justice et pollice de
guerre profféroit-il selon ses occurrences, sans se desbau-
cher nullement de ses Paters, jusqu'à ce qu'il les eust par-
achevés, pensant faire une grande erreur s'il les eust remis à dire à une autre heure, tant il y estoit conscien-
tieux [1]. »

Au seizième siècle, époque où tout le monde jurait, les
jurons les plus singuliers étaient en usage. « On appeloit, dit Brantôme, ce grand capitaine, M. de la Tri-
mouille, *la vraye Corps Dieu*, d'autant que c'estoit son
serment ordinaire, ainsy que ces vieux et anciens grands
capitaines en ont sceu choisir et avoir aucuns particuliers à eux : comme M. de Bayard juroit *Teste-Dieu,
Bayard!* M. de Bourbon, *Saincte Barbe!* le prince d'O-
range, *Sainct-Nicolas!* le bonhomme M. de la Roche du
Maine juroit, *Teste de Dieu pleine de reliques!* (Où diable
alla-t-il trouver celuy-là ?) et autres que je nommerois
plus saugreneux que ceux-là; mais il vaut mieux les
taire [2]. »

« François Ier, dit le même auteur, dans la Vie de ce
prince, juroit que *foy de gentilhomme*; et tel estoit son
serment, comme ceux de son temps, qui l'ont veu, le
peuvent affirmer encor; aussy comme il appert par un
petit quolibet rithmé tellement quellement faict de ce
temps, que j'ay veu parmy les papiers de nostre maison,
qui disent les serments des quatre roys :

Quand la Pasque-Dieu décéda... (Louys XI).

---

1 *Hommes illustres et grands capitaines françois*, ch. 74.
2 *Ibid.*, ch. 16.

Par le Jour-Dieu luy succéda... (Charles VIII).
Le Diable m'emporte s'en tint près... (Louys XII).
Foy d'gentilhomme vint après... (François Ier) [1]. »

Nous ne voulons pas parler ici de toutes les extravagances inspirées, à diverses époques, par un esprit religieux plus ou moins intelligent ; mais à Syméon le stylite, qui resta pendant trente-six ans sur le haut d'une colonne, nous nous bornerons à opposer un homme dont toute la vie n'a été qu'un long dévouement à la science. Le célèbre médecin italien Sanctorius, mort en 1656, passa ses jours dans une balance construite exprès pour calculer aussi exactement que possible la transpiration insensible produite par le corps humain. Il se plaçait dans sa balance, et, après avoir pesé les aliments et les boissons qui lui étaient nécessaires, il y restait vingt-quatre heures, et, comparant le poids de ce qu'il avait pris avec celui de ses déjections alvines et urinaires, il évaluait la quantité du fluide perdu par la transpiration insensible. La diminution de ce fluide lui semblait être la cause de toutes les maladies. Un médecin français, Dodart, mort en 1707, répéta ces expériences de la même manière, pendant trente-trois ans [2].

L'astronome La Caille avait contracté l'habitude fort gênante de lire et d'écrire avec un seul œil. L'autre œil était uniquement destiné à observer avec la lunette. Aussi, il arriva, de cette manière, à des résultats intéressants : ainsi, par exemple, il était parvenu à pouvoir facilement

---

[1] Hommes illustres et grands capitaines françois, ch. 52.

[2] Les ouvrages où ces deux hommes ont consigné leurs précieuses observations ont été publiés, l'un (celui de Sanctorius) sous le titre de Ars de statica medicina, Venise, 1614, in-4, souvent réimprimé, et l'autre sous le titre de Statica medicina gallica, Paris, 1725, in 12.

observer la hauteur d'étoiles au-dessus de l'horizon de la mer; observation fort incertaine généralement, à cause de la difficulté de bien distinguer l'horizon, dans l'obscurité de la nuit. Il ne paraît pas qu'aucun autre astronome se soit avisé de se former, depuis, à une pratique aussi difficile.

J.-B. Ludot, savant Champenois, mort en 1774, se servit de la force corporelle dont la nature l'avait doué pour tenter toutes les expériences qu'il crut utiles à la science. On le vit, au milieu de l'hiver, se jeter dans la Seine glacée, pour éprouver jusqu'à quel point il pourrait supporter le froid; et, un jour, on eut beaucoup de peine à l'empêcher d'entrer dans un four chauffé à un très-haut degré, pour connaître s'il pourrait supporter sa chaleur.

L'illustre Spallanzani, dans le but d'éclaircir la théorie des fonctions digestives, se livra aux expériences les plus dangereuses : ainsi, il introduisit dans son estomac des aliments enveloppés dans de petits sacs de toile, et avala des tubes remplis de certaines substances.

Quelques hommes ont été doués d'une merveilleuse aptitude pour le travail. Bayle travailla quatorze heures par jour jusqu'à quarante ans — Pater, mathématicien hongrois du dix-septième siècle, ne dormait que deux heures par jour, pendant l'été, et quatre heures pendant l'hiver.

L'une des existences les plus singulières est celle de Magliabecchi, qui, après avoir été jusqu'à quarante ans orfévre, sur le Pont-Vieux de Florence, devint bibliothécaire du grand-duc Côme III, et l'un des bibliographes les plus passionnés que l'on connaisse. Un professeur hollandais, Heyman, qui alla lui rendre visite, a laissé une relation détaillée de cette entrevue. « Il le trouva au milieu d'un nombre prodigieux de livres ; deux ou trois salles du premier étage en étaient remplies. Non-seulement il les avait placés dans des rayons, mais il en avait encore disposé par piles, au milieu de chaque pièce, de sorte qu'il était presque impossible de s'y asseoir, et encore moins de s'y promener. Il y régnait cependant un couloir fort étroit, par lequel on pouvait, en marchant de côté, passer d'une chambre à une autre. Ce n'est pas tout : le corridor du rez-de-chaussée était chargé de livres ; et les murs de l'escalier en étaient tapissés, depuis le haut jusqu'en bas. Parvenu au second étage, vous étiez tout surpris d'en voir les salles inondées comme celles du premier ; elles en étaient tellement encombrées, que deux beaux lits qui s'y trouvaient montés disparaissaient, pour ainsi dire, sous leur prodigieux amas.

« Cette confusion apparente n'empêchait cependant pas Magliabecchi de trouver les livres dont il avait besoin ; il les connaissait si bien, et même les plus petits d'entre eux, qu'il les distinguait à la couverture. Il mangeait sur ses livres, dormait sur ses livres, et ne s'en séparait que le plus rarement possible.

« Il ne sortit, pendant tout le cours de sa vie, que deux fois de Florence : l'une pour aller voir Fiésoli, qui n'en est éloigné que de deux lieues, et l'autre pour se rendre à dix milles de cette capitale, par ordre du grand-duc.

« Rien n'était plus simple que sa manière de vivre : quelques œufs, un peu de pain et de l'eau faisaient sa nourriture ordinaire. Un tiroir de sa table s'étant trouvé ouvert, M. Heyman y vit des œufs et de l'argent que Magliabecchi y avait mis pour son usage journalier ; mais comme ce tiroir n'était jamais fermé, il arrivait souvent que les domestiques de ses amis, ou des étrangers qui venaient pour le voir, lui volaient, soit de l'argent, soit des œufs.

« Son habillement était comme sa manière de vivre. Il se composait d'une veste brune, qui lui tombait sur les genoux, d'un pantalon, d'un manteau noir plein de pièces et de coutures, d'un chapeau déformé à grands bords percés de toutes parts, d'une large cravate toute farcie de tabac, d'une chemise sale qu'il ne quittait jamais tant qu'elle durait, et que l'on voyait à travers les coudes percés de son habit. Une paire de manchettes qui ne tenaient pas à la chemise, complétait cette brillante toilette [1]. »

Sa manière de vivre était uniforme; toujours environné de livres, il ne s'embarrassait de rien autre chose, et les seuls êtres vivants auxquels il paraissait s'intéresser étaient les araignées qui ne manquaient pas de pulluler au milieu d'un pareil taudis. Il avait une telle affection pour ces insectes, qu'il lui arrivait souvent de crier aux visiteurs qui ne mettaient pas assez de précaution dans leurs mouvements : « Prenez garde de faire du mal à mes araignées. »

Haug, poète allemand, mort en 1829, atteignit l'âge de soixante ans sans être sorti de la petite ville du Wurtemberg où il était né.

---

[1] *Curiosities of literature*, de D'Israeli. Voyez aussi Tiraboschi, *Storia della litteratura italiana*. Modène, 1795, in-4, tome viii, partie i, p. 75.

FÉCONDITÉ DE QUELQUES ÉCRIVAINS.

« Il y a des écrivains, dit Vigneul-Marville, qui ont une peine infinie à commencer, et qui courent quand une fois le chemin est ouvert. Les premières lignes de l'histoire de M. de Thou lui coûtèrent plus que tout le reste ; mais dès qu'il eut surmonté cette difficulté, il courut en écrivant. D'autres écrivent facilement, et sont longtemps à polir leurs ouvrages. Tel était Horace chez les Romains ; tel était M. de Rabutin parmi nous ; tels sont la plupart des gens sages, qui étant nés pour écrire, ne suivent d'abord la nature que pour ensuite la corriger et la polir. D'autres, enfin, mais cela pour leur malheur, ne peuvent écrire qu'à la hâte, et ne sauraient repasser sur leurs ouvrages. M. de Saumaise était de ce caractère : caractère dangereux qu'il faut souffrir où il se trouve ; mais qui ne doit point servir de modèle ni d'exemple à personne.

« Fabius Léonida, poète italien, suait longtemps sur ses ouvrages ; et les retouchait plus de dix fois, pour leur donner la perfection qu'il souhaitait. Pierre Mafée, qui a si bien écrit en latin, ne composait que quatorze ou quinze lignes par jour. Paul Émile Sanctorius, qui avait entrepris d'écrire en latin l'histoire de son siècle, était si long à polir ce qu'il faisait, qu'un autre, en moins de temps, aurait écrit l'histoire de tout le monde. M. de Vaugelas fut trente ans sur la traduction de Quinte-Curce, la changeant et la corrigeant sans cesse [1]. M. Habert, de l'Aca-

---

[1] Voiture lui dit, à ce sujet, « Jamais vous n'aurez achevé, et pendant que vous en polissez une partie, notre langue venant à changer, vous

démie, auteur du *Temple de la mort*, qui est une des plus belles pièces de notre poésie française, changea et re-changea durant trois ans les vers de cet ouvrage, pour les amener au point de beauté, de politesse et d'élégance où nous les voyons. Ce n'était qu'en veillant beaucoup et à force de se tourmenter, que Malherbe produisait ses divines poésies. M. de Balzac passait les jours et les nuits à représenter ses pensées avec cette netteté de style et ce choix de paroles que nous admirons encore aujourd'hui. »

Les manuscrits de l'Arioste sont chargés de ratures. Ainsi qu'on le voit sur le manuscrit autographe conservé à Florence, il écrivit de seize manières différentes la stance célèbre où il décrit une tempête.

Pétrarque refit l'un de ses vers quarante-six fois.

Les manuscrits du Tasse sont illisibles à cause des corrections.

Pascal refit jusqu'à seize fois une de ses *provinciales*.

Buffon fit recopier onze fois le manuscrit des *Époques de la nature*.

Bucquet, érudit français du dix-huitième siècle, relut cinquante fois et copia lui-même quatorze fois un de ses ouvrages *sur la justice*.

Stace, dans la dédicace du premier livre des *Silves*, adressé à Stella, s'étend avec complaisance sur la rapidité avec laquelle il avait composé ces poésies, « rapidité, dit-il, qui n'était pas pour moi sans plaisir. Aucune ne m'a coûté plus de deux jours ; quelques-unes même ont été faites de verve dans l'espace d'une journée. J'ai bien peur qu'elles ne portent avec elles la preuve de ce que j'a--

---

obligera à refaire toutes les autres : *Altera lingua subit* (application de l'épigramme de Martial sur la lenteur d'un barbier : *Altera barba subit*).

vance. Les vers sur la statue colossale de Domitien, pour
laquelle l'empereur a eu l'extrême indulgence de solli-
citer ma muse, je devais les livrer le lendemain de l'inauguration... L'épithalame que vous m'aviez commandé a
été, vous le savez, l'affaire de deux jours. Assurément
c'est un tour de force, puisque l'on compte dans la pièce
deux cent soixante-douze hexamètres. »

Gaspar Barthius, savant allemand mort en 1587, « n'é-
tant encore que dans la seizième année de son âge, dit
Baillet, fit un traité ou une dissertation en forme de lettre
sur la manière de lire utilement les auteurs de la langue
latine, à les commencer depuis Ennius jusqu'à la fin de
l'empire romain, et à les continuer depuis la décadence
de la langue jusqu'aux critiques de ces derniers temps
qui ont rétabli les anciens auteurs. C'est une composition que l'auteur assure ne lui avoir coûté qu'un jour de
vingt-quatre heures [1]. »

Dumonin, auteur français du seizième siècle, mit deux
mois à traduire en sept mille vers latins la *Semaine* de
Dubartas.

L'italien Ferreri composa, en trois jours, un poème
latin (*Lugdunense somnium*) de mille vers hexamètres
sur Léon X.

L'*Éloge de la folie* ne demanda que sept jours de travail à Érasme.

Chapman, poète anglais, mort en 1634, traduisit en
quatre mois les douze derniers livres de l'*Iliade*.

Guillard Danville, gendarme de la reine, auteur de la
Chasteté, poème héroïcomique (1624, in-12), a soin d'apprendre au lecteur qu'il a commencé cet ouvrage dans

un voyage en poste à travers la Styrie, et qu'il l'a terminé en se rendant de Bavière en France pour le service du roi. Il se vante d'en avoir composé jusqu'à 900 vers en douze jours, sans que ses autres occupations en souffrissent. — Ce n'est pas trop mal pour un gendarme.

Voltaire, à l'âge de soixante-neuf ans, en 1765, fit la tragédie d'*Olympie*. « C'est l'ouvrage de six jours, » écrivait-il à un de ses amis dont il voulait savoir l'opinion sur cette pièce. « L'auteur n'aurait pas dû se reposer le septième, » lui répondit son ami. « Aussi s'est-il repenti de son ouvrage, » répliqua Voltaire. Quelque temps après, il renvoya la pièce avec beaucoup de corrections.

Marie Darby, célèbre actrice anglaise, morte en 1800, composa, en douze heures, un poème de trois cent cinquante vers, intitulé : *Ainsi va le monde*.

Il est juste de dire que la plupart de ces œuvres, ainsi composées à la hâte, durent à peu près le temps que l'on a mis à les faire.

Deux théologiens du quatrième siècle, Didyme et Théodore de Mopsueste, ont laissé le premier six mille, le second dix mille volumes, ou, pour mieux dire, l'un six mille et l'autre dix mille traités.

Les œuvres d'Albert le Grand (mort en 1280), publiées en 1651, forment vingt et un volumes in-folio. Le *Speculum majus*, de Vincent de Beauvais, se compose de dix volumes in-folio.

La Chronique de Horneck, historien allemand du treizième siècle, contient quatre-vingt-trois mille vers. La verve de ce chroniqueur égalait bien celle de Hennin, auteur du poème l'*Illusion* en cent chants.

Soyouthi, auteur arabe du quinzième siècle, a laissé plus de soixante ouvrages sur tous les sujets.

Le célèbre *meistersaenger* Hans-Sachse, mort en 1576, a laissé, entre autres écrits : 26 comédies et 27 tragédies spirituelles, 52 comédies et 28 tragédies profanes, 64 farces de carnaval, 59 fables, 116 contes allégoriques, 197 contes comiques et 307 poèmes sacrés ou profanes. Il a en outre traduit et mis en vers plusieurs parties de la Bible.

Nous avons déjà parlé de Tiraqueau, qui, suivant Bayle, « n'avait pas moins à cœur d'augmenter le nombre des habitants de la terre que celui des livres. »

Macedo, cordelier portugais du dix-septième siècle, est auteur de 53 panégyriques, 60 discours, 32 oraisons, 123 élégies, 115 épitaphes, 212 épîtres dédicatoires, 700 lettres, 2 600 poèmes épiques, 500 élégies, 110 odes, 3 000 épigrammes, 4 comédies latines, 2 tragédies, 1 satire en espagnol.

Alexandre Hardy est l'auteur le plus fécond qui ait jamais travaillé en France pour le théâtre. Il a fait 600 pièces. Ce n'est rien en comparaison des 1800 pièces en vers de Lope de Vega, qui a en outre composé 21 vol. in-4 de poèmes et de poésies diverses.

Pryme, jurisconsulte et littérateur anglais du dix-septième siècle, a laissé plus de 200 ouvrages, formant 40 volumes in-folio et in-4.

On conserve à la bibliothèque bodléienne, à Oxford, 122 volumes in-folio, écrits de la main de Dodsworth, antiquaire anglais du dix-septième siècle.

L'Allemand Moser, compilateur du dernier siècle, a laissé 480 ouvrages dont 17 sont encore inédits ; 16 lui sont contestés, ce qui forme un total de 700 volumes, dont 71 in-folio, sans y comprendre 84 volumes de réimpressions ou nouvelles éditions de ses ouvrages, ni 4 volumes dont il ne fut qu'éditeur, ni 24 dissertations ou articles qu'il a fournis à trois recueils périodiques, ni 26 numéros de notices hebdomadaires des nouvelles littéraires de Souabe.

Un autre Allemand Krunitz, mort en 1796, composa à lui seul une encyclopédie qui, à l'époque de sa mort, formait 72 gros volumes in-8.

L'auteur de *Manon Lescaut*, l'abbé Prévost, a écrit plus de 170 volumes.

Les principaux ouvrages de Restif de la Bretonne forment 146 volumes in-12.

Le journaliste Fréron est auteur de 250 volumes.

On doit à Figueiredo, savant portugais du dix-huitième siècle, 169 ouvrages dont 68 imprimés, à madame Leprince-Beaumont, morte à soixante-dix ans, 70 volumes, et à Ducray-Dumesnil, 95 ; à un romancier allemand, à Lafontaine, descendant de réfugiés français, 75 romans en 210 volumes.

Le catalogue des ouvrages de Gail forme 500 pages in-4.

Les manuscrits du savant botaniste Adanson, sur l'histoire naturelle, se composent de 120 volumes et de 75 000 figures.

Dingé, écrivain français fort inconnu (mort en 1852), a laissé des manuscrits autographes qui pèsent 400 kilogrammes.

Les auteurs chinois n'ont pas été, à ce qu'il paraît, moins féconds que les nôtres. Au dernier siècle, l'empereur Khiang-Loung voulut faire faire un choix de chefs-d'œuvre de la littérature chinoise ; ce choix ne devait contenir que 180,000 volumes. Dans cette collection, on faisait figurer trois ouvrages écrits par des Européens.

—

DES SURNOMS HISTORIQUES.

Depuis Clovis jusqu'à nos jours, il y a environ une trentaine de rois de France auxquels on a donné des surnoms. La plupart sont menteurs ou insignifiants; quelques-uns ont trait à une particularité physique, comme Charles le Chauve, Louis le Gros, Philippe le Bel, Philippe le Long, etc. Le surnom de *Bref* n'est donné à Pépin par aucun historien du temps de ce prince, et il doit probablement son origine à une anecdote fort connue rapportée seulement un siècle plus tard par le moine de Saint-Gall. — On n'a pas encore trouvé d'explications satisfaisantes du nom de *Capet*, porté par Hugues, le chef et le premier roi de la troisième race. Celle de Pasquier est ridicule. Il prétend, sans en apporter de preuves, que ce surnom vient de ce que Hugues étant enfant, avait l'habitude d'ôter la *cape* à ses camarades. Au dire d'autres écrivains, c'est parce qu'une cape faisait habituellement partie de son costume; il serait plus naturel de voir dans cette dénomination une allusion à la grosseur de la tête (*caput*) de Hugues.

Suivant des chroniqueurs du onzième siècle, « ce fut après les exploits de Charles (aïeul de Charlemagne) contre les Sarrasins que l'on commença alors à le surnommer *Martel*, parce que, comme le *martel* brise toute espèce de fer; ainsi Charles, avec l'aide du Seigneur, brisait ses ennemis dans les batailles. » M. Aug. Thierry pense que ce nom équivalant à *foudre de guerre* dans l'ancienne langue germanique, était emprunté au culte aboli du dieu Thor.

Il faut peut-être voir uniquement un souvenir des titres pris par les empereurs romains, dans l'épithète de *Pius*, appliquée à Louis Ier, fils et successeur de Charlemagne, épithète que l'on a fort improprement traduite par *Débonnaire*.

Si Louis VII a été appelé le *Jeune*, ce n'est point, comme l'ont prétendu quelques auteurs, pour s'être conduit toute sa vie comme un jeune homme, mais bien pour avoir été à onze ans associé à la couronne du vivant de son père Louis VI.

Le surnom de *Lion*, que l'on trouve généralement joint au nom de Louis VIII, a une origine assez singulière. Il existait pour l'année 1226 une prophétie de Merlin, suivant laquelle, *le Lion pacifique devait mourir au ventre du mont*. Louis, ayant cette année-là terminé ses jours à Montpensier, on soutint qu'il était désigné par le *Lion pacifique*, car Montpensier n'était autre chose que *la panse ou le ventre du mont* [1].

Voici comment Rigord, qui écrivait du vivant même de Philippe II, explique le surnom d'*Auguste* qu'il lui donna le premier. « Peut-être, dit-il, dans la préface de la vie de ce prince, peut-être s'étonnera-t-on du titre d'*Auguste* que je donne au roi en tête de cet ouvrage ; en voici la raison. Les écrivains donnaient ordinairement

---

[1] Voy. Gesta Ludovici VIII, *Recueil des historiens de France*, t. XVII, p. 510.

le nom d'*Auguste* (du verbe *augere*) aux Césars qui avaient *augmenté* le royaume [1]; Philippe, par ce motif, mérite donc le titre d'Auguste. En effet, il a réuni à son royaume tout le Vermandois que ses prédécesseurs avaient perdu depuis longtemps, et beaucoup d'autres domaines au moyen desquels il a *augmenté* le revenu de l'État. De plus, il est né dans le mois consacré à *Auguste* (août), c'est-à-dire quand les granges et les pressoirs regorgent de tous les biens temporels [2]. »

On n'a pas pu trouver un seul fait qui motivât le surnom de *Hardi* donné à Philippe III.

Le nom de *Sage*, donné à Charles V et à d'autres princes du moyen âge, ne doit pas être pris dans l'acception actuelle de ce mot. A l'époque où on l'a donné à ce roi et à d'autres, comme à Alphonse X de Castille, il n'avait d'autre sens que celui de *savant*.

« Le cardinal de Richelieu, dit Tallemant des Réaux, qui craignait qu'on n'appelât Louis XIII Louis le Bègue, fut ravi de ce qu'une occasion s'était présentée de le surnommer *Louis le Juste*. Cela arriva lorsque madame de Guemadeuc, femme du gouverneur de Fougères, se jeta à ses pieds, pleura et lamenta, et qu'il n'en fut point ému, encore qu'elle fût fort belle. Guemadeuc eut la tête coupée ; il se révolta le plus sottement du monde. A la Rochelle, ce nom fut confirmé au roi, à cause du traitement qu'on fit aux Rochellois. En riant, quelques-uns ont ajouté *arquebusier*, et disaient : *Louis le juste arquebusier*. Un jour, mais longtemps après, Nogent, en

---

[1] Autrefois plusieurs empereurs d'Allemagne ont pris, à leur avènement, le titre de *mehrerer*, qui a absolument le même sens.

[2] *Recueil des historiens de France*, t. XVII, p. 5.

jouant à la paume, ou au gros volant, avec le roi, lui cria : « A vous, sire. » Le roi manqua : « Ah ! vraiment, « dit Nogent, voilà un beau Louis le Juste. » Il ne s'en fâ- « cha point [1]. »

D'autres écrivains prétendent que Louis XIII dut ce surnom de *juste* au hasard qui le fit naître sous le signe de la Balance. On sait qu'au dix-septième siècle, on avait encore une telle confiance dans l'astrologie judiciaire, qu'il ne naissait pas un grand prince sans que son horos- cope fût tirée par un astrologue en crédit. Ainsi on peut lire dans les *OEconomies royales* de Sully, ch. 104, l'horoscope qu'Henri IV fit tirer lors de la naissance de Louis XIII.

Voici maintenant une liste alphabétique de surnoms appliqués à quelques personnages célèbres de différents pays, et qui appartiennent presque tous aux temps mo- dernes. Nous ne donnerons que ceux qui nous ont paru offrir quelque singularité. Nous avons négligé également ceux qui sont trop connus comme le *fléau de Dieu* (Attila), *l'épée de Dieu* (Caled), *le Père la Pensée* (Catinat), et ceux qui portent en eux-mêmes leur explication, comme *le Tricheur* (Thibaut Ier, comte de Blois), *le Cérémonieux* (Pierre IV d'Aragon), *le Batailleur* (Alphonse Ier d'Ara- gon) etc. [2].

ABBÉ-VERT.—On surnomma ainsi l'abbé Anne-Bernard

[1] *Historiette de Louis XIII*, 2e édition, t. III, p. 56.

[2] Les surnoms renfermant des allusions obscènes ne manquent pas dans l'histoire. Nous nous bornerons à citer les deux suivants : Le maréchal de Saint-André avait été surnommé *Arquebusier de ponant*, et le fils du maréchal de Villars l'*Ami des hommes*, à cause de leurs goûts infâmes. On peut, sur le mot *ponant*, consulter le *Dictionnaire comique* de Le- roux.

de Fortia, auquel arriva, à Paris, rue Bourtibourg, au mois de juillet 1745, une mésaventure assez fâcheuse. Il fut surpris dans une conversation criminelle avec la femme d'un teinturier. « Le cas était flagrant ; le mari offensé se vengea à sa manière et sans sortir de sa profession. Saisi par deux vigoureux garçons, le galant abbé fut plongé dans une cuve de teinture verte, et en sortit avec la peau d'un lézard ou d'un perroquet. La couleur était même, dit on, si bon teint, qu'il ne put jamais en effacer l'empreinte ; il conserva, du moins, jusqu'à sa mort le surnom de l'*Abbé-Vert*. Furieux de sa mésaventure, il avait été porter ses plaintes à M. d'Argenson, lieutenant général de police, qui ne fit qu'en rire : bafoué de toutes parts, poursuivi par les mauvais plaisants, persiflé par les gazettes, il n'osa plus se montrer en public, et finit par cacher sa honte au fond de la Provence; dans une terrre de sa famille, où il ne tarda pas à mourir de chagrin et d'ennui [1]. »

AFFAMÉ (l')ou le FAMÉLIQUE. — Olaüs II, roi de Danemark, mort en 1695, ainsi surnommé, suivant Saxon l'historien, à cause d'une famine cruelle qui affligea son royaume.

BOUCHER DE VASSY. — Le duc de Guise, que les Huguenots regardaient comme l'auteur du massacre de leurs coreligionnaires qui eut lieu à Vassy, le 28 février 1562, et fit éclater la première guerre civile.

BOUCHER DE MANCHESTER. — Castlereagh. Ce fut sous son ministère qu'eut lieu, le 16 avril 1819, à Manchester, une émeute où quatre cents personnes furent massacrées.

BOUTEILLES (Cardinal des). — Le cardinal de Guise,

qui passait dans les festins le temps que ses cinq autres
frères employaient aux intrigues politiques.—Ce fut pour
des raisons analogues que Joseph Bonaparte fut surnommé, par les Espagnols, le *roi Bouteille* (*el rey Botella*).
Des penchants semblables avaient fait changer en *Bibe-
rius* le nom de *Tiberius* que portait Néron.

CADET LA PERLE. — Henri, comte d'Harcourt, qui
battit les Espagnols à Quiers (1639), et à Llorens (1645).
Il était le cadet de la maison de Lorraine-Elbeuf, et portait une perle à une oreille.

CAPITAINE BRULE-BANC. — Le connétable Anne de
Montmorency. « Il commença premier, dit Brantôme, à
chasser les ministres (protestants) de leurs presches et
chaires de Paris, et luy-mesme alla à Poupincourt, lieu
destiné pour eux, et en fit devant lui brusler la chaire de
M. le ministre, et tous les bancs où s'asséoyent les audi-
teurs : et pour ce, ils l'appellèrent le capitaine *Brusle-
Banc*; dont il ne s'en souçioit guères, car il portoit bien
d'autres plus beaux titres et plus illustres marques que
celle là. »

CAPITAINE MUET. — Le prince de Condé, tué à Jarnac. « Il fut esleu, dit Brantôme, de ceux de la religion
et conjuration d'Amboise leur chef, non qu'il le sceust
autrement (disoit-on); mais sans luy sonner mot et sour-
dement l'esleurent, usans en cela de la façon d'Allemai-
gne; et tel l'appelle-on le *capitaine muet*. Et si leur entreprise eust bien réussy à souhait, lors on luy eust faict
à sçavoir. »

CHARBONNIER (le). — Anund II, roi de Suède, mort
en 1051. Il avait publié une loi portant que quiconque
ferait tort à l'un de ses concitoyens aurait sa maison
brûlée.

CIGALE JAUNE. — Moslemah, célèbre capitaine arabe du huitième siècle, fils du calife Abdel-Mélek, se nommait ainsi lui-même, parce qu'il était blond et jaune.

COMTE VERT. — Amédée VI, comte de Savoie. Il reçut ce surnom après avoir brillé dans un tournoi où il avait paru revêtu d'une armure verte, son cheval caparaçonné de vert, et accompagné d'un écuyer en livrée verte. Nous ne savons quel est le motif qui fit donner à son fils et successeur, Amédée VII, le surnom de *Comte rouge*.

COURRIER DE LA LIGUE. — Le P. Mathieu, jésuite. C'était l'un des agents les plus actifs de la Ligue. Il était sans cesse par monts et par vaux; et l'on ne pourrait énumérer tous les voyages qu'il fit de France à Rome, pour les intérêts de son parti.

COURT-COU (Henri au). — Henri de Leicester. On l'appelait ainsi parce que son frère Thomas, comte de Lancastre, avait été décapité par ordre d'Édouard II, au mois de mars 1322.

DAME DE VOLUPTÉ. — La comtesse de Verrue, maitresse de Victor-Amédée, duc de Savoie, née en 1670. Son goût fort vif pour le luxe et les plaisirs ne l'abandonna qu'à sa mort, arrivée en 1736. Elle avait composé, pour elle-même cette épitaphe :

> Ci gît, dans une paix profonde,
> Cette *dame de volupté*,
> Qui, pour plus grande sûreté,
> Fit son paradis dans ce monde.

DEMI-LOUIS. — Les courtisans nommèrent ainsi le comte du Luc, fils de Louis XV et de la comtesse de Vintimille, sœur cadette de la comtesse de Mailly.

DÉNICHEUR DE SAINTS. — J. de Launoy, docteur de

Sorbonne, mort en 1678, célèbre par ses travaux de critique sur les cérémonies, les dogmes et surtout les saints de l'Église romaine. « Il était redoutable au ciel et à la terre, dit Bonaventure d'Argonne ; il a plus détrôné de saints du paradis que dix papes n'en ont canonisé. Tout lui faisait ombrage dans le Martyrologe ; et il recherchait tous les saints, les uns après les autres, comme, en France, on recherche la noblesse. Le curé de Saint-Eustache, de Paris, disait : « Quand je rencontre le docteur « de Launoy, je le salue jusqu'à terre, et ne lui parle que « le chapeau à la main et avec bien de l'humilité, tant j'ai « peur qu'il ne m'ôte mon Saint-Eustache, qui ne tient « à rien. »

DORÉ (le). — Muley-Ahmed, roi de Maroc et de Fez, mort en 1603. Les richesses que ses conquêtes dans l'intérieur de l'Afrique lui avaient procurées étaient telles, que quatorze cents marteaux étaient continuellement occupés à battre des monnaies d'or. Il ne payait ses soldats qu'avec ce métal.

ECLABOUSSÉ (l') ou le BATISSEUR — O'Brien, roi de Momomie (Irlande), en 1120. Il passa une partie de son règne à construire des cités, des châteaux, des églises, etc. ; et comme il était sans cesse au milieu des ouvriers, il ne les quittait jamais sans que sa robe royale eût reçu quelque éclaboussure.

EVEILLE-CHIEN. — « Herbert Ier, comte du Mans, mérita, dit Orderic Vital (1. iv), d'être appelé vulgairement *Éveille-Chien*. Après la mort d'Hugues, son père, que le vieux Foulques avait soumis par la violence ; il prit les armes contre ce prince, et fit de fréquentes expéditions nocturnes. Il effrayait, dans les villes et dans les lieux fortifiés de l'Anjou, les hommes et les chiens, et les forçait de veiller, épouvantés par ses vives attaques. »

FAISEUR D'ENFANTS. — (Kinder-Macher). Jamais surnom ne fut mieux mérité. Jean II, duc de Clèves, mort en 1481, auquel il fut donné, avait, *avant son mariage*, soixante-trois enfants. ·

GRAND DIABLE (le). — Jean de Médicis, général italien, célèbre par ses victoires et ses cruautés, mort en 1526. Après lui, ses troupes prirent le deuil, et reçurent le surnom de *bandes noires*.

GRAND MADRIGALIER FRANÇAIS (le). — La Sablière, poëte, mort en 1680.

GRAND MAHOMET. — Jean Zamet, fils du célèbre financier. Ses exploits contre les réformés, sous le règne de Louis XIII, l'avaient fait surnommer ainsi par ces derniers.

GRAND SANGLIER DES ARDENNES. — « Messire Robert de la Marche, dit Brantôme, a esté un gentil et vaillant capitaine. On l'appeloit au commencement *le Grand Sanglier des Ardennes*, pour l'amour de ses terres, qui aboutissoient aux Ardennes, et qu'il ravageoit toutes les terres de l'empereur et autres ses voisins, et y faisoit de grands maux, ny plus ny moins qu'un sanglier qui ravage les bleds et les vignes des pauvres et bonnes gens. Aussy fut-il le premier subject des guerres entre le roy (François Ier) et l'empereur (Charles V), et le roy le prit en protection. » Un autre, Guillaume de la Mark, qui portait le même surnom, eut la tête tranchée en 1485, par ordre de Jean de Horn, évêque de Liége.

GRISE-GONELLE. — Geoffroi Ier, comte d'Anjou (mort vers 987) ; ainsi appelé à cause de la couleur de sa casaque.

HUITAINIER (le). — Mostasem-Billah, calife Abasside,

mort en 842. Le nombre huit joua un singulier rôle dans sa vie. Ce prince, né le huitième mois de l'année de l'hégyre 218, régna huit ans et huit mois, fut le huitième calife de sa famille, se trouva dans huit batailles, et laissa, en mourant, huit fils, huit filles, huit mille esclaves, huit millions de dinars d'or, et huit fois dix millions de drachmes d'argent.

JEAN DE LAGNI QUI N'A HATE. — C'est le surnom que les Parisiens donnèrent à Jean-sans-Peur qui, après la bataille d'Azincourt, se tint renfermé pendant deux mois dans la ville de Lagni.

LIONNE (la). — Mademoiselle Paulet, dont il est si souvent question dans les mémoires de la première moitié du dix-septième siècle. Elle eut de nombreux amants, entre autres le chevalier de Guise, et même, dit-on, Henri IV. « L'ardeur avec laquelle elle aimait, dit Tallemant des Réaux, son courage, sa fierté, ses yeux vifs et ses cheveux trop dorés lui firent donner le surnom de *Lionne*. »

LONGUES MAINS (Jouri aux). — Jouri Ier, grand prince de Kiew, mort en 1156. Son ambition et sa passion de tout envahir lui firent donner ce surnom (en russe *Dolgorouki*), qui passa à l'un de ses fils, duquel prétend descendre la famille actuelle des Dolgorouki.

MAIN A L'EPÉE. — « Aurélien (avant d'être empereur), était, dit Vopiscus (ch. VI), extrêmement sévère, singulièrement attaché à la discipline, et toujours prêt à tirer l'épée. Aussi, comme il y avait dans l'armée deux tribuns du nom d'Aurélien, celui-ci et un autre qui fut fait prisonnier avec Valérien, les soldats, pour les distinguer, avaient donné à celui qui devint empereur le surnom de *Main à l'Epée* (*manus ad ferrum*), de sorte que quand

on venait à demander quel Aurélien avait fait telle ou
telle chose, on le désignait en disant : C'est Aurélien
Main à l'Épée. »

MARCHEUR (le). — Rollon, qui devint duc de Normandie, quand il était encore dans sa patrie, la Scandinavie.
Sa haute taille ne lui permettant pas de monter les petits chevaux de ce pays, il avait pris l'habitude d'aller
toujours à pied.

MORE (LE). — Louis Sforza, duc de Milan, ainsi nommé
à cause du mûrier (moro) qu'il portait dans ses armes.

MITARRA. — Surnom donné par les Arabes à Sanche Ier,
duc de Gascogne. Ce mot, dans leur langue, signifie
ruine, dévastation.

OISELEUR (L'). — Henri Ier, empereur d'Allemagne. Il
était à la chasse au faucon lorsqu'on vint lui annoncer
son élévation à l'empire.

PAPE DES HUGUENOTS. — Philippe du Plessis-Mornai,
mort en 1623.

PETIT DIEU DES CHRÉTIENS. — Suivant Orderic Vital
(l. x), c'était ainsi que les Turcs appelaient Boémond,
prince d'Antioche, l'un de leurs plus redoutables ennemis.

PETIT PÈRE LA MARAUDE. — Le maréchal de Richelieu,
qui avait commis en 1757 les exactions les plus odieuses
en Allemagne. Les Parisiens ne manquèrent pas d'appeler *Pavillon d'Hanôvre* le pavillon élégant qu'il fit
construire au retour de cette campagne.

PENDUS (ANDREA DES). — André del Castagno, peintre italien, mort en 1477. Il fut appelé ainsi après
avoir composé un tableau d'une effrayante vérité, représentant l'exécution des chefs de la conjuration des
Pazzi.

PIERRE DE MULIERIBUS. — Pierre Mollyn, peintre hollandais, mort en 1701. Il avait fait assassiner sa femme pour épouser une dame génoise.

PIERRE MOLLE. — Harald IX, roi de Danemark, mort en 1080, ainsi surnommé à cause de la faiblesse de son caractère.

POCHE SANS FOND. — Christian Ier, roi de Danemark, mort en 1481. Ce prince était ce que nous appelons chez nous un *panier percé*.

RECULLE (M. de). — M. de Mercure, vaillant capitaine, qui se distingua contre les protestants, durant les guerres de religion en France, au seizième siècle. « M. de Mercure, dit Brantôme, ayant fait un gros de ses troupes, s'en vint en Poictou pour prendre Fontenay, et se planta et plaça aux fauxbours des Loges. M. le prince de Condé alla audevant de lui, présenta par deux ou trois fois la bataille en belle campagne; mais il la reffusa pour beaucoup de raisons; et puis après, d'une belle nuict, desmordant les fauxbourgs, se retira de grande traicte à Nantes, dont les huguenots en firent grandement leur proffit, et à le brocarder et appeller *M. de Reculle*, allusion sur Mercure. Sur quoy je feray ce petit conte plaisant : que sur ces entrefaictes, vint à estre pris des huguenots un honneste gentilhomme qui avoit la fiebvre quarte, qu'ils luy firent si bonne guerre, qu'ils le guérirent de sa fièvre d'une estrange façon; car il y eut un bon compaignon parmy eux, et bon mocqueur, qui luy donna un petit billet pendu au col, attaché avecques un petit de fillet, comme vous voyez ces sorciers et sorcières qui en font des mesmes, et lui dit qu'il ne l'ostast du col ny ne l'ouvrist en façon du monde, qu'il ne fust guéry; et que, pour le seur, en l'ayde de Dieu, il auroit

telle vertu qu'il le guériroit. Estant retourné vers M. de
Mercure, il luy demanda quel bon traictement il avoit re-
ceu des huguenots. Il respondit, très-bon, et avoient
mieux faict, car ils l'avoient guéry de sa fiebvre quarte,
par un petit billet qu'ils luy avoient donné, où il ne sçu-
voit ce qu'il y avoit dedans, mais tant y avoit grande
vertu. M. de Mercure fut tout aussy tost curieux, et autres
avecque luy dans sa chambre, veoyr ce qu'estoit escrit,
et l'ayant développé, ils y trouvèrent ces quatre petits
versets jollys :

> Sus, fiebvre quarte, icý je te conjure,
> Par la grand'barbe à monsieur de Mercure,
> Que de ce corps aussy tost tu desloges,
> Comme il a faict de nos fauxbourgs des Loges.

Roi Bâton. — Christian II, roi de Danemark. Ce
prince, qui s'était emparé de la Suède, ayant à redouter
les révoltes continuelles de ce pays, résolut d'en dés-
armer complètement les paysans, et de ne leur laisser que des bâtons. Les paysans dalécarliens, vivement
irrités de cette mesure, s'insurgèrent, et choisirent pour
chef Gustave Wasa, qui, en quelques années, parvint à
chasser complètement les Danois.

Roi des Juifs. — « Rainard, comte de Sens (vers 1008)
aimait tant les coutumes et les prévarications des Juifs,
dit Raoul Glaber (l. III, c. 6), qu'il donna l'ordre à tous
les siens de placer toujours après son nom le titre de *roi
des Juifs.* » Cette affection pour une religion qui fut en
horreur au moyen âge lui porta malheur ; car, en 1015,
une armée, envoyée par le roi, le chassa de sa ville.

Roi trouvé. — Philippe de Valois, nommé ainsi par
les Anglais et les Flamands, qui ne voulaient pas le recon-

naître pour légitime héritier de la couronne de France. Lorsque ce prince, vint, en 1328, mettre le siége devant Cassel, « les Flamands, disent les chroniques de Saint-Denis, ne s'en effrayèrent point ; mais mirent leurs tentes hors de la ville, et s'allèrent loger sur le mont de Cassel, afin que les Français les pussent tous voir ; et, en dérision dudit roi et de toute l'armée, ils placèrent au haut de leur camp un grand coq de toile peinte, et sur ce coq écrivirent :

> Quand ce coq ici chantera,
> Le roi *trouvé* ci entrera.

Ils se moquaient ainsi du roi, l'appelant le *roi trouvé*, parce qu'il n'était point, à leur dire, le droit héritier du trône. »

Cette fanfaronnade fut payée chèrement par les Flamands, qui, vaincus à la sanglante journée de Cassel, laissèrent treize mille morts sur le champ de bataille.

SERRURE DES GRANGES. — Magnus, roi de Suède, mort en 1298, appelé ainsi à cause des lois sévères qu'il porta et fit exécuter contre les voleurs.

TAPISSIER DE NOTRE-DAME. — Le maréchal de Luxembourg, qui, par ses nombreuses victoires, avait rempli Notre-Dame de drapeaux enlevés aux ennemis.

TURC (le). — Louis III, duc de Mantoue. Il ne se faisait jamais raser.

VIEILLE-MÉDÉE. — On désignait ainsi, à la cour, la comtesse de Soissons, mère du prince Eugène.

MORTS SINGULIÈRES

DE QUELQUES PERSONNAGES CÉLÈBRES.

L'empereur Adrien, avant de mourir, fit quelques vers latins, qu'Ælius Spartianus nous a rapportés, tout en les trouvant mauvais; ce qui ne fait pas trop l'éloge de son goût. Les voici :

> Animula, vagula, blandula,
> Hospes, comesque corporis,
> Quæ nunc abibis in loca
> Pallidula, rigida, nudula ;
> Nec ut soles, dabis jocos.

Ils ont été rendus assez faiblement de la manière suivante, par Fontenelle :

> Ma petite âme, ma mignonne,
> Tu t'en vas donc, ma fille? Et Dieu sache où tu vas.
> Tu pars seulette et tremblante, hélas!
> Que deviendra ton honneur, folichonne?
> Que deviendront tant de jolis ébats [1] ?

Le comte de Maugiron, lieutenant général, mort en avril 1767, fit, une heure avant sa mort, les vers suivants :

> Tout meurt; je m'en aperçois bien !
> Tronchin, tant fêté dans le monde;
> Ne saurait prolonger mes jours d'une seconde;
> Ni Dumont en retrancher rien.
> Voici donc mon heure dernière :

---

[1] *Dialogue des Morts.* Dialogue entre l'empereur Adrien et Marguerite d'Autriche.

.Venéz, bergères et bergers,
 Venez me fermer la paupière;
 Qu'au murmure de vos baisers
Tout doucement mon âme soit éteinte.
Finir ainsi dans les bras de l'amour,
C'est du trépas ne point sentir l'atteinte,
C'est s'endormir sur la fin d'un beau jour.

« M. de Maugiron était logé chez M. l'évêque de Valence ; le clergé se pressait de lui accorder des secours spirituels, lorsqu'il se retourna, et dit à son médecin : *Je les attraperai bien : ils croient me tenir, et je m'en vais. Il mourut à ce mot* [1]. »

« Vespasien, dans sa dernière maladie, dit Suétone (ch. 24), n'en remplissait pas moins les devoirs de sa dignité avec autant d'exactitude qu'auparavant ; il recevait même au lit les députations qu'on lui envoyait. Mais, se sentant tout à coup défaillir, à la suite d'un flux de ventre : *Un empereur*, dit-il, *doit mourir debout* ; et, dans le moment même où il s'efforçait de se lever, il expira entre les bras de ceux qui le soutenaient. »

« Le comte de Bure, dit Brantôme, mourut à Bruxelles, et fit la plus belle mort de laquelle on ouit jamais parler au monde, qui fit croire qu'il avait un courage très-noble et haut. Ce chevallier de la Toison tomba soudainement malade au lit, fut de quelque effort qu'il eût fait en avallant ces grands verres de vin à mode du pays, car toussant à outrance, fut que les parties de son corps fussênt vitiées, ou autrement. André Vesalius (le célèbre anatomiste Vesale), médecin de l'empereur Charles, l'alla incontinent visiter, et lui dit fran-

---

[1] *Mémoires secrets de la république des lettres*, 25 avril 1767.

chement après lui avoir taté le pouls, qu'il lui trouva fringant, que, dans cinq ou six heures pour le plus tard il devoit mourir, si les règles dé son art ne failloient en lui; pourquoi lui conseilla en ami juré qu'il lui étoit, de penser en ses affaires; ce qui advint comme le médecin l'avoit prédit. Tellement que Vesalius fut cause que le comte fit la plus belle mort de laquelle on ait jamais ouï parler depuis que les rois portent couronnes; car le comte, sans s'étonner aucunement, fit appeler les deux plus grands amis qu'il eût, à savoir l'évêque d'Arras, depuis cardinal de Granvelles, qu'il appelôit son frère d'alliance, ensemble le comte d'Aremberg, son frère d'armes, pour leur dire adieu. En ces cinq ou six heures, il fit son testament, il se confessa, et reçut le saint sacrement. Puis se voulant lever, fit apporter les plus riches, les plus beaux et les plus somptueux habits qu'il eût, lesquels il vêtit; se fit armer de pied en cap des plus belles et riches armes qu'il eût, jusque aux éperons; chargea son collier et son grand manteau de l'ordre, avec un riche bonnet à la polacre, qu'il portoit en tête pour l'aimer plus que toute autre sorte de chapeau, l'épée au côté; et ainsi superbement vêtu et armé, se fit porter dans une chaire en la salle de son hôtel où il y avait plusieurs couronnels de lansquenets, gentilshommes, capitaines et seigneurs flamands et espagnols, qui le vouloient voir avant mourir, parce que le bruit vola quant et quant par toute la ville que, dans si peu de temps, il devoit être corps sans âme.

« Porté en sa salle, assis en sa chaire, et devant lui sa salade enrichie de ses panaches et plumes avec ses gantelets, il pria ses deux frères d'alliance de vouloir faire appeler tous ses capitaines et officiers, qu'il vouloit voir

pour leur dire adieu à tous, les uns après les autres; ce
qui fut fait. Vinrent maîtres d'hôtels, pages, valets de
chambre, gentilshommes servants, pallefreniers, laquais,
portiers, sommeliers, muletiers et tous autres, auxquels à
tous (pleurant et se jetant à ses genoux) il parla humainement, recommandant ores cestuy cy, ores cestuy là à
M. d'Arras, pour les récompenser selon leurs mérites,
donnant à l'un un cheval, à l'autre un mulet, à l'autre
un lévrier ou un accoustrement complet des siens; jusqu'à un pauvre fauconnier, chassieux, bossu, mal vêtu,
qui ne savoit approcher de son maître pour lui dire
adieu, comme les autres de la maison avoient fait, pour
être mal en ordre, fut aperçu par le comte, dernier les
autres, plorer chaudement le trépas de son pauvre
maître, fut appelé pour venir à lui; ce que fit le fauconnier, lequel son maître consola; et si l'interrogea particulièrement comme se portoient tels et tels oiseaux
qu'il nourrissoit.

« Tous les assistants, voyant un si familier devis d'un si
grand seigneur à un si petit malotru, se mirent à pleurer de compassion. Puis, ayant dit adieu à tous ses officiers et serviteurs, leur avoir touché en la main, il demanda à boire en ce godet riche où il faisait ses grands
carroux avec les couronnels quand il étoit en ses bonnes; et de fait voulut boire à la santé de l'empereur son
maître. Fit alors une belle harangue de sa vie et des
honneurs qu'il avoit reçus de son maître, rendit le collier de la toison au comte d'Arémberg pour le rendre à
l'empereur, but le vin et l'étrier de sa mort, soutenu
sous les bras par deux de ses gentilshommes, les remer-
ciant du vrai office d'ami que tous les deux lui avaient
fait à l'article de la mort, pour l'avoir assisté en cette

dernière catastrophe de sa vie. Il dit adieu de même à tous ces braves capitaines et gentilshommes qui là étoient. Puis, tournant la tête, apercevant M. Vesalius dernier celuy, l'embrassa, et le remercia de son avertissement. Finalement, dit : « Portez-moi sur ce lit; » où il ne fut pas plustôt posé qu'il mourut entre les bras de ceux qui le couchoient.

« Ainsi devroient mourir tous les plus grands de la terre, quand ils sentent que la dernière heure de leur vie doit sonner, sans mourir en la plume comme canards, puisqu'il ne leur est donné de mourir en une journée, aux pieds des rois et de leurs généraux d'armes. Mort de grand capitaine, qui certes mérite d'être historiée en une tapisserie, pour être ordinairement posée à la vue des princes, rois et gouverneurs de provinces, pour leur servir de patron, de bravement et royallement mourir! Ce que ne put faire dom Jouan d'Autriche peu devant qu'il rendit les derniers abois, fut fait après sa mort, quand, dedans Namur, il fut porté mort à la vue de toute l'armée, si richement vêtu et armé, qu'il a été dit que ses chausses qu'on lui avoit vêtues le jour de ses funérailles valloient plus de cinq mille ducats [1]. »

Brantôme raconte ainsi ailleurs la mort de mademoiselle de Limeuil, fille d'honneur de Catherine de Médicis. « Durant la maladie dont elle trespassa, jamais elle ne cessa, ains causa toujours; car elle estoit fort grande parleuse, brocardeuse, et très-bien et fort à propos, et très-belle avec cela. Quand l'heure de sa fin fut venue, elle fit venir à soy son valet (ainsi que les filles de la cour en ont chacune un) qui s'appelloit Julien; et sça-

---

[1] *Capitaines estrangers*, ch. 52.

voit très-bien jouer du violon : Julien, luy dit-elle, prenez votre violon, et sonnez-moy toujours, jusques à ce que me voyez morte (car je m'y en vais), la *Défaite des Suisses*, et le mieux que vous pourrez ; et quand vous serez sur le mot : *tout est perdu*, sonnez-le par quatre à cinq fois le plus piteusement que vous pourrez : ce que fit l'autre, et elle-même luy aidoit de la voix, et quand ce vint, tout est perdu, elle réitéra par deux fois, et, se tournant de l'autre costé du chevet, elle dit à ses compagnes : « Tout est perdu à ce coup, et à bon escient ; » et ainsi décéda. Voilà une mort joyeuse et plaisante. Je tiens ce conte de deux de ses compagnes, dignes de foy, qui virent jouer le mystère [1]. »

Saint-Gelais joua du luth et chanta des vers latins avant de mourir ; l'empereur Léopold Ier fit exécuter un concert à son lit de mort ; la célèbre actrice, madame Favard, morte en 1772, composa son épitaphe à son dernier moment, et la mit en musique ; Des Yveteaux se fit jouer une sarabande, afin, disait-il, que son âme passât plus doucement.

Diverses traditions circulent sur la mort de l'Arétin. Les uns prétendent qu'éclatant de rire au récit des tours et des aventures de ses sœurs, courtisanes à Venise, il tomba à la renverse de sa chaise et se tua ; d'autres le font mourir dans son lit, et racontent qu'ayant reçu l'extrême-onction, il dit, en riant, au curé de sa paroisse :

Guardate mi da' topi, or che son unto.

« Préservez-moi des rats, maintenant que je suis oint. »

« On dit qu'une heure avant de mourir, rapporte Tal-

---

[1] *Dames galantes*, 1666, t. II, p. 541.

lemant des Réaux, Malherbe se réveilla comme en sursaut d'un grand assoupissement, pour reprendre son hôtesse, qui lui servait de garde, d'un mot qui n'était pas bien français à son gré ; et comme son confesseur lui en voulut faire réprimande, il lui dit qu'il n'avait pu s'en empêcher, et qu'il avait voulu jusqu'à la mort maintenir la pureté de la langue française. »

Alonzo Cano, peintre et sculpteur espagnol du dix-septième siècle, refusa, sur son lit de mort, de baiser un crucifix qu'on lui présentait, parce qu'il était, disait-il, trop mal travaillé.

Le curé ennuyant d'un long sermon le fameux musicien Rameau, celui-ci reprit des forces pour lui dire : « Que diable venez-vous me chanter là, monsieur le curé ? vous avez la voix fausse ! »

Duclos, ennuyé des exhortations du curé de Saint-Sulpice, Chapeau, le congédia en ces termes : « Je suis venu au monde sans culotte ; je m'en irai bien sans chapeau. »

Madame de Pompadour, voyant sortir le prêtre qui l'avait assistée : « Un moment, lui dit-elle ; nous nous en irons ensemble. »

L'abbé J. Terrasson, auteur de *Séthos*, et traducteur de Diodore de Sicile, avait, à la fin de sa vie, perdu entièrement la mémoire. Aussi, quand on lui faisait quelque question sur le temps passé, il ne manquait jamais de répondre : « Demandez à mademoiselle Luquet, ma gouvernante. » Le prêtre qui le confessa dans sa dernière maladie ne put jamais en tirer autre chose.

La mort de Scarron fut digne de la gaieté avec laquelle il supporta les souffrances et les misères qui, pendant vie, ne lui donnèrent pas un moment de repos. Dans les intervalles que lui laissaient les crises douloureuses de son agonie, il s'écriait : « Si j'en reviens, oh ! la belle satire que je ferai contre le hoquet ! » Après un évanouissement qui avait fait croire que tout était fini, il se ranima pour léguer aux deux frères Corneille cinquante livres de patience, et à sa femme la permission de se remarier, permission dont elle usa, vingt-quatre ans plus tard, pour son plus grand profit. Enfin, il expira (le 14 octobre 1660), en disant : «Par ma foi ! je ne me serais jamais imaginé qu'il fût si facile de se moquer de la mort. »

L'abbé de Lamarre, l'un des protégés de Voltaire, qui en parle souvent dans sa correspondance, ayant obtenu, pendant la guerre de 1741, un emploi dans l'administration militaire, fut attaqué, à Egra, d'une fièvre maligne; dans un accès, en l'absence de sa garde, il se précipita par la fenêtre. On prétend qu'avant d'expirer, il dit aux gens qui le relevaient : « Je ne croyais pas les seconds si hauts dans ce pays-ci. »

Quin, acteur anglais du dix-huitième siècle, mourut en buvant du vin de Bordeaux.

L'auteur du poëme de *la Déclamation*, Dorat, sentant sa fin approcher, se fit faire sa toilette comme à l'ordinaire : et ce fut bien coiffé et bien poudré qu'il expira, dans un fauteuil, le 29 avril 1780 [1].

---

[1] On peut, pour compléter ce chapitre, consulter l'ouvrage de Deslandes, intitulé : *Réflexions sur les grands hommes qui sont morts en plaisantant*, 1755, in-12.

PERSONNAGES CÉLÈBRES

MORTS DE CHAGRIN, DE JOIE, DE PEUR, ETC.

La plupart des biographes semblent avoir eu honte d'avouer que les personnages dont ils parlent soient tout simplement morts de maladie, comme M. de la Palisse, et ils ont cherché à donner à la fin de leur vie une cause plus noble et moins triviale. Ils ont inventé la mort causée par le chagrin, auquel ils ont fait jouer, dans la destruction de l'espèce humaine, un rôle aussi important que celui du poumon, dans la théorie médicale de la servante du malade imaginaire. Il a suffi qu'un personnage ait éprouvé, dans le cours de sa carrière, quelque contrariété un peu forte, quelque chagrin un peu vif, pour qu'on ait vu clairement, dans cette contrariété ou dans ce chagrin, la cause évidente de sa mort ; et on n'a respecté ni le sexe ni l'âge. Que l'on ne croie pas que nous exagérions ; on n'a qu'à parcourir quelques volumes de l'excellente *Biographie universelle* de Michaud pour s'assurer de la vérité que nous avançons. Citons, entre autres, un exemple tiré de cet ouvrage. On lit, à l'article Nicolas Abilgaard, peintre danois : « Les tableaux qui se trouvaient au château de Copenhague, et qu'on regardait comme ses chefs-d'œuvre, furent détruits par l'incendie de cet édifice, en 1794. Le chagrin que ce désastre fit éprouver à Abilgaard le conduisit *lentement* au tombeau. » Or Abilgaard est mort en 1806, c'est-à-dire *douze ans* après l'incendie de ses tableaux. Certes, Alceste lui-même, en cette occurrence, n'oserait pas dire : *Le temps ne fait rien à l'affaire.*

Quoi qu'il en soit, voici un choix de morts causées par le chagrin, mentionnées par la *Biographie* Michaud, à laquelle, du reste, nous en laissons la responsabilité.

Le nombre des savants morts de chagrin, à la suite d'accidents divers, est assez considérable. Tribolo, ingénieur florentin du seizième siècle, mourut de chagrin (et d'une maladie, ajoute la *Biographie* Michaud), pour avoir occasionné des inondations dans le territoire de Florence. Viglius, jurisconsulte allemand, mourut, en 1577, à soixante-dix ans, à cause de l'ingratitude du prince qu'il servait. Cheke, écrivain anglais, mourut, en 1557, à quarante-trois ans, pour avoir été converti de force ; le fameux hérétique du douzième siècle, Amaury, était mort de même, pour avoir été forcé de renier sa doctrine. Le bénédictin Lami finit ses jours à soixante-quinze ans, parce qu'un jeune homme qu'il avait retiré de l'hérésie y retomba.

Sibouyah, grammairien arabe du huitième siècle, mourut, dit-on, de chagrin, parce que, dans une discussion qu'il eut avec un autre savant, le khalife Haroun-àl-Raschyd n'avait point partagé son opinion sur un point grammatical. Le théologien espagnol Valentia se montra aussi susceptible : il mourut en 1598, à cinquante-deux ans, parce que le pape lui avait reproché d'avoir falsifié un passage de saint Augustin. L'historien Avrigny, né à Caen, en 1675, mourut de chagrin, à soixante-six ans, à cause des changements que Lallement fit à ses ouvrages.

Le chancelier d'Ecosse Elphinston mourut, dit-on, du chagrin que lui causa la perte de la bataille de Flodden-Field. Il avait, il est vrai, quatre-vingt-cinq ans. Le philosophe italien Rhodiginus, mort de chagrin, en 1525, parce que François Ier avait été fait prisonnier à Pavie, avait soixante-quinze ans. L'architecte anglais Jones, qui ne put survivre à l'exécution de Charles Ier, était parvenu à l'âge de soixante-neuf ans. Le médecin Fabricius, que les malheurs du roi de Danemark firent succomber en 1807, était plus que septuagénaire.

Plusieurs personnes moururent, dit-on, de la douleur que leur causa l'assassinat de Henri IV. On cite, entre autres, le célèbre chef de partisans de Vic.

Duprat, évêque de Clermont, mourut, en 1560, à soixante-douze ans, parce que les chanoines de son chapitre voulaient le forcer à couper sa barbe.

L'Anglais Ireland mourut, en 1808, du regret d'avoir donné au public, sous le nom de Shakspeare, un ouvrage composé par lui.

Castillo, peintre espagnol du dix-septième siècle, mourut à soixante-six ans, parce qu'il reconnut son infériorité vis-à-vis de Murillo; le peintre westphalien Lely mourut à soixante-deux ans, de la jalousie que lui causèrent les succès de Kneller; le fameux Corelli mourut parce que Scarlatti lui dit qu'il s'était trompé sur la valeur d'une note; Lepautre, par suite de la préférence que Louis XIV donna à Mansart; enfin l'écrivain italien Forteguerri mourut à soixante et un ans, en 1735, à cause d'une place qui lui était promise et qui fut donnée à un autre. On peut encore citer François, graveur lorrain, mort en 1769, du chagrin que lui occasionnèrent la jalousie et les menées de Magny et de Demarteau.

Le peintre allemand Kloosterman, né en 1656, et le littérateur Le Pays, célèbre par les critiques de Boileau, moururent, le premier, on ne sait à quel âge, le second, à cinquante-quatre ans, du chagrin causé par la perte de leur fortune. Schidone mourut de même à quarante-

cinq ans, après avoir perdu une somme considérable, et
Breughel, à cinquante-huit ans, pour avoir perdu la dot
de sa fille. Bien avant eux, Térence était mort de chagrin
après avoir vu disparaître dans un naufrage cent huit
pièces de théâtre qu'il avait composées.

« Alexandre Guidi, surnommé le Pindare italien, se
rendant à Castel-Gandolfo pour offrir à Clément XI le bel
exemplaire avec figures de six homélies du pontife, qu'il
avait mises en vers, découvrit en chemin une faute
d'impression qui le pénétra d'une telle douleur, qu'arrivé
à Frascati il fut frappé d'apoplexie, et expira quelques
heures après, le 12 juin 1712 [1]. »

Ajoutons à ces noms ceux de Ximénès, mort à quatre-
vingts ans, du chagrin que lui causa sa disgrâce; du
poète Sarrazin, mort à cinquante et un ans, parce que
le prince de Conti l'avait frappé à coups de pincette;
du comte de Vauban, mort à soixante ans, pour n'avoir
pu présenter ses hommages aux Bourbons en 1814, etc.

On pourrait former une liste assez longue des hommes
célèbres consumés, plus ou moins lentement, par des cha-
grins de ménage. En revanche, on connaît bien peu d'individus qui, comme le mécanicien Conté, soient morts du
chagrin d'avoir perdu leur femme.

Parmi les morts causées par l'amour, nous nous bornerons à citer celle du Giorgion, mort à trente-quatre
ans, de la douleur que lui fit éprouver l'infidélité de sa
maîtresse qu'un de ses élèves lui enleva.

Il paraît, du reste, qu'il n'est pas aussi facile qu'on le
pense généralement de se laisser mourir d'amour, à en
juger du moins par la tentative faite par Grimm, qui s'était

[1] Valery, *Voyages en Italie*, t. xv, ch. 28.

épris d'une fille d'opéra nommée Fel. Voici comment le fait nous est raconté par J.-J. Rousseau.

« Il tomba tout subitement, dit-il, dans la plus étrange maladie dont jamais peut-être on ait ouï parler. Il passait les jours et les nuits dans une continuelle léthargie, les yeux bien ouverts, le pouls battant, mais sans parler, sans manger, sans bouger, paraissant quelquefois entendre, mais ne répondant jamais, pas même par signe, et du reste sans agitation, sans douleur, sans fièvre, et restant là comme s'il eût été mort. L'abbé Raynal et moi nous partageâmes sa garde ; l'abbé, plus robuste et mieux portant, y passait les nuits, moi, les jours, sans le quitter, jamais ensemble ; et l'un ne partait jamais que l'autre ne fût arrivé. Le comte de Frièse (chez lequel il logeait), alarmé, lui amena Senac, qui, après l'avoir bien examiné, dit que ce ne serait rien, et n'ordonna rien. Mon effroi pour mon ami me fit observer avec soin la contenance du médecin, et je le vis sourire en sortant. Cependant le malade resta plusieurs jours immobile, sans prendre ni bouillon, ni quoi que ce fût, que des cerises confites que je lui mettais de temps en temps sur la langue et qu'il avalait fort bien. Un beau matin il se leva, s'habilla et reprit son train de vie ordinaire, sans que jamais il m'ait reparlé, ni, que je sache, à l'abbé Raynal, ni à personne de cette singulière léthargie, ni des soins que nous lui avions rendus tandis qu'elle avait duré [1]. »

Aux morts causées par le chagrin, nous opposerons les suivantes causées par la joie.

Valère-Maxime (l. ix, ch. 12) raconte qu'un certain consul, Juventius Thalma, collègue de Tiberius Grac-

---

[1] *Confessions*, part. ii, l. viii.

chus, venant de soumettre la Corse, faisait un sacrifice, « lorsqu'il reçut un message lui annonçant que le sénat avait décrété en son honneur des actions de grâces aux dieux. Il le lut d'un œil avide, puis s'évanouit et tomba sans vie au pied de l'autel. »

« Sophocle, déjà parvenu à une extrême vieillesse, dit plus loin le même auteur (l. ix, ch. 13), avait lu, dans un concours, une tragédie nouvelle, et il attendit longtemps avec inquiétude le résultat des suffrages qui étaient partagés ; enfin, il l'emporta d'une seule voix, et la joie qu'il en ressentit lui donna la mort. »

Le noble Toscan Thomas Baroncelli, dit-on, étant allé de sa villa (aujourd'hui le *Poggio imperiale*) à la rencontre de Côme Ier revenant de Rome, fut si ravi d'apprendre que le pape avait conféré à son maître le titre de grand-duc, qu'il expira à l'instant même.

Voici quelques morts causées par la peur :

Le premier roi de Prusse, Frédéric Ier, dormait un jour sur un fauteuil, lorsque sa femme, Louise de Mecklembourg, qui était tombée en démence, s'étant échappée de ceux qui la gardaient, parvint jusqu'à son appartement, et, après s'être blessée en brisant une porte de glaces, se jeta sur lui en le querellant. Le roi, auquel on avait caché sa maladie, fut tellement frappé à l'aspect de cette femme couverte de sang et vêtue seulement de quelques vêtements blancs, qu'il s'imagina avoir vu la *femme blanche* dont l'apparition, suivant une ancienne tradition, annonçait toujours la mort d'un prince de la maison de Brandebourg. Il fut à l'instant même saisi d'une fièvre ardente, et mourut six semaines après, à l'âge de cinquante-six ans.

Peuteman, peintre allemand du dix-septième siècle,

mourut en 1654, de la frayeur qu'il ressentit en voyant remuer des squelettes agités dans un tremblement de terre ; et madame de Guerchi, fille du comte de Flesque, mourut en 1672, pour avoir eu peur du feu.

Le maréchal de Montrevel, « dont toute l'âme, au dire de Saint-Simon, n'était qu'ambition et valeur, sans avoir jamais su distinguer sa droite d'avec sa gauche, mais couvrant son ignorance universelle d'une audace que la faveur, la mode et la naissance protégeaient, » était tellement superstitieux, qu'à un dîner une salière s'étant répandue sur lui, il s'écria qu'il était mort ; la fièvre le saisit, et il mourut quatre jours après, en 1716.

——

MORTS DE PERSONNAGES CÉLÈBRES
CAUSÉES PAR DES ACCIDENTS SINGULIERS.

S'il fallait s'en rapporter à certaines traditions, la mort des trois grands poëtes tragiques de l'antiquité serait due à des accidents bizarres.

« Eschyle, dit Valère-Maxime, était sorti un jour de la ville qu'il habitait en Sicile, et s'était assis au soleil. Un aigle, qui portait une tortue, vint à passer au-dessus de lui ; et, trompé par le poli de sa tête entièrement chauve, qu'il prit pour une pierre, il y laissa tomber la tortue pour la briser et en manger la chair. Sous ce coup mourut le créateur et le père de la mâle tragédie [1]. »

[1] L. IX, ch 12. — La Fontaine a traduit ainsi ce chapitre :

Quelque devin le menaça, dit-on,
De la chute d'une maison.

Ce récit nous est suspect à bon droit, et peut donner lieu à une foule de questions : 1° L'aigle mange-t-il des tortues ? Cela est possible, mais je crois que l'on n'en sait rien. 2° A qui l'aigle a-t-il été raconter qu'il avait pris un crâne pelé pour un morceau de rocher ? Il pourrait se formaliser de cette supposition bien gratuite, destinée à faire peu d'honneur au regard perçant des oiseaux de son espèce ; mais toutefois on ne pourrait qu'admirer la justesse de son coup d'œil, puisque, d'une hauteur probablement fort considérable, il aurait, avec une précision digne d'éloges, laissé tomber sa proie sur le point qu'il visait.

C'est là une de ces nombreuses niaiseries que nous a léguées l'antiquité, et qui ont été prises par les modernes pour argent comptant.

« Euripide, dit le même auteur, un soir, après avoir soupé chez le roi Archélaüs, en Macédoine, regagnait la maison de son hôte, lorsqu'il fut mis en pièces par des chiens. »

Nous avons déjà vu que, suivant Valère-Maxime, Sophocle était mort de joie. Une épigramme de l'anthologie prétend que le poète mourut étouffé par un grain de raisin vert.

Ce dernier genre de mort termina aussi la vie d'Ana-

> Aussitôt il quitta la ville,
> Mit son lit en plein champ, loin des toits, sous les cieux.
> Un aigle, qui portait en l'air une tortue,
> Passa par là, vit l'homme, et sur sa tête nue,
> Qui parut un morceau de rocher à ses yeux,
> Étant de cheveux dépourvue,
> Laissa tomber sa proie, afin de la casser ·
> Le pauvre Eschyle ainsi fit ses jours avancer.

créon. « Comme il suçait, dit Valère-Maxime, le jus d'un raisin cuit au soleil, pour entretenir le faible reste de ses forces languissantes, un pepin vert, qui s'arrêta opiniâtrément dans sa gorge desséchée, lui ôta la vie. »

Une esclave favorite du calife Yézid II mourut de la même manière ; Germonio, écrivain danois du dix-septième siècle, fut étouffé par un morceau de viande, et Henri Knox, général américain le fut par un os de poulet, en 1806.

« Cambyse, dit Hérodote (l. III, ch. 64-66), venant d'apprendre la révolte de Smerdis (le Mage), se jeta avec précipitation sur son cheval, dans le dessein de marcher en diligence vers Suses ; mais, en s'élançant, le fourreau de son cimeterre tomba, et, le cimeterre étant resté nu, le blessa à la cuisse, au même endroit où il avait auparavant frappé Apis, le dieu des Égyptiens... Peu de temps après, l'os se caria, et la gangrène ayant promptement gagné toute la cuisse, Cambyse mourut. »

Le comédien Baron se blessa au pied avec une épée de théâtre, et mourut de cette blessure après avoir refusé de se laisser amputer.

Pyrrhus, repoussé d'Argos, où il était entré de vive force, et combattant vaillamment à l'arrière-garde, fut blessé légèrement d'un coup de javeline. « Parquoy, dit Plutarque, il s'adressa à celuy qui luy avoit tiré le coup, qui estoit un Argien, homme de petite qualité, et filz d'une pauvre vieille femme, laquelle à l'heure mesme estoit montée sur les couvertures des maisons, comme toutes les autres femmes de la ville, pour voir le combat, et appercevant que c'estoit son fils que Pyrrus vouloit choquer, elle eut si grande frayeur de le voir en ce péril, qu'elle prit à deux mains une tuyle et la jetta dessus

Pyrrus. La tuyle tumbant au long de sa teste, à la faulte de l'armet, luy donna droit sur le chaignon du col, et luy en brisa les jointures, dont il lui prit soudain une pamoison telle, qu'il en perdit la veüe sur l'heure ; les rênes luy cheurent des mains, et luy tomba de dessus son cheval en terre, sans que l'on sceut qui il estoit, au moins la commune, jusques à ce qu'un Zopyrus, qui estoit à la soulde d'Antigonus, et deux ou trois autres soudars, accoururent vistement celle part, et l'ayans recogneu le trainnèrent au dedans d'une porte, ainsi qu'il commenceoit à revenir de sa pamoison. Si desguaina ce Zopyrus une espée esclavonne qu'il portoit, pour luy en couper la teste ; mais Pyrrus le regarda entre deux yeux d'un regard si terrible, qu'il l'effroya, et lui feit tellement trembler la main de peur, que en ce trouble et cest effroy, il ne luy donna pas droit où il falloit pour luy couper le col, ains l'assena au-dessous de la bouche, à l'endroit du menton, de sorte qu'il demeura longtemps à luy achever de trencher la teste [1]. »

La chute d'une tuile causa aussi la mort d'un autre prince.

« Le roi de Castille Henri Ier, jouant à Palence, dans la cour du palais de l'évêque, avec des jeunes seigneurs de son âge (il avait alors treize ans), fut tué, dit Mariana (l. xii, c. 50), par le plus funeste accident qui fut jamais. Une tuile étant tombée sur la tête de ce jeune prince, il en fut si cruellement blessé, qu'il en mourut onze jours après, le mardi 6 juin de l'année 1217. »

Les chutes de cheval ont causé la mort d'un très-grand nombre de princes ; nous citerons seulement les suivants.

[1] Traduction d'Amyot, *Vie de Pyrrus*, ch. 76, 1818, t. iv, p. 195.

« Dans ce temps-là (13 octobre 1131), dit Suger,
arriva un malheur étrange et jusqu'alors inouï dans
le royaume de France. Le fils aîné du roi Louis VI, Philippe, enfant dans la fleur de l'âge et d'une grande
douceur, l'espoir des bons et la terreur des méchants,
se promenait un jour à cheval dans un faubourg de
la cité de Paris. Un détestable porc se lance dans le
chemin du coursier, celui-ci tombe rudement, jette
et écrase contre une roche le noble enfant qui le
montait, et l'étouffe sous le poids de son corps... Les habitants de la ville, consternés de douleur, s'empressent
de relever le tendre enfant presque mort, et le transpor-
tent dans la maison voisine. O douleur ! à l'entrée de la
nuit, il rendit l'âme [1]. » Ce jeune prince de grande espérance n'avait que dix-sept ans.

Thogrul III, dernier sultan seldjoucide, était sur le
point de livrer bataille au sultan de Kharisme, lorsqu'il
se mit à réciter ces vers de Ferdoucy : « D'un seul coup
de ma masse d'armes, j'ouvrais le chemin à mes troupes
au milieu de mes ennemis ; et les efforts de mon bras
furent si violents, que, sans quitter les arçons, je fis tourner la terre comme une meule de moulin. » Malheureusement pour lui, Thogrul, en répétant ces vers, déchar-
gea un si grand coup de sa masse d'armes sur une des
jambes de son cheval, que l'animal s'abattit et le ren-
versa. Un des ennemis se précipita alors sur le prince et
le tua (en 1194).

Le prince d'Orange, Guillaume III, s'étant démis la cla-
vicule en tombant de cheval, ne put se résigner à prendre le repos que sa situation exigeait, et peu de jours

---

[1] *Vie de Louis le Gros*, collection Guizot, t. VIII, p. 149.

après cet accident, il mourut le 16 mars 1702, à cinquante-deux ans.

Un grand nombre de princes ont péri à la chasse, par
suite d'accidents divers. Ainsi Guillaume le Roux fut tué
par une flèche dirigée contre un cerf par l'un de ses chevaliers, Guillaume Tyrel.

Henri Ier, roi de Jérusalem et comte de Champagne, et
Charles VIII, périrent d'une manière assez singulière.

« Un jour (en 1197), au moment de prendre un repas, Henri
ayant demandé de l'eau pour se laver, on lui en apporta, et
il vint auprès d'une fenêtre qui était au haut de la tour où
il se tenait. Comme il lavait ses mains, s'étant jeté en
avant, il tomba de la fenêtre en bas et mourut. Le valet
qui tenait la serviette se laissa choir après lui, parce qu'il
ne voulait pas qu'on dît qu'il l'eût poussé. Il ne se tua
pas, mais il eut la cuisse cassée. Aucuns dirent que, si
celui-ci ne se fût pas laissé choir, le comte ne fût pas
mort. Le valet, qui était tombé entre deux murs, se traîna
tant, qu'il vint près d'une poterne ; il ouït passer des
gens dehors, et commença à crier. Quand ils ouïrent ses
cris, ils vinrent en cet endroit, et demandèrent ce qu'il
avait ; il dit que, pour Dieu, ils fissent venir des chevaliers et emporter le comte qui gisait là mort. Les valets et
les hommes du comte y allèrent, et le trouvèrent mort. Ils
le portèrent au monastère et l'ensevelirent. Il avait commandé plusieurs fois qu'on mît un treillis à cette fenêtre
à cause des enfants, car le cœur lui disait qu'elle lui ferait
dommage. On fit grand deuil de la mort du comte [1]. »

« Le septième jour d'avril, l'an 1498, veille de Pâques
fleuries, le roi Charles VIII, étant au château d'Amboise,

---

[1] Bernard le Trésorier, collection Guizot, t. XIX, p. 227.

dit Comines, partit de la chambre de la reine Anne de
Bretagne, sa femme, et la mena avec lui, pour voir jouer
à la paume ceux qui jouoient aux fossés du château, où
ne l'avoit jamais menée que cette fois, et entrèrent ensemble en une galerie qu'on appeloit la galerie Haquelebac, parce que cettuy Haquelebac l'avoit eue autrefois en
garde, et étoit le plus deshonnête lieu de léans ; car tout
le monde y pissoit, et étoit rompu à l'entrée ; s'y heurta
le roi, du front, contre l'huys, combien qu'il fut bien
petit, et puis regarda longtemps les joueurs, et
devisoit à tout le monde. Je n'y étois point présent ; mais
son dit confesseur, l'évêque d'Angers et ses prochains
chambellans, le m'ont conté ; car j'en étois party huit
jours avant, et estois allé à ma maison. La dernière parole
qu'il prononça jamais en devisant en santé, c'étoit qu'il
dit qu'il avoit espérance de ne faire jamais péché mortel
ni véniel, s'il pouvoit, et en disant cette parole, il chût
à l'envers, et perdit la parole (il pouvoit être deux heures
après midi), et demeura là jusqu'à onze heures de nuit.
Trois fois lui revint la parole, mais peu lui dura, comme
me conta ledit confesseur, qui deux fois cette semaine
l'avoit confessé. L'une à cause de ceux qui venoient vers
lui pour le mal des écrouelles. Toute personne entroit
en ladite galerie qui vouloit, et le trouvoit-on couché sur
une pauvre paillasse, dont jamais il ne partit, jusqu'à ce
qu'il eût rendu l'âme et y fut neuf heures.

« Et ainsi départit de ce monde si puissant et si grand
roi, et en si misérable lieu, qui tant avoit de belles maisons, et en faisoit une si belle, et si ne sceut à ce besoin
finer d'une pauvre chambre [1]. »

[1] Liv. viii, ch. 25.

Guidoboni, dit le *prêtre de Savone*, peintre italien, était très-faible de corps. Un soir, à Turin, pendant le terrible hiver de 1709, il se laissa tomber dans son escalier; il ne put se relever, et ses cris n'ayant pas été entendus, on le trouva mort de froid le lendemain.

L'empereur d'Orient, Léon IV, aimait passionnément les pierreries. Les historiens byzantins rapportent que ce prince, assistant le 8 septembre 780 à l'office divin dans l'église de Sainte-Sophie, fut frappé de l'éclat des pierres précieuses qui enrichissaient une couronne que l'empereur Maurice avait fait placer au-dessus de l'autel. Il la fit détacher à l'instant, la mit sur sa tête et l'emporta dans son palais. Mais le poids énorme de ce joyau lui blessa le front et lui fit venir des plaies qui, s'envenimant aussitôt, causèrent sa mort le même jour. Ce que l'on ne manqua pas de regarder comme une punition du ciel [1].

La mort du pape Paul II est attribuée par l'historien Platina à une cause analogue. « Ce pape, dit-il, aimait tellement les pierreries, qu'il en faisait venir à grands frais de tous les côtés, et pour en acheter, épuisait presque le trésor de l'Église romaine; aussi toutes les fois qu'il se montrait en public, sa tête ne paraissait pas celle d'un prélat mitré, mais plutôt celle d'une Cybèle phrygienne et chargée de tours. Je crois que le poids de ces pierreries joint à l'embonpoint de son corps, détermina l'apoplexie dont il mourut subitement [2]. »

Les morts causées par les excès de table sont fort nombreuses.

« Attila, au rapport de Priscus l'historien, dit Jornandès, après avoir déjà, selon la coutume de sa nation, épousé

---

[1] Théophanes, p. 582; Zonare, l. xv, ch. 9, t. ii, p. 114.
[2] Platina, *In Adriano I*, fol. 123, verso.

une multitude de femmes, s'unit par le mariage, au temps
où il mourut, à une jeune fille nommée Ildico, et douée
d'une rare beauté : dans les fêtes de cette union, il se
livra à une grande joie, et, appesanti par le vin et par le
sommeil, il se coucha sur le dos ; le sang, qui d'ordinaire
s'échappait de ses narines, ne pouvant dans ses bouil-
lonnements trouver son passage habituel, prit un cours
funeste, et l'étouffa en s'amassant dans sa gorge. Ainsi,
l'ivresse enleva par une mort honteuse ce roi si glorieux
dans les combats. Le lendemain, une grande partie du
jour s'était déjà écoulée, lorsque les officiers du roi,
soupçonnant quelque chose de fatal, brisèrent les portes
après avoir jeté de grands cris, et trouvèrent Attila mort
sans blessure, par suite d'une hémorragie ; la jeune
épouse, la tête baissée, le visage voilé, versait des larmes..
Alors, selon la coutume de cette nation, ils se coupèrent
une partie de leur chevelure, et sillonnèrent de profondes
blessures leurs visages hideux, afin que cet illustre guerrier reçût, en témoignages des regrets qu'il laissait, non
pas les lamentations et les larmes des femmes, mais le
sang des hommes de cœur [1]. »

Soléiman Ier, calife ommiade, ayant été surpris par le
froid pendant un pèlerinage qu'il fit à la Mecque, en 717,
s'arrêta dans une maison près de Taïef et y mangea
soixante-dix grenades, un chevreau, six poules et une
énorme quantité de raisins secs. Il n'y a pas lieu de
s'étonner qu'il soit mort de cet effroyable repas.

Jean Zapoliha, waivode de Transylvanie, élu roi de
Hongrie en 1526, étant allé assiéger le château de To-

---

[1] *Histoire des Goths*, ch. 96, traduction de la collection Panckoucke,
p. 573.

garas, le prit après un long siége et y tomba malade. Cependant voici venir un courrier qui lui apporte nouvelles de la naissance d'un fils que Dieu lui avait donné. Ces nouvelles étant agréables à tous ceux qui n'ont point d'enfants, et surtout aux personnes avancées en âge, l'on se peut imaginer que Jean reçut celle-là avec joie. Aussi fit-il un peu d'excès, buvant à la hongroise. Et ses excès ayant augmenté sa maladie, il mourut à Sassèbes peu de jours après la naissance de son fils, la cinquante-troisième année de son âge [1]. »

Parmi les princes morts d'indigestion, nous citerons deux rois d'Angleterre, Henri Ier, mort, en 1135, d'une indigestion de lamproies, et Georges Ier; l'empereur d'Allemagne, Frédéric III, et son fils, Maximilien Ier, qui moururent tous deux pour avoir mangé trop de melon.

D'autres personnages, d'un rang moins élevé, périrent de la même manière, comme l'architecte italien della Porta; de la Mark, évêque de Liége; le fameux Manuce, l'écrivain anglais Green, mort en 1592; mademoiselle de Lussan, morte en 1758; le peintre hollandais Dujardin et La Mettrie.

Des excès d'un autre genre amenèrent la mort du bon roi Louis XII.

« Ce prince, dit Fleurange, avoit voulu faire du gentil compaignon avecques sa femme; mais s'abusoit, car il n'estoit pas homme pour ce faire; car de longtemps il estoit fort malade, et spécialement des gouttes, et avoit déjà cinq ou six ans qu'il en avoit cuidé mourir, car il feust abandonné des médecins, et vivoit d'un merveil-

___

[1] *Discours historique et politique sur les causes de la guerre de Hongrie*, 1666, in-12, p. 237.

leusement grand régime, lequel il rompit quand il feust avecques sa femme; et lui disoient bien les médecins que s'il continuoit il en mourroit pour se jöuer. Ceulx de la basoche à Paris disoient que *le roy d'Angleterre avoit envoyé une haquenée au roy de France, pour le porter bientôt et plus doucement en enfer ou en paradis.* Toutesfois, lui estant bien malade, envoya quérir monsieur d'Angoulesme, et lui dit qu'il se trouvoit fort mal, et ne jamais n'en eschapperoit; de laquelle chose ledit seigneur le reconfortoit à son pouvoir, et qu'il faisoit ce qu'il pouvoit, et fist le dict seigneur roy à sa mort tout plein de mines : nonobstant, quand il se feust bien deffendeu contre la mort, il mourut par un premier jour de l'an, sur lequel jour fist le plus horrible temps que jamais on veit [1]. »

Quelques princes sont morts de la lèpre, entre autres, Raoul II, comte de Vermandois, mort en 1168, et Baudouin IV, roi de Jérusalem.

« La lèpre, dit Guillaume de Tyr, dont Baudouin IV était atteint depuis le commencement de son règne, ou, pour mieux dire, dont il avait senti les effets dès les premières années de son adolescence, faisait, en ce moment (1182), des progrès plus rapides qu'à l'ordinaire : il avait perdu la vue; les extrémités de son corps étaient frappées, et tombaient en putréfaction; il ne pouvait se servir en rien de ses pieds et de ses mains, et cependant il gardait toujours la dignité royale... Faible de corps et impotent, il conservait encore beaucoup de force d'âme, et faisait des efforts extraordinaires pour cacher son mal, et supporter toujours le poids des affaires [2]. »

---

[1] *Mémoires*, c. XLV, collection Michaud-Poujoulat, p. 45.
[2] *Histoire des Croisades*, l. XXII, collection Guizot, t. XVIII, p. 459.

Cependant, à cette époque, trois ans avant sa mort, il nomma régent son beau-frère, Gui de Lusignan.

Nous avons lu quelque part que Robert Bruce était mort de la même maladie; mais nous n'avons pas pu retrouver l'auteur qui avait avancé ce fait.

L'accident qui, en 1621, causa la mort de Philippe III montre à quel point les rois d'Espagne se croyaient eux-mêmes les esclaves de la ridicule étiquette qui régnait à leur cour.

« Sa maladie, dit Bassompierre, lui commença dès le premier vendredi de carême, lorsqu'étant sur des dépêches, le jour étant froid, on avait mis un violent brasier au lieu où il était, dont la réverbération lui donnait si fort au visage, que les gouttes de sueur en dégouttaient, et de son naturel il ne trouvait rien à redire, ni ne s'en plaignait. Le marquis de Pobar, de qui j'ai appris ceci, me dit que, voyant comme ce brasier l'incommodait, il dit au duc d'Albe, gentilhomme de sa chambre comme lui, qu'il fît retirer ce brasier qui enflammait la joue du roi; mais comme ils sont très-ponctuels en leurs charges, il dit que c'était au sommelier du corps, le duc d'Usseda. Sur cela, le marquis de Pobar l'envoya chercher en sa chambre; mais par malheur il était allé voir son bâtiment, de sorte que le roi, avant que l'on eût fait venir le duc d'Usseda, fut tellement grillé, que le lendemain son tempérament chaud lui causa une fièvre, cette fièvre un érysipèle, et cet érysipèle, tantôt s'apaisant, tantôt s'enflammant, dégénéra enfin en pourpre qui le tua [1]. »

On sait qu'Antoine de Navarre, père de Henri IV, fut blessé mortellement au siège de Rouen, en 1562, pen-

_____
[1] *Mémoires*, année 1621, collection Michaud-Poujoulat, p. 151.

dant que, derrière un gabion, il s'occupait, comme dit Sganarelle, à expulser le superflu de la boisson. Aussi, fit-on l'épitaphe suivante à ce prince, dans le corps duquel on n'avait trouvé, disait-on, ni cœur ni fiel :

> Ami françois, le prince ici gissant
> Vécut sans gloire et mourut en pissant.

La mort, à ce que raconte d'Aubigné, faillit, quelques années plus tard, en 1576, surprendre Henri IV dans une posture analogue.

« Ce prince, dit-il, dépité de tous les déboires qu'il recevoit chaque jour à la cour, et des galanteries de la reine sa femme, résolut de s'en retirer et de mettre la Loire entre elle et lui. Il feignit pour cela d'aller à la chasse du côté de Livry, et soudain que la chasse fut commencée, il s'en départit, suivi d'un petit nombre de ses plus intimes confidents dont j'étois du nombre, et s'en vint passer la Seine au pont de Poissy ; de là faire une petite répue dans un village près de Montfort-l'A-maury, où lui étant arrivé d'aller faire ses affaires dans un têt à cochons, une vieille qui le surprit en cet état lui auroit fendu la tête par derrière d'un coup de serpe, sans moi qui parai le coup. Sur quoi je dis à mon maître, pour le réjouir : « Si vous eussiez eu cette fin honorable, je vous aurois fait, en style de saint Innocent, une telle épitafe :

> Cy gît un roi grand par merveille,
> Qui mourut comme Dieu permet
> D'un coup de serpe d'une vieille,
> Ainsi qu'il ch.... dans un têt [1].

---

[1] *Mémoires de d'Aubigné*, collection du *Panthéon*, p. 482.

Quelques princes ont été brûlés par accident, entre autres, Charles le Mauvais, dont la mort, arrivée le 1er janvier 1387, est ainsi racontée par Froissart :

« Il me fut dit que ce roi, en son vivant, avoit toujours aimé femmes ; et encore, en ces jours, avoit-il une très-belle demoiselle à amie, où à la fois il se déportoit, car de grand temps avoit été veuf. Une nuit il avoit ju avec elle ; si s'en retourna en sa chambre tout frileux, et dit à un de ses valets de chambre : « Appareillez-moi ce lit, car je m'y veil un petit coucher, et reposer. » Il fut fait ; il se dépouilla, et se mit en ce lit. Quand il fut couché, il commença à trembler de froid, et ne se pouvoit échauffer, car jà avoit-il grand âge, et environ soixante ans [1] ; et avoit-on d'usage que, pour le réchauffer en son lit, et le faire suer, on boutoit une buccine d'airain, et lui souffloit-on air volant. On dit que c'étoit eau ardente, et que cela le réchauffoit et le faisoit suer. Si comme on avoit fait autrefois sans lui faire mal ni déplaisir de son corps ni de sa personne, adonc on lui fit comme on avoit de coutume ; mais lors se tourna la chose en pis pour le roi, ainsi que Dieu ou le diable le vouldrent, car flambe ardente se bouta en ce lit, entre les linceuls, par telle manière que le roi, qui étoit là couché et enveloppé entre ces linceuls, fut atteint de cette flambe. On n'y put oncques venir à temps, ni lui secourir, qu'il ne fut tout ars, jusqu'à la boudine ; mais pour ce ne mourut pas si très tôt ; ains vequit quinze jours en grand-peine et en grande misère ; ni surgien, ni médecin, n'y purent oncques remédier qu'il n'en mourût [2]. »

---

[1] Froissart se trompe. Charles n'avait alors que cinquante-cinq ans.
[2] Froissart, l. III, c. 96.

Les Grandes Chroniques, dont le récit diffère peu de celui de Froissart, ajoutent : « Ledit roi vécut trois jours, criant et brayant, en très-grandes et âpres douleurs ; et en cet état alla de vie en trépassement ; et disoit-on que c'étoit une punition divine. »

Le roi de Pologne Stanislas Leckzinski mourut d'un accident analogue. Le 5 février 1766, s'étant approché de sa cheminée pour voir l'heure à une pendule, le feu prit à sa robe de chambre ouatée. En se baissant pour éteindre la flamme, il tomba dans le foyer, et ne put se relever. Le valet de chambre qu'il avait sonné se trouvant absent, ce fut un garde du corps qui, averti par l'odeur du brûlé, donna l'alarme. Quand on releva le prince, il avait les doigts de la main gauche entièrement calcinés, et depuis la joue jusqu'au genou du même côté, son corps n'était qu'une plaie. Il succomba le 25 février suivant, à l'âge de quatre-vingt-huit ans. Cet accident était arrivé au château de Malgrange, près de Nanci.

Lenglet-Dufrésnoy, lisant, à l'âge de quatre-vingt-deux ans (en 1755), un livre qu'on venait de lui envoyer [1], ne put en supporter longtemps la lecture, et s'étant endormi, il se laissa tomber dans le feu, d'où ses voisins le retirèrent lorsqu'il avait la tête presque entièrement brûlée.

Avant lui, Léonce-Pilate, savant grec du quatorzième siècle, Jean Gosselin, érudit français du seizième siècle et Roos, peintre allemand (mort en 1685), avaient été de même brûlés par accident.

Le mécanicien milanais Settala, qui vivait au dix-sep-

---

[1] Ce livre était : *Considérations sur les révolutions des arts*, par le chevalier de Méhégan.

tième siècle, est le premier exemple connu d'un homme
tué par un aérolithe. Le savant historien Duchesne périt
écrasé par une charrette, à l'âge de soixante-quatre
ans.

Parmi les littérateurs et les artistes assassinés, nous
citerons Scot Erigène, tué à coups de canif, par ses éco-
liers, en 886; Veneziano, tué en 1476, par André del
Castagno, qui espérait, au moyen de ce crime, demeurer
seul en possession du procédé de la peinture à l'huile ;
Jean Goujon et Ramus, tués dans le massacre de la Saint-
Barthélemy ; l'abbé de Villars, auteur du *Comte de Gaba-
lis*, assassiné par des voleurs en 1675, et enfin le célèbre Winckelmann, qu'un Italien, nommé Archangeli,
blessa mortellement de cinq coups de couteau dans le
bas-ventre, le 8 juin 1768, à Trieste.

On peut ranger au nombre des assassinats la mort de
Benserade, abandonné par un médecin qui, voulant le
saigner, lui avait piqué une artère, et la mort de l'abbé
Prévost qui, le 25 novembre 1763, étant tombé évanoui
au pied d'un arbre de la forêt de Chantilly, fut ouvert
par un chirurgien de campagne qui croyait n'avoir affaire qu'à un cadavre. Le malheureux poussa un grand
cri, et expira aussitôt.

Pierre Torregiano, célèbre sculpteur florentin, auteur
du mausolée de Henri VII à l'abbaye de Westminster,
venait de terminer pour un grand d'Espagne une statue
de l'Enfant-Jésus, que le seigneur avait promis de
payer généreusement, lorsqu'il vit arriver chez lui des
domestiques chargés d'énormes sacs qui contenaient
trente ducats en monnaie de cuivre. Indigné à cette vue,
il saisit son marteau, brise la statue, chasse les domestiques avec leur argent, et leur ordonne de raconter à

leur 'maître ce qu'ils venaient de voir. Celui-ci ne put dévorer cet affront, il se rendit aussitôt chez le grand inquisiteur, en accusant le sculpteur d'avoir porté la main sur l'Enfant-Jésus. L'affaire ne fut pas longue, Torregiano, mis à la torture, expira dans les plus horribles supplices.

José, auteur dramatique portugais, accusé d'impiété dans ses écrits, fut brûlé vif par l'inquisition en 1745. Il avait eu cependant la précaution de terminer chacun des volumes de la première édition de ses œuvres, par une espèce d'acte de foi, portant qu'il ne croyait à aucune des divinités qu'il avait mises en scène.

Herbinot, conseiller au Chatelet au dix-septième siècle, avait conçu le projet d'un vaste dictionnaire étymologique, où après avoir voulu prouver que tous les mots français étaient tirés du grec, il essaya de démontrer qu'ils venaient tous de l'hébreu. Bientôt ce malheureux « à qui, dit de Boze (*Eloge de Lancelot*), le nombre prodigieux d'étymologies forcées avait fort échauffé la tête, tomba dans un si parfait délire, que n'ayant, disait-il, besoin d'autre aliment que de ses *racines* grecques et hébraïques, il refusa constamment de prendre aucune sorte de nourriture, et mourut d'inanition. »

L'acteur Mondory mourut en jouant l'*Hérode* de Tristan. Molière fut emporté expirant à la fin d'une représentation du *Malade imaginaire*. On raconte aussi que Montfleury, jouant le rôle d'Oreste dans *Andromaque*, avait crié avec une telle violence ces vers :

Pour qui sont ces serpents qui sifflent sur vos têtes?
A'qui destinez-vous l'appareil qui vous suit?
Venez-vous m'entraîner dans l'éternelle nuit?

qu'il se rompit une veine et expira étouffé par le sang.

La mort de quelques hommes tués sur le champ de bataille a été souvent entourée de circonstances mystérieuses. Ainsi ce ne fut point une balle partie des rangs ennemis qui tua Gustave-Adolphe à la bataille de Lutzen, et Charles XII, dans la tranchée de Friedrichshall. Le premier fut assassiné, à ce que l'on croit, par François-Albert, duc de Saxe Lauenbourg, qui passa ensuite au service de l'Autriche. Le second, que l'on trouva ayant encore la main sur la garde de son épée, signe évident qu'il avait été attaqué de près, fut frappé par une main qui est restée inconnue.

La mort du comte de Soissons, tué à la bataille de la Marfée, n'est pas moins singulière. Son armée venait de mettre en fuite les troupes royales. « Après le combat, dit Montglat, il regardait de loin la déroute des Français, et marchait au petit pas au milieu des siens, et entouré de ses domestiques, lorsqu'il tomba de son cheval roide mort, sans que jamais on ait pu savoir d'où cela était venu : car aucun de ceux qui étaient auprès de lui n'en ont pu dire des nouvelles. Ils disent seulement qu'ils ouïrent un coup, et qu'ils virent un cavalier passer, et leur maître en même temps tomber la tête en bas, et le pied dans l'étrier ; qu'ils lui trouvèrent le coup dans le front, avec la bourre dans la tête, le visage brûlé de la poudre, pour marque qu'il avait été tiré à brûle-pourpoint. Cette mort n'a jamais pu être éclaircie, et a donné sujet de gloser à bien du monde, pour démêler une affaire si extraordinaire. »

On avait trouvé une cause fort naturelle de la mort du comte, en supposant qu'il s'était tué lui-même en relevant comme il en avait l'habitude, la visière de son cas-

que, avec le pistolet qu'il tenait à la main. Mais cette
explication ne put satisfaire les esprits à une époque où
l'on était accoutumé à rendre Richelieu responsable de
toutes les morts qui arrivaient heureusement pour lui.
On crut donc que le comte de Soissons avait été assassiné
par l'ordre du ministre. Les mémoires de l'abbé Arnauld renferment du reste à cet égard une anecdote assez
curieuse :

« Un jour, dit-il, que j'étais de garde à Verdun, à la
porte qu'on nomme *la porte à Chaussée*, il y arriva deux
cavaliers qui nous donnèrent les premières nouvelles de la
bataille de Sédan. Tout le monde a su ce qui s'y passa,
et que M. le cardinal fut consolé de la perte que nous y
fîmes, quand il sut que M. le comte y avait été tué ; mais
je n'ai vu personne qui sût une particularité que je vais
dire, et qui peut occasionner des réflexions touchant la
mort de M. le comte, de laquelle on a parlé si diverse-
ment et avec tant d'incertitude. Un de ces commis que
M. des Noyers employait en diverses sortes de commis-
sions, et qui nous apportait quelquefois de l'argent à
Verdun pour payer notre régiment, me dit un jour : Que
deux ou trois mois après la perte de cette bataille, M. des
Noyers l'avait envoyé quérir, et lui avait dit de se rendre au jour et à l'heure qu'il lui marqua, avec une assez
grande somme d'argent en or et des lettres de change
pour beaucoup plus sur la montagne de Donchery, au
pied d'une croix d'où l'on découvre toute la ville ; qu'il
en verrait sortir un homme en deuil sur un cheval noir ;
que cet homme le viendrait aborder, et qu'il lui donnât
tout l'argent qu'il lui demanderait. Le commis y fut ;
l'homme qu'on lui avait désigné ne manqua pas de s'y
rendre. Il lui demanda s'il n'avait pas ordre de lui donner

de l'argent; il répondit que oui, et lui demanda s'il serait content de tant. (Je ne me souviens pas précisément de la somme.) Le cavalier lui dit que ce n'était pas assez et qu'il lui fallait encore tant. Le commis lui donna ce qu'il demandait; ils se séparèrent, et jamais depuis il n'en a entendu parler. Cette aventure, à mon avis, peut faire penser et deviner bien des choses, et une si grande récompense ne pouvait être que pour un service important [1]. »

Nous parlerons ailleurs de la disparition du comte de Moret au combat de Castelnaudari.

On prétend que lorsque Charles III monta sur le trône d'Espagne, en 1759, son frère Ferdinand VI n'était pas encore mort. On raconte que, ce dernier étant tombé en démence, la reine douairière Élisabeth Farnèse, deuxième femme de Philippe V, obtint secrètement des cortès et des grands que l'on substituât à Ferdinand, qui n'était que son beau-fils, son propre fils Charles, alors roi des Deux-Siciles. Ferdinand, transporté secrètement au couvent de la Casa del Campo, pendant qu'on lui faisait des funérailles magnifiques, aurait encore vécu quelques années dans ce lieu. On ajoutait que Charles III, disparaissant souvent au milieu de la chasse, et suivi par quelques courtisans curieux, avait été aperçu s'entretenant dans le jardin du couvent avec un homme que l'on avait reconnu pour être Ferdinand.

Le supplice de plusieurs personnages célèbres a offert des circonstances singulières.

En 1450, le duc de Suffolk, poursuivi par la haine de l'Angleterre, qui l'accusait des revers qu'elle éprouvait

---

[1] *Mémoire*, année 1641, collection Michaud-Poujoulat, p. 506.

chaque jour en France, cherchait à gagner le continent, lorsque le navire sur lequel il était monté tomba au pouvoir des vaisseaux de Henri VI. « On le fit rester, dit Lingard, sur *le Nicolas de la Tour*, un des plus grands vaisseaux de la marine anglaise, deux nuits, pendant lesquelles il passa la plus grande partie de son temps à converser avec son confesseur, écrivit une longue lettre au roi, et subit un jugement dérisoire devant les matelots, qui le condamnèrent à mort. Le surlendemain matin (2 mai), un petit bateau vint bord à bord, dans lequel étaient un billot, une épée rouillée et un bourreau. On y descendit le duc, et l'homme lui ayant dit qu'il devait mourir comme un chevalier, lui abattit la tête au sixième coup [1]. »

Quelques écrivains modernes rapportent que Charles de Melun, décapité sous Louis XI, en 1468, ayant été seulement blessé au premier coup par l'exécuteur, se releva et parla au peuple. Nous n'avons pu trouver ce fait dans aucun historien contemporain.

Le bourreau chargé d'exécuter Marie Stuart fut tellement troublé à la vue de cette princesse, qu'il lui fit seulement une profonde blessure à la partie inférieure du crâne. La reine resta sans mouvement; au troisième coup la tête fut séparée du corps, et lorsqu'elle eut été relevée et montrée aux assistants, les muscles de la face étaient tellement contractés, que ses traits n'étaient plus reconnaissables.

Le comte de Chalais, décapité à Nantes, le 19 août 1626, à l'âge de vingt-six ans, eut un sort effroyable. Ses amis,

---

[1] *Histoire d'Angleterre*, traduction de Léon de Wailly, 1843, in-18, tome II, p. 525.

qui espéraient que le moindre délai pourrait le sauver, avaient fait séquestrer l'exécuteur ; mais la justice de Richelieu ne pouvait être arrêtée par un pareil obstacle, et cette tentative eut de cruelles conséquences pour le malheureux jeune homme. Un condamné à mort offrit d'acheter sa grâce en faisant le métier de bourreau. Mais n'ayant pas l'habitude de se servir de l'épée, il s'arma d'une doloire, et ce ne fut qu'au trente-quatrième coup que la tête tomba ; on entendit Chalais crier jusqu'au vingtième.

Quelque chose d'analogue arriva au supplice de Cinq-Mars et de son ami de Thou, décapités à Lyon, le 12 septembre 1642.

« Le couteau dont on devoit se servir pour le supplice, dit Fontrailles, étoit fait à la façon des haches anciennes, ou bien comme celles d'Angleterre ; le bourreau estoit un vieil gagne-deniers de la ville, qui n'avoit jamais fait exercice, et duquel l'on fut contraint de se servir, à cause que l'exécuteur ordinaire avoit eu une jambe rompue depuis un mois ou deux. ... Cinq-Mars fut exécuté le premier. Ensuite arriva le tour de de Thou, qui monta sur l'échafaud avec tant de promptitude, que l'on eut dit qu'il voloit ; y étant, la première chose qu'il fit, ce fut d'embrasser le bourreau, l'appelant son père et le priant de ne pas le faire languir... Puis il baisa le sang de M. le Grand qui y étoit, demanda un mouchoir pour se bander, disant : « Messieurs, vous direz que je suis un poltron et que j'appré-« hende la mort ; » et lui ayant été jetté deux mouchoirs, il dit : « Messieurs, Dieu vous le rende en paradis. » Il fut bandé de l'un d'iceux, puis reçut le coup qui donna sur l'os de la tête, ne fit que l'écorcher, et se voulant le-

ver, tomba à la renverse du côté gauche, et porta la main
où il avoit eu le coup, le bourreau le voulant frapper sans
prendre garde qu'il alloit frapper sur la main, le frère, qui
était monté sur l'échafaud, lui frappa le bras ; le bourreau lui donna un autre coup, qui ne fit que l'écorcher
sous l'oreille et l'abattit entièrement sur l'échafaud. Là il
jetta les pieds en l'air avec grande furie, et reçut trois
coups au gosier. On croit que ceux-là le tuèrent ; il en
reçut deux autres après qui lui séparèrent la tête [1]. »

Le duc de Monmouth, fils naturel de Charles II, condamné à mort pour s'être révolté contre Jacques II, étant
monté sur l'échafaud (15 juillet 1685), supplia le bourreau de ne pas le mutiler comme il avait mutilé lord Rus-
sel, décapité le 21 juillet 1683. « Cet avertissement, dit
Lingard, sembla avoir ôté à l'exécuteur la force d'exécuter sa tâche. Il s'y prit si maladroitement, ou frappa avec
tant de faiblesse, qu'il ne fit qu'une légère blessure, et le
patient, se soulevant du billot, tourna la tête à gauche,
comme pour se plaindre. Après deux autres coups, la vie
parut éteinte, et l'exécuteur, effrayé de son œuvre de
sang, jeta la hache, jurant que le cœur lui manquait, et
qu'il n'en ferait pas davantage. Mais les shérifs le forcèrent de reprendre l'instrument de mort, et au cinquième
coup il sépara la tête du corps [2]. »

Biron, décapité dans l'intérieur de la Bastille, le 31 juillet 1602, fut loin de montrer autant de résignation que
les précédents. « Étant monté sur l'échafaud, le bourreau lui présenta un mouchoir blanc pour le bander ;
mais il prit le sien, lequel s'étant trouvé trop court, il

---

[1] *Relation de Fontrailles*, collection Michaud-Poujoulat, p. 266.

[2] Nous parlerons plus loin des bruits qui coururent sur la mort de ce
prince.

demanda celui de l'exécuteur ; et s'en étant bandé et mis à genoux, il se leva et débanda aussitôt, s'écriant : « N'y a-t-il point de miséricorde pour moi? » Et dit de rechef au bourreau qu'il se retirât de lui, qu'il ne l'irritât point et ne le mît au désespoir, s'il ne vouloit qu'il l'étranglât, et plus de la moitié de ceux qui étoient là présents ; desquels plusieurs eussent voulu être hors, voyant cet homme non lié parler de cette façon. De là un peu il se remit à genoux et se rebanda ; et tout incontinent se releva sur pied, disant vouloir encore voir le ciel, puisqu'il avoit sitôt à ne plus le voir jamais, et qu'il n'y avoit point de pardon pour lui. Pour la troisième fois, il se remit à genoux et se banda ; et comme il portoit la main pour lever encore une fois le bandeau, le bourreau fit son coup, au même instant qu'il lui disoit qu'il ne lui trancheroit point qu'il n'eût dit son *In manus*. Si le bourreau n'eût usé de cette ruse, ce misérable et résolu homme s'alloit encore lever, et, de fait, il eut deux doigts offensés de l'épée du bourreau, comme il portoit la main pour se débander une troisième fois [1]. »

Les détails suivants, relatifs à des personnages graciés sur l'échafaud, au moment même où ils n'attendaient plus que la mort, nous ont semblé trouver naturellement place ici.

Commençons par Saint-Vallier, qui avait été compromis dans l'affaire du connétable de Bourbon.

« Le procès amplement instruit, dit Pasquier, Saint-Vallier fut amené à la conciergerie du palais de Paris, et logé en la tour quarrée ; et l'un et l'autre procès ayant pris leur trait, le roy, séant en son lit de justice, assisté

---

[1] *Journal de l'Estoile*, collection Michaud-Poujoulat, p. 336.

de ses princes et des pairs, fut, le 16 janvier 1623, prononcé l'arrest contre le duc de Bourbon, par le chancelier Duprat, et, quelques jours après. celui de Saint-Vallier,
portant condamnation de mort, au-dessous duquel estoit
un retenton, qu'ayant que de l'exposer au dernier supplice, il seroit appliqué à la question ordinaire et extraordinaire pour indiquer les autres complices. Arrest non
toutesfois exécuté pour ce regard.

« Le lendemain, maistre Nicolas Malon, greffier criminel, accompagné de maistre Jean de Vignoles, l'un des
quatre notaires et secrétaires de la cour, et de plusieurs
huissiers, se transporta, à une heure de relevée, en la
seconde chambre de la tour quarrée, où il luy prononça
son arrest. Je vous laisse toutes les particularitez qui se
passèrent entre eux. Tant y a qu'une heure après ou environ de relevée, il est mené sur le perron des grands degrés du palais, où, après son cry fait, monté sur une
mule, et derrière luy un huissier en croupe, fut conduit
par les huissiers de la cour, sergents à verge, archers,
arbalestriers et gens du guet de la ville, jusques en la
place de Grève, où il monta sur l'eschafaut, et après
s'estre réconcilié à Dieu entre les mains de son confesseur, comme il estoit sur le point de s'agenouiller pour
recevoir le coup de la mort par l'exécuteur de la haute
justice, voicy arriver un archer des gardes du roy,
nommé François Bobbé, qui présenta à Malon deux lettres, l'une missive, et l'autre patente, portant commuta-
tion de la mort à une prison perpétuelle. A cette nouvelle, Malon laisse le prisonnier, deffendant au bourreau
de passer outre ; et de ce pas se transporte avec Vignoles et Bobbé et quelques huissiers, en la maison du
seigneur de Selve, lequel ayant leu les lettres, commanda

d'en faire lecture devant tout le peuple, et de ramener
Saint-Vallier en la prison, pour en estre ordonné par la
cour, ce qu'elle verroit de raison. Ce commandement est
exécuté. Toutesfois l'appréhension que ce pauvre seigneur avoit eue de sa mort, le réduisit en une telle fièvre,
que, peu de jours après, il mourut ; et de là est venue
la fièvre de Saint-Vallier, tant solennisée par nos communs propos. »

« Permettez-moi, je vous prie, ajoute Pasquier, de
saulter du coq à l'asne, et d'attacher à la suite de l'histoire d'un seigneur de marque, celle d'un bouffon dont
la fin ne feut bouffonnesque. Nicolas d'Est, marquis de
Ferrare, avoit un plaisant, nommé Gonnelle, lequel voyant
son maistre tourmenté d'une fièvre quarte, qui se tiroit
à longueur, ayant appris d'un médecin qu'il n'y avoit
plus prompt moyen de le garentir que d'une spavente
(frayeur) et estonnement. Ce bouffon, se promenant auprès de son maistre, le long d'un pré, qu'il entretenoit de
baye, trouvant ce luy sembloit, son apoint, le poussa de
telle façon, qu'il tomba dedans la rivière en un gay, où il
n'y alloit que du péril de sa vie. S'il fut guéry ou non de
sa fièvre quarte par ce beau remède, je ne le sçay ; bien
sçay-je qu'en la frayeur de ce saut inopiné, il y avoit
assez de quoy pour le faire entrer en celle de Saint-Vallier. Or entendez de quelle monnoye ce nouveau médecin fut payé. Le marquis ordonne que son procès luy fust
fait et parfait par son podestat, lequel ne tournant à jeu
cette bouffonnerie, le condamna d'avoir la teste tranchée.
Chose dont le prince ayant eu advis, comme celuy qui
ne prenoit à desplaisir tous les desportements de son
Gonnelle, commanda qu'il fut décapité d'un seau d'eau,
estimant tourner cette condamnation en rizée. Ce pau-

vre homme, mené au lieu du supplice, confessé, age-
nouillé, yeux bandez, comme si ce fust à bon escient;
toutesfois, au lieu de l'espée, il est, par le bourreau, salué
d'un seau d'eau, et, dès l'instant mesme, il rendit l'âme
sur la place. Exécution qui fut faite à petit semblant,
mais il n'y eut en ceci rien pour rire [1]. »

Le chevalier du Jars s'étant trouvé mêlé à toutes les
intrigues des ennemis de Richelieu, fut arrêté au mois
de janvier 1632, et mené à la Bastille, où, pendant onze
mois, il fut interrogé quatre-vingts fois par Laffemas,
qu'on appelait le *bourreau du cardinal*, et qui ne put
obtenir de lui aucun aveu. On le transféra ensuite à
Troyes, et, pendant son procès, il montra la même fermeté. Laissons du reste parler madame de Motteville,
amie intime du chevalier :

« Il fut, dit-elle, mené sur la sellette, où fort constamment il refusa pour juge Laffemas, lui reprocha toutes
ses lâchetés, l'appela une seconde fois scélérat, et avertit
ses autres juges de ce que Laffemas avait promis au cardinal contre lui. Il fut interrogé tout de nouveau, et demeura trois heures en cet état. Il se défendit si courageusement qu'il confondit ceux qui le voulaient perdre,
et qui avaient du moins le dessein de lui faire trahir ses
amis. Sortant de là, le prévôt de l'Isle s'approcha de lui
et lui dit : « Monsieur, bon courage ; j'espère bien pour
« vous, car on m'a dit de vous ramener dans la prison
« où vous êtes, et c'est l'ordinaire de mener ceux qu'on
« va condamner à mort dans un autre lieu. » Le chevalier lui dit du même ton dont il avait accoutumé de cen-
surer les choses qu'il n'approuvait pas : « Mon ami, ces

[1] *Recherches de la France*, l. VIII, ch. 39, col. 825-826.

« pendards me vont condamner : je le vois à leur mine.
« Il faut avoir patience, et le cardinal enragera de voir
« que je me moque de lui et de ses tortures. » Aussitôt
qu'il fut parti, Laffemas montra aux juges une lettre du
cardinal, ou plutôt du roi, parlant ainsi de ce chevalier :
« S'il est condamné à la gêne, qu'on la lui montre,
« et qu'on ne la lui donne pas. S'il est condamné à
« mort, qu'on sursoie l'exécution. » Ayant été condamné,
on le mena sur l'échafaud ; il y parut plein de courage
et d'honneur ; il se moqua de ses juges et de ses ennemis,
montrant de recevoir la mort avec une grande fermeté. Il
m'a dit depuis qu'il y avait souffert ; mais que Dieu lui
avait fait de grandes grâces, et qu'il avait reconnu par
expérience qu'il avait soin de ses créatures. Étant près
d'avoir la tête tranchée, on lui vint apporter sa grâce [1]. »

PERSONNAGES ENTERRÉS VIVANTS.

Zénon, empereur d'Orient, sujet à l'épilepsie, était
surtout frappé par cette maladie lorsqu'il se plongeait
dans l'ivresse, ce qui lui arrivait souvent. La nuit du
29 avril 491, après un excès de table, il tomba dans une
syncope si violente, que ses chambellans, après l'avoir
déshabillé, le crurent mort, et le laissèrent étendu sur
une planche. Au point du jour, on lui jeta un linceul
sur le corps ; et sa femme, l'impératrice Ariadne, le fit

[1] *Mémoires de madame de Motteville*, collection Michaud Poujoulat,
p. 51.

porter promptement et sans pompe à la sépulture des empereurs, où le tombeau fut fermé d'une grosse pierre. Elle y posa des gardes, avec défense, sous peine de la vie, de laisser approcher personne, ni d'ouvrir eux-mêmes le tombeau, quoi qu'il pût arriver. Ils obéirent, et malgré les cris lamentables de Zénon qu'ils entendirent quelques heures après, ils n'osèrent lui donner aucun secours. Le tombeau ayant été ouvert au bout de plusieurs jours, on trouva que le malheureux prince était mort après s'être déchiré les bras avec les dents [1].

Hamadani, poète arabe du neuvième siècle, surnommé *Bedi-Alzeman*, c'est-à-dire la merveille de son siècle, fut frappé d'apoplexie en 1007. On le crut mort, et on l'enterra. Les cris qu'il poussa, lorsqu'il reprit connaissance, furent entendus, et on le retira de son tombeau ; mais la terreur qu'il avait éprouvée avait été si grande, qu'il ne tarda pas à mourir, et cette fois, il n'en revint pas.

Paul Jove et plusieurs autres écrivains rapportent que, peu de temps après la mort (arrivée en 1308) de Jean Duns, le *docteur subtil*, plus connu sous le nom de Jean Scot, son tombeau ayant été ouvert, on trouva le cadavre déplacé et retourné, ce qui fit conjecturer que le malheureux avait été enseveli dans un état de léthargie, et donna lieu à l'épitaphe suivante :

Quod nulli ante hominum accidit, viator,
Hic, Scotus, jaces semel sepultus
Et bis mortuus : omnibus sophistis
Argutus magis atque captiosus.

---

[1] Voyez Lebeau, *Histoire du Bas-Empire*, l. xxxvii, ch. 37. Édition de Saint-Martin, t. vii, p. 217.

Louis Gongora, poète espagnol du seizième siècle, avait quarante-cinq ans lorsqu'à la suite d'une maladie, il tomba en léthargie. On le crut mort pendant trois jours. Enfin, il eut le bonheur de se réveiller au moment où on le mettait dans la bière. Il vécut encore vingt-cinq ans après cet événement.

« Le baron de Panat, dit Tallemant des Réaux, étoit un gentilhomme huguenot, d'auprès de Montpellier, de qui on disoit : *Lou baron de Panat puteau mort que nat*, c'est-à-dire plus tôt mort que né; car on dit que sa mère, grosse depuis près de neuf mois, mangeant du hachis, avala un petit os, qui, lui ayant bouché le conduit de la respiration, la fit passer pour morte; qu'elle fut enterrée avec des bagues aux doigts; qu'une servante et un valet la déterrèrent de nuit, pour avoir ses bagues, et que la servante se ressouvenant d'avoir été maltraitée, lui donna quelques coups de poing par hasard sur la nuque du cou, et que, les coups ayant débouché son gosier, elle commença à respirer; et que quelque temps après, elle accoucha de lui, qui, pour avoir été si miraculeusement sauvé, n'en fut pas plus homme de bien [1]. »

Mais, de tous les personnages enterrés vivants, aucun n'échappa à la mort d'une manière plus miraculeuse qu'un gentilhomme normand et huguenot, nommé Civille. Il écrivit plus tard le récit de son aventure; son manuscrit, resté inédit, fut communiqué au président Misson, qui en a donné l'extrait suivant :

« En 1562, au siége de Rouen, Civille fut blessé dans s un assaut, d'un coup d'arquebuse à la joue droite. Ce

[1] Deuxième édition, t. II, p. 72. — Ce baron de Panat périt en voulant défendre sa sœur qui, surprise en adultère par son mari, le baron de Reniez, fut tuée ainsi que son amant, le vicomte de Paulin.

coup l'ayant fait tomber du haut du rempart dans le fossé, quelques personnes qui se rencontrèrent là le mirent dans une fosse avec un autre corps qu'ils jetèrent sur lui, et les couvrirent tous deux d'un peu de terre [1]. Il fut là depuis onze heures du matin, et même un peu avant, jusqu'à six heures et demie du soir. Son valet, informé du fatal accident, songea à lui donner une plus honorable sépulture, et obtint du comte de Montgommery la permission de l'aller déterrer, ayant avec lui un officier des gardes dudit comte pour lui aider. Après avoir considéré le premier corps sans le connaître, le valet tira le second de la fosse, et ne le reconnut point non plus, tant il était défiguré par la boue, le sang, l'enflure et la pâleur. Il remit donc les deux corps dans la fosse, et les couvrit légèrement de terre. Comme l'officier et lui s'en allaient, le premier remarqua que le corps qui avait été mis sur l'autre était mal couvert, une main paraissant entière. Il retourna donc, et la voulut enfoncer avec le pied ; mais, en la repoussant, il aperçut, à la faveur du clair de lune, un diamant qui jetait un assez grand éclat. L'ayant pris, et ayant recouvert la main, il montra le diamant au valet, lui disant qu'il n'avait pas perdu sa peine. Le valet reconnut le diamant par sa figure triangulaire, ce qui l'obligea à retourner pour enlever le corps de son

---

[1] Jusqu'au milieu du 17e siècle rien ne fut plus horrible que le sort réservé aux malheureux blessés restés sur le champ de bataille. Ils étaient, en général dépouillés et achevés de sang-froid par les ennemis et les paysans, dévorés par les bêtes sauvages, ou même ensevelis vivants encore pêle-mêle avec les morts. On connaît le mot de cet officier suisse qui, à la suite d'un combat, ayant été chargé de faire enterrer les morts, revint, après avoir accompli sa mission, en disant : « Si j'avais voulu les écouter, il n'y en aurait pas eu un de mort »

maître. Après l'avoir bien essuyé, il le reconnut enfin ; et
son affection l'ayant engagé à le baiser et à l'embrasser,
il trouva encore en lui quelque chaleur et quelque apparence de vie. Il le porta donc le plus vite qu'il put aux
chirurgiens de l'armée ; mais ceux-ci, l'ayant regardé
comme mort, n'eurent aucun égard aux prières qu'il leur
fit d'essayer à lui rappeler les esprits, alléguant pour
raison que, ne leur restant que très-peu de médica-
ments, ils n'avaient garde de les employer sans nécessité. Lui cependant qui n'était pas du même sentiment qu'eux, transporta le corps à la maison où son
maître avait accoutumé de loger. Ce corps fut là plus
de cinq jours et cinq nuits, sans parler, ni remuer, ni
donner aucune marque de sentiment, mais aussi ardent
de fièvre qu'il avait été froid dans sa fosse. Quelques
parents du pauvre malade l'étant venus voir en cet
état, envoyèrent chercher deux médecins et un chirurgien
pour le visiter. Ceux-ci, l'ayant bien considéré et sondé
sa plaie, trouvèrent à propos de le panser, quoiqu'il n'y
eût presque point d'apparence de guérison. Il fut résolu
qu'on lui appliquerait un séton ; et la chose fut exécu-
tée sur-le-champ. On lui desserra aussi les dents, et
on lui fit avaler par force quelque peu de bouillon
bien nourrissant. Le lendemain, comme on leva l'appareil, une grande quantité de pus étant sortie de la plaie,
et l'enflure de la tête et du cou étant fort diminuée,
le patient commença à faire paraître quelque sentiment ;
il prononça même quelques paroles, et se plaignit de
douleur au bras ; mais il ne reconnut d'abord personne.
Il était dans un grand étonnement, comme un homme
réveillé en sursaut, dans le temps de son plus profond
sommeil. La connaissance lui étant ainsi peu à peu re-

venue, quoiqu'il eût toujours beaucoup de fièvre, on commençait à bien espérer, lorsque, la ville étant prise d'assaut (26 octobre), la frayeur lui fit redoubler la fièvre avec une violence extraordinaire. Quatre soldats qui pillèrent d'abord la maison où il était, le traitèrent humainement et même charitablement. Mais, quelques jours après, ces soldats ayant eu ordre de loger ailleurs, et ce logis ayant été marqué pour un officier de l'armée royale, les valets de cet officier enlevèrent Civille de son lit, et le jetèrent sur une méchante paillasse, dans une petite chambre de derrière. Pour comble de disgrâce, quelques ennemis du jeune frère de Civille l'étant venu chercher pour le tuer dans cette maison, où on leur avait dit qu'il était, et ne l'ayant pas trouvé, déchargèrent leur furie sur l'innocent, et le jetèrent par la fenêtre. Mais, cette fenêtre n'étant pas fort haute, et un tas de fumier s'étant rencontré justement au-dessous, à la porte d'une écurie, il y fut reçu assez mollement. Il demeura là plus de trois fois vingt-quatre heures, nu, en chemise, avec un simple bonnet de nuit sur la tête, exposé aux injures de l'air, sans être secouru de personne.

« Enfin, un de ses parents qui savait que le capitaine Civille avait accoutumé de loger dans cette maison, mais qui n'avait rien appris de ce qui était arrivé, vint demander de ses nouvelles. Une vieille femme qui était demeurée là seule lui ayant répondu qu'il était dans une cour de derrière, mort sur un fumier depuis trois jours, il voulut l'aller voir, et fut fort surpris de le trouver vivant. Civille était si faible qu'il ne pouvait parler : il fit entendre, par quelques signes, qu'il avait soif, et on lui apporta de la bière qu'il but fort avidement ; mais ayant

voulu essayer d'avaler une bouchée de pain, il fallut lui
retirer le morceau de la gorge, tant le canal était rétréci.
Cependant l'abstinence et le froid avaient apparemment
produit un heureux effet, car le malade était presque
sans fièvre ; et, quelques heures après, on jugea qu'il
pouvait être transporté par eau au château de Croisset,
sur la Seine, une lieue au-dessous de Rouen..... Civille
fut mal reçu par le concierge du château de Croisset, qui
le fit longtemps attendre sur le pont, où il fut saisi d'un
grand froid, et où il fût mort sans doute, si un valet de
M. de Croisset ne fût heureusement arrivé et n'eût donné
les ordres nécessaires. Nonobstant ces ordres, le malade
souffrit beaucoup pendant le premier mois. On ne se servait, pour tout onguent, que de mie de pain imbue de
jaune d'œuf, et tout le reste lui manquait proportionné-
ment..... Après que le malade eut repris une partie de
ses premières forces, il fut résolu qu'on le mettrait entre
les mains de deux gentilshommes, frères, demeurant
dans le pays de Caux, qui étaient en réputation d'avoir
divers excellents remèdes..... Ceux-ci employèrent si
heureusement toute l'adresse de leur art, qu'en six semaines de temps, au mois d'août 1563, Civille fut rétabli
dans un état qu'on pouvait appeler de santé. Il ne parut
alors lui rester d'incommodité que celle d'être un peu
sourd, et de ne pouvoir se servir du petit doigt de la
main droite, dont le tendon avait été coupé par la même
balle de mousquet qui avait fait la grande blessure ; de
sorte qu'il fut capable de rentrer dans le service, et qu'il
essuya depuis bien de nouveaux coups et bien des fatigues ; mais la plaie de la mâchoire, se rouvrant de temps
en temps, il se formait des apostumes qui l'affligeaient
beaucoup ; et souvent il s'est vu malade à l'extrémité.

Le roi Henri III ayant chassé les protestants du royaume, en 1585, Civille se retira en Angleterre ; et, l'année suivante, s'étant mis entre les mains de deux fameux médecins qu'il y rencontra, leurs soins eurent de si heureux succès, qu'il fut bien guéri. Il écrivit lui-même son histoire, l'an 1606, âgé de plus de soixante-dix ans, quarante-quatre ans après sa blessure ; et c'est de cette histoire que l'on a tiré le présent extrait [1]. »

« J'ai vu, raconte d'Aubigné, Civille aux assemblées nationales, député de Normandie, quarante-deux ans après sa blessure ; et j'observais que quand nous signions les résultats, il mettait toujours : *François de Civille, trois fois mort, trois fois enterré, et trois fois, par la grâce de Dieu, ressuscité.* Quelques ministres, contre mon opinion, ont voulu le faire désister de cette curiosité ; mais ils n'ont pu obtenir cela de lui. »

—

PERSONNAGES QUI ONT FAIT FAIRE LEURS CERCUEILS D'AVANCE. — PERSONNAGES QUI SE SONT FAIT PASSER POUR MORTS.

Fugger raconte que l'empereur Maximilien Ier, faisant bâtir un palais à Inspruck, témoigna son mécontentement d'une faute que l'architecte avait commise, et dit à un

---

[1] *Nouveau voyage d'Italie,* par Misson, 4e édition, 1702, tome III, p. 561 et suivantes. Le manuscrit de Civille, dont Misson se servit, était entre les mains de Sicqueville, qui avait épousé l'une des arrière-petites filles du gentilhomme normand.

de ses officiers : « Je ferai construire une autre demeure.» En conséquence, il fit venir un charpentier, et lui commanda un cercueil de chêne. On y joignit un poêle et tout ce qui est nécessaire pour des funérailles. Le tout fut déposé dans un coffre dont l'empereur garda la clef et que, dans tous ses voyages, il faisait traîner à sa suite. Jusqu'à sa mort, on crut que son trésor était enfermé dans ce coffre [1].

« Jeanne Arnauld avait fait faire, dit Tallemant, une bière de menuiserie, la mieux jointe qu'il y eût au monde; car, disait-elle sérieusement, je ne veux point sentir le vent coulis. Elle fit elle-même un drap mortuaire de satin blanc brodé pour ses funérailles, en intention de le donner à l'église pour servir à toutes les filles, et elle gardait, depuis je ne sais combien de temps, trois douzaines de petits cierges ou chandelles dorées pour ses funérailles. Regardez quelle vision pour une huguenote. Il lui fallut promettre qu'on les porterait à son enterrement; mais ce fut dans un carrosse, et on ne les en tira pas, comme vous pouvez penser [2]. »

J. Paul Gundling, homme d'Etat et historien estimé, qui pendant une partie de sa vie servit de bouffon à la cour du roi de Prusse Frédéric-Guillaume Ier, était presque toujours dans un état d'ivresse. On avait fabriqué pour lui, dix ans avant sa mort, arrivée en 1731, un cercueil en forme de tonneau, dans lequel il puisait pour boire, et dont le dehors était peint en noir avec des inscriptions grossières et bachiques. Lorsqu'il mourut, un nombreux cortége d'officiers et de courtisans suivit son

---

[1] Voyez Coxe, *Histoire de la maison d'Autriche*, ch. 25.

[2] Deuxième édition, t. IV, p. 65. Cette Arnauld était de la famille des Arnauld, qui jouèrent un si grand rôle dans les querelles du jansénisme.

convoi. Mais le clergé protestant refusa d'y assister. Les fous de la cour de Saxe eurent ordre de ne s'y présenter qu'avec des crêpes de vingt aunes de longueur et des manteaux de deuil à très-longues queues.

Nous citerons encore Philippe II, qui, au dire de Brantôme, s'était fait préparer un cercueil de bronze ; et un général irlandais, mort en 1792 au service de la Russie, Browne, dont la bière avait été faite vingt ans avant sa mort.

Timperley raconte qu'un certain M. Bailey, surveillant imprimeur à l'Université de Cambridge, mort en 1796, la semaine qui précéda sa mort, étant en bonne santé, du moins en apparence, il se fit faire un cercueil de sapin rouge, non raboté ; il le garnit d'herbes, et donna ordre qu'on l'ensevelit sans linceul ; il paya ensuite les fossoyeurs, et prédit qu'il mourrait le samedi ; il vécut cependant jusqu'au mercredi suivant.

« Un capitoul de l'année 1526, Guillaume Descalquens, se fit faire des funérailles étant plein de vie et en parfaite santé. Le service se fit dans l'église des Jacobins (à Toulouse) où se trouvèrent les capitouls, ses collègues, avec un grand concours d'autres invités. La représentation ne pouvait être plus naturelle : car c'était Descalquens lui-même gisant dans un cercueil, les mains jointes, accoutré à la manière des corps morts, et entouré de quarante torches allumées. La messe finie, on fit les encensements autour du faux mort, avec les absoutes ordinaires, après quoi il ne restait qu'à le mettre en terre : mais au lieu de cela, on l'alla poser derrière le maître-autel, d'où il se tira quelques moments après, et ayant quitté cet équipage mortuaire et repris ses vêtements de capitoul, il retourna chez lui accompagné de ses collègues et des autres invités qu'il retint à dîner, suivant la coutume de ce temps-là [1]. »

Cette cérémonie, qui causa un grand scandale, fut l'occasion d'une réunion des évêques et des abbés de la province de Toulouse, réunion qui défendit de renouveler pareille chose sous peine d'excommunication.

On voit que Charles-Quint n'eut pas le mérite de l'invention lorsqu'il imagina, dans sa retraite, de se donner le spectacle que plus de deux siècles auparavant un simple capitoul s'était donné. « Il se fit élever un catafalque dans la chapelle du couvent de Saint-Just, où il s'était retiré après son abdication. Ses domestiques y allèrent en procession funéraire, tenant des cierges noirs dans leurs mains; et lui-même il suivait enveloppé d'un linceul. On l'étendit dans un cercueil avec beaucoup de solennité. On chanta l'office des morts, et il joignait sa voix aux prières qu'on récita pour le repos de son âme. La cérémonie finie, les portes de la chapelle furent fermées, et Charles sortit alors du cercueil et se retira dans son appartement; mais, soit que la longueur de la cérémonie l'eût fatigué, soit que cette image de mort eût fait sur son esprit une impression trop forte, il fut saisi de la fièvre le lendemain, et il expira environ un mois après, le 21 septembre 1558, à l'âge de cinquante-huit ans [2]. »

Ce prince, qui s'était fait enterrer vivant, manqua d'être déterré après sa mort. « Il fut une fois, dit Brantôme, arresté à l'inquisition d'Espaigne, le roy son fils present et consentant, de désenterrer son corps et le faire brusler

[1] Lafaille, *Annales de la ville de Toulouse*, 1687. In-f°, 1re partie, p. 65.

[2] Voyez Robertson, *Histoire de Charles-Quint*, 1771, tome VI, p. 282.

comme hérétique (quelle cruauté !), pour avoir tenu en son vivant quelques propos légers de la foy ; et pour ce estoit indigne de sépulture en terre saincte, et très-brûlable comme un fagot, et mesmes qu'il avoit trop adhéré aux opinions et persuasions de l'archevesque de Tolède, qu'on tenoit pour hérétique. Pour fin, ce fut une terrible délibération contre le corps de ce très-auguste empereur et sa très-illustre mémoire [1]. »

Plusieurs artistes ou hommes de lettres se sont plu, pour différents motifs, à faire courir le bruit de leur mort. On accuse, entre autres, Teniers et Rembrandt de l'avoir fait dans le but de vendre plus cher quelques-uns de leurs tableaux.

Ébert, jurisconsulte et philosophe allemand du dix-huitième siècle, s'étant fait passer pour mort, s'amusa à recueillir les oraisons funèbres et les pièces de vers faites sur son trépas.

Laplace, écrivain picard, mort en 1793, employa le même artifice pour attirer sur lui l'attention publique, en ayant soin de faire insérer dans les feuilles de Desfontaines de longs regrets sur les espérances qu'il donnait au monde. Ce moyen, dont dans ces derniers temps on a fait beaucoup usage, est un peu usé aujourd'hui.

Un gourmand, connu par ses bizarreries, et dont nous avons déjà parlé, Grimod de la Reynière, voulant connaître ses véritables amis, imagina le stratagème suivant. « Il se dit malade, se tint clos chez lui, et fit fermer sa porte à tout

---

le monde. Quinze jours après, il envoya à ses amis des billets de faire part, leur annonçant son décès et les invitant à son convoi qui devait avoir lieu le lendemain à quatre heures. Il n'en vint qu'un petit nombre, c'était justement l'heure du dîner, et retarder indéfiniment ce principal repas pour un enterrement, c'était assurément une marque d'affection aux yeux du prétendu défunt. Ces amis donc voient à la porte un corbillard et plusieurs voitures de deuil ; une bière recouverte d'un drap noir est sous le péristyle de l'hôtel. On les introduit dans une salle d'attente entièrement tendue en noir. Une demi-heure se passe ; alors les deux battants d'une porte latérale sont ouverts, et un domestique prononce d'une voix solennelle : « Messieurs, vous êtes servis ! » Que voient-ils en entrant dans la salle voisine ? une table chargée des mets les plus exquis et des vins les plus fins. Grimod de la Reynière est assis à sa place accoutumée, prêt à faire les honneurs du repas, et la table entourée d'un nombre de couverts égal à celui de ses amis *in extremis.* Tous manifestèrent leur joie au maître du lieu ; mais lui, avec le sang-froid le plus comique : « Messieurs, « dit-il, le dîner est servi, il pourrait refroidir, prenez « donc votre place. « Après ces mots, le festin commença et se prolongea fort avant dans la nuit [1]. »

Ce fut dans un tout autre motif que deux guerriers normands du moyen âge firent courir le bruit de leur mort. Le célèbre pirate Hastings ayant, en 861, pénétré dans la Méditerranée et ravagé les côtes de la Toscane, arriva devant la ville de Luna qu'il prit pour Rome, vers laquelle il se dirigeait. Désespérant d'emporter de

---

[1] *Biographie* Michaud, supplément, tome LXVI, p. 116.

vive force cette place alors importante et bien fortifiée,
il fit dire à l'évêque et au comte de la ville qu'attaqué
d'une maladie mortelle, il les faisait humblement supplier de le baptiser, protestant qu'il n'avait plus d'autre
désir que de retourner dans son pays et de vivre en
paix avec les chrétiens auxquels il avait causé tant de
maux. L'évêque et le comte se laissèrent prendre à ce
stratagème. « Le scélérat Hastings, dit Guillaume de Jumiége, fut transporté à l'église ; l'homme plein de ruse
fut arrosé des eaux sacrées du baptème, et en sortit en
loup dévorant. Pour leur malheur, l'évêque et le comte
le présentèrent sur les fonts du baptème, et de là, après
avoir été oint du saint chrème, il fut rapporté à bras
d'homme sur son navire. Ensuite, et au milieu du silence de la nuit, s'étant cuirassé, Hastings se fait déposer
dans un cercueil, et donne ordre à ses compagnons de
revêtir leurs cuirasses sous leurs tuniques. Aussitôt on
entend de grands gémissements dans toute l'armée, sur
le bruit que Hastings le néophyte vient de mourir. Le rivage de la mer retentit des cris de douleur que cause
la mort d'un tel chef. On le transporte alors hors de
son navire, et on le conduit à l'église. L'évêque se couvre
de ses vêtements sacrés et se dispose à immoler la très-
sainte hostie en l'honneur du défunt. On chante les prières pour son âme, afin que son corps chargé de crimes,
voué à la perdition, et déjà enfermé dans le cercueil,
puisse recevoir la sépulture. Mais voilà Hastings qui s'é-
lance hors de son cercueil, et tue de son glaive l'évêque
et le comte. Ensuite lui et les siens assouvissent à l'improviste, sur le petit peuple, leurs fureurs de loups dévorants. La maison de Dieu devient le théâtre des crimes
commis par son fatal ennemi. Les jeunes gens sont mas-

sacrés, les vieillards égorgés, la ville dévastée, et les remparts renversés jusque dans leurs fondements [1]. »

En 1104, Boémond, prince d'Antioche, se trouvant engagé dans une guerre contre l'empereur grec Alexis, et craignant de ne pouvoir lui résister avec ses seules forces, résolut d'aller en personne chercher des secours en Occident.

« N'ayant plus d'armée sur terre ni sur mer, dit Anne Commène, il usa d'un stratagème également lâche et subtil. Il donna le gouvernement d'Antioche à Tancrède, et fit répandre partout le bruit de sa mort. Quand la renommée l'eut suffisamment publié, il partit d'Antioche pour Rome sur une galère. Là il se cacha dans un cercueil orné de l'appareil ordinaire des funérailles, et autour duquel il y avait des Barbares qui pleuraient et s'arrachaient les cheveux. Il était couché dedans, et ne respirait que par des trous presque imperceptibles, pratiqués dans le cercueil. Quand ils furent en pleine mer, ses compagnons lui donnèrent à manger, et pour confirmer davantage la fausse créance de sa mort, ils enfermèrent avec lui un coq qui, s'étant corrompu trois jours après, commença à rendre une odeur insupportable. Ceux qui approchaient du cercueil croyaient qu'elle provenait de son corps. J'avoue que je ne puis assez m'étonner comment il la pouvait supporter, et comment il pouvait goûter ce fruit de son artifice. Jamais Grec ni Barbare n'avait rien imaginé de semblable, et je crois qu'à l'avenir il ne se trouvera personne qui le veuille imiter. Lorsqu'il fut arrivé à Corfou, il sortit de son cer-

---

[1] Guillaume de Jumiége, *Histoire des Normands*, l. 1, ch. 10, collection Guizot, t. xxix, p. 18. — On raconte que Robert Guiscard usa d'un stratagème analogue pour s'emparer d'un couvent fortifié.

cueil, et jouissant de la liberté de l'air, et de la lumière
du soleil, il se promena dans la ville. Comme les habitants s'amassaient autour de lui, et qu'admirant son habit étranger ils lui demandaient son nom, il dédaigna de
leur répondre ; mais ayant fait venir le gouverneur, il le
chargea d'annoncer à Alexis que Boémond était vivant,
et que, prêt à armer contre lui les nations les plus belli-
queuses de l'Occident, il irait bientôt ravager les provinces de l'empire [1]. » Malheureusement pour l'empire
grec il ne tarda pas à tenir sa promesse.

DES MORTS PRÉDITES.

S'il fallait s'en rapporter aux écrivains de l'antiquité
et du moyen âge, il y aurait, jusqu'aux temps modernes, bien peu de personnages importants dont la mort
n'ait été prédite longtemps d'avance. Sur ce point, la crédulité de Suétone, celle des écrivains de l'Histoire Auguste,
et des chroniqueurs byzantins ou latins est la même.
Parmi ces prédictions nous négligerons celles qui ont
rapport à l'antiquité, et nous nous bornerons à mentionner les suivantes, qui nous ont paru les plus singulières.

« En la dix-neuvième année du règne de Maurice
(599), dit un écrivain byzantin, un solitaire, qui avait
appris dans la méditation la connaissance de l'avenir,
passa à travers la place publique, tenant une épée nue à

---

[1] *Alexiade*, l. xi, ch. 11.

la main, et vint au palais dire à l'empereur que lui et ses
enfants seraient passés au fil de l'épée. On dit qu'un certain Hérodien lui déclara la même chose, et l'assura
qu'il l'avait apprise par une révélation particulière [1]. »

« Dans l'automne de l'année 913, Oleg, grand-duc de
Russie, se souvint, dit l'historien russe Nestor, d'un cheval
qu'il avait donné à entretenir, sans vouloir le monter davantage; cela venait de ce qu'un jour, voyant un sorcier, il
lui dit : « Comment dois-je mourir? » et l'enchanteur ou
sorcier lui avait répondu : « Prince, ce cheval que tu aimes
« et sur lequel tu es monté, sera la cause de ta mort. »
Oleg, troublé, se dit en lui-même : « Je ne veux ni le monter ni le voir plus longtemps. » Il donna l'ordre à un
valet de le nourrir, mais de ne jamais l'amener devant
lui. Quelques années se passèrent sans qu'il le vît, jusqu'à la guerre contre les Grecs. A son retour à Kiew, et
cinq ans après la prédiction, il se souvint du cheval qui
suivant ce que lui avait dit le devin, devrait être la cause
de sa mort. Il fit venir son ancien palefrenier, et lui dit :
« Que devient le cheval que je t'avais donné à nourrir et
« à soigner? » Celui-ci répondit : « Il est mort. » Oleg
alors se mit à se moquer du devin, lui reprocha son ignorance et dit : « Tout ce que ces sorciers prophétisent
est mensonger. Mon cheval est mort et je suis toujours
en vie. » Et il fit seller un cheval, le monta pour aller
voir lui-même ses os; et quand il fut arrivé à l'endroit
où gisaient les os et la carcasse, il descendit du cheval
qu'il montait, et dit : « Voilà donc la bête qui devait me
faire mourir! » Là-dessus il donna un coup de pied sur
le crâne; mais aussitôt il en sortit un serpent qui le pi-

---

[1] Théophylacte Symocatte, *Histoire de l'empereur Maurice*, l. vii, ch. 12.

qua au pied et lui fit une grave blessure dont il mourut[1]. »

Lorsque le célèbre ministre et favori de Jean II, roi de Castille, Alvaro de Luna, eut été décapité, le 5 juillet 1452, « le bruit se répandit, raconte Mariana, et on le disait assez communément, que don Alvaro ayant consulté un certain astrologue sur sa destinée, celui-ci lui dit qu'il mourrait à *Cadahalso* ; il ne comprit pas alors que Cadahalso signifiait un échafaud, et qu'il devait y perdre la tête ; mais il crut que cela devait s'entendre d'une petite ville de ce nom qu'il possédait dans le royaume de Tolède, et dans laquelle depuis il ne voulut jamais entrer[2]. »

Lorsque Jacques Ier, roi d'Écosse, odieux à la noblesse dont il s'efforçait de réprimer l'arrogance, se rendit à Perth, en 1437, pendant qu'un complot, ourdi par Robert Grahame, s'ourdissait contre lui, une femme des Highlands s'efforça de l'empêcher d'entrer dans la ville, et lui prédit qu'il périrait s'il persistait dans sa résolution. Jacques fut frappé de ces paroles, qui coïncidaient avec une prophétie, suivant laquelle un roi devait être tué en Écosse cette année-là ; mais sans leur accorder plus de créance, il s'adressa en riant à un de ses chevaliers, surnommé *roi de l'Amour*. « Eh bien, s'écria-t-il, l'un de nous deux doit mourir cette année, car nous sommes les deux seuls rois qu'il y ait en Écosse. » Toutefois l'événement justifia la prédiction, et Jacques fut assassiné le 20 février.

Un de ses successeurs, Jacques III, assassiné en 1488,

1 *Chronique de Nestor*, traduction de M. Louis Paris, 1834. t. 1, p. 45.
— Une tradition semblable se retrouve dans une saga irlandaise citée par Torféus, *Histoire de Norwége*, l. vi, ch. 6, t. 1, p. 275.

2 Mariana, l. xxii, ch. 66.

après la bataille de Stirling, où les Home et les Hepburn mirent en déroute l'armée royale, avait aussi été averti de son sort; un astrologue lui avait dit qu'il y avait un lion en Écosse qui serait mis à mort par ses lionceaux. Le monarque, effrayé par cette prédiction fort claire, tenta de se défaire de ses frères qui, vraisemblablement, conspiraient déjà contre lui; il ne put exécuter qu'en partie son projet, et, six ans après, lorsqu'il vit marcher contre lui ses sujets révoltés, maîtres de son fils, au-dessus de la tête duquel flottait la grande bannière d'Écosse, il perdit tout courage et se sauva devant le *lionceau.*

Philippe de Comines parle plusieurs fois, dans ses mémoires, de la faculté de prédire l'avenir dont jouissait Angelo Catho, qui, après avoir été au service de Charles le Téméraire, passa à celui de Louis XI, et devint son aumônier et archevêque de Vienne. On a placé dans un recueil de pièces qui servent de preuves aux mémoires de Comines un sommaire de la vie de ce prélat, sommaire dont nous extrayons le passage suivant.

« Étant au service du roi Louis XI... survint la tierce bataille donnée à Nancy, en laquelle fut tué le duc de Bourgogne, la vigile des rois, l'an mil quatre cent soixante et seize; et à l'heure que se donnait ladite bataille, et à l'instant même que ledit duc fut tué, ledit roi Louis oyoit la messe en l'église monsieur Saint-Martin à Tours, distant dudit lieu de Nancy de dix grandes journées pour le moins, et à ladite messe le servait d'aumônier ledit archevêque de Vienne, lequel, en baillant la paix audit seigneur, lui dit ces paroles : « Sire, Dieu vous donne la « paix et le repos; vous les avez si vous voulez, *quia* « *consummatum est.* Votre ennemi le duc de Bourgogne

« est mort, et vient d'être tué et son armée deconfite » Laquelle heure cottée fut trouvée être celle en laquelle véritablement avait été tué ledit duc. Et, oyant ledit seigneur lesdites paroles, s'ébahit grandement, et demanda audit archevêque s'il était vrai ce qu'il disait, et comme il le savait. A quoi ledit archevêque répondit, qu'il le savait comme les autres choses que Notre-Seigneur avait permis qu'il prédît à lui et au feu duc de Bourgogne; et, sans plus de paroles, ledit seigneur fit vœu à Dieu et à monsieur saint Martin, que si les nouvelles qu'il disait étaient vraies (comme de fait elles se trouvèrent bientôt après), qu'il ferait faire le treillis de la châsse de M. saint Martin (qui était de fer) tout argent. Lequel vœu ledit seigneur accomplit depuis, et fit faire ledit treillis, valant cent mille francs, ou à peu près. »

Suivant Brantôme, le matin même du jour où le connétable de Bourbon fut tué en donnant l'assaut à Rome (1527), il tint à ses soldats le discours suivant :

« Mes frères, je trouve certainement que là est cette « ville qu'au temps passé pronostica un sage astrologue « de moi, me disant qu'infailliblement à la prise d'une « ville mon fier ascendant me menaçoit, que j'y devois « mourir : mais je vous jure que c'en est le moindre de « mes soucis ; et m'en soucie peu de mourir, si, en mou- « rant, mon corps demeure avec une perpétuelle gloire « et renommée par tout le monde. » Belles paroles, certes, et prononcées d'un grand courage, et même la fin et la résolution de celui qui les prononçoit : aussi advint-il ainsi comme il les dit et le voulut [1]. »

La mort si imprévue et si prématurée de Henri II don-

---

[1] *Vies des grands capitaines*, ch. 28.

na lieu à une foule de rapprochements. On remarqua que
son règne, qui avait commencé par un combat singulier
(le duel, en champ clos, de Jarnac et de la Châtaigneraie),
avait été terminé de même ; de plus, que ce prince, qui
avait jadis crevé un œil à l'un de ses écuyers, périt d'une
blessure semblable.

« J'ai ouï conter, et le tiens de bon lieu, dit Brantôme,
que, quelques années avant qu'il mourût (aucuns disent
quelques jours), il y eut un devin qui composa sa nati-
vité et la lui fit présenter. Au dedans il trouva qu'il
devoit mourir en un duel et combat singulier. M. le connétable y étoit présent, à qui le roi dit : « Voyez, mon com-
« père, quelle mort m'est présagée. — Ah ! sire, répon-
« dit M. le connétable, voulez-vous croire ces marauts,
« qui ne sont que menteurs et bavards? Faites jeter cela
« au feu. — Mon compère, répliqua le roi, pourquoi ? Ils
« disent quelques fois vérité. Je ne me soucie de mourir
« autant de cette mort que d'une autre ; voir l'aimerois-je
« mieux, et mourir de la main de quiconque soit, mais qu'il
« soit brave et vaillant, et que la gloire m'en demeure. » Et
sans avoir égard à ce que lui avoit dit M. le connétable,
il donna cette prophessie à garder à M. de l'Aubespine,
et qui la serra pour quand il la demanderoit. Hélas ! ni
lui ni M. le connétable ne songeoient pas à ce combat
singulier dont il mourut, mais d'un autre duel en champ
clos et à outrance, comme duels solennels se doivent
faire : car de celui, M. le connétable avoit raison d'en
douter et dire que c'étoit un abus ; encor que nous ayons
vu plusieurs rois s'y être appellés [1]. »

« M. de Biron (voyez plus haut le récit de sa mort), pen-

---

[1] *Hommes illustres et grands capitaines françois*, ıı^e livre, ch. 74.

dant les grands desseins qu'il avoit en la tête, dit l'Estoile,
s'étant un jour retiré seul en un jardin exprès pour communiquer avec un magicien qu'il y fit venir, qui étoit un
des plus grands du métier (car il parloit fort souvent au
diable, et avoit communication privée avec le malin esprit), s'étant enquis de lui de sa bonne fortune, sur laquelle il étoit fort irrésolu, et de ce qui lui adviendroit ;
le magicien lui montra un grand arbre plein de feuilles,
et lui dit qu'il arrêtât sa vue sur celle qu'il voudroit, et
que sans doute elle tomberoit incontinent derrière lui :
ce qui advint. Lors, M. de Biron lui en ayant demandé la
signification, il lui dit qu'étant en la fleur de ses prospé-
rités, il gardât de tomber comme cette feuille, et qu'un
qui étoit de Dijon ne lui en donnât le coup par derrière,
et ne le tuât : ce que M. de Biron ayant entendu, s'en
moqua et n'en fit autrement compte, disant qu'il connois-
soit fort bien tous ceux de Dijon ; qu'il se garderoit fort
bien de celui-là ; et que s'il ne lui avenoit mal que de
cette part, qu'il n'en auroit point. Cependant on dit que
le bourreau qui lui donna le coup par derrière, et lui tran-
cha la tête, étoit de Dijon [1]. »

Le passage suivant, que l'on ne s'attendrait guère à
trouver dans les mémoires de l'écrivain moqueur qui composa la *Confession catholique du sieur de Sancy* et les
Aventures du baron de Fæneste, montre à quel point,
même au commencement du dix-septième siècle, les
idées superstitieuses avaient encore d'influence sur les
esprits les plus éminents.

« J'avais à mon service, dit d'Aubigné, un muet qui était
un jeune homme, si tant est qu'on lui puisse donner ce

[1] Collection Michaud-Poujoulat, t. II, p. 337.

nom ; car les plus doctes ont jugé, après l'avoir pratiqué,
que c'était un démon incarné. Ce muet donc paraissait
âgé de dix-neuf à vingt ans lorsque je le pris chez moi.
Il était né sourd et muet ; il avait le regard affreux, le
visage livide, et il s'était fait une habitude de s'expliquer
par ses doigts et par ses gestes d'une manière fort intel-
ligible. Il demeura avec moi en Poitou quatre à cinq ans,
partie à la Chevrelières et partie aux Ousches, où tout le
monde le venait voir par admiration, à cause de son art
de divination, qui lui faisait découvrir les choses les
plus cachées, et retrouver celles que l'on avait perdues.
De plus, il disait à ceux qui le lui demandaient, leur généalogie, les métiers de leurs pères, ayeuls, bisayeuls
et trisayeuls, leurs mariages et le nombre des enfants
qu'ils avaient eus ; il spécifiait toutes les pièces de monnaie qu'un chacun avait dans sa poche ; il pénétrait les
plus secrètes pensées de ceux qui l'interrogeaient ; enfin, il prédisait l'avenir. Ce furent les ministres les plus
estimés de la province qui m'en donnèrent connaissance
et l'envie, en même temps, de l'avoir auprès de moi.
Quand il y fut, je défendis à mes enfants et à mes domestiques, sous de grosses peines, de lui faire aucunes
questions sur les choses futures ; mais, malgré mes dé-
fenses, ils ne le questionnaient que là-dessus, par la règle : *Nitimur in vetitum.*

« J'eus, durant un mois, la curiosité de savoir les heures
où Henri IV faisait ses promenades, les propos qu'il y tenait, les noms de ceux à qui il parlait, et plusieurs autres
choses semblables ; et le tout, confronté de cent lieues
loin avec les réponses du muet, se trouvait entièrement
conforme. Un jour, les filles du logis lui ayant demandé
combien le roi vivrait encore d'années, le temps et les

circonstances de sa mort, il leur marqua trois ans et
demi, et leur désigna la ville, la rue et le carrosse, avec
les deux coups de couteau qu'il recevrait dans le cœur,
où cela lui devait arriver. Il leur prédit encore, de plus,
tout ce que le roi Louis XIII a fait jusqu'à présent 1650,
les combats donnés devant la Rochelle, le siége de cette
ville, sa prise, son démantellement, la ruine entière du
parti huguenot, et beaucoup d'autres choses que l'on peut
voir dans mes épîtres familières qui courent imprimées
par le monde. Enfin, mes enfants, pour peu que vous
vous doutiez de la vérité de tout ce que je viens de rapporter touchant ce muet, vous pouvez vous en assurer en
interrogeant les domestiques de la maison, qui vivent encore et qui étaient alors au service de votre père [1]. »

« Il avait été annoncé par un astrologue, raconte
M. Valery, au cardinal Gozzadino (mort en 1625), neveu
de Grégoire XV, qu'il mourrait en prison ou des suites de
la prison, et le cardinal, qui était criblé de dettes, avait
assez ajouté foi à l'horoscope ; mais il se vanta de ne le
plus craindre aussitôt que son oncle fut devenu pape.
Cependant, à la mort de Grégoire, le conclave étant as-
semblé, le cardinal en sortit avec une maladie à laquelle
il succomba, quoique âgé seulement de cinquante et un
ans, et il convint que l'astrologue avait prédit juste, puisque ce conclave avait été pour lui, cardinal, une vraie
prison, et la pire de toutes. Plusieurs autres cardinaux
moururent aussi victimes de la même clôture [2]. »

« Un tireur d'horoscope, dit Vigneul-Marville, avait prédit à M. le duc de Beaufort qu'il serait tué à l'armée, et

---

[1] *Mémoires*, collection du *Panthéon*, p. 513.

[2] *Voyages en Italie*, l. xv, ch. 25. Le tombeau de ce cardinal se trouve
à Rome, dans l'église de Saint-André *della Valle*.

que le jour que ce dernier malheur lui arriverait, il en serait averti par quelque chose de sinistre ; mais que surtout il se donnât de garde d'une mousquetade au visage. Cela ne manqua pas, car le jour qu'il fut tué par un fourneau, comme on le croit, qui joua sous ses pieds, et le rendit invisible, son valet de chambre lui présentant un miroir pour s'ajuster, une balle de mousquet qui venait du côté des ennemis en cassa la glace, dont les morceaux lui sautèrent au visage. Depuis que j'ai écrit cette aventure, un chevalier de Malte me l'a racontée un peu autrement ; mais il est toujours vrai que M. de Beaufort est mort, et que sa mort lui avait été prédite [1]. »

La mort de plusieurs princes a été prédite d'une manière tout à fait différente. Ainsi Philippe le Bel et Clément V furent, dit-on, ajournés devant Dieu, au bout de l'année, par les templiers, que le roi de France avait, du consentement du pape, envoyés au supplice, et il paraît que les deux princes ne jugèrent pas à propos de faire défaut, car ils moururent tous deux en 1314. Voici sur d'autres ajournements quelques détails moins connus.

« En 1312, dit Mariana, Ferdinand IV, roi de Castille, fit arrêter deux frères, don Pèdre et don Juan de Carvajal, qu'on accusait d'avoir assassiné un seigneur de la maison de Benavidès, à Valence, en sortant du palais. On ne savait pas au vrai quels étaient les assassins ; on avait soupçonné plusieurs personnes de cet attentat, et sans trop examiner si le soupçon était bien ou mal fondé, on les avait traités dans leur prison avec la dernière rigueur ; mais enfin les deux frères Carvajal payèrent pour tous les

---

[1] Le duc de Beaufort fut tué au siége de Candie, lors d'une sortie qu eut lieu dans la nuit du 25 juin 1669.

autres. Ils eurent beau se défendre de cet assassinat, on
n'eut nul égard aux raisons qu'ils apportèrent pour se
justifier ; ils furent déclarés criminels de lèse majesté, et
comme tels condamnés à la mort, sans avoir été con-
vaincus juridiquement et sans avoir rien avoué. On les
condamna à être précipités du haut d'un rocher escarpé
qui est auprès de Martos, sans qu'il se trouvât personne
qui osât parler en leur faveur, car le roi était intraitable
dans sa colère quand l'offense était récente.

« Comme on menait les deux frères au supplice, ils dé-
clarèrent à haute voix qu'ils mouraient innocents, prenant
le ciel, la terre et Dieu même pour témoins de leur innocence, et disant que, puisque le roi était sourd à leurs
justes plaintes, ils en appelaient au tribunal du souverain
juge, devant qui ils citèrent le roi Ferdinand pour comparaître dans trente jours. On ne fit pas d'abord beaucoup
d'attention à ces paroles ; mais ce qui arriva dans la suite,
soit par hasard, soit autrement, fit bien faire des réflexions. On attribua la mort du roi aux excès de table, auxquels il se laissait trop aisément aller ; d'autres le regar-
dèrent comme une juste punition du supplice des seigneurs de Carvajal, d'autant plus que, depuis le jour de
leur exécution jusqu'au jour de la mort du roi, on comp-
tait précisément trente jours ; de là vient qu'il fut surnommé *Don Ferdinand l'Ajourné* [1]. »

François i[er], duc de Bretagne, à la suite d'intrigues de
cour et sur de vagues soupçons de trahison, avait fait
instruire le procès de son frère cadet Gilles, devant les
Etats de Bretagne assemblés à Redon. Ceux-ci ayant,

---

[1] *Histoire d'Espagne*, traduction de Charenton, 1725, in-4, tome III,
p. 338.

faute de preuves, déclaré le procès pendant, François
n'en fit pas moins détenir en prison son frère, dont on
résolut enfin de se débarrasser après quarante-six
mois de captivité. Gilles était renfermé dans le château
de La Hardouinaie, lorsque ses geôliers Olivier de Meel
et Robert Roussel, qui plus tard périrent sur l'échafaud, défendirent qu'on lui portât à manger ou à boire.
Les cris de ce malheureux furent cependant entendus
par une pauvre femme, qui, se glissant chaque nuit dans
les fossés du château, réussit à lui faire passer, au travers des grilles, du pain et de l'eau par une sarbacane.
L'agonie de Gilles dura six semaines. Les geôliers
n'ayant point découvert les secours qu'il recevait, en
conclurent que quelque aide diabolique soutenait sa vie,
et entrèrent, le 25 avril 1450, de grand matin, dans sa
chambre ; le trouvant endormi, ils essayèrent de l'é-
trangler avec des serviettes : réveillé en sursaut, le prince
put encore se défendre quelque temps avec une flûte qu'il
trouva sous sa main ; mais les assassins réussirent enfin
à l'étouffer sous des matelas. La nouvelle de cette mort
se répandit dans l'armée que le duc François avait conduite devant Avranches, et y causa une horreur universelle. Le duc s'étant mis en route pour aller coucher au
mont Saint-Michel, rencontra sur la grève un cordelier
qui l'arrêta. Le moine le tira à part, et lui dit qu'il venait
de recevoir la confession de monseigneur Gilles, son frère,
la même pauvre femme qui avait donné du pain au captif
lui ayant amené un confesseur de nuit dans les fossés du
château. Il savait tout ce que messire Gilles avait souffert
par son ordre, et il l'avait entendu assigner, le duc son
seigneur et son frère, à comparaître dans quarante jours
devant le tribunal de Dieu, pour rendre compte de sa

conduite. François, frappé en même temps de terreur et
de remords revint à Vannes dans un état d'abattement et
de noire mélancolie, qui ne tarda pas à lui être fatal[1].
Il expira le 19 juillet suivant en exprimant à haute voix
son repentir.

Nous reviendrons ailleurs sur les prédictions, les sorciers et les prophètes.

DES SUICIDES.

La crainte de la douleur semble avoir été chez les anciens plus forte que la peur de la mort; et les écrivains
latins rapportent une foule de suicides qui n'ont d'autres motifs que la maladie[2]. La plupart de ceux qui
étaient résolus à mourir, convoquaient auparavant leurs
amis et leur famille, et leur exposaient les motifs qui les
décidaient à quitter la vie; souvent même c'était le
peuple qu'ils faisaient juge de leur détermination.

Le rhéteur C. Albutius Silus, après avoir acquis une
grande réputation à Rome, se retira dans sa vieillesse à
Novarre, sa ville natale. « Là, dit Suétone, il convoqua le
peuple, exposa longuement du haut de la tribune aux
harangues, les motifs qui le déterminaient à mourir, et

---

[1] Sismondi, *Histoire des Français*, t. xiii, p. 533. — Voyez aussi Lob-
neau, *Histoire de Bretagne*, l. xvii et xviii, et D. Morice, l. x.

[2] Voyez, dans Cornelius Népos, le suicide de Pomponius Atticus ; dans
Sénèque (Épître 77 à Lucilius) celui de Tullius Marcellinus ; dans Pline
le Jeune (liv. i, lettre 12), celui de Corellius Rufus.

s'abstint de nourriture [1]. » Dans quelques villes les suicides avaient lieu avec l'approbation de l'autorité.

« On garde dans un dépôt public de Marseille, dit Valère-Maxime (l. II, ch. VI), un poison mêlé de ciguë,
que l'on donne à quiconque fait valoir devant le conseil
des Six-cents (tel est le nom du sénat), les motifs qui lui
font désirer de mourir. »

Sous le despotisme odieux des premiers empereurs romains, les suicides devinrent très-nombreux.

« La crainte des bourreaux, dit Tacite, multipliait
les morts volontaires. D'ailleurs on dépouillait de leurs
biens, on privait de sépulture ceux qui se laissaient condamner ; tandis que ceux qui s'exécutaient eux-mêmes
assuraient leurs testaments et leurs funérailles : c'était la
récompense de leur prompte détermination [2]. »

Des flatteurs se dévouaient souvent à la mort pour
détourner, de la personne sacrée du chef de l'empire,
les maux qui pouvaient la menacer. Antinoüs, dit-on, se
dévoua pour Adrien, et ce fut là la cause des honneurs
divins que lui rendit ce prince.

« Un flatteur, dit Suétone (ch. 27), avait fait vœu, s'il le
fallait, de mourir pour Caligula ; l'empereur le prit au
mot, mais le voyant hésiter, il le fit couronner, comme
une victime, de verveine et de bandelettes, et le livra
ensuite à une troupe d'enfants qui avaient ordre de le
poursuivre dans les rues, en lui rappelant son vœu, jusqu'à ce qu'il fût précipité de la roche *Tarpéienne.*

« Adrien, souverainement dégoûté de la vie, raconte
l'un des écrivains de l'Histoire Auguste, ordonna à l'un

---

[1] *Vie des rhéteurs illustres,* ch. 6.

[2] *Annales,* l. VI, ch. 29.

de ses esclaves de le percer d'une épée. Cette nouvelle
étant venue à la connaissance d'Antonin, il courut avec
les préfets chez l'empereur, et ils le conjurèrent d'endurer courageusement son mal. Ce prince, irrité, commanda
de mettre à mort celui qui l'avait trahi ; mais Antonin le
sauva, et dit à Adrien, qu'adopté par lui, il deviendrait
parricide, en souffrant qu'on lui ôtât la vie. Adrien écrivit
aussitôt son testament, et continua de s'occuper des affaires d'État. Il essaya encore de se donner la mort ; mais
on lui arracha le poignard des mains, ce qui le rendit furieux. Il demanda du poison à un médecin, lequel aima
mieux se tuer que de lui obéir [1]. »

Il y eut à différentes époques ce que l'on pourrait appeler une épidémie de suicides.

« Plutarque, dit Aulu-Gelle, rapporte dans le premier
livre de son *Traité de l'âme*, à propos des maladies
dont l'âme peut être atteinte, que presque toutes les jeunes filles de Milet formèrent subitement, et sans motif
connu, le dessein de se donner la mort, et qu'un grand
nombre se pendirent. Ces suicides se renouvelant tous
les jours, et devenant de plus en plus nombreux, et aucun remède ne pouvant guérir cette manie obstinée, les
Milésiens décrétèrent que les jeunes filles qui seraient
trouvées pendues seraient portées en terre toutes nues,
avec le lien dont elles se seraient servies. Aussitôt les suicides cessèrent ; la pudeur triompha d'une maladie incura-
ble [2]. »

Les idées mystiques qui avaient cours parmi les premiers chrétiens et leur faisaient considérer la vie comme
un mal, donnèrent naissance à la secte des Donatistes.

---

[1] Spartien, ch. 22, traduction de la collection Dubochet.
[2] *Nuits attiques*, l. XV, ch. 10.

« Une partie de ces fanatiques, dit Gibbon, détestait la vie et désirait vivement recevoir le martyre. Il leur importait peu par quel supplice ou par quelles mains ils périssaient, pourvu que leur mort fût sanctifiée par l'intention de se dévouer à la gloire de la foi et à l'espérance d'un bonheur éternel. Ils allaient quelquefois insulter les païens au milieu de leurs fêtes et jusque dans leurs temples, espérant que la colère des idolâtres les porterait à venger l'honneur de leurs divinités. D'autres venaient braver les juges, et les faisaient trembler sur leur tribunal, en se dénonçant eux-mêmes, et en demandant avec véhémence qu'on les conduisît au supplice. Ils arrêtaient souvent les voyageurs sur les grands chemins, et les forçaient à leur infliger le martyre, en leur promettant une récompense s'ils consentaient à les immoler, et en les menaçant de leur donner la mort s'ils leur refusaient ce singulier service. Lorsque toutes ces ressources leur manquaient, ils désignaient un jour, où, en présence de leurs amis et de leurs parents, ils se précipiteraient du haut d'un rocher ; et on montrait plusieurs précipices devenus fameux par le nombre de ces suicides [1]. »

Chez la plupart des Barbares qui envahirent l'empire romain, le suicide était très-fréquent. Il y avait sur les limites des terres des Wisigoths un rocher élevé appelé le *Rocher des Aïeux*, du haut duquel les vieillards se précipitaient lorsqu'ils étaient las de la vie.

Mérovée, ayant, par son mariage avec Brunehaut, encouru la colère de son père Chilpéric, qui le faisait poursuivre, fut enfermé traîtreusement par les gens de Té-

---

[1] *Histoire de la décadence de l'empire romain*, ch. 21, traduction du *Panthéon littéraire*, t. I, p. 492.

rouanne dans une métairie que gardèrent des gens armés.

« Alors le prince, dit Grégoire de Tours, craignant de satisfaire par beaucoup de tourments la vengeance de ses ennemis, appela à lui Gaïlen, un de ses familiers, et lui dit : « Nous n'avons eu jusqu'ici qu'une âme et qu'une volonté ; ne souffre pas, je te prie, que je sois livré entre les mains de mes ennemis, mais prends une épée, et enfonce-la dans mon corps. » Celui-ci, sans hésiter, le perça de son couteau. Chilpéric, en arrivant, le trouva mort. Gaïlen ayant été pris, on lui coupa la main, les pieds, les oreilles, le dessus des narines, et on le fit mourir misérablement [1]. »

Bernard, roi d'Italie, petit-fils de Charlemagne, s'étant révolté, en 818, contre son oncle, Louis le Débonnaire, fut condamné à perdre les yeux ; quelques jours après avoir subi ce supplice, il se donna la mort.

Quatre siècles plus tard, en 1226, Renaud, comte de Boulogne, fait prisonnier à la bataille de Bouvines, se tua dans sa prison, après une captivité de quatorze ans.

Césaire, religieux de Citeaux, au treizième siècle, cite dans ses *Dialogi miraculorum*, d'assez nombreux exemples de moines et de religieuses qui, lassés de la vie, se sont donné la mort [2].

---

[1] L. v, collection Guizot. t. I, p. 254. — Grégoire raconte ailleurs les suicides de Palladius, comte de Javoulx, et de malheureux qui, désignés par Chilpéric pour accompagner en Espagne sa fille Rigonthe, destinée à Rekared, roi des Goths, préférèrent s'étrangler plutôt que de quitter leur famille et leur patrie.

[2] On peut voir dans Guibert de Nogent, *De vita sua*, l. III, ch. 20, une légende assez curieuse d'un suicide inspiré par un motif religieux. Cette légende a été mise en vers par un poète du treizième siècle. Voyez dans Legrand d'Aussy, édition in-18, t. v, p. 58, le fabliau intitulé : *Du Pèlerin qui s'origénisa pour saint Jacques.*

Les persécutions sans nombre que les juifs eurent à supporter pendant le moyen âge rendirent les suicides très-communs parmi eux. En 1520, lors de la seconde insurrection des *Pastoureaux*, ceux-ci assiégèrent une tour appartenant au roi, et où les juifs étaient venus de toutes parts se réfugier. Après une courageuse résistance, ces malheureux, voyant qu'ils ne pouvaient s'échapper, « aimant mieux, dit le continuateur de Guillaume de Nangis, se donner eux-mêmes la mort que d'être tués par des hommes incirconcis, chargèrent un des leurs, qui paraissait le plus fort d'entre eux, de les égorger avec son épée. Il y consentit, et en tua sur-le-champ plus de cinq cents. Descendant de la tour avec un petit nombre d'hommes encore vivants, et les enfants des juifs, qu'il avait épargnés, il obtint une entrevue avec les Pastoureaux, et leur déclara ce qu'il venait de faire, demandant à être baptisé avec les enfants. Les Pastoureaux lui dirent : « Coupable d'un si grand crime sur ta propre na- « tion, tu veux ainsi éviter la mort ! » Aussitôt ils lui dépecèrent les membres et le tuèrent ; mais ils épargnèrent les enfants, qu'ils firent baptiser catholiques et fidèles [1]. »

L'année suivante, en 1521, près de quarante juifs accusés de maléfices, ayant été renfermés dans une prison du roi, « comme ils se croyaient déjà, dit le même chroniqueur, près d'encourir la mort, et ne voulaient pas tomber entre les mains d'hommes incirconcis, ils décidèrent qu'un d'entre eux égorgerait tous les autres ; et le consentement et la volonté unanimes de tous furent que ce serait un ancien, qui paraissait le plus saint et le meilleur, et qu'à cause de sa bonté et de son âge, les autres

---

[1] Collection Guizot, tome XIII, p. 342.

appelaient leur père, qui les mettrait tous à mort. Il n'y voulut consentir qu'à condition qu'on lui donnerait quelque jeune homme pour accomplir avec lui cette œuvre pieuse. Sa demande lui ayant été accordée, ces deux-là tuèrent tous les autres sans exception, et lorsqu'ils ne virent plus qu'eux seuls de vivants, ils se disputèrent pour savoir qui des deux tuerait l'autre. Le jeune homme voulait que le vieillard le tuât, et le vieillard voulait être tué par le jeune homme; mais enfin, le vieillard l'emporta, et il obtint, par ses prières, que le jeune homme lui donnerait la mort. Le vieillard et tous les autres tués, le jeune homme, se voyant seul, prit tout l'or et l'argent qu'il trouva sur les morts, et faisant une corde avec des haillons, il essaya de descendre au bas de la tour. Mais, comme la corde était trop petite, il se laissa tomber en bas, et, alourdi par le poids très-considérable de l'or et de l'argent qu'il portait, il se cassa la jambe. Remis à la justice, il avoua le crime qu'il avait commis, et fut pendu avec les cadavres des autres morts [1]. »

Au moyen âge, la législation se montra en général fort sévère envers les suicidés.

« A Zurich, comme à Abbeville, on traînait le cadavre du suicidé par une ouverture pratiquée sous le seuil de la maison où la mort avait eu lieu. S'il s'était poignardé, on lui plantait près de la tête un morceau de bois dans lequel on enfonçait l'instrument de son trépas; s'il s'était noyé, on l'enterrait dans le sable à cinq pieds de l'eau; s'il s'était précipité dans un puits, on l'ensevelissait sur une montagne ou près d'un chemin, et on le fixait au sol en lui mettant une pierre sur la tête, une autre

---

[1] Collection Guizot, t. XIII, pag. 352.

sur le corps, et une troisième sur les pieds. A Metz, les suicidés étaient aussi traînés *par dessolz le pas de leurs maisons*; on les portait au gibet et on les pendait, ou bien on les enfonçait, on les serrait dans des tonneaux, et l'on abandonnait ces lugubres embarcations au cours de la Moselle, après y avoir tracé, en quelques mots, l'enseigne du crime et du supplice : « Bouttez à vaul, laissez alleir : c'est par justice ! » La même manière de procéder était usitée à Strasbourg [1]. »

« Audit mois de janvier (1484) dit une chronique de Metz, les nouvelles furent apportées à Metz qu'un évêque de Strasbourg s'était pendu et étranglé, et que la justice dudit lieu l'avait fait enfoncer dans un tonneau, et le mettre sur le Rhin et le laisser aller à l'aventure. »

En Sibérie, on enterrait les suicidés sur la face.

Au dix-huitième siècle, une bulle de Benoît XIV déclara le suicide un acte de folie, et permit d'enterrer en terre sainte ceux qui se donneraient la mort.

Brantôme, dans la vie du connétable de Bourbon, se moque fort des femmes qui, lors de la prise de Rome, en 1527, eurent à souffrir toutes les insolences du soldat, et envoie « au diable l'une qui se tua pour telles violences, comme Lucrèce ; » il n'aurait certainement pas trouvé assez de sarcasmes pour l'héroïne dont parle Mariana.

« Marie Coronel, dit l'historien espagnol, ne pouvant supporter plus longtemps l'absence de Jean de la Cerda, son époux, aima mieux perdre la vie que de lui être infidèle : un jour qu'elle se trouva agitée d'une manière plus furieuse par des désirs charnels, ne pouvant plus en

---

[1] *Recherches sur les opinions et la législation en matière de mort volontaire pendant le moyen âge*, par M. F. Bourquelot, *Bibliothèque de l'école des Chartes*, 1re série, t. IV, p. 460.

soutenir la violence, elle prit un tison ardent et l'appliqua à l'endroit où le feu de la passion se faisait plus vivement sentir, voulant par ce feu matériel étouffer la flamme intérieure qui la dévorait, et aimant mieux s'exposer à une mort cruelle qu'au danger de perdre la conscience et son honneur : courage héroïque dans une femme qui méritait de vivre dans un siècle plus heureux et digne des plus grands éloges, moins par l'action qu'elle fit, et que l'on ne peut pas approuver en elle-même, que par l'amour et le désir ardent qu'elle avait de conserver la chasteté[1]. »

Au seizième siècle, il y eut quelques suicides assez célèbres.

L'auteur du *Cymbalum mundi*, Bonaventure Despériers, mit fin à ses jours en 1544. « Il fut trouvé, dit Henri Étienne (*Apologie d'Hérodote*, ch. 18), s'estant tellement enferré de son espée, sur laquelle il s'estoit jetté, que la pointe, entrée par l'estomach, sortoit par l'eschine. »

Le sénateur florentin, Philippe Strozzi, après avoir contribué, en 1530, à ramener à Florence le duc Alexandre, fut bientôt forcé par celui-ci de s'enfuir à Venise. En 1538, il tenta de rentrer dans sa patrie à la tête d'une troupe d'émigrés, fut vaincu et enfermé à Pistoie, « Là, dit Brantôme, plutôt que d'endurer de cruelles gênes pour confesser ses secrets à la ruine de ses amis, et encourir une mort indigne de lui et de son parentage, autant généreusement que patiemment, se mit contre la gorge (aucuns disent contre l'estomac) une épée qu'un Espagnol de sa garde avait laissée par mégarde, et fut trouvé mort sur le carreau, tout san-

---

1 L. iv, ch. 94, traduction de Charenton.

glant, ayant laissé sur sa table un billet écrit qui disait :
« Puisque je n'ai su bien vivre, c'est bien raison que je
« sache bien mourir, et que je mette fin à ma vie et à mes
« misères par un cœur généreux. » Et au plus bas mit
encore en écrit (que ceux qui ont fait mention de
sa mort ne le disent point pourtant ; mais M. de Strozze
dernier, son petit-fils, et duquel il portait le nom de
Philippe, me l'a ainsi assuré) ce vers de Virgile, prononcé
par Didon à l'heure de son trépas :

Exoriare aliquis nostris ex ossibus ultor [1]. »

« En 1576, dit de Thou (l. LXII), mourut à Rome Jérôme
Cardan, âgé de soixante-quinze ans, l'an et le jour qu'il
avait prédits, c'est-à-dire, le 21 septembre. On crut que
pour ne pas en avoir le démenti, il avança sa mort en
refusant de prendre aucun aliment. »

Le comte de Cramail, dit Tallemant (*Historiette du comte
de Cramail*), avait un ami qu'on appelait Lioterais, homme
d'esprit. Quand il fut vieux, et que la vie commença à
lui être à charge, il fut six mois à délibérer tout ouverte-
ment de quelle mort il se ferait mourir ; et un beau matin, en lisant Sénèque, il se donne un coup de rasoir et
se coupe la gorge. Il tombe ; sa g.... monte au bruit :
« Ah ! dit-elle, on dira que je vous ai tué. » Il y avait du
papier et de l'encre sur la table, il prend une plume et
écrit : « C'est moi qui me suis tué, » et signe *Lioterais*. »

En 1739, un Danois, le missionnaire jésuite Jean Ro-
beck, auteur d'une apologie du suicide, se rendit à
Brême, y acheta une barque sur laquelle il monta seul,
et s'abandonna au courant du Weser. On retrouva son
corps trois jours après.

1 *Vie de Léon Strozze*, IIe livre, ch. 10.

« Creech, le commentateur de Lucrèce, raconte Voltaire, mit sur son manuscrit : N. B. *qu'il faudra que je me pende quand j'aurai fini mon commentaire*. Il se tint parole pour avoir le plaisir de finir comme son auteur. S'il avait entrepris un commentaire sur Ovide, il aurait vécu plus longtemps[1]. »

Le suicide est à peu près inconnu chez les mahométans. On cite comme un exemple peut-être unique dans l'histoire des princes musulmans, le suicide du dernier roi du Gouzerât, de Modhaffer, qui, privé de ses États et fait prisonnier par les Mongols, se coupa la gorge avec un rasoir en 1592.

Les suicides de personnages marquants ont été très-fréquents depuis un siècle. Sans parler de celles qui ont été amenées par des révolutions politiques, nous nous bornerons à citer les morts volontaires de Chatterton, Kleist, Sonnenberg, de l'amiral Villeneuve, de Castlereagh, d'Auger, de Gros, de Léopold Robert, etc.

Un grand nombre d'écrivains ont examiné longuement la question du suicide, question que les pères de l'Église, et entre autres saint Augustin, avaient déjà traitée aux premiers siècles de notre ère. Shakspeare a, dans *Hamlet* (acte III, scène I), consacré à ce sujet une magnifique tirade. Nous nous bornerons ici à transcrire les conseils de Scarron à un amant malheureux, conseils qui sont dans leur genre un modèle de bonne plaisanterie.

« Mais puisque votre mort est un mal nécessaire,
Et que c'est un arrêt donné,
Choisissez une mort qui ne soit point vulgaire,
Digne d'un amour raffiné.

[1] *Dictionnaire philosophique*, art. de CATON et du SUICIDE.

Si vous vouliez un jour vous pendre à sa fenêtre,
    Quoi qu'on n'en use plus ainsi,
Que sait-on? ses beaux yeux vous pleureraient peut-être,
    Et vous auriez bien réussi.
Pendez-vous donc bien vite afin qu'elle vous pleure ;
    Et, de sa part, je vous promets,
Si vous êtes pendu seulement pour une heure,
    Que vous le serez pour jamais.
Au reste, en vous pendant, témoignez du courage :
    Faites la chose avec honneur,
Sans gambiller des pieds ou changer de visage,
    Comme font les hommes sans cœur [1]. »

—

DES ÉPITAPHES.

Chez les Grecs, dès les temps les plus reculés, l'usage s'était introduit de couvrir d'inscriptions les colonnes de pierre que l'on plaçait auprès des sépultures. Ces inscriptions étaient en général rédigées en vers et contenaient le nom, les vertus et les actions remarquables du mort. Telle était l'épitaphe qu'Eschyle composa pour lui-même :

« Ci-gît Eschyle, fils d'Euphorion, né dans l'Attique ; il mourut dans la fertile contrée de Géla ; les Perses et le bois de Marathon attesteront à jamais sa valeur. »

A Sparte, d'après les lois de Lycurgue, il n'était permis, au dire de Plutarque, d'inscrire sur les tombeaux

---

1 *Stances à mademoiselle du Lude*, œuvres, 1719, in-8, t. I, pag. 29.

que les noms des guerriers morts sur le champ de bataille ou des femmes mortes en couches.

Simonide fit cette épitaphe pour Timocréon, athlète et poëte comique rhodien, né vers 476 av. J.-C. :

« Ci-gît Timocréon le Rhodien, qui passa sa vie à manger, à boire et à dire du mal de tout le monde. »

Au dire de Strabon, l'épitaphe suivante était gravée sur le tombeau de Sardanapale :

« Sardanapale, fils d'Anacyndaraxes, fit bâtir en un seul jour la ville d'Anchiale et celle de Tarsus.— Passant, bois, mange, divertis-toi, car tout le reste ne vaut pas une chiquenaude. »

Le droit de mettre des épitaphes sur les tombeaux était autrefois, en France, réservé aux nobles et aux seigneurs, c'est-à-dire, qu'ils pouvaient l'exercer sans contrôle et sans l'autorisation du curé de l'église. Les bourgeois étaient obligés d'en demander la permission aux marguilliers si le corps était déposé dans une église paroissiale ; et si c'était dans une église particulière, à l'abbé, au prieur ou au supérieur, ou *à Messieurs du chapitre*, etc. Cet impôt était d'un bon rapport pour les marguilliers : on peut voir dans le recueil manuscrit des épitaphes des cimetières et églises de Paris, qu'à la suite de l'épitaphe l'on avait soin d'ajouter presque toujours, *avec permission de Messieurs les marguilliers de cette paroisse.*

Les épitaphes qui subsistent encore aujourd'hui dans nos vieilles églises peuvent fournir souvent les plus utiles renseignements historiques.

Voici, pour les temps modernes, quelques épitaphes qui nous ont paru assez curieuses.

Le philosophe mantouan Pomponazzi s'était composé l'épitaphe suivante :

Hic sepultus jaceo. — Quare? Nescio.
Nec si scis aut nescis curo.
Si vales, bene est : vivens valui.
Fortasse nunc valeo.
Si, aut non, dicere nequeo.

C'est pour un des membres de la célèbre famille d'imprimeurs, portant le nom de Gryphe, que Ch. Fontaine, mort en 1589, fit le quatrain suivant :

La grand'griffe qui tout griffe
A griffé le corps de Gryphe;
Le corps de ce Gryphe; mais
Non le los; non, non, jamais.

On mit sur le tombeau de Trivulce :

Hic quiescit qui nunquam quievit.

« Les Espagnols, dit Brantôme, qui se vantent d'avoir fait de belles guerres sous le connétable de Bourbon, lui bâtirent eux-mêmes ainsi sa sépulture : *La Francia me dio la leche, la Espana la gloria y la aventura, la Italia la sepultura.* « La France me donna le lait et ma pre- « mière nourriture, l'Espagne la gloire et l'aventure, et « l'Italie la sépulture [1]. »

Le même auteur donne, en ces termes, une traduction de l'épitaphe latine composée par Dubellay pour Léon Strozzi, habile marin au service de la France, tué en Italie en 1554.

« Moi, ce grand capitaine Léon Strozzi, je ne gis ici dans ce vase; car un si petit vase ne saurait comprendre un si grand homme : la terre ne me comprend non plus; mais une gloire plus grande que la terre m'a élevé au

---

[1] Brantôme, *Vies des grands capitaines*, chap. 28.

ciel comme un bel astre pour les nautoniers, afin que, comme jadis les eaux ont porté et soutenu mes vaisseaux et ployé sous moi, maintenant il me plait d'être Dieu de la mer. Allez donc, vous autres, qui viendrez après moi et qui aurez ma charge, allez hardiment sur les eaux, car je vous y prépare et dresse un bon chemin, et très-sûr [1]. »

De Thou raconte (liv. LVII) qu'un ami de La Noue, Pons de la Case de Mirambeau, ayant été tué en 1574, au siége d'une bicoque, on trouva dans ses bottines cette épitaphe latine qu'il s'était composée d'avance, comme s'il avait prévu sa mort :

Desine migrantem lugere, viator et hospes.
Non careo patria, me caret illa magis.

Un célèbre général, le duc de Parme, mort en 1592, ordonna, en mourant, qu'on l'enterrât en habit de capucin, dans l'église des Capucins de Plaisance, et que sur sa tombe on gravât [2] :

Hic jacet frater Alexander Farnesius Capussinus.

On fit cette épitaphe à Alphonse-Louis du Plessis, chartreux, cardinal de Lyon et frère du cardinal de Richelieu :

Pauper natus sum, pauperiem vovi,
Pauper morior, inter pauperes sepeliri volo.

Henri Walton, homme d'État et littérateur anglais, mort en 1639, ordonna qu'on mît sur son tombeau l'inscription suivante :

1 Brantôme, *Vies des grands capitaines*, liv. III, chap. 11.
2 Voy. *Journal de l'Estoile*, collection Michaud-Poujoulat, t. II, p. 104.

Hic jacet hujus sententiæ primus auctor : *Disputandi pruritus, Ecclesiæ scabies ;* nomen alias quære.

Rantzau, maréchal de France, mort en 1650, avait été tellement maltraité sur les champs de bataille, qu'il ne lui resta plus, lorsqu'il mourut, qu'un œil, une oreille, un bras et une jambe ; ce qui donna lieu à ces vers :

Du corps du grand Rantzau tu n'as qu'une des parts :
L'autre moitié resta dans les plaines de Mars.
Il dispersa partout ses membres et sa gloire.

Tout abattu qu'il fût, il demeura vainqueur :
Son sang fut en cent lieux le prix de sa victoire,
Et Mars ne lui laissa rien d'entier que le cœur.

On inscrivit sur le tombeau de Mercy, mort de ses blessures le lendemain de la bataille de Nordlingen (1646) : *Sta, viator, heroem calcas.*

On lit sur un des vitraux de l'église Saint-Jean de Dijon l'épitaphe du numismate Jean-Baptiste Le Menestrier, conçue en ces termes :

Ci-gît Jean Le Menestrier.
L'an de sa vie soixante et dix,
Il mit le pied dans l'estrier
Pour s'en aller en Paradis.

Voici l'épitaphe faite pour Clément XIII, par Voltaire :

Ci-gît des vrais croyants le mufti téméraire,
Et de tous les Bourbons l'ennemi déclaré ;
De Jésus sur la terre il s'est dit le vicaire,
Je le crois aujourd'hui mal avec son curé.

L'usage des épitaphes, proscrit par l'islamisme, a été inconnu aux califes et aux autres monarques musulmans de l'Asie ; mais on en trouve quelques exemples dans l'histoire

des rois maures de l'Afrique et de l'Espagne, et dans celle
des sultans ottomans, qui ont sans doute pris cette coutume
aux chrétiens. Ainsi, on grava une épitaphe sur le tombeau du célèbre capitaine arabe Mohammed-Al-Mansour,
mort à Médina-Céli, en 1002, et sur le tombeau de Méhé-
met, premier roi de Grenade, de la dynastie des Nassérides,
mort en 1273. On sait encore que Jean Léon, dit l'Africain,
géographe arabe du seizième siècle, ayant rassemblé dans
ses voyages en Barbarie un recueil d'épitaphes arabes, eut
la singulière idée d'en faire présent à un prince de Fez,
pour le consoler de la mort du roi son père.

Les Anglais et les Américains semblent avoir affectionné
beaucoup un certain genre d'épitaphes dont nous allons
donner plusieurs exemples. Telle est la suivante mise sur
le tombeau de J. Cotton, l'un des premiers pasteurs de la
Nouvelle-Angleterre, mort en 1652 :

« C'était une véritable Bible vivante, douée de respiration, où les deux covenants étaient inscrits ; l'Évangile et
la Loi avaient chacune leur colonne dans son cœur. Sa
tête était l'index du sacré volume ! son nom (Cotton) le
titre ; et sa vie un commentaire sur le texte. Oh ! quel
monument digne et précieux quand il reparaîtra dans
une nouvelle édition, sans errata ! Il sera alors relié pour
l'éternité. »

La tombe de J. Forster, imprimeur à Boston, mort en
1661, portait cette inscription :

« Ton corps, plein d'activité, est maintenant jeté de
côté comme un vieil almanach ; mais, sans date pour le
moment actuel, il aura bientôt une nouvelle vie plus
active, et, quoique le corps soit souillé de poussière, à la
résurrection nous verrons une belle édition, sans aucun
errata ; le grand créateur, Dieu, n'a qu'un mot à dire ;

tout sera fait quand il aura prononcé : *Imprimatur*.

Un gentleman d'Éton fit cette épitaphe pour Jacob Tonson, célèbre imprimeur, mort en 1735 :

« Le volume de sa vie étant achevé, ici est la fin de Jacob Tonson... Pleurez, écrivains, et brisez vos plumes! votre Tonson, effacé du livre, n'est plus ; mais imprimez cette dernière inscription sur cette dernière page de la mort, de peur que, remis à la presse du sépulcre, lui, éditeur, ne manque de titre : Ci gît un libraire, la feuille de sa vie étant achevée et attendant une nouvelle édition augmentée et corrigée.

Franklin a imité ces épitaphes, lorsque, dans sa jeunesse, il composa la sienne en ces termes :

« Le corps de Benjamin Franklin, imprimeur (comme la couverture d'un vieux livre déchiré qui n'a plus ni titre ni dorure), gît ici, nourriture des vers ; cependant il n'est pas perdu, car (à ce qu'il croit) il reparaîtra dans une nouvelle et plus belle édition, revue et corrigée par l'auteur [1]. »

Citons encore les deux suivantes, conçues tout à fait dans le même genre. Elles sont beaucoup plus modernes :

« Ici gisent les restes de L. Gedge, imprimeur. Comme un caractère usé, il est retourné chez le fondeur, espérant qu'il sera refondu dans un autre moule meilleur et plus parfait [2]. »

---

[1] Après la mort de Franklin, on imprima le toast suivant, qui avait été porté à sa mémoire :

Benjamin Franklin, le * (*astérisque*) de sa profession, — le *type* de l'honnêteté, — le ! (*admiration*) de tous, — et quoique la ☞ (*main*) de la mort ait mis un . (*point*) à son existence, chaque § (*paragraphe*) de sa vie est sans ‖ (*deleatur*).

[2] Gedge mourut en 1818. Son tombeau se trouve à Bury Saint-Edmond.

« Ici sont les restes de J. Hulme, imprimeur, qui, comme un caractère usé et abimé pour avoir trop servi, repose dans le tombeau, mais non sans espoir que l'avenir le verra refondu dans le moule de la justice, et solidement placé dans la case de l'immortalité[1]. »

Bien des poëtes ont composé leurs épitaphes ; nous citerons seulement les suivantes, en commençant par celle de Regnier :

> J'ay vescu sans nul pensement,
> Me laissant aller doucement
> A la bonne loy naturelle ;
> Et je m'estonne fort pourquoy
> La mort osa songer à moy,
> Qui ne songeay jamais en elle.

Voici celle de Scarron ; elle est empreinte d'une grande mélancolie :

> Celui qui cy maintenant dort
> Fit plus de pitié que d'envie,
> Et souffrit mille fois la mort
> Avant que de perdre la vie.
> Passant, ne fais ici de bruit,
> Et garde bien qu'il ne s'éveille,
> Car voici la première nuit
> Que le pauvre Scarron sommeille.

Enfin, l'auteur du *Voyage autour de ma chambre*, s'est destiné les vers suivants, dont, nous l'espérons, il n'aura pas besoin dé sitôt :

> Ci-gît sous cette pierre grise
> Xavier, qui de tout s'étonnait,
> Demandant d'où venait la bise
> Et pourquoi Jupiter tonnait.

[1] J. Hulme, mort en 1829, fut enterré dans le cimetière de Saint-Nicolas (à Londres).

Le savant helléniste Coraï, mort à Paris en 1833, ordonna que l'on mit sur son tombeau une inscription en grec dont voici la traduction :

« Ci-gît Adamantius Coray, de Scio. Une terre étrangère le couvre ; mais cette terre, celle de Paris, il la chérissait à l'égal de son pays natal. »

Terminons en citant une épitaphe, qui a pour auteur Scarron, et qui de tout temps a pu s'appliquer à bien des gens :

> Ci-gît qui fut de bonne taille,
> Qui savait danser et chanter,
> Faisait des vers vaille que vaille,
> Et les savait bien réciter.
>
> Sa race avait quelque antiquaille,
> Et pouvait des héros compter ;
> Même il aurait donné bataille,
> S'il en avait voulu tâter.
>
> Il parlait fort bien de la guerre,
> Des cieux, du globe de la terre,
> Du droit civil et droit canon ;
>
> Et connaissait assez les choses
> Par leurs effets et par leurs causes.
> — Était-il honnête homme ? — Oh ! non.

PERSONNAGES CÉLÈBRES

ENFERMÉS DANS DES CAGES DE FER.

Suivant le témoignage fort suspect de Justin (liv. xv, ch. 3), Alexandre, irrité contre le philosophe Callisthènes, « ordonna qu'on le mutilât, qu'on lui coupât les oreilles, le nez et les lèvres, jusqu'à ce qu'il ne fût plus qu'un objet d'horreur et de pitié, et, de plus, pour effrayer ses complices, il le fit enfermer dans une cage avec un chien. »

« Lysimaque, dit Sénèque, mutila Télesphore de Rhodes, son ami, en lui faisant couper le nez et les oreilles ; et le nourrit longtemps dans une cage, comme quelque animal nouveau et extraordinaire : Cette tête en lambeaux, ce tronc informe n'avait plus rien de la face humaine. Ajoute à cela les tourments de la faim et la hideuse saleté de ce corps, se traînant dans sa fange sur ses genoux ; et ses mains calleuses, que son étroite prison forçait à lui servir de pieds ; et ses flancs déchirés par le frottement : spectacle affreux et terrible à voir ! Le supplice avait fait de cet homme un monstre qui repoussait la pitié ! Cependant, s'il ne ressemblait en rien à l'homme celui qui souffrait ces tortures, il lui ressemblait encore moins celui qui les ordonnait [1]. »

Voilà, à notre connaissance, les premiers passages où il soit question de ce genre de prison, dont il n'est plus fait mention qu'au douzième siècle de notre ère.

Sandjar, sixième sultan seljoucide de Perse, ayant été

---

[1] *De la colère*, l. III, ch. 17, traduction de la collection Dubochet.

fait prisonnier par les Turcs, en 1155, fut, à ce que l'en rapporte, enfermé dans une cage de fer.

D'Orient, ce genre de supplice passa en Italie, où nous le retrouvons dans la première moitié du treizième siècle.

Entius, fils naturel de Frédéric II, qui l'avait créé roi de Sardaigne en 1238, ayant été, au mois de mai 1249, battu et pris par les Guelfes à Fossalta, fut conduit à Bologne et gardé à vue dans une cage de fer.

Le supplice de la cage de fer était pratiqué par Napoleon della Torre, seigneur de Milan, qui, ayant été pris à la bataille de Desio, le 21 janvier 1277, par Othon Visconti, fut enfermé à son tour dans une prison semblable, à Baradello, près de Côme, avec un de ses fils, son neveu Guido della Torre, et plusieurs autres de ses partisans. Il y mourut après dix-neuf mois de souffrances, en septembre 1278.

En 1290, le marquis de Monferrat, Guillaume VII, s'étant rendu à Alexandrie pour apaiser une insurrection fomentée par la république d'Asti, fut pris par les rebelles et enfermé dans une cage de fer, où il resta jusqu'à sa mort, arrivée le 6 février 1292.

On voit encore aujourd'hui des cages semblables dans la tour *della Gabia*, à Mantoue, dans celle de Plaisance, et en d'autres endroits de l'Italie.

A la suite d'une expédition d'Édouard Ier en Écosse, en 1306, trois frères de Robert Bruce et un grand nombre de barons écossais périrent sur l'échafaud. Les femmes même ne furent pas épargnées, et deux d'entre elles, appartenant aux plus illustres familles du pays, les comtesses de Buchan, furent enfermées dans des cages de bois, et exposées aux insultes de la populace.

Jacques IV, dernier roi de Majorque, étant tombé, en 1349, au pouvoir du roi d'Aragon, Pierre IV, « fut, dit une chronique citée par Ducange (v° GABBIA), détenu pendant plus de trois ans dans une triste et dure prison. Quand il voulait dormir, on l'enfermait le jour et la nuit dans une cage de fer. »

A en croire quelques historiens, Bajazet Ier, vaincu par Tamerlan à la bataille d'Ancyre, en 1402, aurait été renfermé par son vainqueur dans une cage de fer. Cette assertion a été démontrée être complétement dénuée de fondement par M. de Hammer, qui, après avoir discuté les récits des écrivains occidentaux et de quelques écrivains orientaux, ajoute : « Le plus ancien annaliste des Ottomans, Aaschikpaschasade, raconte, d'après un témoin oculaire, que Bajazet fut porté dans une litière grillée comme une cage, entre deux chevaux. Ceci s'accorde avec les paroles suivantes de Neschri : « Timour fit « faire une litière dans laquelle on portait le sultan comme « dans un *kafes*, entre deux chevaux. » C'est, évidemment, dans ce passage mal interprété, qu'il faut reconnaître l'origine primitive de la fable, qui, grossissant avec le temps, a fini par se faire une place dans l'histoire. Non-seulement *kafes* signifie, comme nous l'avons dit, une cage, mais ce mot désigne encore aujourd'hui tout appartement grillé des femmes, et même la demeure des princes ottomans, dans le sérail, à Constantinople. *Kafes* s'entend aussi des litières grillées dans lesquelles on fait voyager les femmes du harem, et c'est précisément dans une voiture de ce genre que l'on transportait Bajazet entre deux chevaux. Plus tard, d'obscurs chroniqueurs ottomans, amateurs d'anecdotes, sur la foi d'un rimailleur syrien (Arab-Schah), ont transformé cette litière en une cage de fer ; mais aucun historien turc digne d'être consulté n'en dit un mot. Voici comment s'explique l'historiographe de l'empire, Seadeddin, dont l'autorité est si puissante :

« Ce que certains faiseurs de fables racontent, dans di-
« verses histoires turques, d'une réclusion dans une cage
« de fer, est de pure invention. Comme la vue odieuse des
« Tatares soulevait sa fureur, il demanda à être porté
« dans une litière. Quiconque voudra se supposer à sa
« place sentira qu'il devait être impossible à sa nature
« violente de supporter tous les jours la vue de ses enne-
« mis. Ceux qui ne savent pas distinguer la litière de la
« cage appartiennent (ajoute cet historien avec un jeu de
« mots intraduisible en français) à la masse de ces êtres
« dont les organes débiles confondent l'azur du ciel avec
« le gris [1]. »

Lorsque Jeanne d'Arc, prise à Compiègne, eut été amenée à Rouen par les Anglais, elle y fut enfermée dans une
cage de fer. Deux témoins, Pierre Cusquel et Guillaume
Manchon, appelés en témoignage lors de la révision du
procès de la Pucelle, témoignèrent que la cage où l'on
devait la renfermer avait été pesée dans leur maison [2].

Sous Louis XI, les cages de fer semblent avoir été en
usage dans presque toutes les prisons d'État. Lorsque le
duc de Nemours, au moment d'être jugé, eut été transféré à la Bastille, il fut mis dans une cage de fer, et le roi,
apprenant qu'on s'était relâché de sévérité envers le prisonnier, écrivit au sire de Saint-Pierre, l'un des commis-

[1] *Histoire de l'empire ottoman*, liv. VIII, traduction de M. Dochez.
[2] *Procès de condamnation et de réhabilitation de Jeanne d'Arc*, publiés pour la première fois par M. Jules Quicherat, 1844, in-8, liv. VIII,
t. II, pag. 306 et 346.

saires chargés de juger le malheureux captif, une lettre
de laquelle nous extrayons le passage suivant :

« Monsieur de Saint-Pierre, je ne suis pas content de
ce que vous m'avez averti qu'on lui a ôté les fers des
jambes, qu'on le fait aller en une autre chambre pour besogner avec lui, qu'on l'ôte hors de sa cage, aussi qu'on
le mène voir la messe où les femmes vont, et qu'on lui a
laissé des gardes qui se plaignaient de ne point être
payés. Quelque chose que disent le chancelier ou autres,
gardez bien qu'il ne bouge plus de sa cage, qu'on vienne
besogner avec lui, et qu'on ne l'en mette jamais dehors,
si ce n'est pour le gehenner (lui donner la question), et
qu'on le gehenne dans sa chambre. Je vous prie, si vous
avez jamais volonté de me rendre service, faites-le-moi
bien parler. — Ecrit au Plessis-du-Parc, le 1er octobre
1476. »

Outre le duc de Nemours, plusieurs personnages importants firent, sous Louis XI, connaissance avec les cages
de fer, entre autres Guillaume d'Harancourt, évêque de
Verdun, et le cardinal de la Balue. Sauval, dans ses *Antiquités de Paris*, a donné le compte suivant des dépenses
faites pour la construction de la cage destinée au premier.

« Pour avoir fait de neuf une grande cage de bois de
grosses solives, membreures et sablières, contenant neuf
pieds de long sur huit pieds de lé, et de hauteur sept
pieds entre deux planchers, lissée et boujonnée à gros
boujons de fer, laquelle a été assise en une chambre,
étant en l'une des tours de la Bastille Saint-Antoine, à
Paris, par devers la porte dudit Saint-Antoine, en laquelle
cage est mis et détenu prisonnier, par le commandement du roi, notredit seigneur, l'évêque de Verdun.
Fut employé à ladite cage quatre-vingt-seize solives

de couche et cinquante-deux solives debout, dix sablières de trois toises de long, et furent occupés dix-
neuf charpentiers pour écarrir, ouvrir et tailler tout
ledit bois en la cour de la Bastille, pendant vingt jours. Il
y avoit à cette cage deux cent vingt gros boujons de fer,
les uns de neuf pieds de long, les autres de huit, et les
autres moyens, avec les rouelles, pommelles et contre-
bandes servant à attacher ladite cage, avec les crampons
et clous, pesant ensemble deux cent dix-huit livres de fer,
sans compter le fer des treillis des fenestres de la chambre
où elle fut posée, des barres de fer de la porte de la chambre et autres choses, revient à trois cent dix-sept livres
cinq sols sept deniers. Et fut payé, outre cela, à un ma-
çon, pour le plancher de la chambre où étoit la cage,
vingt-sept livres quatorze sols parisis, parce que le plancher n'eust pu porter cette cage, à cause de sa pesanteur,
et pour faire des trous pour poser les grilles des fenestres, et à un menuisier, la somme de vingt livres deux
sols parisis, pour portes, fenestre, couches, selle percée
et autres choses ; plus, quarante-six sols huit deniers parisis à un vitrier pour les vitres de ladite chambre. Ainsi
monte la dépense, tant de la chambre que de la cage, à
la somme de trois cent soixante-sept livres huit sols trois
deniers parisis, qui étoit, ajoute Sauval, une somme considérable alors, puisque le muid de plâtre n'est compté
qu'à vingt sols parisis, qui aujourd'hui (1724) vaut sept
livres tournois [1]. »

---

[1] Sauval, *Antiquités de Paris*, t. III, pag. 428. — Dans l'un des porte-
feuilles d'estampes et de dessins relatifs aux départements de la France
à la Bibliothèque royale, on trouve au département d'Indre-et-Loire le
dessin de deux cages en bois garnies de tous côtés de ferrures, et qui se
trouvaient à Loches. Elles avaient environ deux mètres carrés. Le dessin
de l'une d'elles est daté de 1699.

Ces détails sont complétés par le passage suivant de Philippe de Commines.

« Il est vray que le roy nostre maistre (Louis XI) avoit fait de rigoureuses prisons, comme cages de fer, et autres de bois, couvertes de plaques de fer par le dehors et par le dedans, avec terribles ferrures de quelques huict pieds de large, et de la hauteur d'un homme, et un pied plus. Le premier qui les devisa fut l'évesque de Verdun qui en la première qui fut faite, fut mis incontinent, et y a couché quatorze ans. Plusieurs depuis l'ont maudit, et moy aussi, qui en ay tasté, sous le roy de présent, l'espace de huict mois. Autrefois avoit fait faire à des Allemands des fers très pesants et terribles, pour mettre aux pieds, et y estoit un anneau, pour mettre au pied, fort malaisé à ouvrir, comme à un carquan, la chaîne grosse et pesante, et une grosse boule de fer au bout, beaucoup plus pesante que n'estoit de raison, et les appeloit-l'on les *fillettes du roy*. Toutesfois j'ay veu beaucoup de gens de bien prisonniers les avoir aux pieds, qui depuis en sont saillis à grand honneur et à grand joye, et qui depuis ont eu de grands biens de luy.

« Ainsi comme de son temps furent trouvées ces mauvaises et diverses prisons, tout ainsi, avant mourir, il se trouva en semblables et plus grandes prisons, et aussi plus grande peur il eut que ceux qu'il y avoit tenus ; laquelle chose je tiens à très grande grâce pour luy, et pour partie de son purgatoire, et le dis ainsi pour monstrer qu'il n'est nul homme de quelque dignité qu'il soit, qui ne souffre, ou en secret, ou en public, et par espécial ceux qui font souffrir les autres. Ledit seigneur, vers la fin de ses jours, fit clorre tout à l'entour sa maison de Plessis-lez-Tours, de gros barreaux de fer, en forme de

grilles ; et aux quatre coins de sa maison, quatre moi-
neaux de fer, bons, grands et espais. Lesdites grilles estoient contre le mur, du costé de la place, de l'autre
part du fossé ; car il estoit à fond de cuve, et y fit mettre
plusieurs broches de fer, massonnées dedans le mur, qui
avoient chacune trois ou quatre pointes, et les fit mettre
fort près l'un de l'autre. Et davantage ordonna dix arbalestriers à chacun des moyneaux, dedans lesdits fossez,
pour tirer à ceux qui en approcheroient avant que la
porte fût ouverte, et vouloit qu'ils couchassent ausdits
fossez et se retirassent ausdits moyneaux de fer. Est-il
doncques possible, ajoute Comines, de tenir un roy, pour
le garder plus honnestement, et en estroite prison, que
luy-mesme se tenoit ? Ces cages où il avoit tenu les autres,
avoient quelques huict pieds en quarré, et luy qui estoit
si grand roy, avoit une petite cour de chasteau, à se
pourmener, encore n'y venoit-il guères, mais se tenoit
en la galerie, sans partir de là, sinon par les chambres,
et alloit à la messe, sans passer par ladite cour. Vou-
droit-l'on dire que ce roy ne souffrit pas aussi bien que
les autres ? qui ainsi s'enfermoit, et se faisoit garder, qui
estoit ainsi en peur de ses enfants, et de tous ses prochains parents, et qui changeoit et muoit de jour en jour
ses serviteurs qu'il avoit nourris, et qui ne tenoient bien
et honneur que de luy, tellement qu'en nul d'eux ne
s'osoit fier, et s'enchainoit ainsi de si estranges chaines
et clostures ? Il est vrai que le lieu estoit plus grand que
d'une prison commune, aussi estoit-il plus grand que
prisonniers communs[1]. »

C'est une tradition populaire que Louis Sforce, duc de

1 *Mémoires de Philippe de Commines*, liv. vi, ch. 13 ; collection Michaud-Poujoulat, p. 160.

Milan, ayant été livré aux Français par les Suisses en
1500, fut enfermé par ordre de Louis XII dans une cage
de fer, au château de Loches. Mais cette tradition est dé-
mentie par le récit de plusieurs écrivains contemporains,
et entre autres par celui de Carranti qui, dans son histoire de la captivité de ce prince, décrit les dessins et
les caractères qu'il avait tracés sur les *murs* de sa
prison.

Jean de Leyde, le chef des anabaptistes, ayant été fait
prisonnier lors de la prise de Munster, le 25 juin 1535,
et entendant l'évêque de cette ville lui reprocher les
pertes d'argent qu'il lui avait occasionnées : « Je sais,
lui répondit-il, comment vous en faire gagner bien
davantage... Faites faire un bon panier de fer, doublé de cuir et de courroies, et enfermez-moi dedans ;
qu'on me charroye ensuite par tous pays, et quand
chacun vous aura payé un sou pour me voir, vous
tiendrez plus d'argent que vous n'en avez dépensé. » L'é-
vêque suivit en partie ce conseil, car on promena quelque temps Jean de Leyde et deux de ses compagnons,
Kiechting et Knipper-Drolling pour les montrer aux princes qui étaient curieux de les voir. Au mois de janvier de
l'année suivante, Jean fut ramené à Leyde, et expira avec
ses complices au milieu d'affreux tourments. Leurs
cadavres furent suspendus au clocher de l'église Saint-
Lambert, dans des cages de fer qui probablement subsistent encore.

A l'époque de la révolution, il existait en France des
cages de fer ou de bois dans la plupart des prisons d'E-
tat, et entre autres au mont Saint-Michel.

Ce fut aussi dans une cage de fer que Pugatscheff,
imposteur qui prit le nom de Pierre III, fut, en 1774,

conduit de Jaïck à Moscou, où il fut supplicié le 10 janvier 1775.

Les Chinois et les Japonais connaissent aussi l'usage des cages. En 1811, le capitaine russe Golownin étant tombé au pouvoir de ces derniers avec deux officiers et quatre matelots, on enferma ces malheureux dans des cages placées l'une à côté de l'autre dans la même chambre.

Ali, nabab d'Aoude, ennemi des Anglais, leur ayant été livré, fut enfermé par eux à Calcutta, au fort William, dans une cage de fer où il mourut en 1817, après un emprisonnement de plus de dix-sept ans.

ÉVASIONS SINGULIÈRES

DE QUELQUES PRISONNIERS CÉLÈBRES.

La plus ancienne évasion qui nous ait présenté quelques circonstances singulières est celle du devin Hégésistrate d'Elée, qui est racontée en ces termes par Hérodote.

« Cet Hégésistrate, dit-il, avait fait autrefois beaucoup de mal aux Spartiates, et ceux-ci l'avaient arrêté et mis dans les fers, pour le punir de mort. Comme dans cette situation fâcheuse, il s'agissait non-seulement de sa vie, mais encore de souffrir avant la mort des tourments très-cruels, il fit une chose au-dessus de toute expression. Il avait les pieds dans des entraves de bois garnies de fer. Un fer tranchant ayant été porté par hasard dans sa pri-

son, il s'en saisit, et aussitôt il imagina l'action la plus
courageuse dont nous ayons jamais ouï parler; car il se
coupa la partie du pied qui est avant les doigts, après
avoir examiné s'il pourrait tirer des entraves le reste du
pied. Cela fait comme la prison était gardée, il fit un trou
à la muraille et se sauva à Tégée, ne marchant que la nuit,
et se cachant durant le jour dans les bois. Il arriva en
cette ville la troisième nuit, malgré les recherches des
Lacédémoniens, qui furent extrêmement étonnés de son
audace en voyant la moitié de son pied dans les entraves. Ce fut ainsi qu'Hégésistrate, après s'être échappé des
Lacédémoniens, se sauva à Tégée, qui n'était pas en bonne
intelligence avec Sparte. Lorsqu'il fut guéri, il se fit faire
un *pied de bois*, et devint ennemi déclaré des Lacédémoniens[1]. »

Au sixième siècle de notre ère, Cavade, roi des Perses,
ayant publié une loi qui rendait toutes les femmes communes, souleva contre lui ses sujets qui l'emprison-
nèrent dans le château *de l'Oubli*, ainsi nommé parce
qu'il était défendu de prononcer le nom de ceux qui y
étaient renfermés. « Sa femme, qui obtint de le visiter,
avait, dit Procope, un soin particulier de lui pendant
sa prison, et lui portait toutes les choses dont il avait
besoin. Comme elle était extrêmement belle, le capitaine
du château en devint amoureux, et lui fit connaître sa
passion. Cavade commanda à sa femme de lui accorder
tout ce qu'il désirerait; de sorte qu'en ayant joui, et la
jouissance ayant augmenté son amour, le capitaine lui
permit d'entrer dans la prison, et d'en sortir quand il lui

---

[1] Liv. IX, ch. 36, traduction de Larcher. Voyez dans Polybe, l. XXXI,
fragment 17, comment Démétrius Soter parvint à s'échapper de Rome
où il était gardé à vue. Le récit de cette évasion est très-détaillé.

plairait. Il y avait parmi les Perses un homme, nommé Séose, ami intime de Cavade, qui ne bougeait des environs du château pour épier l'occasion de le sauver, et qui lui avait fait dire par sa femme, qu'il l'attendait avec des chevaux tout prêts pour ce dessein. Lorsque la nuit fut venue, Cavade persuade à sa femme de lui donner ses habits, de prendre les siens, et de demeurer en sa place dans la prison. Il sortit au moyen de cette ruse, et passa au milieu des gardes qui crurent que c'était sa femme. Quand ils la virent le lendemain assise dans la prison, et vêtue des habits de son mari, ils s'imaginèrent que c'était lui, et ils demeurèrent dans cette opinion durant plusieurs jours, pendant lesquels il eut le temps de s'éloigner. Je ne saurais dire au vrai ce qui arriva à la femme, lorsque la tromperie fut découverte, ni de quelle manière elle en fut punie, parce que les Perses ne sont pas d'accord là-dessus [1]. »

Jusqu'au dixième siècle, nous n'avons trouvé aucune évasion digne d'être signalée.

Louis d'Outre-mer étant parvenu à s'emparer de la personne de Richard, fils du duc de Normandie (Guillaume Longue-Épée, assassiné en 943), et convoitant l'héritage du jeune prince, donna ordre qu'on exerçât sur lui une surveillance rigoureuse. Richard se trouvait alors à Laon.

« Osmond, intendant du jeune Richard, dit Guillaume de Jumiége, apprit la cruelle décision du roi ; prévoyant le sort réservé à l'enfant, et le cœur saisi de consternation, il envoya des députés aux Normands, pour leur mander que leur seigneur Richard était retenu par le roi

---

1 *Guerre persique*, liv. 1, ch. 6, traduction du président Cousin.

sous le joug d'une dure captivité. A peine ces nouvelles furent-elles connues, que l'on ordonna dans tout le pays de Normandie un jeûne de trois jours, et l'Église adressa au Seigneur des prières continuelles pour le jeune Richard. Ensuite Osmond, ayant tenu conseil avec Yvon, père de Guillaume de Belesme, engagea l'enfant à faire semblant d'être malade, à se mettre dans son lit, et à paraître tellement accablé par le mal, que tout le monde dût désespérer de sa vie. L'enfant exécutant ces instructions avec intelligence, demeura constamment étendu dans son lit, comme s'il était réduit à la dernière extrémité. Ses gardiens, le voyant en cet état, négligèrent leur surveillance, et s'en allèrent de côté et d'autre pour prendre soin de leurs propres affaires. Il y avait par hasard dans la cour de la maison un tas d'herbe, dans lequel Osmond enveloppa l'enfant, et le mettant ensuite sur ses épaules, comme pour aller chercher du fourrage à son cheval, il franchit les murailles de la ville, tandis que le roi soupait et que les citoyens avaient abandonné les places publiques. A peine arrivé dans la maison de son hôte, il s'élança rapidement sur un cheval, et prenant l'enfant, s'enfuit au plus tôt, et arriva à Couci. Là, ayant recommandé l'enfant au châtelain, il continua à chevaucher toute la nuit, et arriva à Senlis au point du jour [1]. »

Le même chroniqueur rapporte plus loin (liv. v, ch. 5) comment Guillaume, frère naturel de Richard II, contre lequel il s'était révolté, parvint à se sauver de la tour de Rouen où il avait été enfermé pendant cinq ans [2].

---

1 *Histoire des Normands*, liv. iv, ch. 4, collect. Guizot, t. xxix, pag. 82.

2 On peut lire dans le recueil curieux de Bruckmann, intitulé : *Epistolæ itinerariæ* (Epist. 81, Centuria 2, pag. 1,046), la relation de l'évasion de Louis le Barbu, seigneur de Thuringe.

Louis II, comte de Flandre, qui, en 1346, à l'âge de
seize ans, avait succédé à son père Louis Ier, ayant refusé
d'épouser Isabelle, fille du roi d'Angleterre, fut, au mois
de janvier 1347, gardé étroitement par les habitants de
Gand, qui voulaient le contraindre à ce mariage.

« Longuement, dit Froissart, fut le jeune comte au
danger de ceux de Flandre, et en prison courtoise ; mais
il lui ennuyoit, car il n'avoit pas ce appris. Finalement il
mua son propos ; je ne sais si il le fit par cautelle ou de
volonté ; mais il dit à ses gens qu'il créroit leur conseil,
car plus de bien lui pouvoit venir d'eux que de nul autre
pays. Ces paroles réjouirent moult les Flamands ; si le
mirent tantôt hors de prison, et lui accomplirent une partie de ses déduits, tant que d'aller en rivière, et à ce
étoit-il moult enclin ; mais il avoit toujours bonnes gardes, afin qu'il ne leur échappât ou fût emblé, qui l'a-
voient empris à garder sur leurs têtes, et qui étoient du
tout de la faveur du roi d'Angleterre, et le guettoient si
près que à peine pouvoit-il aller pisser. Cette chose pro-
céda et dura tant que le jeune comte de Flandre eut en
convent à ses gens que volontiers il prendroit à femme la
fille du roi d'Angleterre.

« Cependant il alloit toujours en rivière, et montroit
par semblant que ce mariage aux Anglois lui plaisoit
très-grandement ; et s'en tenoient les Flamands ainsi que
pour tous assurés, et n'y avoit mais sur lui si grand regard comme paravant. Si ne connoissoient pas bien encore la condition de leur seigneur ; car quelque semblant
qu'il montroit dehors, il avoit dedans le courage tout
françois, ainsi qu'il le prouva par œuvres, car un jour il
étoit allé voler en rivière, et fut en la semaine qu'il
devoit épouser la dessus dite damoiselle d'Angleterre, et

jeta son fauconnier un faucon après le héron, et le comte aussi un. Si se mirent ces deux faucons en chasse et le comte après, ainsi que pour les loirier en disant : «Hoie! hoie!» Et quand il fut un petit élongé, et qu'il y eut l'avantage des champs, il férit un cheval des éperons et s'en alla toujours en avant, sans retourner, par telle manière que ses gardes le perdirent; si s'en vint le dit comte en Artois, et là fut assuré; et puis vint en France devers le roi Philippe et les François, auxquels il conta ses aventures, et comment par grand' subtibilité, il étoit échappé de ses gens et des Anglois. Le roi de France en eut grande joie et dit qu'il avoit trop bien ouvré, et autant en dirent les François; et les Anglois, d'autre part, dirent qu'il les avoit trahis [1]. »

L'un des seigneurs les plus influents du parti de Lancastre, lord Roger Mortimer de Wigmore, fait prisonnier au combat de Boroughbridge (16 mars 1322), était renfermé à la Tour de Londres, lorsque l'année suivante, ayant, à ce qu'il paraît, reçu l'avis qu'on devait le faire périr, il résolut de s'évader. Il parvint à corrompre un des officiers de la Tour, Girard d'Asplaye, qui, dans un repas donné aux gardiens, leur fit prendre un breuvage soporifique. Pendant leur sommeil, Mortimer, au moyen d'une ouverture qu'il avait faite dans le mur de sa chambre, pénétra dans la cuisine du palais qui attenait à la Tour. Une échelle de cordes l'aida à monter et à descendre plusieurs murailles, et un bateau qui l'attendait sur la rive le transporta de l'autre côté de la Tamise. Là il trouva ses domestiques et des chevaux, gagna la côte du Hampshire, et s'embarquant sur un navire qui était pré-

---

. [1] Liv. 1, pag. 1, ch. 311; édition du *Panthéon*, t. 1, pag. 258.

paré, il parvint à gagner le continent. Il entra au service
de Charles de Valois, et ne tarda pas à devenir l'amant
d'Isabelle, femme d'Edouard II, lorsque celle-ci, abandonnant son mari, se fut retirée en France.

Jacques III, roi d'Ecosse, ayant été effrayé par des prédictions (voy. plus haut, p. 153), et redoutant le pouvoir
de ses frères, le comte de Mar et le duc d'Albany, fit
étouffer le premier dans un bain et enfermer l'autre dans
le château d'Edimbourg.

« Albany, dit Walter Scott, courait grand risque de
partager le même sort; mais quelques-uns de ses amis de
France ou d'Ecosse avaient dressé leur plan pour le délivrer. Un petit sloop entra dans la rade de Leith, chargé
de vins de Gascogne, et deux feuillettes furent envoyées
en présent au prince captif. La garde du château ayant
permis qu'elles fussent portées dans la chambre d'Albany, le duc, en les examinant en secret, trouva dans
l'une une grosse boule de cire renfermant une lettre qui
l'exhortait à s'échapper, et lui promettait que le petit
bâtiment qui avait apporté le vin serait prêt à le recevoir
s'il pouvait gagner le bord de l'eau. On le conjurait en
outre de se hâter, parce qu'il devait avoir la tête tranchée le jour suivant. Un gros rouleau de cordes était
aussi renfermé dans le même tonneau, pour qu'il pût
descendre du haut des murs du château jusqu'au pied du
rocher sur lequel il est bâti. Son chambellan, serviteur
fidèle, partageait la prison de son maître, et promit de
l'aider dans sa périlleuse entreprise.

« Le point principal était de s'assurer du capitaine des
gardes. Dans ce dessein, Albany l'invita à venir souper
avec lui, sous prétexte de goûter le bon vin dont on lui
avait fait présent. Le capitaine, après avoir posé des

gardes où il pouvait y avoir du danger, se rendit dans la chambre du duc, accompagné de trois soldats, et partagea la collation qui lui était offerte. Après le souper, le duc l'engagea à jouer au trictrac, et le capitaine, assis à côté d'un grand feu, et travaillé par le vin que le chambellan ne cessait de lui verser, commença à s'assoupir ainsi que ses soldats, à qui le vin n'avait pas été épargné davantage. Alors le duc d'Albany, homme vigoureux dont le désespoir doublait encore les forces, s'élança de la table, et frappa de son poignard le capitaine, qui tomba roide mort. Il se défit de la même manière des deux soldats, pendant que le chambellan expédiait le troisième, et ils jetèrent leurs corps dans le feu. Ils vinrent d'autant plus facilement à bout de ces pauvres diables, que l'ivresse et la surprise les avaient presque hébétés. Ils prirent alors les clefs dans la poche du capitaine, et, montant sur les murs, choisirent un coin reculé hors de la vue des gardes, pour effectuer leur périlleuse descente.

« Le chambellan voulut essayer la corde en descendant le premier ; mais elle était trop courte ; il tomba et se cassa la cuisse. Il cria alors à son maître d'allonger la corde. Albany retourna dans sa chambre, prit les draps de son lit, les attacha à la corde, et se sauva bientôt sain et sauf au pied du rocher. Alors il prit son chambellan sur ses épaules, le porta dans un lieu sûr, où il pût rester caché jusqu'à ce que sa blessure fût guérie, et se rendit sur le bord de la mer, où, au signal convenu, une barque vint le prendre et le conduisit à bord du sloop, qui fit voile à l'instant pour la France.

« Pendant la nuit, les gardes, qui savaient que leur officier était avec trois hommes dans l'appartement du duc, n'eurent aucun soupçon de ce qui se passait; mais lorsqu'au point du jour ils aperçurent la corde qui pendait le long des murs, ils prirent l'alarme, et se précipitèrent dans la chambre du duc; ils y trouvèrent le corps d'un des soldats en travers devant la porte, et ceux du capitaine et des deux autres étendus dans le feu. Le roi fut très-surpris d'une évasion si extraordinaire, et il ne voulut y ajouter foi qu'après avoir examiné la place de ses propres yeux [1]. »

L'évasion suivante est quelque peu empreinte de merveilleux.

François Alard, théologien protestant du seizième siècle, ayant été condamné à mort par l'inquisition, fut conduit dans une prison où il devait passer les trois jours qui lui restaient à vivre. La nuit qui précéda le jour fixé pour son exécution, il croit entendre une voix qui lui crie : *Francisce, surge et vade.* Il se lève, aperçoit une ouverture que la lune éclairait, et, s'étant assuré qu'il pouvait y passer, il coupe ses draps, en fait une corde qu'il attache au barreau, et après avoir jeté ses habits au bas de la tour, il se laisse glisser, tombe dans un égout, passe sans obstacle auprès de la sentinelle; enfin, après être resté trois jours sans manger, caché dans un buisson, il fut recueilli par un charretier et parvint à gagner le comté d'Oldenbourg, où il devint l'aumônier du prince régnant. L'un des descendants de François, Nicolas Alard, mort en 1756, a raconté cette évasion dans le *Decas Alardorum scriptis clarorum.* Hambourg, 1721, 8 vol.

Cœlius Secundus Curion, zélé luthérien, ayant osé convaincre de mensonge, en pleine église, à Casal, un jaco-

---

1 *Histoire d'Écosse*, première série, ch. 19, 1831, pag. 210.

bin qui avait vomi en chaire contre le chef de la réforme les calomnies les plus odieuses, fut arrêté aussitôt par ordre de l'inquisiteur de Turin. Après avoir été transféré successivement dans plusieurs prisons, il parvint à s'échapper d'une manière assez adroite pour que ses ennemis l'accusassent d'avoir eu recours à la magie. Afin de se disculper d'une accusation fort dangereuse à cette époque, il publia, dans un petit dialogue latin intitulé *Probus*, la relation de son évasion. Nous en traduisons les passages suivants, en omettant une foule de réflexions qui nous ont semblé oiseuses.

« J'étais, dit-il, enfermé depuis huit jours dans ma nouvelle prison, où l'on m'avait mis aux pieds d'énormes pièces de bois, quand je fus soudainement inspiré par le ciel. Lorsque le jeune homme chargé de me garder entra dans ma chambre, je commençai à le supplier qu'il délivrât l'un de mes pieds de ses entraves. Il devait lui suffire que je fusse, par un seul pied, attaché à une masse si énorme... Comme il était sans malice, il se laissa persuader, et délivra un de mes pieds. Ainsi se passa ce jour et le suivant, pendant lesquels je me mis à l'ouvrage. J'étais revêtu d'une chemise de toile ; je m'en dépouillai, et ôtant en même temps le bas qui couvrait la jambe qu'on m'avait laissée libre, j'en fis un paquet auquel je donnai la forme d'une jambe, et j'y adaptai un soulier. Il me manquait encore quelque chose qui pût lui donner de la consistance. J'étais fort embarrassé, et je cherchais avec inquiétude de tous les côtés, quand j'aperçus un bâton de roseau sous une rangée de siéges. Je le saisis avec empressement, l'introduisis dans la fausse jambe, et, cachant ma vraie jambe sous mon manteau, j'attendis le succès de ma ruse... Le brave garçon revint le surlendemain, vers la vingtième heure, me demandant comment j'allais. « Je n'irais pas mal, lui dis-je, si vous vouliez bien mettre mes liens à l'autre jambe, afin que chacune d'elles pût se reposer à son tour. » Il y consentit, et m'attacha la fausse jambe. »

Le prisonnier, la nuit venue, ayant donné à ses gardiens le temps de s'endormir, et les entendant ronfler, commença par ôter sa fausse jambe, et remettre sa chemise et son bas, et alla ouvrir sans bruit la porte de son cachot, qui n'était fermée à l'intérieur que par un simple verrou. C'était là le plus difficile, et il parvint ensuite, mais non sans peine, à escalader les murs de sa prison [1].

Charles de Guise, fils aîné de Henri de Guise, tué à Blois, avait été arrêté lors de l'assassinat de son père en 1588, et renfermé au château de Tours. Ce ne fut que trois ans après, en 1591, qu'il parvint à s'échapper.

« Le duc, dit le président de Thou, avait pris jour avec Claude de la Chastre et son fils pour se sauver le 15 août, fête de la Vierge. Il communia ce jour-là, dans le but de mieux tromper ses gardes et de leur ôter tout soupçon qu'il pensât à s'échapper. Il remarqua qu'on avait coutume de fermer les portes après le dîner, et qu'on en portait les clefs chez un échevin ; il choisit ce temps pour exécuter son dessein. Il monta avec beaucoup de vitesse dans une haute tour qui donnait sur le pont hors de la ville ; et, ayant enfermé ses gardes dans une grande salle où ils mangeaient, il tira la porte de la tour sur lui et la ferma au verrou, pour avoir le temps de se sauver pen-

1 *Pasquillus ecstaticus Cælii Secundi Curionis*, Genève, 1544, in-18, pag. 246 et suiv. Ce volume, comme la plupart des autres ouvrages de Curion, doit être très-rare. Voy. CURIOSITÉS BIBLIOGRAPHIQUES, pag. 387.

dant qu'ils la rompraient. Tout lui réussit à souhait. Son valet de chambre, qui l'aidait dans cette occasion, attacha à une corde qu'il tenait prête pour cet effet un morceau de bois en travers, sur lequel le duc s'assit pour descendre sans danger. Ensuite le valet lâcha doucement la corde. Voyant son maître en bas, il attacha fortement cette même corde à un poteau, et se laissa couler avec plus de danger que son maître, qu'il atteignit à Saint-Côme, en suivant le cours du fleuve. Les gardes du duc furent dans une grande consternation. Rouvray, gouverneur de Tours, envoya de tous côtés pour répandre la nouvelle de la fuite de ce duc, afin qu'on prît les armes et qu'on se mît sur ses traces. Il fit rompre la porte de la tour; ceux qu'il employa à la briser n'ayant trouvé personne, se joignirent à leurs compagnons qui couraient dans la ville. Il se passa beaucoup de temps jusqu'à ce qu'on eût apporté les clefs pour ouvrir la porte du pont et les autres portes. Ignorant de quel côté il s'était dirigé, on envoya de toutes parts, mais inutilement [1]. »

« Dès qu'il fut descendu, dit Davila, il prit le chemin de la campagne, le long de la Loire, où il ne manqua pas de trouver deux hommes qui lui tenaient un cheval prêt. S'étant mis alors à galoper à toute bride, il s'en alla joindre le fils du seigneur de la Chastre, le baron de Maison. Celui-ci l'attendait, au delà du Cher, avec trois cents chevaux qui l'accompagnèrent jusqu'à Bourges, où il fut reçu avec de grandes démonstrations d'allégresse [2]. »

Le célèbre Grotius s'étant trouvé impliqué dans les af-

---

1 *Histoire universelle*, de J.-B. de Thou, traduction française, 1734, t. XI, liv. CI, pag. 581.

2 *Histoire des guerres civiles de France*, liv. XII.

faires qui causèrent la mort de Barnevelt, fut arrêté au mois d'août 1618, et condamné à une prison perpétuelle le 18 mai suivant. Quinze jours après, il fut transféré au château de Louvestein, où il fut traité très-durement. Cependant, comme on lui permettait de travailler, ses amis surent entretenir une correspondance secrète avec lui, et « il parvint enfin à s'échapper par le conseil et par l'industrie de Marie Reggerbergen, sa femme, qui avait remarqué que ses gardes, après s'être lassés d'avoir souvent visité et fouillé un grand coffre plein de livres et de linge qu'on envoyait blanchir à Gorcum, ville voisine de là, le laissaient passer sans l'ouvrir, comme ils faisaient d'abord; elle conseilla à son mari de se mettre dans ce coffre, ayant fait des trous avec un vilebrequin à l'endroit où il avait le devant de la tête, afin qu'il pût respirer et qu'il n'étouffât point. Il la crut, et fut ainsi porté à Gorcum, chez un de ses amis, d'où il alla à Anvers par le chariot ordinaire, ayant passé par la place publique, déguisé en menuisier, ayant une règle à la main. Cette femme adroite feignait que son mari était fort malade, afin de lui donner le temps de se sauver et pour ôter le moyen de le recourre; mais quand elle le crut en pays de sûreté, elle dit aux gardes, en se moquant d'eux, que les oiseaux s'en étaient envolés. D'abord on voulut procéder criminellement contre elle, et il y eut des juges qui conclurent à la retenir prisonnière au lieu de son mari; mais, par la pluralité des voix, elle fut élargie et louée de tout le monde d'avoir, par son esprit, redonné la liberté à son mari. Une femme telle méritait dans la république des lettres, non-seulement une statue, mais aussi les honneurs de la canonisation; car c'est à elle qu'on est redevable de tant d'excellents ouvrages que son mari a mis au jour, et qui ne seraient jamais sortis des ténèbres de Louvestein s'il y eût passé toute sa vie, comme des juges choisis par ses ennemis l'avaient prétendu [1]. »

Marie de Médicis, après l'assassinat de son favori Concini, se voyant écartée des affaires par les intrigues de Luynes, demanda et obtint la permission de se retirer à Blois (mai 1617), où elle ne tarda pas à être prisonnière. Luynes l'entoura d'espions, et logea des compagnies de cavalerie dans les villages voisins pour surveiller ses moindres mouvements. Mais le duc d'Épernon et d'autres seigneurs mécontents, s'étant retirés de la cour, cherchèrent, pour donner plus d'importance à leur parti, à délivrer la reine-mère afin de la placer à leur tête. Une correspondance s'établit entre Marie et les ducs de Bouillon et d'Épernon. Enfin, au mois de janvier 1619, celui-ci, qui était à Metz, se munit de pierreries et de huit mille pistoles, et, escorté de cinquante gentilshommes bien armés, de quarante gardes et de nombreux domestiques, il s'achemina à petites journées vers Loches, où il avait donné rendez-vous à la reine.

« Ce fut alors seulement, dit Fontenay-Mareuil, que la reine découvrit son projet au comte de Brennes, son premier écuyer, à la Masure et Merçay, exempts de ses gardes, et à la signora Caterine, sa première femme de chambre, auxquels seuls elle se confia, commandant au comte de Brennes de se trouver devant cinq heures du matin à la porte de sa chambre, et que son carrosse, avec six chevaux, fût au même temps au delà du pont; et pour les autres elle les retint auprès d'elle pour faire ses paquets et serrer ses pierreries.

_____

[1] Du Mauriez, *Mémoires de Hollande*, cité par Bayle, art. GROTIUS.

« Avec ces trois hommes donc et une seule femme de chambre, le 22 février, à six heures du matin, sortant par la fenêtre d'une salle qui répond sur la terrasse, de laquelle, parce qu'il y avait un endroit de la muraille qui était tombé, on pouvait facilement descendre en bas, et aller au pont, sans passer par la porte du château ni par la ville. Ce qu'elle fit en s'asseyant, et se laissant glisser sur la terre qui était éboulée ; après quoi, elle fut sur le pont, où elle rencontra deux hommes qui passaient déjà, dont l'un, à ce qu'elle même disait, la voyant menée par deux autres à une heure si indue, en fit un fort mauvais jugement ; mais l'autre, plus spirituel, la reconnut, et jugeant bien qu'elle se sauvait, lui souhaita bon voyage.

« Au bout du pont elle trouva son carrosse, et y montant avec ceux qui l'accompagnaient, alla à Montrichard, où M. de Toulouse, ne se voyant pas obligé d'aller plus en avant, s'était arrêté pour s'assurer du passage de la rivière du Cher. M. d'Espernon fut au-devant d'elle jusqu'à une lieue de Loches, et elle y séjourna deux jours pour se reposer et écrire au roi [1]. »

Isaac Arnauld, gouverneur de Philipsbourg, étant, en 1655, lors de la prise de cette ville, tombé au pouvoir de Impériaux, fut emmené prisonnier à Esslinghen.

« Il n'ignora pas, dans sa prison, dit son cousin, l'abbé Arnauld, les bruits qui couraient de lui à la cour, et il ne pensa plus, dès lors, qu'à trouver les moyens de se sauver pour les venir détruire par sa présence ; ce fut dans cette vue qu'il refusa d'être prisonnier sur sa parole. L'entreprise n'était pas aisée, étant gardé par des soldats qui l'accompagnaient le soir quand on le menait

---

[1] *Mémoires de Fontenay-Mareuil*, mai 1619, collection Michaud-Poujoulat, pag. 136.

prendre l'air, et qui couchaient dans son logis à la porte de sa chambre. Il ne laissa pas néanmoins d'y réussir. Il observa la hauteur de sa fenêtre, qui regardait dans le fossé de la ville où il était, et il ne douta point que s'il y pouvait descendre, il ne pût se remettre en liberté. Il avait fait pratiquer quelques cavaliers français qui étaient au service de l'Empereur, sous l'espérance de leur donner de l'emploi dans son régiment de carabins, et il leur tint en effet parole lorsqu'il fut de retour en France. La difficulté était donc d'avoir des cordes pour descendre dans le fossé de la ville, qui, pour être bien avant en Allemagne et hors d'insulte, n'était point gardée régulièrement. Pour cela il s'avisa, toutes les fois qu'on le menait promener, de faire jouer ses gardes à divers jeux, sous prétexte de se divertir; et comme il leur donnait pour boire, et qu'ils s'y divertissaient eux-mêmes, ils étaient les premiers à le proposer. Parmi ces jeux il y en avait un qu'ils appelaient *sangler l'âne*. Celui-ci parut bien propre à son dessein; car, comme il fallait une brasse de corde pour lier un de ceux qui jouaient, il jetait une pièce d'argent au premier venu pour en aller acheter et ne se faisait point rendre son reste. Si peu de corde ne pouvait donner aucun soupçon et n'était propre à aucun usage : ainsi, on la jetait d'ordinaire quand le jeu était fini; mais quelques-uns de ceux qui étaient à lui avaient soin de la ramasser sans faire semblant de rien et en badinant. Quand il s'en vit assez pour son dessein, il donna jour à ses cavaliers dont j'ai parlé, et se sauva heureusement avec eux [1]. »

Les troubles de la Fronde donnèrent lieu à plusieurs évasions remarquables.

1 *Mémoires de l'abbé Arnauld*, collection Michaud-Poujoulat, p. 483.

« Le jour de la Pentecôte, 1er du mois de juin 1648, dit madame de Motteville, le duc de Beaufort, prisonnier depuis cinq ans dans le bois de Vincennes, s'échappa de sa prison environ sur le midi. Il trouva le moyen de rompre ses chaînes par l'habileté de ses amis et de quelques-uns des siens, qui, en cette occasion, le servirent fidèlement. Il était gardé par un officier des gardes du corps et par sept ou huit gardes qui couchaient dans sa chambre et qui ne l'abandonnaient point. Il était servi par des officiers du roi, n'ayant auprès de lui pas un de ses domestiques ; et, par-dessus tout cela, Chavigny était gouverneur du bois de Vincennes, qui n'était pas son ami. L'officier qui le gardait, nommé la Ramée, avait pris avec lui, à la prière d'un de ses amis, un certain homme qui, sous prétexte d'un combat qui le mettait en peine, à cause des édits du roi qui défendaient les duels, avait témoigné désirer cet asile pour s'en sauver. Il est à croire, néanmoins, qu'il était conduit en ce lieu par les créatures de ce prince, et peut-être du consentement de l'officier ; mais j'ignore cette particularité, et n'en suis persuadé que par les apparences. Cet homme, d'abord, pour faire le bon valet et montrer qu'il n'était pas inutile, s'ingérait plus que tout autre à bien garder le prisonnier ; et même on dit à la reine, en lui contant cette histoire, qu'il allait jusqu'à la rudesse. Soit qu'il fût là pour servir le duc de Beaufort, soit qu'alors il se laissât gagner par ce prince, il s'en servit enfin pour communiquer ses pensées à ses amis, et pour prendre connaissance des desseins qui se faisaient pour sa liberté. Le temps venu pour l'exécution de toutes leurs méditations, ils choisirent exprès le jour de la Pentecôte, parce que la solennité de cette fête occupait tout le monde au service divin.

A l'heure que les gardes dînaient, le duc de Beaufort demanda à la Ramée de s'aller promener en une galerie, où il avait obtenu permission d'aller quelquefois se divertir. Cette galerie est plus basse que le donjon où il était logé ; mais, néanmoins, fort haute, selon la profondeur des fossés, sur quoi elle regarde des deux côtés. La Ramée le suivit à cette promenade et demeura seul avec lui dans la galerie. L'homme, gagné par le duc de Beaufort, fit semblant d'aller dîner avec les autres ; mais, contrefaisant le malade, il prit seulement un peu de vin, et, sortant de la chambre, ferma la porte sur eux et quelques portes qui étaient entre la galerie et le lieu où ils faisaient eurs repas. Il alla ensuite trouver le prisonnier et celui qui le gardait ; et, entrant dans la galerie, il la ferma aussi et prit les clefs de toutes les portes. En même temps le duc de Beaufort, qui était d'une taille avantageuse, et cet homme, qui était de son secret, se jetèrent sur la Ramée et l'empêchèrent de crier ; et sans le vouloir tuer, quoiqu'il fût périlleux de ne pas le faire, s'il n'était point gagné, ils le bâillonnèrent, le lièrent par les pieds et par les mains et le laissèrent là. Aussitôt ils attachèrent une corde à la fenêtre et se descendirent l'un après l'autre, le valet le premier, comme celui qui eût été très-rigoureusement puni s'il eût manqué de se sauver. Ils se laissèrent tous deux couler jusque dans le fossé, dont la profondeur est si grande, qu'encore que leur corde fût longue, elle se trouva trop courte de beaucoup : si bien que, se laissant choir de la corde en bas, le prince s'exposa au hasard de se pouvoir blesser, ce qui, en effet, lui arriva. La douleur le fit évanouir, et il demeura longemps en cet état sans pouvoir reprendre ses esprits. Étant revenu à lui, quatre ou cinq des siens, qui étaient de l'autre côté du fossé, et qui l'avaient vu presque mort avec une terrible inquiétude, lui jetèrent une autre corde qu'il s'attacha lui-même autour du corps ; et, de cette sorte, ils le tirèrent à force de bras jusqu'à eux : le valet qui l'avait assisté étant toujours servi le premier, selon la parole que le prince lui avait donnée et qu'il garda ponctuellement. Quand il fut en haut, il se trouva en mauvais état ; car, outre qu'il s'était blessé en tombant, la corde qu'il avait liée autour de son corps pour monter lui avait pressé l'estomac par les secousses qu'il avait endurées dans cette occasion ; mais ayant repris quelques forces par la vigueur de son courage et par la peur de perdre le fruit de ses peines, il se leva et s'en alla hors de ce lieu se joindre à cinquante hommes de cheval qui l'attendaient au bois prochain. Un gentilhomme des siens, qui était à cette expédition, m'a depuis conté qu'aussitôt après avoir vu cette troupe l'environner de tous côtés, la joie de se voir en liberté et parmi les siens fut si grande, qu'en un moment il se trouva guéri de tous ses maux, et, sautant sur un cheval qu'on lui tenait préparé, il s'en alla et disparut comme un éclair, ravi de respirer l'air sans contrainte, et de pouvoir dire comme le roi François Ier, dans le moment qu'il mit le pied en France en revenant d'Espagne. « Ah ! je suis libre. » Une femme qui cueillait des herbes dans un jardin au bord du fossé, et un petit garçon virent tout ce qui se passa en ce mystère ; mais ces hommes qui étaient en embuscade les avaient tellement menacés pour les obliger à se taire, que, n'ayant pas beaucoup d'intérêt d'empêcher que ce prince ne se sauvât, elle et son fils étaient demeurés avec eux fort paisiblement à regarder ce qu'ils avaient fait. Aussitôt qu'il fut parti, le femme alla le dire à son mari, qui était le jardinier du lieu, et tous deux allèrent avertir les gardes. Mais il n'était plus temps : les hommes ne pouvaient plus changer ce que Dieu avait ordonné, et les étoiles, qui semblent quelquefois marquer les arrêts du souverain, avaient appris déjà à beaucoup de personnes, par un astrologue nommé Goïsel, que le duc de Beaufort devait sortir le même jour. Cette nouvelle surprit d'abord toute la cour, et particulièrement ceux à qui elle n'était pas indifférente. Le ministre en fut sans doute affligé ; mais, à son ordinaire, il ne le témoigna pas [1]. »

En 1652, le cardinal de Retz, qui avait joué un si grand rôle dans les troubles de cette époque, perdait son temps à négocier avec les ministres, lorsqu'il fut arrêté au Louvre, le 19 décembre 1652. Enfermé d'abord à Vincennes, il fut obligé de se démettre de l'archevêché de Paris, pour obtenir sa translation au château de Nantes dont Chalucet était gouverneur. Ce fut de là qu'il s'évada, en 1654. Laissons-le raconter lui-même cet événement.

« Je m'allais quelquefois, dit-il, promener sur une manière de ravelin, qui répond sur la rivière de Loire ; et j'avais observé que, comme nous étions au mois d'août, elle ne battait pas contre la muraille, et laissait un petit espace de terre jusqu'au bastion. J'avais aussi remarqué qu'entre le jardin qui était sur ce bastion et la terrasse, sur laquelle mes gardes demeuraient quand je me promenais, il y avait une porte que Chalucet y avait fait mettre, pour empêcher les soldats d'y aller manger son raisin. Je formai sur ces observations mon dessein, qui fut de tirer, sans faire semblant de rien,

1 *Mémoires de madame de Motteville*, collection Michaud-Poujoulat, pag. 160 et suiv.

cette porte après moi, qui étant à jour par des treillis, n'empêcherait pas les gardes de me voir, mais qui les empêcherait au moins de pouvoir venir à moi ; de me faire descendre par une corde, que mon médecin et l'abbé Rousseau, frère de mon intendant, me tiendraient, et de faire trouver des chevaux au bas du ravelin, et pour moi et pour quatre gentilshommes que je faisais état de mener avec moi. Ce projet était d'une exécution très-difficile ; il ne se pouvait exécuter qu'en plein jour entre deux sentinelles, qui n'étaient qu'à trente pas l'une de l'autre à la portée du demi-pistolet, et mes six gardes qui me pouvaient tirer à travers les barreaux de la porte. Il fallait que les quatre gentilshommes qui devaient venir avec moi et favoriser mon évasion fussent bien juste à se trouver au bas du ravelin, parce que leur apparition pouvait aisément donner de l'ombrage. Je ne me pouvais pas passer d'un moindre nombre, parce que j'étais obligé de passer par une place qui était toute proche, et qui était le promenoir ordinaire des gardes du maréchal.

« Je me sauvai un samedi 8 d'août, à cinq heures du soir ; la porte du petit jardin se referma après moi presque naturellement ; je descendis (un bâton entre les jambes) très-heureusement du bastion, qui avait quarante pieds de haut. Un valet de chambre, qui est encore à moi, qui s'appelle Fromentin, amusa mes gardes en les faisant boire. Ils s'amusèrent eux-mêmes à regarder un jacobin qui se baignait, et qui, de plus, se noyait. La sentinelle, qui était à vingt pas de moi, mais en lieu d'où il ne pouvait pourtant me joindre, n'osa me tirer, parce que, lorsque je le vis compasser la mèche, je lui criai que je le ferais prendre s'il tirait, et il avoua, à la

question, qu'il crut sur cette menace, que le maréchal était de concert avec moi. Deux petits pages, qui
se baignaient, et qui, me voyant suspendu à la corde,
crièrent que je me sauvais, ne furent pas écoutés, parce
que tout le monde s'imagina qu'ils appelaient les gens
au secours du jacobin qui se baignait. Mes quatre gentilshommes se trouvèrent à point nommé au bas du ravelin, où ils avaient fait semblant de faire abreuver
leurs chevaux, comme s'ils eussent voulu aller à la
chasse; je fus à cheval moi-même avant qu'il y eût eu
seulement la moindre alarme; et comme j'avais quarante
relais, posés entre Nantes et Paris, je serais arrivé infailliblement le mardi à la pointe du jour, sans un accident que je puis dire avoir été le fatal et le décisif du
reste de ma vie [1]. »

Ce fatal accident est raconté d'une manière assez rail-
leuse par l'abbé Arnauld.

« Le dessein de cette Eminence, dit-il, était de s'en
aller droit à Paris, et il y avait des relais disposés pour
cela. Il espérait bien de ranimer sa cabale par sa présence, en profitant des mauvaises dispositions des Parisiens contre le cardinal Mazarin. Mais tous les beaux
projets du cardinal de Retz s'évanouirent par l'accident qui lui arriva; car, abandonnant avec peu d'adresse
un excellent cheval qu'il montait sur un pavé sec et glissant, les quatre pieds lui manquèrent, et la chute fut si
grande, que le cardinal se démit une épaule. On eut bien
de la peine à le remettre à cheval, et il vérifia la prédiction du duc de Brissac, qui, l'attendant à une lieue de
Nantes, avec M. de Sévigné et d'autres gentilshom-

---

mes, avait dit à ces messieurs, en parlant du cardinal :
« Vous verrez que notre homme sera encore si mal-
« adroit qu'on nous le ramènera estropié. » Il fallut donc
prendre d'autres mesures, qui furent d'aller à Machecoul
chez M. le duc de Retz, et de passer ensuite à Belle-Isle,
d'où quelques jours après il s'embarqua pour Saint-Sé-
bastien ; et avec des passeports d'Espagne il se rendit
enfin à Rome. »

Quiqueran de Beaujeu, chevalier de Malte, et l'un
des plus grands hommes de mer de son époque,
surpris par les Turcs dans un des ports de l'archipel, en
1660, fut transféré à Constantinople au château des
Sept-Tours. Le roi de France et les Vénitiens ayant inutilement offert de le racheter, un de ses neveux résolut
de le délivrer à tout prix. Il partit en 1671 pour Constantinople, à la suite de M. Nointel, ambassadeur de
France auprès de la Porte, et ayant obtenu de visiter le
prisonnier, parvint à lui porter morceau par morceau des
cordes qu'il cachait en les enroulant autour de son corps.
Le jour fixé pour l'évasion, le chevalier de Beaujeu
descendit par sa fenêtre, aux barreaux de laquelle il
avait attaché sa corde qui se trouva trop courte de quelques toises. La mer baignait les murs du château, et il
n'hésita pas à s'y précipiter. Le bruit de sa chute attira l'équipage d'un brigantin turc, mais une chaloupe
bien armée que le neveu du prisonnier avait placée à
peu de distance, écarta ces ennemis, et le chevalier recueilli par elle fut conduit à bord d'un vaisseau que
commandait le comte d'Apremont, et de là passa en
France, où le grand maître de Malte lui donna la com-
manderie de Bordeaux.

L'abbé ou comte de Bucquoy, espèce de fou dont les

aventures firent quelque bruit dans son temps, était parvenu à s'échapper du Fort-l'Evêque, et sur le point de sortir de France en 1707, lorsqu'il fut arrêté de nouveau et transféré à la Bastille, d'où, malgré la surveillance spéciale dont il était l'objet, il réussit encore à s'évader le 4 mai 1709. Il a publié lui-même la relation de ces deux évasions dans un ouvrage intitulé : *Evénement des plus rares, ou l'histoire du sieur abbé comte de Bucquoy, singulièrement son évasion du Fort-l'Evêque et de la Bastille, avec plusieurs de ses ouvrages, vers et prose, et particulièrement la game des femmes,* 1719.

Nous arrivons maintenant à l'une des évasions les plus célèbres, car elle est unique dans son genre ; nous voulons parler de la fuite du fameux Casanova hors des Plombs de Venise. Bien que le récit en soit assez long, nous l'extrairons en partie des mémoires de cet aventurier ; car ces mémoires, par la licence extrême qui y règne à chaque page, ne sont pas de nature à être lus par tout le monde. Mais auparavant nous allons donner quelques mots d'explication sur la prison des Plombs.

Au dix-huitième siècle, à l'époque où Casanova fut incarcéré, les prisons appelées *Plombs* n'étaient autre chose que la partie supérieure du palais ducal, dont le toit était recouvert en plomb. Malgré leur réputation, ces prisons étaient loin d'être malsaines, car il y avait un courant d'air assez fort pour tempérer l'excès de la chaleur. Aujourd'hui ce sont des appartements agréables et recherchés, et un président du tribunal d'appel de Venise, le comte Hesenberg, a prétendu, dans un journal, qu'il souhaiterait à beaucoup de ses lecteurs de n'être pas plus mal logés.

Casanova, menait à Venise une vie pleine d'intrigues et d'aventures, lorsqu'il fut dénoncé au gouvernement de cette ville, et jeté sous les Plombs en 1755. Après plusieurs tentatives qui échouèrent, il parvint enfin à se mettre en communication avec un autre prisonnier, le père Balbi, et, au moyen d'un verrou qu'il avait façonné en esponton, à percer un trou qui lui permit de se rendre auprès de son compagnon de captivité. Tous deux se trouvant réunis le soir du 31 octobre 1756, enlevèrent une partie de la couverture de plomb qui recouvrait le toit de leur chambre, et attendirent patiemment que l'obscurité fût à peu près complète.

« Lorsque la lune eut disparu, dit-il, j'attachai au cou du père Balbi la moitié de nos cordes d'un côté, et le paquet de ses nippes sur son autre épaule. J'en fis autant sur moi; et tous les deux en gilet, nos chapeaux sur la tête, nous allâmes à l'ouverture.

E quindi uscimmo a rimirar le stelle [1].

« Je sortis le premier, le père Balbi me suivit : me tenant à genoux et à quatre pattes, j'empoignai mon esponton d'une main solide, et en allongeant le bras, je le poussai obliquement entre la jointure des plaques de l'une à l'autre, de sorte que saisissant avec mes quatre doigts le bord de la plaque que j'avais soulevée, je parvins à m'élever jusqu'au sommet du toit. Le moine, pour me suivre, avait mis les quatre doigts de sa main droite dans la ceinture de ma culotte. Je me trouvais soumis ainsi au sort pénible de l'animal qui porte et traîne tout à la fois, et cela sur un toit d'une pente rapide rendue glissante par un épais brouillard.

[1] Et puis nous sortîmes pour contempler les étoiles. — DANTE.

« Après avoir franchi quinze ou seize plaques avec une peine extrême, nous arrivâmes sur l'arête supérieure où je m'établis commodément à califourchon, et le père Balbi m'imita. Nous tournions le dos à la petite île Saint-Georges-Majeur, et à deux cents pas en face nous avions les nombreuses coupoles de l'église Saint-Marc, qui fait partie du palais ducal. Après avoir passé quelques minutes à regarder à droite et à gauche, je dis au moine de rester là immobile jusqu'à mon retour, et je m'avançai n'ayant que mon esponton à la main, et marchant à cheval sur la sommité du toit sans aucune difficulté. Je mis presque une heure à parcourir les toits, allant de tous côtés visiter, observer, mais en vain ; car je ne voyais à aucun des bords rien où je pusse fixer un bout de la corde ; j'étais dans la plus grande perplexité.

« Il fallait pourtant en finir, sortir de là, ou rentrer dans le cachot pour, peut-être, n'en jamais sortir, ou me précipiter dans le canal. Dans cette alternative, il fallait donner beaucoup au hasard et commencer par quelque chose. J'arrêtai ma vue sur une lucarne du côté du canal et aux deux tiers de la pente. Elle était assez éloignée de l'endroit d'où j'étais parti, pour que je pusse juger que le grenier qu'elle éclairait n'appartenait pas à l'enclos des prisons que j'avais brisées. Elle ne pouvait éclairer que quelque galetas habité ou non, au-dessus de quelque appartement du palais, où, au point du jour, j'aurais naturellement trouvé les portes ouvertes.

« Dans cette idée, il fallait que je visitasse le devant de la lucarne, et me laissant glisser doucement en ligne droite, je me trouvai bientôt à cheval sur son petit toit. Appuyant alors mes mains sur les bords, j'étendis la tête en avant et je parvins à voir et à toucher une petite grille derrière laquelle se trouvait une fenêtre garnie de carreaux de vitre enchassés avec de minces lames de plomb. La fenêtre ne m'embarrassait pas; mais la grille, toute mince qu'elle était, me paraissait offrir une difficulté invincible, car il me semblait que sans une lime je ne pouvais en venir à bout, et je n'avais que mon esponton. Etendu à plat ventre, la tête penchée vers la petite grille, je pousse mon verrou dans le châssis qui la retenait, et je me détermine à l'enlever tout entière. En un quart d'heure j'en vins à bout, la grille se trouva intacte entre mes mains, et l'ayant placée à côté de la lucarne, je n'eus aucune difficulté à rompre toute la fenêtre vitrée, malgré le sang qui coulait d'une blessure que je m'étais faite à la main gauche. A l'aide de mon esponton, suivant ma première méthode, je regagnai le faîte du toit, et je m'acheminai vers l'endroit où j'avais laissé mon compagnon.

« Je l'amenai en face de la lucarne, et défaisant mon paquet de cordes, je le ceignis solidement sous les aisselles, et l'ayant fait coucher à plat ventre, les pieds en bas, je le descendis jusque sur le toit de la lucarne. Quand il fut là, je lui dis de s'introduire dans la lucarne jusqu'aux hanches en s'appuyant de ses bras sur les rebords. Lorsque cela fut fait la première fois, et dès que je fus sur le petit toit, je me plaçai à plat ventre et tenant fortement la corde, je dis au moine de s'abandonner sans crainte. Arrivé sur le plancher du grenier, il détacha la corde, et l'ayant retirée, je trouvai que la hauteur était de plus de cinquante pieds. C'était trop pour risquer le saut périlleux. Ne sachant que devenir et attendant une inspiration de mon esprit, je grimpai de rechef sur le sommet du toit, et ma vue s'étant portée vers un endroit près d'une

coupole que je n'avais pas encore visitée, je m'y acheminai. Je vis une terrasse en plate-forme, recouverte de
plaques de plomb, jointe à une grande lucarne fermée
par deux volets. Il y avait une cuve pleine de plâtre dé-
layé, une truelle, et tout à côté une échelle que je jugeai
assez longue pour pouvoir me servir à descendre jusqu'au
grenier où était mon compagnon. »

Après de pénibles efforts, Casanova parvint à traîner l'é-
chelle auprès de la lucarne et à la faire entrer jusqu'au
cinquième échelon, mais il lui devint impossible de l'enfoncer plus avant, parce que l'extrémité se trouvait arrêtée par le toit intérieur de la lucarne. « Comme il n'y
avait pas, ajoute-t-il, d'autre remède que de l'élever de
l'autre bout, pour parvenir à lui donner l'élévation nécessaire, je me dressai sur mes genoux ; mais la force que
j'avais besoin d'employer pour réussir me fit glisser, de
sorte que tout à coup je me trouvai lancé en dehors du
toit jusqu'à la poitrine, ne me soutenant que par mes
deux coudes. Moment affreux dont je frémis encore et
qu'il est peut-être impossible de se figurer dans toute son
horreur ! L'instinct naturel de la conservation me fit, presqu'à mon insu, employer toutes mes forces pour m'appuyer et m'arrêter sur mes côtes, et, je serais tenté de
dire presque miraculeusement, j'y réussis. Attentif à ne
pas m'abandonner, je parvins à m'aider de toute la force
de mes bras jusqu'aux poignets en même temps que je
m'appuyais de mon ventre. Je n'avais heureusement rien
à craindre pour l'échelle, car dans le malheureux ou plutôt dans le malencontreux effort qui avait failli me coûter
si cher, j'avais eu le bonheur de la faire entrer de plus
de trois pieds, ce qui la rendait immobile.

« Me trouvant sur la gouttière, positivement sur mes poiguets, et sur mes aines entre le bas-ventre et les cuisses, je vis qu'en élevant ma cuisse droite pour parvenir à mettre sur la gouttière d'abord un genou et puis l'autre, je me trouverais tout à fait hors de danger ; mais je n'étais pas encore au bout de mes peines de ce côté-là. L'effort que je fis pour réussir me causa une contraction nerveuse si forte, qu'une crampe extrêmement douloureuse me rendit comme perclus de tous mes membres. Ne perdant pas la tête, je me tins immobile jusqu'à ce qu'elle fût passée : je savais que l'immobilité est le meilleur remède contre les crampes factices ; je l'avais souvent éprouvé. Que ce moment était terrible ! Deux minutes après, ayant graduellement renouvelé l'effort, j'eus le bonheur de parvenir à opposer mes deux genoux à la gouttière, et dès que j'eus repris haleine, je soulevai l'échelle avec précaution et je la fis enfin parvenir au point qu'elle se trouva parallèle à la lucarne.

« Suffisamment instruit des lois de l'équilibre et du levier, je repris mon esponton, et suivant ma manière de grimper, je me hissai jusqu'à la lucarne, et j'achevai facilement d'y introduire toute l'échelle dont mon compagnon reçut le bout entre ses bras. Je jetai alors dans le grenier les hardes, les cordes et les débris des fractures, et je descendis dans le grenier. Bras à bras nous nous mîmes à faire l'inspection du lieu ténébreux où nous nous trouvions. »

Après avoir pénétré dans une autre pièce, les deux prisonniers retournèrent dans la première. « Là, épuisé outre mesure, je me laissai tomber sur le plancher, et mettant un paquet de cordes sous ma tête, me trouvant dans une destitution totale de forces, de corps et d'esprit, un doux sommeil s'empara de mes sens. Je m'y abandonnai si passivement, que quand bien même j'aurais su que la mort devait en être la suite, il m'aurait été impossible d'y résister ; et je me rappelle fort bien que le plaisir que j'éprouvai en dormant était délicieux. Je dormis pendant trois heures et demie. Les cris et les violentes secousses du moine me réveillèrent avec peine. Il me dit que douze heures (cinq heures du matin) venaient de sonner, et que mon sommeil lui paraissait inconcevable, dans la situation où nous nous trouvions. »

Ils se remirent alors en marche, et, grâce au petit jour, ils parvinrent à trouver une porte, qui, de salle en salle, d'escalier en escalier, les conduisit dans la salle de la chancellerie ducale. Ils ne voulurent pas se risquer à descendre par les fenêtres ; car ils seraient alors tombés dans le labyrinthe des petites cours qui entourent l'église Saint-Marc. Ne pouvant briser la serrure de cette salle, ils se mirent à faire un trou à l'un des battants de la porte.

« Dans une demi-heure, le trou fut assez grand ; et bien nous en prit, car il m'aurait été difficile de l'agrandir davantage sans le secours d'une scie. Les bords de ce trou faisaient peur, car ils étaient tout hérissés de pointes faites pour déchirer les habits et lacérer les chairs : il était à la hauteur de cinq pieds. Ayant placé dessous deux tabourets, l'un à côté de l'autre, nous montâmes dessus ; et le moine s'introduisit dans le trou, les bras croisés et la tête en avant ; et, le prenant par les cuisses, puis par les jambes, je parvins à le pousser dehors ; et, quoiqu'il y fît obscur, j'étais sans inquiétude, parce que je connaissais bien le local. Lorsque mon compagnon fut dehors, je lui jetai nos petits effets, à l'exception des cordes, dont je fis l'abandon ; et, mettant

un troisième tabouret sur les deux premiers, je montai
dessus, et, me trouvant au bord du trou, à la hauteur
des cuisses, je m'y enfonçai jusqu'au bas-ventre, quoique
avec de grandes difficultés, parce que le trou était très-
étroit ; et, n'ayant aucun point d'appui pour accrocher
mes mains ni personne qui me poussât, comme j'avais
poussé le moine, je lui dis de me prendre à bras-le-
corps, et de m'attirer à lui sans s'arrêter, dût-il ne me retirer que par morceaux. Il obéit ; et j'eus la constance
d'endurer la douleur affreuse que j'éprouvais par le dé-
chirement de mes flancs et de mes cuisses, d'où le sang
ruisselait. Aussitôt que j'eus le bonheur de me voir dehors, je me hâtai de ramasser mes hardes, et, descendant
deux escaliers, j'ouvris, sans aucune difficulté, la porte
qui donne dans l'allée où se trouve la grande porte du
sacro al'a scrittura. Cette grande porte était fermée
comme celle de la salle des archives ; et, d'un coup d'œil,
je jugeai que sans une catapulte pour l'enfoncer ou une
mine pour la faire sauter, il m'était impossible de l'entamer. » Casanova prit alors le parti d'attendre que l'on
vînt du dehors, décidé à mourir de faim, plutôt qu'à rentrer dans sa prison. Il se mit, en attendant, à se panser et à
changer de tout. « Déchirant des mouchoirs, je me fis des
bandes, et je me pansai le mieux qu'il me fut possible.
Je mis mon bel habit, je passai des bas blancs, une chemise à dentelle. Ainsi paré, mon beau chapeau à point
d'Espagne d'or et à plumet blanc sur la tête, j'ouvris une
fenêtre. Ma figure fut d'abord remarquée par des oisifs
qui se trouvaient dans la cour du palais, et qui, ne comprenant pas comment quelqu'un, fait comme moi, pouvait
se trouver de si bonne heure à cette fenêtre, allèrent
avertir celui qui avait la clef de cet endroit. Le concierge

crut qu'il pouvait y avoir enfermé quelqu'un la veille, et, étant allé prendre les clefs, il vint. Lorsqu'un bruit de clefs vint frapper mon oreille, tout ému, je me lève, et, collant mon œil contre une petite fente qui heureusement séparait les deux ais de la porte, je vois un homme seul, coiffé d'une perruque, sans chapeau, qui montait l'escalier avec un gros clavier à la main.

« La porte s'ouvre ; et, à mon aspect, ce pauvre homme demeura comme pétrifié. Sans m'arrêter, sans mot dire, profitant de sa stupéfaction, je descends précipitamment l'escalier, et le moine me suit. Sans avoir l'air de fuir, mais allant vite, je pris le magnifique escalier appelé des Géants. Je me dirigeai droit à la porte royale du palais ducal, et, sans regarder personne, moyen d'être moins observé, je traverse la petite place, je vais au rivage, et j'entre dans la première gondole que je trouve, en disant tout haut au gondolier qui était à la poupe : « Je veux aller à « Fusine, appelle vite un autre rameur. » Il était tout près : et pendant qu'on détache la gondole, je me jette sur le coussin du milieu, tandis que le moine se plaça sur la banquette. La figure bizarre de Balbi, sans chapeau, ayant un beau manteau sur les épaules, mon accoutrement hors de saison, tout dut me faire prendre pour un charlatan ou un astrologue.

« Dès que nous eûmes doublé la douane, les gondoliers commencèrent à fendre avec vigueur les eaux du canal de la *Guidecca*, par lequel il faut passer, soit pour aller à Fusine, soit pour aller à Mestre, où effectivement je voulais aller. Lorsque je me vis à la moitié du canal, je mis la tête dehors, et je dis au barcarolle de poupe : Crois-tu que nous soyons à Mestre avant quatre heures ?

« — Mais, monsieur, vous m'avez dit d'aller à Fusine.

« — Tu es fou, je t'ai dit à Mestre.

« Le second barcarolle me dit que je me trompais, et mon sot de moine, zélé chrétien et grand ami de la vérité, ne manquait pas de répéter que j'avais tort. J'avais envie de lui lacher un coup de pied pour le punir d'être si bête ; mais réfléchissant que n'a pas du bon sens qui veut, je me mets à rire aux éclats, convenant que je pouvais m'être trompé, mais ajoutant que mon intention était d'aller à Mestre. On ne me répliqua pas, et un instant après, le maître gondolier me dit qu'il était prêt à me conduire en Angleterre, si je le voulais.

« — Bravo ! va à Mestre.

« — Nous y serons dans trois quarts d'heure, car nous avons pour nous le vent et le courant.

« Très-satisfait, je regarde derrière moi le canal, qui me parut plus beau que je ne l'avais jamais vu et surtout parce qu'il n'y avait pas un seul bateau qui vînt de notre côté. La matinée était superbe, l'air pur, les premiers rayons du soleil magnifiques, mes deux jeunes barcarolles ramaient avec autant d'aisance que de vigueur : réfléchissant à la cruelle nuit que je venais de passer, aux dangers auxquels je venais d'échapper, au lieu où j'étais enfermé la veille, à toutes les combinaisons du hasard qui m'avaient été favorables, à la liberté dont je commençais à jouir et dont j'avais la plénitude en perspective, tout cela m'émut si violemment que, plein de reconnaissance envers Dieu, je me sentis suffoqué par le sentiment et je fondis en larmes [1]. »

Il y eut encore d'autres évasions célèbres au dix-huitième siècle, entre autres celles de Latude, que ses Mémoires,

[1] *Mémoires de Casanova.*

de nombreux ouvrages et des pièces de théâtre ont rendues très-populaires. Enfermé à Vincennes·pour avoir osé mystifier madame de Pompadour, il parvint à s'échapper, fut arrêté de nouveau et mis à la Bastille, d'où il se sauva par·la cheminée dans la nuit du 25 février 1756, avec un jeune homme nommé d'Alègre, qu'on lui avait donné pour compagnon de captivité. Ils étaient parvenus à se fabriquer des cordes d'une longueur de trois cent soixante pieds et une échelle de bois [1]. D'Alègre fut arrêté à Bruxelles, et Latude à Amsterdam. Ayant été après la mort de madame de Pompadour, en 1764, transféré à Vincennes, il s'en échappa l'année suivante, en novembre 1765, fut arrêté à Fontainebleau peu de temps après, et enfin ne fut délivré qu'en 1784, à l'âge de cinquante-neuf ans, après trente-neuf ans de captivité.

Nous renvoyons aussi aux Mémoires du baron Frédéric de Trenck, l'amant favorisé d'Amélie, sœur de Frédéric II; on y verra comment il parvint à s'évader en 1744 de la forteresse de Glatz [2].

Une évasion fatale à la France eut lieu en 1797. Le célèbre amiral anglais Sidney Smith qui joua un rôle si important lors de la guerre d'Égypte, avait été pris dans la rade du Havre, et transféré successivement de Rouen à Paris, et de l'Abbaye à la prison du Temple. Le gouvernement français ayant refusé de l'échanger, le cabinet britannique mit tout en œuvre pour le délivrer.

---

[1] Cette échelle se trouvait, il y a quelques années, dans le cabinet d'un amateur, M. le colonel Morin.

[2] *Mémoires de Frédéric baron de Trenck*, traduits par lui-même sur l'original allemand. 1759, in-8, t. I, p 120 et suivantes.

« L'argent fut prodigué, dit la *Biographie des Contemporains*, et comme à cette époque, il ne manquait pas à Paris de gens disposés à servir l'étranger contre la République, il ne fut pas difficile aux agents de l'Angleterre de trouver des coopérateurs. Après plusieurs tentatives infructueuses pour faire évader le prisonnier, ils parvinrent enfin à leur but, à l'aide d'une combinaison hardie. Quelque temps après le 18 fructidor an v (4 septembre 1797), plusieurs individus, ennemis du gouvernement qui régissait la France et dont quelques-uns avaient trempé dans les complots dirigés contre la République, se concertèrent avec les agents de l'Angleterre pour faire évader sir Sidney Smith et l'accompagner en Angleterre. Les principaux acteurs dans cette périlleuse entreprise, furent l'ingénieur Phélipeaux, Charles Loiseau et Tromelin. Déguisés en officiers de l'état major de Paris, et munis d'un faux ordre du ministre de la guerre, ils se présentèrent la nuit à la prison du Temple, et se firent livrer le prisonnier pour le transférer dans une autre prison. Le concierge, trompé par la parfaite ressemblance des signatures apposées à la pièce dont ils étaient porteurs, ne fit aucune difficulté de leur livrer sir Sidney Smith. Celui-ci joua très-bien la surprise, et pour mieux dérouter le concierge, il parut très-affligé de cet événement et protesta hautement contre sa translation. Des relais ayant été disposés d'avance sur la route, le prisonnier et ses libérateurs arrivèrent sur la côte où ils trouvèrent une embarcation prête qui les conduisit en Angleterre. »

Enfin il y eut sous la restauration la célèbre évasion du comte de Lavalette, qui, condamné à mort le 21 novembre 1815, fut, la veille au soir du jour fixé pour l'exécution (20 décembre), sauvé par le dévouement et la

présence d'esprit de sa femme. Celle-ci s'étant fait transporter à la Conciergerie dans une chaise à porteur, accompagnée de sa fille, âgée de quatorze ans, et d'une
vieille gouvernante, dîna avec son mari dans un appartement séparé. Les deux époux échangèrent ensuite leur
habillement, et le comte, sous les vêtements de sa femme,
put, escorté des deux autres personnes, traverser le greffe
sans être reconnu. Il resta à Paris jusqu'au 20 janvier suivant, caché dans l'hôtel même du ministère des
affaires étrangères et parvint ensuite à sortir du territoire français, grâce à l'assistance de trois Anglais qui furent punis de leur générosité par trois mois de prison.

—

DES FAUX PRINCES

ET DE QUELQUES IMPOSTEURS CÉLÈBRES.

PERSONNAGES MYSTÉRIEUX.

Tout le monde connaît l'histoire racontée par Hérodote (liv. III, ch. 61) du mage qui, profitant d'une
grande ressemblance avec Smerdis, frère de Cambyse,
tué par ordre de ce roi, parvint à monter sur le trône
de Perse. On sait que, faute d'avoir pu laisser voir à sa
femme le plus petit bout d'oreille [1], son imposture fut
découverte, et qu'il fut mis à mort, ainsi que tous les
mages ses complices, par les seigneurs perses conjurés.

---

[1] Cambyse avait fait essoriller tous les mages de son empire.

L'antiquité nous offre d'assez nombreux exemples de ce genre d'imposture. Suivant les historiens romains, dont le témoignage, il est vrai, est un peu suspect, on doit considérer comme un imposteur, le personnage qui, appelé Andriscus, se prétendit fils naturel de Persée, roi de Macédoine, prit le nom de Philippe, parvint à soulever contre Rome la Thrace et la Macédoine, et, après quelques succès, fut vaincu par Métellus, livré à ses ennemis, et mis à mort, l'an 147 avant J.-C. [1].

Vers 152 avant J.-C., les habitants d'Antioche, soulevés contre Démétrius Soter, roi de Syrie, et appuyés par Ptolémée, roi d'Égypte, par Attale et Ariarathe, roi de Cappadoce, « engagèrent, dit Justin, un certain Bala, jeune homme de basse extraction, à réclamer le trône de Syrie comme son patrimoine ; et pour que rien ne manquât à cette imposture, ils lui donnèrent le nom d'Alexandre, et le proclamèrent fils du roi Antiochus [2]. » Battu dans une première bataille, Alexandre fut vainqueur dans une seconde où périt Démétrius. Mais lui-même, après un règne de quatre ans, fut vaincu et détrôné par le fils de Démétrius, puis assassiné par un chef arabe, auprès duquel il s'était réfugié.

Démétrius Nicator, fils de Démétrius Soter, avait succédé à son père sur le trône de Syrie, lorsque, l'an 127 avant J.-C., Ptolémée Physcon, roi d'Égypte, auquel il venait de déclarer la guerre, « envoya, dit Justin, un jeune Égyptien, fils d'un commerçant nommé Protarque, revendiquer, les armes à la main, le royaume de Syrie. Il prétendait faussement que cet étranger avait été intro-

---

[1] Andriscus est appelé par les Romains Pseudo-Philippe (faux Philippe).
[2] L. XXXV, ch. I.

duit dans la famille royale par l'adoption d'Antiochus [1]. »
Reçu avec empressement par les Syriens, las de la tyrannie de Démétrius, cet imposteur, auquel on donna le
nom d'Alexandre Zébina [2], battit son rival, qui fut tué à
Tyr, où il allait chercher un asile. Quatre ans après, il
fut lui-même détrôné par le fils de Démétrius, Antiochus
Grypus, qui le fit mettre à mort.

Il est bon de remarquer que l'historien juif Josèphe,
dont les compatriotes avaient fait alliance avec ces deux
aventuriers, les regarde comme princes légitimes.

A peine Rome eut-elle des empereurs, que l'on vit apparaître des imposteurs qui se prétendirent membres
de la famille impériale.

« Le divin Auguste même, dit Valère Maxime, ne fut
pas à l'abri d'un pareil outrage. Un homme osa se faire
passer pour le fils d'Octavie, son illustre et chaste sœur.
Il disait que celui à qui l'on avait confié son enfance,
voyant l'extrême faiblesse de sa complexion, l'avait gardé
comme son fils, et lui avait substitué le sien même. C'é-
tait vouloir tout à la fois abolir, dans la plus auguste famille, la mémoire de son vrai rejeton, et la flétrir par
l'impur mélange d'un sang étranger. Mais, tandis que cet
imprudent se livre à tous les caprices, à tous les excès
de l'audace, un ordre d'Auguste le condamne à ramer
sur les galères de l'État.

« Il arrêta aussi l'entreprise d'un barbare qui, à la faveur d'une parfaite ressemblance avec Ariarathe, aspirait, sous son nom, au trône de Cappadoce, tandis qu'il
était plus clair que le jour qu'Ariarathe avait été tué par

Marc-Antoine ; abusant de la crédulité des peuples, il s'était fait appuyer des suffrages de presque tout l'Orient ; mais la justice d'Auguste fit tomber sous la hache cette tête insensée, qui menaçait d'avilir une couronne [1]. »

Marcus Julius Agrippa, surnommé Posthume, fils d'Agrippa et de Julie, avait été d'abord adopté par Auguste, son aïeul, puis, grâce aux intrigues de Livie, relégué dans l'île de Planasie. Le premier soin de Tibère, en montant sur le trône, et même avant que la mort d'Auguste eût été rendue publique, fut d'envoyer un tribun assassiner Agrippa. Il s'en fallut de bien peu que le crime ne reçût pas son exécution.

« Un esclave de Posthume Agrippa, nommé Clémens, à la nouvelle de la mort d'Auguste, résolut, dit Tacite, et ce projet était digne d'un homme libre, de se rendre dans l'île de Planasie, d'enlever Agrippa par la force ou la ruse, et de le conduire aux armées de la Germanie. La marche lente du navire qui portait Clémens fit échouer ce hardi coup de main. Dans l'intervalle, Agrippa fut tué ; l'esclave alors, s'arrêtant à un projet plus grand et plus périlleux, s'empare furtivement des cendres de son maître, aborde à Cose, promontoire de l'Étrurie ; se cache dans des lieux inconnus, et là, il laisse croître ses cheveux et sa barbe, car son âge et ses traits se rapprochaient de ceux de son maître. Quelques hommes habiles, confidents de son secret, répandirent le bruit qu'Agrippa était vivant, à voix basse d'abord, et comme on parle ordinairement des choses qu'il faut taire. Bientôt cette nouvelle circula dans la foule ignorante et crédule, et parmi les hommes dont la turbulence appelle des ré-

---

[1] L. IX, ch. 15. Traduction de la collection Dubochet, p. 806.

volutions. Clémens lui-même entrait dans les villes vers le soir, en évitant de se montrer en public, de rester longtemps dans les mêmes lieux; mais, comme la vérité s'accrédite par le temps et le grand jour, le mensonge par le mystère et la rapidité, il se dérobait à la renommée ou la prévenait.

« Cependant le bruit courait, en Italie, que la bonté des dieux avait conservé Agrippa ; et cette nouvelle trouvait créance à Rome. Déjà l'imposteur, débarqué à Ostie, avait été reçu par une multitude immense, et déjà il assistait à des réunions secrètes. Tibère, tiraillé par l'inquiétude, remit cette affaire à Crispus Sallustius. Celui-ci choisit deux de ses clients, d'autres disent deux soldats, et les charge d'aller trouver Clémens, de feindre auprès de lui le dévouement, de lui offrir leur bourse, leur fidélité, de lui demander une part dans ses dangers. Ceux-ci exécutent ce qui leur est commandé. Profitant d'une nuit où Clémens ne se gardait pas, ils l'enchaînent, avec le secours d'une force suffisante, et l'entraînent, bâillonné, au palais impérial. Tibère lui demandant : « Comment es-tu devenu Agrippa? » il répondit, dit-on : « Comme toi tu es devenu César. » On ne put le contraindre à révéler ses complices. Tibère, n'osant pas le faire exécuter publiquement, donna ordre de le tuer dans l'intérieur du palais, et d'enlever secrètement le cadavre. Quoiqu'on eût dit que plusieurs personnes de la maison du prince, des chevaliers et des sénateurs l'avaient soutenu de leur argent et aidé de leurs conseils, il n'y eut point d'enquête [1]. »

[1] Annales, l. II, ch. 39 et 40. Traduction de M. Ch. Louandre, 1845, in-18, t. II, p. 111.

Il paraît que l'exécration que nous nous représentons
généralement avoir accompagné la mémoire de Néron
fut loin d'être universelle, puisqu'un personnage, qui prit
son nom, se fit de nombreux partisans. Voici comment
s'exprime Suétone :

« Il y eut des citoyens qui, longtemps encore après la
mort de Néron, allèrent orner son tombeau des fleurs du
printemps et de l'été ; qui apportèrent à la tribune des
portraits de Néron, où il était représenté en robe prétexte ; qui y lurent des édits où il parlait comme s'il eût
vécu, et qu'il dût bientôt revenir pour se venger de ses
ennemis. Le roi des Parthes, Vologèse, ayant envoyé des
ambassadeurs au sénat pour renouveler son alliance, demanda par-dessus toute chose que la mémoire de Néron
fût honorée. Enfin, vingt ans après, pendant ma jeunesse,
un aventurier, se vantant d'être Néron, se fit, chez les
Parthes, à la faveur de ce nom qui leur était si cher, un
parti puissant, et il ne nous fut rendu qu'avec beaucoup
de peine.[1] »

On rencontre de nombreux imposteurs dans l'histoire
de l'empire byzantin, qui est si remplie de sanglantes
tragédies.

Lorsque Phocas se fut, en 602, emparé du trône par
le meurtre de l'empereur Maurice et de ses enfants encore en bas âge, il n'eut pas de repos qu'il n'eût fait
mettre à mort le fils aîné de ce prince, Théodose, qui
s'était réfugié dans l'église de Saint-Antonome, à cent
cinquante stades de Constantinople. Alexandre, l'un
des officiers de Phocas, arracha le malheureux jeune
homme de cet asile sacré et le fit décapiter sur le ri-

---

[1] *Néron*, c. 57, collection Dubochet, p. 171.

vage où son père et ses frères avaient déjà perdu la vie [1]. Le bruit, toutefois, ne tarda pas à courir qu'Alexandre, au lieu de tuer Théodose, avait tué à sa place quelqu'un qui lui ressemblait; que Théodose, s'étant échappé miraculeusement, avait parcouru divers pays d'Orient, et était mort de maladie dans une affreuse solitude. « Bien que ce bruit se soit répandu par toutes les provinces de l'empire, dit Théophylacte Symocatte, il n'avait point d'autre auteur qu'un paysan. Pour moi, après avoir recherché très-exactement la vérité sur ce fait, j'ai trouvé que Théodose avait été tué. Ceux qui croyaient le contraire en donnaient pour preuve que l'on n'avait pu montrer la tête du prince... Cette fable, s'étant glissée dans le palais, imprima une telle terreur au tyran, qu'il massacra Alexandre [1]. »

En 821, un an après que l'assassinat de l'empereur Léon V eut placé Michel le Bègue sur le trône, « un certain homme, d'une naissance basse et obscure, nommé Thomas, qui, prétendant être fils de l'impératrice Irène, se faisait appeler Constantin, sortit du fond de l'Orient avec une foule de peuple qu'il avait séduit par cette supposition. Il s'approcha de Constantinople, et repoussé par les habitants, alla piller la Thrace. Michel le poursuivit avec une puissante armée, et, l'ayant assiégé, il le prit, lui fit couper les bras et les jambes, le fit pen-

---

[1] On rapporte que la nourrice du dernier de ses fils ayant voulu substituer son propre enfant à celui de l'empereur, Maurice découvrit cette supercherie aux bourreaux, en disant qu'il se rendrait coupable d'homicide s'il laissait périr un enfant étranger pour soustraire le sien à l'exécution de l'arrêt prononcé par la Providence contre sa famille. Théophylacte Symocatte, l. v,u, ch 11.

2 L. viii, ch. 13.

dre, et termina ainsi (en 822) .cette guerre fâcheuse sans
beaucoup de peine [1]. »

En 912, Constantin Ducas, fils d'Andronic Ducas, s'é-
tant révolté contre Constantin Porphyrogenète, encore
en bas âge, périt en assiégeant le palais impérial. Cependant, « quelques années après, raconte Léon le Grammairien, un certain imposteur, né en Macédoine et nommé
Basile, se disant Constantin Ducas, fut pris et mené à
Constantinople, où il fut condamné par le préfet Pierre
à avoir une main coupée. S'étant retiré depuis à Opsicion
et s'étant fait mettre une main de bronze, il s'accoutuma
à en manier une épée, et séduisit une foule de gens auxquels il fit accroire qu'il était Constantin, fils de Ducas.
Il suscita de la sorte un très-grand soulèvement ; l'empereur envoya des troupes qui le vainquirent, le prirent,
et l'amenèrent à Constantinople, où, après avoir été interrogé, il fut condamné à être fustigé. Il accusa un
grand nombre de personnes de condition ; mais, pour
le punir de ces calomnies, il fut condamné à être brûlé
dans la place d'Amastrien [1]. »

Michel VII, dit *Parapinace*, détrôné en 1078 et relégué
d'abord dans le monastère de Stude, finit par devenir
plus tard archevêque d'Éphèse. Nicéphore Botoniate,
qui lui avait succédé, avait été, à son tour, détrôné
par Alexis Comnène, en 1081, lorsque Robert Guiscard,
dont la fille avait dû épouser Constantin, fils de Michel,
résolut de faire la guerre à l'empire grec, vers lequel
ses vues ambitieuses s'étaient tournées depuis longtemps.
« Il usa, dit Anne Comnène, de l'artifice suivant. Il en-

[1] Léon le Grammairien, *Vie de l'empereur Michel*, ch. 1.
[2] *Vie de Constantin*, ch. x.

voya à Crotone de secrets émissaires instruits de ses projets, et auxquels il commanda de se lier avec quelques-uns de ces moines, qui, chaque année, allaient à Rome visiter l'église des Saints-Apôtres. Ils ne tardèrent pas à trouver l'homme qu'il leur fallait dans la personne d'un moine nommé Rector, qui ressemblait assez à Michel. Ils écrivirent alors à Robert un billet en ces termes : « *Michel, votre allié, étant chassé de ses États, part pour aller implorer votre secours.* » Robert montra ce billet à sa femme et aux seigneurs de son parti. Ceux-ci lui ayant déclaré qu'il fallait prendre la protection du prince détrôné, Robert le fit venir devant eux. Le moine joua fort bien son rôle et leur expliqua, d'un air touchant, comment il avait été chassé de son trône, privé de sa femme et de ses enfants et dépouillé de sa dignité [1]. »

Le pape lui-même fut dupe, ou fit semblant d'être dupe de l'imposteur. Il adressa, en 1080, une lettre aux évêques de Pouille et de Calabre pour les exhorter à lui prêter secours. Enfin, après une année de préparatifs, Robert alla assiéger Dyrrachium. Une grande bataille s'engagea sous les murs de la ville, et le faux Michel y périt.

En 1094, un soldat venu de l'Asie mit en émoi tout Constantinople, en se donnant pour le fils de l'empereur Romain, Diogène Léon, qui avait été tué vingt ans auparavant dans un combat près d'Antioche. Arrêté et relégué par ordre d'Alexis à Cherson en Crimée, il parvint à s'échapper d'une tour où on le gardait, et avec l'appui des Comans, il ravagea les terres de l'empire, et vint mettre

---

[1] *Alexiade*, l. i, ch. 8.

le siége devant Andrinople[1]. Enfin, il tomba par trahison
entre les mains des Grecs qui l'envoyèrent à Constantinople, où la mère de l'empereur lui fit crever les yeux par
un esclave turc.

Les catastrophes sanglantes qui signalèrent les dernières années du douzième siècle dans l'empire d'Orient fa-
vorisèrent puissamment les impostures du genre de celles
dont nous parlons. En 1183, Andronic Ier qui avait fait périr Alexis II, fils de Manuel Comnène, et s'était emparé du
trône, fut lui-même, deux ans plus tard, en 1185, mis à
mort par Isaac l'Ange. Celui-ci régnait déjà depuis six ans
lorsqu'on vit apparaître un jeune homme nommé Alexis,
qui se disait fils de l'empereur Manuel, « et qui, dit Nicétas,
avait imité jusqu'à la chevelure blonde et jusqu'au bé-
gaiement du véritable Alexis. Ce jeune homme était de
Constantinople. Il parut d'abord dans les villes qui sont sur
le Méandre ; puis s'étant rendu à Armale, il se découvrit
à un Latin chez qui il logeait, et lui dit qu'Andronic avait
commandé de le précipiter dans la mer ; mais qu'il avait
été sauvé par la pitié des officiers chargés d'exécuter cet
ordre cruel. Etant allé à Iconium avec son hôte, il se
présenta au sultan Azz-Eddin, et il lui parla comme le
véritable fils de Manuel, osant même lui reprocher de
n'être point assez touché de la disgrâce du fils d'un empereur qui avait été de ses amis. Le sultan, vaincu par
son impudence, et trompé par la ressemblance de cet
homme avec le fils de Manuel, lui fit des présents et
quelques promesses. Un jour, comme le faux Alexis se
vantait de sa naissance, en présence de l'ambassadeur
des Grecs, le sultan demanda à ce dernier s'il savait que

1 *Alexiade*, l. x, ch. 2 et 3.

l'homme qui était devant lui fût le fils de Manuel. L'ambassadeur ayant répondu qu'il était certain que le fils de Manuel avait été noyé, l'imposteur se mit dans une si grande colère, qu'il lui eût sauté au visage, si le sultan ne l'eût repris avec des paroles sévères. Plus tard, malgré ses instances, le sultan lui accorda seulement des lettres que les Turcs appellent *mousour*, et qui l'autorisaient à lever des soldats dans ses États. Au moyen de ces lettres, il amassa en peu de temps jusqu'à huit mille hommes, prit par composition ou par force plusieurs villes sur les bords du Méandre ; et comme il ruina principalement les lieux où l'on faisait les magasins de grains, il fut surnommé le *brûleur de granges.* »

Le mécontentement général favorisa l'imposteur. Les généraux envoyés contre lui n'osaient lui livrer bataille, de peur d'être trahis par leurs soldats. « Enfin, ajoute Nicétas, Dieu termina tout à coup la guerre civile par un moyen qu'il s'était réservé, et qui ne pouvait être prévu par les hommes. Ce faux Alexis étant revenu d'Armale au fort de Pisse, et ayant plus bu que de coutume, il y fut tué avec sa propre épée par un prêtre. Quand on apporta sa tête au sébastocrator, celui-ci remua la longue chevelure dont elle était couverte avec le fouet dont il se servait pour conduire son cheval, et frappé de la ressemblance des traits du malheureux avec ceux du véritable fils de Comnène, il s'écria qu'il comprenait comment cet homme avait trouvé des partisans [1]. »

Dans l'espace de quelques années, les faux Alexis se succédèrent sans interruption. En Paphlagonie, on en vit paraître un qui fut pris dans un combat, et mis à mort

---

[1] Nicétas, *Isaac l'Ange*, l. III, ch. 1.

Un autre nommé Basile Chozas fut proclamé près de Nicomédie; mais au bout de quelques jours il fut pris, aveuglé et condamné à une prison perpétuelle.

Quelques années plus tard, la première année du règne d'Alexis III, en 1195, il y eut encore un Sicilien qui se prétendit être le fils de Manuel Comnène. Après avoir repoussé successivement un eunuque nommé Ænopolite et l'empereur lui-même, il finit par être assassiné dans un fort où il passait la nuit [1].

Dans l'histoire des empereurs ottomans, qui, au quinzième siècle, devinrent les successeurs des empereurs grecs, figurent aussi un assez grand nombre d'imposteurs. Bajazet Ier, comme on sait, fut vaincu et pris par Tamerlan à la bataille d'Ancyre en 1402; malgré toutes les recherches, on ne put retrouver son fils Mustapha, qui avait disparu dans le combat. Environ seize ans après, sous le règne de Mahomet Ier, autre fils de Bajazet, parut en Valachie un aventurier que les historiens turcs appellent tous *Dœsme* Mustapha (le faux Mustapha), et qui réclama le trône comme frère aîné de Mahomet. Les historiens byzantins soutiennent qu'il était bien frère de Mahomet, et fils de Bajazet; « mais ni les uns ni les autres, dit M. de Hammer, ne peuvent être considérés comme des témoins impartiaux; car les premiers adoptent la cause du dernier sultan régnant, qu'ils reconnaissent comme le seul successeur légitime de Bajesid, en dépit des droits des frères aînés vaincus par lui, et en conséquence, ils traitent Mustapha d'imposteur; quant aux Byzantins, adoptant les sentiments de leur empereur, rien ne leur paraît plus légitime que le droit héréditaire

---

1 Nicétas, *Alexis Comnène*, l. 1, c. 4.

du prétendant qu'il convenait à la politique grecque
de soutenir. En examinant avec soin cette question,
l'on penche à croire que Mustapha était en réalité le
prince ottoman de ce nom qui avait disparu dans la
bataille d'Ancyre. D'abord, malgré les recherches les
plus actives faites par l'ordre de Tamerlan, l'on ne
put découvrir aucun indice tendant à prouver que
Mustapha fût resté sur le champ de bataille. En second
lieu, Mahomet s'engagea, par un traité avec l'empereur
grec, à payer annuellement une forte somme pour la
garde de Mustapha ; de plus, ce prétendant n'attira pas
seulement à lui la populace, il compta parmi ses partisans des grands de l'empire ; enfin, le témoignage du
vieux Neschri l'emporte sur celui des historiographes
officiels postérieurs. Quoi qu'il en soit, Mustapha, frère
véritable ou supposé de Mahomet, apparut comme un
dangereux aspirant au trône en Europe, où il fut d'abord
soutenu par Mirtsche, prince de Valachie, puis par le
gouverneur de Nicopolis, l'ancien seigneur d'Ephèse et
de Smyrne, Dschuneid, déjà deux fois révoltés et deux
fois rentrés en grâce ; alors il franchit l'Hœmus, et marcha vers la Thessalie. Mahomet marcha à leur rencontre ;
l'on en vint aux mains près de Thessalonique ; Mustapha
et Dschuneid, vaincus, se sauvèrent avec quelques
hommes dans la ville, où commandait Démétrius Las-
caris ; qui leur donna asile et refusa de les livrer. Une
négociation s'ouvrit entre le sultan et l'empereur Ma
nuel Paléologue, à la suite de laquelle Manuel jura que,
pendant toute la durée du règne et de la vie de son fils,
ni Mustapha, ni son compagnon Dschuneid ne seraient
mis en liberté. » En même temps on envoya à Démétrius
Léontarios l'ordre de faire embarquer au plus tôt Musta-

pha et Dschuneid sur une galère, et de les diriger sur
Constantinople. Le fidèle serviteur obéit, et Mahomet
s'engagea à son tour à payer à l'empereur, pour ce service, une pension annuelle de 900,000 aspres [1]. »

Soliman Ier, trompé par de perfides rapports, avait fait
étrangler en 1553 son fils Mustapha. Un an ne s'était pas
écoulé qu'un aventurier, prenant le nom de ce malheureux
prince, parvint à rassembler sous ses drapeaux plus de dix
mille hommes dans les environs de Salonique. Ce prétendant au trône avait nommé un marchand de volailles
pour visir, et deux étudiants pour kadiakers. Le marchand de volailles livra son sultan au sandschakbeg de
Nicopolis, qui l'envoya au vésir Sokolli, et celui-ci
adressa le prisonnier au sultan. La trahison du marchand
de volailles fut récompensée par un bon fief, et le faux
Mustapha fut pendu. Son supplice étouffa la guerre
civile [2].

En 1708, l'empereur du Maroc, Muley-Ismaël, qui désirait entretenir de bons rapports avec la Porte, envoya
à Constantinople une ambassade solennelle, chargée, entre
autres choses, de remettre au sultan Ahmed III un aventurier qui se disait fils de Mahomet IV. Sa mère, suivant cet
homme, se trouvant sur mer pendant sa grossesse, avait
été surprise par un coup de vent et poussée sur les côtes
de Maroc. Les Turcs ne permirent pas à l'ambassade
d'aller au delà de Chios, mais s'emparèrent de la personne
du faux prince. Muley-Ismaël, offensé de cette conduite,
adressa alors une lettre au sultan, dans laquelle il soutint
la légitimité du prince, lequel fut victime de cette dé-

---

[1] *Histoire de l'empire Ottoman*, l. IX, 1814, in-8, t. I, p. 167.
[2] *Ibid.*, l. XXXI, t. II, p. 90.

monstration. On commença par lui couper la tête, puis
on répondit à l'empereur de Maroc « que de pareils soupçons ne pouvaient atteindre la sublime famille des Ottomans, attendu que les fils du sultan ne couraient pas le
monde comme les autres princes [1]. »

En Occident, pendant le moyen âge, à une époque où
dominait l'amour du merveilleux, il circulait fort souvent
sur la mort des princes des bruits vagues et mystérieux
qui favorisaient à un haut degré les imposteurs. En voici
plusieurs exemples.

Alphonse le Batailleur, roi d'Aragon, ayant disparu à
la célèbre bataille de Fraga, qu'il perdit contre les Maures, le 7 septembre 1134, et son corps n'ayant pu être
retrouvé, le bruit se répandit qu'il n'était pas mort, et
qu'accablé de douleur, à la suite de cette défaite, il était
allé secrètement à Jérusalem. Aussi, vingt-huit ans plus
tard, on vit paraître un homme qui voulut se faire passer
pour ce prince. Confirmant les bruits qui avaient couru
autrefois, il prétendait s'être sauvé des mains des infi-
dèles, et être parvenu à se rendre en Terre Sainte, où
il avait assisté à toutes les guerres des chrétiens contre
les Sarrasins. Il avait déjà rassemblé quelques troupes
autour de lui, lorsqu'il fut pris et mis à mort à Sarragosse.

« Henri V, empereur d'Allemagne, conduit par la pénitence, dit Guillaume de Nangis, abandonna l'empire et
disparut de la société des hommes, sans y avoir été vu
depuis. Cependant, quelques-uns disent qu'il fut reconnu
par sa femme dans un hôpital de pauvres à Angers,
avoua qui il était, mourut dans cet hôpital et y fut enterré. On lit ailleurs, qu'étant venu à Utrecht pour y

[1] *Ibid.*, t. LXII.

célébrer la Pentecôte, il y mourut d'un chancre au
bras, qui était chez lui un mal de naissance, et que son
corps, dont on avait retiré les intestins, et qu'on avait
saupoudré de sel, fut transporté à Spire. Cependant,
il s'éleva en Allemagne un faux empereur qui, après
avoir vécu pendant quelques années dans la retraite à
Soleure, en sortit et prétendit faussement être l'empereur
Henri, qui avait disparu. Ayant, par ses mensonges, séduit beaucoup de gens, il les attacha tellement à son
parti, qu'il en advint de cruels et meurtriers combats,
les uns le recevant, et les autres le proclamant publiquement un imposteur ; mais enfin son imposture fut reconnue, et il fut tondu moine de Cluny [1]. »

Suivant le Grec Nicétas Choniates, Baudouin Ier, comte
de Flandre, qui, en 1204, était devenu empereur des Latins à Constantinople, ayant été, l'année suivante, fait
prisonnier par Joannice, roi des Bulgares, fut horriblement mutilé par le prince barbare, qui le fit jeter dans
un précipice, où il fut dévoré par les oiseaux de proie.
Les historiens latins prétendent qu'il périt sur le champ
de bataille. Pendant un an, il régna une telle incertitude
sur sa mort, que ce fut seulement en 1206, qu'on lui
donna un successeur.

En tout cas, quel que fût le sort véritable de cet empereur, « l'an du Seigneur 1225, au mois d'avril, il vint en
Flandre, dit un chroniqueur, un homme qui se prétendait
le feu comte Baudouin, empereur de Constantinople, et se
disait échappé comme par miracle de la prison des Grecs.
Un grand nombre de personnes l'ayant vu, reconnaissant
véritablement en lui beaucoup de signes appartenant au

[1] Guillaume de Nangis, année 1139. Collection Guizot, t. xiii, p. 20.

comte Baudouin, et apprenant de sa bouche beaucoup de paroles, faits et autres indices dudit comte, le reçurent comme leur seigneur, et rejetèrent aussitôt de presque tout le comté de Flandre la comtesse, fille du comte Baudouin, qu'ils avaient en haine depuis longtemps. Celle-ci, désolée de perdre son pouvoir, alla trouver le roi de France, Louis, et le supplia instamment, en lui donnant plusieurs raisons, de lui faire rendre son comté. Le roi, consentant à ces propositions, rassembla beaucoup de monde, et vint à Péronne, où, donnant un sauf-conduit à celui qui se prétendait le comte Baudouin, il l'appela à une entrevue. Celui-ci y étant venu avec une multitude de gens, fut interrogé en présence du roi, du légat et de beaucoup d'autres, sur un grand nombre de choses, mais il refusa devant tous d'y répondre ; ce que voyant, le roi, violemment irrité, lui ordonna de sortir de son royaume dans l'espace de trois jours, et lui donna un sauf-conduit et la liberté de s'en retourner. Le faux Baudouin, étant retourné à Valenciennes, fut abandonné par les siens ; et enfin, fuyant à travers la Bourgogne, sous le déguisement d'un marchand, il fut pris par un certain chevalier, rendu à la comtesse et renfermé dans une prison ; ensuite les siens, lui ayant fait subir différents supplices, finirent par le pendre [1]. »

Au siècle suivant, il se passa en France un des faits les plus singuliers que l'on rencontre dans l'histoire ; il est ainsi raconté par l'un des continuateurs de Guillaume de Nangis.

« Dans l'année 1508, dit-il, vinrent en France quelques hommes de Flandre, d'un extérieur simple, mais impos-

---

[1] *Vie de Louis VIII*, ibid, t. xi, p. 573 et suivantes.

teurs, comme l'événement le prouva. Par l'effet de leurs
astucieux artifices, il se répandit aussitôt parmi le peuple
le bruit frivole, mais général, que le seigneur Geoffroi
de Brabant, comte d'Eu, Jean de Brabant, son fils, le seigneur de Pierson, et un grand nombre d'autres tués
depuis longtemps à la bataille de Courtrai avec Robert,
comte d'Artois, s'étaient, comme par miracle, échappés
vivants, et, à cause du bienfait de leur délivrance, avaient
entrepris et juré entre eux de mendier par le royaume
de France sous l'humble habit de pauvreté, et de se tenir
cachés au milieu des leurs pendant sept ans, et qu'au
bout de ce terme ils devaient paraître ensemble le même
jour en un certain lieu, à savoir à Boulogne-sur-Mer, et
révéler publiquement qui ils étaient. Il arriva qu'à quelques
légers signes observés par les Flamands, plusieurs personnes des deux sexes les accueillirent avec empressement
et s'infatuèrent d'eux, en sorte que les prenant pour lesdits seigneurs, ils les reçurent avec honneur, tandis que
les imposteurs, parlant à peine et rarement, affirmaient,
par un artifice sûr de son effet, qu'ils n'étaient pas ceux
dont on rapportait communément ces bruits frivoles.
Quelques nobles matrones admirent plusieurs d'entre eux
en qualité d'époux à la couche conjugale, ce qui leur
attira ensuite des moqueries de la part des autres, surtout à la dame de Vierzon [1]. »

Jusqu'au moment où les Louis XVII abondèrent dans
notre pays, les aventuriers qui prétendirent au trône de
France [2] sont bien peu nombreux. Nous n'avons pu trou-

---

1 Continuateur de Guillaume de Nangis, *ibid.*, t. xiii, p. 271. Voyez
édition Géraud, 1843, in-8, t. 1, p. 566.

2 La vie de Saint-Léger, par Ursin, moine de Saint-Symphorien d'Au-
tun, fait mention, en termes assez obscurs, d'un enfant qu'Ébroin et les

ver que les deux faits suivants qui, nous le croyons, sont
très-peu connus, et sur lesquels nous allons donner quelques détails.

On sait que Louis le Hutin, mort le 5 juin 1316[1], laissa
enceinte sa femme Clémence de Hongrie, qui, le 15 novembre de la même année, accoucha au Louvre d'un enfant mâle. On sait aussi que cet enfant, unique fils de
Louis, fut baptisé sous le nom de Jean et mourut quatre
jours après sa naissance, et que, grâce à une interpréta-
tion forcée de la loi salique, sa mort, malgré l'opposition
de quelques seigneurs, donna la couronne à Philippe le
Long, frère du feu roi.

En France, tout le monde crut à la mort du petit roi ;
mais à l'étranger, et surtout en Italie, il paraît que le
bruit s'accrédita que ce prince avait vécu et qu'un autre
enfant avait été enterré à sa place.

J.-J. Chifflet, médecin franc-comtois, historiographe
de la Toison d'or et entièrement dévoué à l'Espagne, est
le premier écrivain qui ait parlé avec quelque détail de
ce prince prétendu, appelé Giannino ou Joannino par les
Italiens. Au chapitre X de ses *Lumina salica* (Anvers,
1650, in-folio, p. 278), il donne une vie abrégée de ce
personnage, tirée, suivant lui, des histoires manuscrites
de Thomas Agazzano et de Salomon Piccolomini, ouvrages
manuscrits qu'il prétendait subsister de son temps en
Italie.

Au dernier siècle, Gigli, littérateur italien très-distingué,

---

Austrasiens prétendirent fils de Clotaire III, et qu'ils proclamèrent roi, du
vivant de Thierry III. Collection Guizot, t. II, p. 342.

[1] Et non le 5 juillet, comme le dit à tort le continuateur de Guillaume
de Nangis.

mais qui passa sa vie à mystifier le public [1], fut l'éditeur du *Diario sanèse*, journal de Sienne. Ce journal, qui rapporte à la date de chaque jour les événements arrivés anciennement dans cette ville, mentionne exactement ceux qui regardent Joannino. Il existait même en dialecte siennois, au dire de Gigli, qui se proposait de les publier, des mémoires écrits par le prince lui-même, sur sa vie. L'annonce de leur publication souleva contre Gigli les récriminations d'Apostolo Zeno, qui ne voulut y voir qu'une des plaisanteries habituelles de l'écrivain siennois. Quoi qu'il en soit de l'authenticité de ces mémoires [2], dont quelques extraits parurent après la mort de Gigli, il a été vendu à Paris en 1842 [3] comme faisant partie de la bibliothèque de feu Lamberty, une charte datée du 4 octobre 1354 et donnée par le célèbre tribun Rienzi, qui périt quatre jours plus tard. Cette charte, fort singulière, est relative à Joannino, dont elle résume la vie. Voici l'analyse qui en a été donnée par M. Monmerqué dans un mémoire où l'on désirerait plus de critique et moins de longueurs [4].

« Cette pièce commence par le récit des événements qui ont suivi la mort de Louis le Hutin. Ce prince, en mourant, laisse la reine sa femme enceinte ; on décide que l'administration du royaume appartiendra au comte

---

[1] Voyez CURIOSITÉS LITTÉRAIRES, p. 287.

[2] M. Monmerqué, dans le travail dont nous allons parler, affirme que l'histoire de Joannino existe parmi les manuscrits de la bibliothèque Barberine, mais il ne dit pas sur quoi il fonde cette assertion.

[3] *Catalogue Lamberty*, Paris. Silvestre, 1842, in-8, n° 2052, p. 221.

[4] *Doutes historiques sur le sort du petit roi Jean Ier*. Ce mémoire, qui devait être lu le 9 août 1844, dans une séance publique de l'Académie des Inscriptions, a été imprimé en entier à la suite du compte rendu de cette séance.

de Poitiers, qui sera proclamé roi si la reine accouche d'une fille. Deux barons sont chargés de veiller sur la princesse et sur l'enfant à naître. La reine met au jour un fils auquel elle donne le nom de Jean; il est tenu sur les fonts de baptême par la comtesse d'Artois, belle-mère de Philippe le Long. Celle-ci ne cachait pas son déplaisir de la naissance du fils de Louis le Hutin; cette circonstance privant son gendre de la succession à la couronne, elle exagérait la faiblesse de l'enfant, et répandait le bruit qu'il ne vivrait pas. Cependant, les barons chargés de la garde de la reine et de l'enfant cherchaient de toutes parts une femme noble à laquelle la nourriture du petit roi pût être confiée; on trouva dans un monastère de Paris une jeune dame nommée Marie, fille du seigneur de Carsi, noble chevalier picard. Cette dame venait de donner le jour à un fils, dont le père était un négociant de Toscane, nommé Guccius Miri. Cet étranger, ayant résidé comme otage à Nefol-le-Vieux (*Neauphle*), château voisin de Carsi, avait contracté une étroite liaison avec les frères de la dame Marie; admis familièrement dans cette maison, il n'avait pas tardé à devenir éperdument épris de la jeune dame : celle-ci partagea le sentiment qu'elle avait inspiré, et Guccius mettant une suivante dans ses intérêts, épousa la dame Marie à l'insu de la dame Éliabel, sa mère, et de ses frères. Guccius lui engagea sa foi par le don de l'anneau nuptial, et bientôt la jeune femme devint enceinte. La mère et les deux frères de la dame Marie exigèrent d'elle qu'elle leur fît connaître ce qui s'était passé; elle leur raconta alors avec une grande confusion ce qui était arrivé; la famille exigea de Guccius qu'il sortît du royaume, et la dame Marie fut conduite à Paris, dans un monastère de dames nobles, dont l'abbesse était l'alliée de sa famille. Elle y accoucha d'un fils qu'elle nomma Joannino. Cependant, les barons qui veillaient à la garde de la reine et de son fils, ordonnèrent que, pendant la nuit, la dame Marie, enlevée du monastère avec son enfant, serait amenée chez la reine pour allaiter le fils du roi.

« Il fut déterminé qu'à un jour indiqué le petit roi Jean serait montré aux grands de l'Etat et au peuple, et la comtesse d'Artois supplia la reine de lui accorder l'honneur de le présenter. Les barons, qui avaient de justes motifs de suspecter les intentions de la comtesse, craignirent qu'en tenant l'enfant, cette princesse ne trouvât moyen de lui donner la mort; en conséquence, ils décidèrent que le jour de la cérémonie, le fils de Guccius et de la dame Marie, enveloppé de langes aux insignes royaux, serait montré au peuple comme étant le roi. Ce plan fut adopté, et le fils de Guccius mourut dans la nuit qui suivit la cérémonie. Les uns dirent que la comtesse lui avait donné la mort en le comprimant avec force; d'autres l'accusaient d'avoir déposé du poison sur sa langue. Les deux barons se rendirent auprès de la dame Marie, ils lui firent connaître ce qu'ils avaient cru devoir faire, et lui apprirent que c'était son fils qui était mort, et non celui du roi; mais qu'il fallait, pour sauver la vie de celui-ci, qu'elle dît que le fils du roi avait succombé; ils ajoutèrent qu'elle élèverait son jeune maître comme son propre enfant, jusqu'à ce qu'ils lui fissent connaître le moment où la vérité pourrait être manifestée. La dame Marie se soumit à la volonté des barons, et elle témoigna, par ses cris et son désespoir, la douleur que lui causait la mort du petit roi. Cette nouvelle jeta la cour dans une grande affliction, mais on s'appliqua peu à rechercher

les causes de la mort de l'enfant-roi. Le seigneur Philippe
et la comtesse d'Artois auraient pu seuls ordonner une
instruction, mais ils avaient appelé cet événement de
tous leurs vœux, et ils n'ignoraient pas à qui la mort de
l'enfant devait être imputée. Le fils de Guccius fut inhumé à Saint-Denis, et une statue décora son tombeau. La
dame Marie rentra dans le monastère avec le petit roi,
qui passait pour être son fils, et elle vint ensuite demeurer au château de Carsi avec ses frères. L'enfant avait
atteint l'âge de neuf à dix ans, quand Guccius, de retour
à Paris, l'envoya chercher, témoignant à la dame Marie
le désir de l'avoir auprès de lui pendant quelques jours.
Il lui fut en effet confié ; mais aussitôt Guccius le fit conduire à Sienne, et de ce moment la dame Marie ne l'a
plus revu. Se voyant près de mourir, elle fit appeler près
d'elle le frère Jordan, de l'ordre des ermites de Saint-
Augustin, et lui faisant sa confession générale, elle lui
déclara les faits qui précèdent, et le chargea, quand elle
ne serait plus, de prendre toutes les informations qui
pourraient le mettre sur la voie de retrouver le fils de
Louis le Hutin, alors âgé de vingt-six à vingt-huit ans, et
de faire connaître à ce prince sa naissance et ses droits
au trône. La dame Marie mourut, et fut enterrée au couvent des ermites de Carsi. Le frère Jordan se livra à diverses recherches, sans y mettre cependant beaucoup
d'activité. Il redoutait Philippe de Valois, qui régnait en
France, et il craignait d'attirer des vengeances sur son
ordre. Quelques années s'écoulèrent, et se sentant appesanti par l'âge, le frère Jordan confia cette mission délicate au frère Antoine, religieux du même ordre, auquel
il remit le testament de la dame Marie. C'était au mois de
juillet 1354. Le frère Antoine étant arrivé à Porto-Venere,

y tomba malade, et craignant de ne pouvoir accomplir sa mission, il adressa une lettre au seigneur Nicolas de Rienzi, tribun du peuple romain, dans laquelle tous ces faits étaient relatés.

« Ici commence la partie de la charte qui est émanée de Rienzi.

« Et nous, Nicolas, chevalier du peuple romain, par la
« vertu du saint-siége apostolique, sénateur illustre, syn-
« dic, capitaine et défenseur de la ville sainte, vu la lettre
« ci-dessus reçue par nous, le 6e jour de septembre de
« l'année 1354, après avoir mûrement examiné les faits
« qui y sont rapportés, et en avoir acquis la complète in-
« telligence, y ajoutant foi pleine et entière, nous avons
« reconnu que par l'effet des jugements de Dieu...
« il y a eu pendant longtemps dans le royaume de
« France de grandes guerres et de nombreux fléaux, ce
« que nous croyons avoir été permis de Dieu, en puni-
« tion de la fraude pratiquée envers le fils du roi, par
« l'effet de laquelle ce prince a été banni de son royaume,
« et a vécu longtemps dans l'humiliation et la pauvreté.
« Nous avons apporté tous nos soins à l'œuvre qui nous
« a été confiée, nous faisant informer par les voies les
« plus secrètes et les plus sûres, et nous avons acquis la
« certitude que le prince a été élevé et nourri dans la
« ville de Sienne, sous le nom qui lui avait été donné de
« Janninus de Guccius, et que l'on a cru ainsi qu'il était
« véritablement le fils dudit Guccius. Ce même Janninus
« s'est représenté à nous la 5e férie, le 2e jour d'octobre
« 1354, et avant de lui rien faire connaître du motif qui
« nous a déterminé à l'appeler, nous nous sommes en-
« quis de son âge, de ses conditions, de son nom, de son
« père, enfin de tout ce qui pouvait toucher à l'objet de

« nos recherches, et il nous est apparu que ses récits
« s'accordaient avec le contenu des lettres. Ce qu'ayant
« reconnu, nous lui avons manifesté, avec toute la révé-
« rence qui lui est due, les faits tels qu'ils sont advenus ;
« mais ayant appris qu'une machination s'ourdissait dans
« Rome contre notre autorité, et craignant de mourir
« avant d'avoir commencé l'œuvre du rétablissement de
« ce roi sur son trône, nous avons fait faire cette copie
« de ladite lettre, et la lui avons remise entre les mains,
« le samedi 4e jour d'octobre de l'année 1354, après l'a-
« voir fait sceller de notre sceau, etc. [1]. »

Donnons maintenant, d'après Chifflet et le *Diario sa-
nese*, la suite de l'histoire de Joannino.

Rienzi ayant péri, comme nous l'avons dit, quatre
jours après la signature de cette pièce, Joannino
revint à Sienne, où il vécut en simple particulier jusqu'à ce qu'il eut appris la défaite et la prise du roi
Jean à Poitiers. Il se décida alors à faire connaître sa
naissance. Le conseil de la ville, suivant le *Diario*,
se réunit et décréta qu'il reconnaissait Joannino pour
légitime roi de France, qu'une garde lui serait assi-
gnée ainsi qu'un subside, et que six des principaux citoyens de Sienne, dont le *Diario* donne les noms,
formeraient son conseil. Pourtant, les commerçants de
Sienne, craignant une rupture avec la France, firent révoquer cette détermination et abandonner Joannino. Or,
dans ce passage du *Diario*, la mystification de Gigli nous
paraît évidente, et nous nous étonnons que M. Monmer-

---

[1] Mémoire cité, p. 88 et suivantes. Le savant académicien a commis
un oubli fort singulier. En donnant la traduction de la charte de Rienzi,
il n'a pas songé à dire en quelle langue cette charte est rédigée. Nous
prévenons le lecteur qu'elle est en latin.

qué s'y soit laissé prendre. Comment admettre, en effet,
que le conseil d'une ville d'Italie, dont les relations avec
la France devaient être très-peu importantes, s'avisât tout
à coup, et sur le dire de l'un de ses habitants, de le proclamer roi de France, proclamation que l'on savait bien
devoir être complétement inutile ?

Quoi qu'il en soit, Joannino se rendit alors à Venise,
vécut d'emprunts, suivant l'usage de tous les princes dé-
possédés, fut reconnu par le roi de Hongrie, oncle ma-
ternel du fils de Louis le Hutin, puis il passa en France où
il trouva, dit-on, des partisans parmi les cardinaux d'A-
vignon.

Toutefois, ce qu'il y a de certain, c'est que vers 1359,
un chef de l'une de ces compagnies d'aventure qui dé-
vastaient l'Europe, est mentionné par Mathieu Villani,
sous le nom de Jean della Guglia, comme exerçant des
brigandages en Italie. En outre, on trouve dans le *The-
saurus novus anecdotorum* de Martène[1], une lettre datée
d'Avignon, le seizième des calendes de mars de l'année
1361, et adressée par le pape Innocent VI à Louis de
Tarente, roi de Naples, et à la reine Jeanne, sa femme.

« Dans cette lettre, dit M. Monmerqué, le pape annonce
qu'un certain homme, nommé Jean Gouge, natif de Sienne[2], ayant eu la téméraire audace de se proclamer roi
des Français, s'est mis à la tête d'un grand nombre
d'hommes armés, et a nommé pour son lieutenant général Jean Duvernay, gentilhomme anglais ; que ce dernier,
après s'être emparé du château de Codolecte, situé
près d'Avignon, a été pris par les troupes du roi Jean II,

[1] 1717, in-f°, t. ii, p. 921.
[2] C'est probablement par une faute d'impression que la Biographie
Michaud le fait naître à Sens.

et que, peu de temps après, Jean Gouge a été lui-même
fait prisonnier par Mathias de Gisaldo, sénéchal de Provence. Le pape engage le roi et la reine de Naples, à raison du lien de consanguinité qui les unit au roi de France,
à avoir égard à la demande de ce prince, et à faire, en
conséquence, détenir sous une sûre garde Jean Gouge,
déposé dans les prisons du comté de Provence, de manière que la tranquillité du royaume de France ne puisse
pas être troublée[1]. »

La demande d'Innocent fut, à ce qu'il paraît, couronnée de
succès ; mais, au dire de Chifflet et de Gigli, Jean Gouge qui
n'était autre chose que Joannino, fils supposé de Guccius,
parvint à s'échapper de prison ; il fut repris, envoyé à la
reine de Naples, et mourut peu de mois après prisonnier
dans le château de l'OEuf. Suivant les mêmes auteurs, il
s'était marié successivement avec deux filles de mar-
chands siennois, et sa postérité s'éteignit seulement vers
1530.

Quand même, ce qui n'est pas possible, nous serions
obligé d'admettre que Joannino est véritablement fils de
Louis le Hutin, nous avouons ne pas pouvoir nous associer
aux regrets que cette supposition fait naître dans l'âme
du savant académicien. « Qu'il serait, s'écrie-t-il, pénible
à tout ami de l'ordre, à tout homme attaché au principe
de la monarchie, de penser qu'en 1316 la lignée de
France se serait trouvée violemment interrompue par le
crime d'une princesse, dont un de nos rois aurait été le
complice ? Qui ne reculerait devant ce fait et devant ses
conséquences ? etc. »

Le second exemple d'un prétendant à la couronne de

---

1 Mémoire cité, p. 82.

France est encore moins connu, et a été, à ce que nous croyons, oublié par tous les historiens modernes.

« Le vendredi 8 mars 1596, dit l'Estoile, fut pendu en la place de Grève, à Paris, un nommé la Ramée, jeune homme âgé de vingt-trois à vingt-quatre ans, qui se disait fils naturel du roi Charles IX, et, en cette qualité, avait été à Reims demander l'onction pour être sacré roi ; laquelle la justice du lieu avait trouvé bon de changer à la corde, de laquelle il s'était rendu appelant à Paris. Je le vis à la chapelle : il se disait natif de Paris, mais avoir été nourri secrètement en la maison d'un gentilhomme en Bretagne, à trois lieues de Nantes. Et à voir sa façon, n'y avait que celui qui le jugeât, comme moi, issu de bon lieu : car il avait même quelque chose de majesté écrit au visage. Mais à ses propos paraissait un transport d'esprit qui l'envoya à la mort, lequel en un autre temps eût été châtié d'un confinement en quelque moinerie, qui semblait être assez de peine à ce pauvre fou, n'eût été que les royautés de la ligue, étaient encore toutes fraîches. Ce qui fut cause qu'on vit, ce jour, à Paris, un fils de France à la Grève.

« Quand il fut pris, on lui trouva une écharpe rouge dans sa pochette, sur laquelle le président Riant l'ayant interrogé, dit que c'était pour montrer qu'il était bon et franc catholique et ennemi juré des huguenots, desquels il en tuerait autant qu'il pourrait, et les poursuivrait à feu et à sang. Sur quoi M. le président lui ayant demandé en quelle autorité et de quelle puissance il prétendait faire cette exécution, lui répondit qu'il la ferait comme fils du roi Charles, son père, qui avait commencé la Saint-Barthélemy, laquelle il achèverait, si jamais Dieu lui faisait la grâce de rentrer en possession de son royaume qu'on

lui avait volé; avec plusieurs autres sots propos qu'il
tint, et entre autres, de certaines révélations qu'il avait
eues par un ange, dont il produisit quelques témoins, qui
s'en dédirent et en firent amende honorable.

« Il était chargé, outre tout cela, d'avoir voulu attenter
à la personne du roi, qui était la pire folie de toutes, et
digne du dernier supplice. Quand Sa Majesté eut entendu
cette histoire, elle se prit à rire, et dit qu'il y venait trop
tard, et qu'il fallait se hâter pendant qu'il était à
Dieppe [1]. »

Quant aux nombreux Louis XVII qui ont inondé la
France, au commencement de ce siècle, leur histoire est
généralement trop connue pour que nous nous y arrêtions. On peut voir, sur l'un d'eux, mort en 1845 des
détails curieux, qui ont été donnés dans le journal *l'Illustration*.

L'histoire d'Angleterre présente un assez grand nombre de faux princes.

Édouard Plantagenet, comte de Warvick, neveu d'É-
douard IV et petit-fils du célèbre comte de Warvick, surnommé le *faiseur de rois*, avait été, sous Richard III et
plus tard, sous Henri VII, tenu dans une étroite prison. Il
se trouvait enfermé à la Tour de Londres lorsqu'il naquit
un fils à ce dernier, le 20 septembre 1486. Cette naissance, qui semblait consolider la couronne sur la tête
du roi, poussa ses ennemis à une tentative désespérée.
Ils firent d'abord courir le bruit que le jeune comte de
Warvick avait péri dans la Tour. « Bientôt après, dit Lingard, un certain Richard Simons, prêtre d'Oxford, entièrement inconnu en Irlande, débarqua à Dublin avec

1 *Journal de l'Estoile*, collection Michaud-Poujoulat, t. II, p. 271-272.

un jeune garçon d'environ quinze ans, présenta son pu-
pille au lord député d'Irlande, sous le nom d'Edouard
Plantagenet, ce même comte dont on venait d'annoncer
l'assassinat, et implora la protection de ce seigneur pour
un prince jeune et innocent, qui, en s'échappant de la
Tour, avait évité une destinée semblable à celle de ses
infortunés cousins, les fils d'Edouard IV. Ce garçon (il
était fils de Thomas Simnel, menuisier d'Oxford) avait
bien appris le rôle qu'il devait jouer. Il était beau de
sa personne ; son langage avait quelque chose qui semblait indiquer une noble origine, et il savait raconter
avec une exactitude apparente ses aventures à Sheriff-
Hulton, dans la Tour et durant son évasion. Mais pourquoi on l'avait entraîné à faire le personnage d'un
prince qui vivait encore, et qui, à toute heure, pouvait
lui être confronté, c'est un mystère difficile à découvrir.
Des raisons qui ont été données, la moins improbable
est celle qui suppose que les auteurs du complot avaient
dessein, en cas de réussite, de placer sur le trône le vrai
Warvick ; mais que, sentant à quel danger ils l'expose-
raient, s'ils le proclamaient pendant qu'il était dans la
Tour, ils suscitèrent un faux Warvick, et, par cette supercherie, intéressèrent Richard à conserver le véritable [1]. »

Lambert Simnel, accueilli avec faveur par la popula-
tion irlandaise, fut proclamé, sous le nom d'Edouard VI,
roi d'Angleterre et de France et lord d'Irlande. Au mois
de mars de l'année suivante, le comte de Lincoln, neveu d'Edouard IV et fils de la duchesse de Suffolk, lui
amena, de la part de la duchesse de Bourgogne, un se-

---

[1] *Histoire d'Angleterre*. Traduction de Léon de Wailly, 1845, in-18,
t. II, p. 11.

cours de deux mille vétérans. Ce secours donna une nouvelle importance à la cause du prétendant, qui fut couronné, le 24 mai, par l'évêque de Meath, et débarqua bientôt, avec ses auxiliaires allemands et un corps d'alliés irlandais, au fort de Foudray, à l'extrémité sud de Furness. Pendant ce temps, Henri VII, après avoir conduit publiquement le vrai Warvick de la Tour à Saint-Paul, l'emmena au palais de Shene, où le jeune prince pouvait être vu par toutes les personnes qui venaient habituellement à la cour. Ensuite, il marcha contre les insurgés, qui, l'ayant attaqué à Stoke, le 16 juin, furent complétement défaits, après une action courte, mais sanglante. Simons et son élève furent pris. Le premier, après avoir confessé son imposture, fut jeté dans une prison où il mourut. Quant à Lambert Simnel, Henri VII le fit marmiton de ses cuisines, et, plus tard, en récompense de sa bonne conduite, l'éleva à la charge de fauconnier.

Treize ans plus tard, en mars 1499, quelques mois seulement avant que le malheureux comte de Warvick pérît sur l'échafaud, on fit de nouveau courir le bruit de sa mort; et, bientôt après, Patrick, moine augustin, annonça publiquement, dans un sermon, que le prince s'était sauvé, et présenta à sa place le fils d'un cordonnier, nommé Ralph Wulford, qu'il avait dressé à jouer ce rôle. Tous deux, ayant fait leur apparition dans le comté de Kent, furent arrêtés immédiatement. Le moine fut condamné à un emprisonnement perpétuel; Wulford périt sur l'échafaud.

Mais le plus célèbre des imposteurs qui parurent sous Henri VII est, sans contredit, Perkin Warbeck, dont l'histoire est ainsi racontée par Lingard :

« Vers l'époque où Henri déclara la guerre à la France, un vaisseau marchand, de Lisbonne, jeta l'ancre en Irlande, dans la crique de Cork (le 5 mai 1592). Parmi les passagers, était un jeune homme que personne ne connaissait, d'environ vingt ans, ayant de beaux traits et des manières de cour. Le bruit courut bientôt que c'était Richard, duc d'York, le second fils d'Edouard IV; mais comment il constata sa naissance, ou expliqua son évasion de la Tour, lors de l'assassinat d'Edouard IV, et où il avait vécu pendant les sept dernières années, quoique ces questions aient dû lui être faites, ce sont autant de mystères qui n'ont jamais été éclaircis. Il y répondit, toutefois, de manière à satisfaire la crédulité de ses amis, et comme les colons anglais étaient fortement attachés à la maison d'York, O'Water, le dernier maire de Dublin, décida sans peine les citoyens à se déclarer en faveur du prétendant. On fit même une tentative pour s'assurer l'assistance du comte de Kildare et de son parent, le comte de Desmond, jadis les grands appuis de la Rose blanche. Le premier se prononça en faveur de Perkin; le second, qui venait d'être disgracié par Henri, fit une réponse ambiguë, mais courtoise. L'aventurier n'avait encore aucun motif apparent d'être mécontent de sa réception, lorsqu'il accepta soudain l'invitation que lui firent les ministres de Charles VIII de venir en France, et de se mettre sous la protection de ce monarque. Il fut reçu par le roi comme le vrai duc d'York et l'héritier légitime du trône d'Angleterre. Pour plus de sûreté, on lui donna une garde d'honneur, sous les ordres du seigneur de Concressault; et les exilés et proscrits anglais, au nombre de cent, lui offrirent leurs services par leur agent, sir Georges Neville. Henri fut embarrassé et alarmé ; il se hâta de signer la paix avec le monarque français ; et Charles ordonna aussitôt à l'aventurier de quitter ses États. Cet ordre trahit le but réel de l'appui qu'on avait donné à ses prétentions, et peut-être explique pourquoi Perkin fit son apparition à cette époque particulière.

« Après avoir quitté la France, Perkin sollicita la protection de Marguerite, duchesse douairière de Bourgogne, qui le reçut avec joie, lui donna une garde de trente hallebardiers, et le surnomma « *la rose blanche d'Angleterre.* » La conduite de la duchesse réveilla les alarmes du roi et les espérances de ses ennemis. « Une tante, di-« sait-on, pouvait-elle se tromper sur l'identité de son ne-« veu ? Une princesse si vertueuse voudrait-elle soutenir « un imposteur ? » Henri n'épargna ni peine ni dépense pour éclaircir ce mystère. Ses agents furent répandus dans les villes et dans les villages de Flandre ; et on promit de fortes récompenses pour la plus légère information. Les yorkistes étaient également actifs ; leur agent secret, sir Robert Clifford, fut admis à voir « la rose blanche, » et à entendre, de la bouche du prétendant et de celle de sa tante, l'histoire de ses aventures. Il assura à ses commettants d'Angleterre que le droit du nouveau duc d'York était incontestable ; tandis que les émissaires du roi rapportaient que son nom réel était Perkin Warbeck ; qu'il était né de parents respectables, dans la ville de Tournay ; qu'il avait fréquenté la société des négociants anglais, en Flandre, et que, peu de temps auparavant, il avait fait voile de Middleburg pour Lisbonne, au service de lady Brompton, femme d'un des proscrits [1]. »

---

[1] *Histoire d'Angleterre.* Traduction de Léon de Wailly, 1843, in-18, t. II, p. 28.

Suivant quelques historiens, Perkin était fils naturel
d'Edouard IV, ce qui explique très-bien son extrême ressemblance avec ce prince; suivant Sismondi, c'était un
fils naturel de la duchesse de Bourgogne, et cette supposi
tion explique encore l'appui que lui donna cette princesse
Durant trois ans, le prétendant resta en Flandre, sans s'oc
cuper de faire valoir ses droits par les armes ou autrement.
Enfin, voyant que ses protecteurs commençaient à se
lasser, il partit des côtes de Flandre, avec une centaine
d'aventuriers, et débarqua, le 5 juillet, à Deal, dans le
comté de Kent; mais il fut aussitôt assailli par les habitants, qui le forcèrent de reprendre la mer, après lui
avoir fait cent soixante-neuf prisonniers, que Henri fit
tous pendre. Warbeck, désespéré, retourna en Flandre,
ne tarda pas à faire voile pour l'Irlande, où il ne put
trouver de partisans. De là, il passa en Ecosse, et présenta, dit-on, au roi des lettres de recommandation de
Charles VIII et de la duchesse de Bourgogne. Jacques
l'accueillit avec bienveillance; et, plus tard, de l'avis de
son conseil, il lui rendit les honneurs dus au prince
dont il portait le nom, et lui donna en mariage sa proche
parente, lady Catherine Gordon, fille du comte de Hun-
tley; puis, au commencement de l'année 1497, il entra,
avec un corps d'armée considérable, en Angleterre, appelant les vrais Anglais à s'armer pour la cause du prétendant, et promettant de magnifiques récompenses à
quiconque lui livrerait Henri VII. Ses proclamations
n'eurent aucun effet; et les Ecossais, après avoir pillé le
pays, s'en retournèrent chez eux, chargés de butin.

Une nouvelle invasion, qui n'eut pas plus de succès, décida Warbeck à quitter l'Europe. Accompagné de quatre
vaisseaux et de cent vingt compagnons, il fit encore une

tentative en Irlande, puis se dirigea vers le comté de Cornouailles où six mille hommes se joignirent à lui. Il attaqua la ville d'Exeter, fut repoussé et n'osant attendre l'approche de l'armée royale s'enfuit avec une escorte de soixante hommes, et atteignit l'abbaye de Beaulieu, dans le Hampshire.

« Enfermé dans cet asile sacré, dit Lingard, le fugitif eut le temps de réfléchir sur sa triste position. Il voyait l'abbaye constamment entourée d'une garde. Des promesses réitérées de pardon l'invitaient à la quitter ; et après une lutte violente, il résolut de se mettre à la merci du vainqueur. Le roi ne viola point sa parole ; mais il refusa de l'admettre en sa présence. Quand il revint à Londres, Warbeck était à cheval, dans sa suite, environné de la foule, qui contemplait, émerveillée, l'homme dont la prétention et les aventures occupaient, depuis si longtemps, l'attention (27 novembre). Il fut conduit en spectacle dans les principales rues de la Cité, eut ordre de ne point dépasser l'enceinte du palais, et fut interrogé, à plusieurs reprises, par une commission, sur sa parenté, ses instigateurs et ses complices. Quelles que soient les révélations qu'il fit, on les tint secrètes ; mais il se lassa d'être enfermé dans le palais, et, au bout de six mois, il réussit à tromper la vigilance de ses gardiens (8 juin 1498). A l'instant, l'alarme fut donnée ; des patrouilles surveillèrent toutes les routes qui menaient à la côte ; et le fugitif, désespérant d'échapper, se rendit au prieur du monastère de Shene. Le moine l'encouragea de l'espoir du pardon, et, par ses sollicitations, arracha du roi la promesse d'épargner la vie du suppliant. Mais il fut forcé de rester un jour dans les ceps, à Westminster-Halle, et, le suivant, à Chéapside

(14 et 15 juin), et, chaque fois, de lire au peuple une confession qu'il avait signée de sa main propre. Dans ce document, vide et peu satisfaisant, il reconnaissait être natif de Tournay, et fils de Jean Osbeck et de Catherine di Faro ; donnait les noms et professions de ses parents et des personnes avec lesquelles il avait vécu à Anvers, Middlebourg et Lisbonne ; y exposait qu'à son arrivée à Cork, il avait été pris d'abord pour Simnel, qui avait joué le rôle du comte de Warvick ; puis pour un fils illégitime de Richard III, et enfin, pour le duc d'York, second fils d'Edouard IV ; que Charles VIII l'avait invité à venir en France ; que, de France, il avait été en Irlande, d'Irlande en Ecosse, et après, en Angleterre. Il était clair que cette confession se composait des révélations qu'il avait précédemment faites. Elle décrit minutieusement sa parenté et ses occupations primitives, point que Henri voulait fixer dans l'esprit du peuple ; mais elle passe sous silence les sujets qu'il aurait pu être fâcheux ou impolitique de révéler, ses négociations avec les princes étrangers, et les assurances d'appui qu'il avait reçues des nationaux. Après avoir subi sa peine, il fut incarcéré à la Tour [1]. » Là, il devint le compagnon et l'ami du véritable comte de Warvick ; et, l'année suivante, à la suite d'un complot qu'il avait ourdi avec ce malheureux prince, ils furent tous deux condamnés à mort et exécutés. On prétend que, au moment du supplice, il affirma, sur la parole d'un mourant, la vérité de tous les détails de sa confession, qui avait été rendue publique.

Lorsque le duc de Monmouth, fils naturel de Charles II, eut été décapité sous Jacques II, en 1685, comme

[1] *Histoire d'Angleterre.* Traduction de Léon de Wailly, 1845, in-18, t. III, p. 41.

coupable de rébellion (voy. plus haut, p. 110), on fit
courir le bruit qu'il avait été sauvé, et qu'un criminel
avait été exécuté à sa place. C'était, pour nous servir
de l'expression de Bayle, une graine que l'on semait
alors pour en recueillir le fruit plus tard. En effet, voici
ce que raconte un journal de l'année 1698.

« Il a paru en Angleterre, depuis peu, un prétendu duc
de Monmouth, qui a trouvé le secret de faire croire à
bien des gens qu'il était effectivement ce qu'il se disait
être. C'est dans la province de Sussex qu'il a paru, et il
a ramassé beaucoup d'argent de ceux qui le croyaient
être le fils naturel du feu roi Charles II, que le roi Jacques fit décapiter. On publiait que ce dernier prince,
voulant sauver le duc de Monmouth et contenter en
même temps les prêtres, avait fait décapiter en sa place
un criminel qui était dans les prisons et lui avait donné
la vie et la liberté. Il disait du roi d'à présent (Guillaume III), qu'il nommait le prince d'Orange, que c'était
son député, et que quand il aurait rétabli toutes choses,
il lui remettrait la couronne.

« Cette fable, toute grossière et mal fagotée qu'elle
était, a trouvé des partisans. On s'empressait d'aller voir
ce duc de Monmouth de nouvelle fabrique ; et celui qui
pouvait avoir l'honneur de lui baiser la main s'estimait
bien heureux. On le traitait d'Altesse ; c'était à qui lui
ferait des présents, et il en reçut pour plus de cinq cents
livres sterling. Enfin les juges de paix de cette province
se sont assurés de sa personne. Dans les interroga-
toires qu'il a subis, il a d'abord avoué qu'il était fils
d'un cabaretier de Leicester ; qu'il ne lui était jamais
venu en pensée de se dire le duc de Monmouth ; mais
qu'il n'avait pu empêcher que le peuple ne le prît pour

tel, n'étant pas gagé pour le guérir de sa folie. On voulut
entendre quelques-uns de ses partisans, mais il les avait
si bien su gagner, ou ils étaient encore si prévenus,
qu'il n'y en a eu aucun qui ait voulu témoigner contre
lui. Les juges ont été obligés, à cause de cela, de le
renvoyer absous, à cette condition néanmoins qu'il donnerait caution de sa bonne conduite à l'avenir. N'allez
pas penser qu'il n'en ait point trouvé ; je ne sais combien
de ses partisans se sont offerts de l'être, et n'a pas eu
cet honneur qui a voulu. Ils se sont allés imaginer, pour
ne pas se détromper, que tout ce que Son Altesse avait
dit devant ses juges n'était que pour le tirer de leurs
mains, et qu'il n'en était pas moins véritablement le duc
de Monmouth. Il a été traité royalement dans sa prison.
Ses partisans donnaient plus d'argent au geôlier qu'il
n'en voulait. Jugez après cela de la crédulité des peuples [1]. » Depuis cette époque, il n'en a plus été question.

Dom Sébastien, roi de Portugal, ayant, en 1578, fait
une expédition en Afrique, fut complétement défait par
les Maures à la bataille d'Alcazar-Quivir, et, suivant l'o-
pinion commune, il y périt. Le cardinal Henri lui succéda
et mourut deux ans après. Alors, au moyen d'intrigues
de tout genre, le roi d'Espagne Philippe II parvint à se
faire proclamer à Lisbonne. « Il avait des droits incontestables, puisqu'il était fils d'Isabelle, sœur de Jean II;
mais ces droits lui furent toutefois contestés par deux
imposteurs qui parurent dans la même année (1585).
L'un était fils d'un potier ou fabricant de tuiles du village d'Alrasova ; l'autre était né dans l'île de Tercère
d'un tailleur de pierres, nommé Alvarez. Ces deux pré-

---

[1] *Lettres historiques contenant ce qui se passe de plus important en
Europe.* In-12, octobre 1698, t. XXI, p. 457.

tendants, pour s'accommoder probablement à la fable qui faisait vivre Sébastien dans la pénitence au fond d'un désert, parurent l'un et l'autre en habit d'hermite. Le premier était accompagné d'un intrigant qui se donnait pour évêque, et il recommandait le *roi Sébastien* à la charité de ses sujets. Quelques paysans séduits firent des aumônes ; mais pour arracher une couronne au puissant Philippe II, il fallait plus que les secours de quelques paysans. Ce faux Sébastien et son complice furent arrêtés et conduits à Lisbonne. Celui-ci fut pendu ; le *roi* fut envoyé aux galères.

« Ce triste résultat ne découragea nullement Alvarez ; mais il s'y prit d'une autre manière ; comme il ressemblait, dit-on, au vrai Sébastien, et qu'il avait les cheveux blonds comme ce prince, bien des gens s'y trompèrent ; mais à ceux qui voulaient le traiter comme roi, il disait, avec un ton de bonhomie qui les confirmait davantage dans leur opinion, qu'il n'était que le fils d'un pauvre tailleur de pierres, et qu'on se méprenait. Comme, au surplus, il menait une vie en apparence très-austère, on crut qu'il ne refusait que par humilité de se laisser reconnaître. Lorsqu'il vit ce bruit bien accrédité, Alvarez usa d'un nouveau stratagème ; il se levait souvent à minuit, et là, dans des prières ferventes qu'il adressait au ciel, et qu'il avait soin de faire à haute voix pour qu'on les entendît, il s'écriait : « O mon Dieu! faites que je puisse « me découvrir à mes sujets, et recouvrer le royaume de « mes pères. » Ce grossier artifice réussit à Alvarez, et peu de temps après, son secret fut su de tout le monde ; de sorte que chacun accourait en versant des larmes de joie auprès du roi dom Sébastien. Il avait ramassé un millier d'enthousiastes. L'archiduc Albert, vice-roi de Portugal, envoya contre lui un corps de troupes ; celles de l'imposteur se dispersèrent au premier choc. Arrêté dans sa fuite, Alvarez fut conduit à Lisbonne, jugé, condamné et exécuté.

« Douze ou treize ans s'écoulèrent sans qu'il fût plus question de Sébastien. Au bout de ce temps (1598) il en parut un troisième à Venise, et l'identité de celui-ci n'a jamais été ni bien reconnue, ni contestée avec un plein succès. Tous les Portugais qui se trouvaient dans cette ville, et qui avaient connu Sébastien, prétendirent le retrouver dans cet inconnu. Conduit devant les juges nommés pour informer, il soutint qu'il était Sébastien ; le son de la voix, la taille, les traits du visage, étaient tout à fait les mêmes. Il dit que les Maures, qui l'avaient fait prisonnier, ne l'avaient pas reconnu.

« Il fit voir sur son corps certains signes qu'on avait remarqués sur celui de Sébastien ; il parla aux membres du sénat de certaines particularités dont le sénat lui avait autrefois fait parler en secret par ses ambassadeurs. Ses réponses furent si précises, que les juges le remirent en liberté ; mais l'ambassadeur de Philippe exigea qu'on l'expulsât de Venise. Arrêté à Florence, il fut conduit à Naples, où on l'exposa aux insultes de la populace ; puis on lui rasa les cheveux et on le mit aux galères. Philippe le craignait encore : il le fit conduire en Espagne et jeter dans une prison où il mourut, dit-on, empoisonné. Plusieurs historiens, et notamment Herrera, dans son Histoire générale d'Espagne, conviennent que les Portugais s'obstinaient à regarder le proscrit comme le vrai Sébastien [1]. »

[1] *Histoire de Portugal*, par N.-H. Schœfer, traduit de l'allemand par M.-H. Soulange-Bodin, 1845, in-8, p. 620 et suiv.

La célèbre Marguerite, reine de Danemark, de Suède et de Norwége, ayant, en 1387, perdu son fils Olaüs, et dans le but de s'emparer de la Norwége, caché quelque temps cette mort, le bruit se répandit que le prince vivait encore et avait été seulement relégué par sa mère dans quelque pays éloigné. Aussi on vit, en 1399, paraître un aventurier qui se donna pour le fils de Marguerite, rassembla quelques partisans, mais ne tarda pas à être arrêté. Il avoua, dit-on, son imposture, et fut condamné à être brûlé vif.

Gustave Wasa, après avoir chassé du trône de Suède, en 1522, le roi de Danemark Christiern, avait fait venir à sa cour Nils Sture, fils de Sténon Sture, administrateur de Suède, mort en 1519 des suites d'une blessure reçue dans une bataille contre les troupes danoises; mais, mécontent de lui, il le renvoya en 1527, et Nils mourut la même année à Upsal. « Six mois après la mort de ce jeune homme, un imposteur se présenta sous son nom dans les provinces les plus éloignées du royaume. Il s'était échappé, disait-il, des mains du roi impie et hérétique, qui ne pouvait souffrir dans sa cour le véritable héritier de la couronne, qui portait la main à son épée chaque fois qu'il le voyait, et qui en voulait évidemment à sa vie. Le faux Sture était un jeune paysan de la paroisse de Bjorksta, dans le Vestmanland, fils naturel de la femme d'un pauvre laboureur, et plus âgé que celui dont il empruntait le nom ; sa figure était belle, il ne manquait ni d'astuce ni d'éloquence. Il avait quelque expérience du monde, ayant servi à la cour plusieurs seigneurs. Pierre Grime, ancien courtisan au service de Sténon Sture le jeune, lui avait appris son rôle; de nombreux partisans s'attachèrent à lui dans la haute Dalécarlie, où le nom des

Sture était aimé et respecté ; l'archevêque de Drontheim
embrassa sa cause. Fiancé en Norwége avec une femme
de grande naissance, il s'entoura d'une cour et d'une garde
(un moine, Olof, était son chancelier), prit le titre de seigneur ou roi de Dalécarlie, et fit frapper des monnaies à
son effigie [1]. » Malheureusement pour lui, Christine Gyl-
lentsjerna, veuve de Sténon Sture et mère du véritable
Nils, ne voulut pas le reconnaître pour son fils. Ce désa-
veu porta un coup mortel à la cause du prétendant, qui,
perdant tous les jours des partisans, se réfugia d'abord
en Norwége, où il fut bien accueilli par les Dalécarliens,
révoltés contre le roi. Il se rendit ensuite en Allemagne ;
mais il fut arrêté à Rostock, et condamné à mort, non à
cause de son imposture, mais comme coupable d'un vol
qu'il avait commis avant de commencer à jouer son rôle
politique. Une lettre de Canut Nilsson, secrétaire de
Christian, datée de Schwerin, le 20 novembre 1528, lui
annonça le sort du faux Sture, qui était en chemin pour
l'aller rejoindre.

Plusieurs années après la mort de Charles XII, tué devant Fredericshall, en 1718 (voy. p. 105), un orfèvre
finlandais, nommé Benjamin Dyster, essaya de se faire
passer pour ce prince, à Upsal. Son rôle, à vrai dire, était
fort difficile à jouer. Arrêté et envoyé en prison à Stockholm, il adressa, en 1725, une proclamation aux Dalécarliens pour implorer leur secours. On le mit alors en
jugement, et on prononça contre lui la peine de mort ;
mais on lui fit grâce de la vie. Il fut seulement condamné
à subir la peine du carcan dans trois endroits différents,

---

[1] *Histoire de Suède*, par Geyer, traduite par J. de Lundblad, 1839,
in-8, p. 151 et 156.

tenant sa proclamation à la main, et à être détenu le reste
de ses jours. Il mourut en prison à Danviken.

Le czar Fédor Iwanowitch, étant monté sur le trône de
Russie en 1584, son beau-frère, Boritz Godonof, n'avait pas
tardé à s'emparer entièrement du pouvoir, et à se débarrasser, par l'exil et les supplices, de tous les conseillers
du monarque. Celui-ci étant mort sans héritier, en 1598,
Boritz sut, par ses intrigues, se faire nommer à sa place.
Quelque temps auparavant, il avait fait périr, de la manière suivante, un frère du czar, le jeune Dmitri ou Démétrius, auquel la couronne devait revenir. Voici comment
de Thou raconte cet assassinat et ses conséquences.

« Boritz avait remarqué, dit-il, que, quand l'on
sonnait la grosse cloche (ce qui était un signe pour avertir le peuple des incendies, qui sont ordinaires dans les
villes de ce pays-là, dont les maisons sont en bois), il
avait, dis-je, remarqué que ce jeune prince, au bruit que
faisait le peuple en courant éteindre le feu, avait coutume
de sortir de son appartement, et il jugea qu'il lui serait
très-facile de le faire tuer au milieu de la foule par des
gens apostés. Après avoir ainsi pris ses mesures, il fit
poignarder ce prince, lorsqu'il descendait l'escalier de
son appartement.

« Ceux qui étaient alors en Moscovie, et qui ont fait
des révélations de cet événement, assurent positivement
que le véritable Démétrius périt dans cette occasion.
Mais d'autres, pour donner de la vraisemblance à ce qui
arriva dans la suite, racontent la chose autrement ; ils
disent que la mère de Démétrius, avertie par quelques-
uns de ses amis du détestable projet de Boritz, garantit son
fils du péril, en supposant à sa place un jeune homme de
même âge, et ayant les mêmes traits ; que ce jeune homme

fut égorgé, dans le lit du prince, par des assassins, et non
sur l'escalier; que l'on pourvut à la sûreté de Démétrius;
que le cadavre supposé, mis immédiatement dans une
bière, de peur qu'il ne fût reconnu, fut inhumé, sans aucune pompe, par un seigneur allemand, grand maréchal
de la cour, et qu'on fit aussitôt courir le bruit que Démétrius était mort de la peste.

« Quoi qu'il en soit, il parut, quelques années après,
sur les frontières de Pologne et de Moscovie, un jeune
homme qui avait un bras plus court que l'autre et une
verrue sur le visage, deux signes particuliers à Démétrius. Au reste, il était libéral, spirituel et affable; et ses
manières portaient à croire qu'il était de sang royal. Il
s'adressa d'abord aux pères jésuites, qui avaient beaucoup de crédit en Pologne; et il leur fit espérer que, si
par leur moyen il pouvait remonter sur le trône de ses
pères, son premier soin serait de rétablir le catholicisme
en Moscovie, et de ramener cet empire à l'obéissance
de l'Église romaine. On tint d'abord la chose fort secrète,
et on en donna avis au pape, afin qu'il favorisât, soit
par lui-même, soit par une recommandation auprès du
roi de Pologne et des seigneurs du royaume, une affaire qui paraissait être avantageuse à la religion et au
saint-siége. Les jésuites introduisirent ensuite le jeune
homme chez Georges Miecinsky, palatin de Sandomir,
seigneur très-puissant dans le royaume. Le prétendu Démétrius fit avec le palatin un traité secret, portant que
s'il venait à bout de ses desseins, il épouserait la seconde
de ses filles, sur laquelle il avait déjà jeté les yeux.

« Ce prétendu Démétrius, après avoir été moine [1],

---

[1] Suivant les uns il s'appelait Griska (Grégoire) Trepija, suivant les
autres, Grisky Strepy ou Streriof ou Otrepief.

avait jeté le froc, et était resté longtemps caché dans la Livonie, où il avait appris à écrire et à parler la langue latine avec facilité. Il écrivit, de sa main, une lettre assez élégante à Clément VIII, qui occupait pour lors le siége pontifical, et fut admis à l'audience de Sigismond, roi de Pologne, par le palatin de Sandomir et par Wisnowski, son gendre.

« Démétrius, aidé de la faveur du roi, de l'argent du palatin et des intrigues des jésuites, leva une armée de dix mille hommes dans la Pologne, se mit en campagne avec une artillerie assez considérable, fit alliance avec les Cosaques, peuples toujours avides de guerre et de pillage, et en entraîna dix mille avec lui [1].

A la tête de ses troupes, Démétrius passa alors le Borysthène, et s'empara de quelques villes russes. Battu d'abord par Boritz, qui avait marché contre lui à la tête d'une nombreuse armée, il le défit ensuite complétement au mois de mars 1605. Cette victoire, suivie de la mort de Boritz, qui fut frappé d'apoplexie au mois d'avril, ouvrit à Démétrius les portes de Moscou. Il fit son entrée dans cette ville le 20 juin de la même année.

« Afin de mieux établir son droit à la couronne, il envoya chercher la mère du véritable Démétrius, qui, après la mort de son fils, s'était retirée dans un petit couvent éloigné de la cour. Il lui envoya une nombreuse escorte, et vint lui-même à sa rencontre. Dès qu'il l'aperçut, il descendit de cheval, et alla à pied au-devant d'elle. Lorsqu'il fut auprès d'elle, il l'embrassa en pleurant, et suivit son char jusqu'au palais, à pied et tête nue.

« Pendant leur entrevue, on remarqua que la mère du

---

[1] *Histoire universelle*, l. cxxxv, traduction française, 1734, in-4, t. xiv, p. 451 et suiv.

vrai Démétrius, soit feinte, soit sincérité, répondit avec
affection à ces marques de respect. On attribue cette
conduite à ce qu'étant tirée d'une triste solitude, elle ne
pouvait s'empêcher de marquer de la joie de l'élévation
de Démétrius, qui était cause de ce changement [1]. »

Peu de jours après cette cérémonie, elle se rendit avec
ses femmes dans un monastère, qui était le lieu de retraite ordinaire des filles et des veuves de condition.

Tout semblait ainsi réussir à souhait à Démétrius. Malheureusement la partialité qu'il montra pour les étrangers,
et en particulier pour les Polonais [2], ennemis mor-
tels des Moscovites, excitèrent le mécontentement du
peuple et de la noblesse, qui prirent les armes dans la
nuit du 17 mai, massacrèrent les étrangers et atta-
quèrent le palais impérial. Démétrius, éveillé par le
bruit, saisit son sabre, et se jeta par la fenêtre de sa
chambre. Il se démit la cuisse en tombant, fut pris et
conduit dans une salle de son palais. Là un boyard
l'ayant appelé imposteur, il lui fendit immédiatement
la tête d'un coup de sabre, et lui-même périt massacré peu de temps après ; mais les historiens ne sont
nullement d'accord sur les circonstances qui accompagnèrent sa mort. « Son corps, dit de Thou, fut traité in-
dignement ; on le mutila ; et, après avoir attaché une
corde à ses parties naturelles, on le traîna au milieu des

---

1 *Ibid.*, *ibid.*, p. 463.

2 Parmi les étrangers qu'il avait à sa solde, se trouvait un capitaine
français, Jacques Margeret, qui commandait une compagnie de cent soldats de son pays. Heureusement pour lui, le jour où éclata l'insurrection,
il se trouvait malade, et échappa ainsi au massacre. Revenu en France
après la mort de Démétrius, il publia la première relation qui ait été écrite
en français sur la Russie. Elle est pleine d'intérêt, et a pour titre : *État
présent de l'empire de Russie*, Paris, 1607, in-8.

boues jusque dans la place publique, où , tout couvert d'ordure et de sang, il demeura quatre jours exposé sur une table, sous laquelle était le cadavre de Busmani, qui, jusqu'à la fin, avait été constamment attaché à Démétrius. Pour augmenter encore l'ignominie de ce malheureux prince, ils mirent sur son ventre une représentation obscène, d'une grandeur énorme , qu'ils avaient, disaient-ils, trouvée dans l'appartement de ses concubines. Ils lui mirent aussi dans la bouche une espèce de cornemuse dont jouent les paysans polonais, avec un denier pour son salaire, ou, comme d'autres l'interprétaient, pour payer son passage aux enfers.

« Il arriva en ce temps-là une gelée extraordinaire qui brûla toutes les moissons. Le peuple, s'imaginant que c'était un effet de la colère de Dieu, courut exhumer le cadavre de Démétrius, qui avait été enterré dans un champ hors de la ville ; et par un jugement qu'on rendit à ce sujet, il fut brûlé publiquement, et ses cendres jetées au vent. Il est encore incertain s'il était le vrai Démétrius, ou si c'était un imposteur ; mais il est certain que la fortune qui l'avait d'abord favorisé, et qui avait paru ressusciter en lui le vrai Démétrius, longtemps après que celui-ci passait pour avoir été tué, voulut encore le ressusciter une deuxième fois, quoique tout le monde eût vu son cadavre, et que personne ne pût douter qu'il n'eût été massacré. On fit donc courir le bruit que ce n'était point lui qui avait été tué dans le palais, qu'on s'était mépris, et que ce Démétrius s'était sauvé avec un petit nombre de personnes. Ce qui fit d'abord ajouter foi à ce bruit, c'est que dans le temps du massacre, on trouva quatorze chevaux qui manquaient dans les écuries du czar. On prétendit qu'il s'était servi de ces chevaux pour se sauver avec les gens de sa suite. Ceux qui voulaient entretenir les troubles dans la Russie, et qui voyaient avec chagrin que Zehuiski, l'un des principaux conjurés, eut succédé à Démétrius, profitèrent de ce bruit, se liguèrent avec les Cosaques, et, ayant mis à leur tête un prétendu Démétrius, qu'on ne vit jamais depuis, ils firent une guerre cruelle à Zehuiski. Cependant cette nouvelle imposture contribua à décréditer la première [1]. »

On connaît la catastrophe qui, en précipitant Pierre III du trône de Russie (en 1762), y fit monter sa femme Catherine II, dont le premier soin fut de se défaire de son époux. Onze ans plus tard, on vit apparaître, dans la Petite-Russie, un homme nommé Pugatschef, qui, profitant d'une ressemblance frappante avec Pierre, voulut se faire passer pour ce prince. Il sut, au moyen de cette imposture, rassembler autour de lui des troupes avec lesquelles il s'empara de plusieurs forteresses dans le gouvernement d'Orenbourg. Ses succès furent si rapides, qu'il aurait pu arriver jusqu'à Moscou, où un parti puissant l'attendait avec impatience ; mais son indécision le perdit. Le comte Panin eut le temps de rassembler des troupes et de marcher contre lui ; il mit à prix la tête de l'imposteur, qui, livré par les siens, fut conduit à Moscou, et y périt dans les supplices, le 10 janvier 1775. On a sur cette insurrection des détails circonstanciés donnés par Catherine elle-même à Voltaire, qui les lui avait demandés. Voici quelques passages de ses lettres à l'habitant de Ferney.

« Volontiers, monsieur, je satisferai votre curiosité sur le compte de Pugatschef. Ça me sera d'autant plus aisé,

[1] *Ibid., ibid.*, p. 502.

qu'il y a un mois qu'il est pris, ou, pour parler plus exactement, qu'il a été lié et garrotté par ses propres gens dans la plaine inhabitée entre le Volga et le Jaïck, où il avait été chassé par les troupes envoyées contre eux de toutes parts. Privés de nourriture et de moyens pour se ravitailler, ses compagnons, excédés d'ailleurs des cruautés qu'il commettait, et espérant obtenir leur pardon, le livrèrent au commandant de la forteresse de Jaïck, qui l'envoya à Sinbirsk, au général comte Panin. Il est présentement en chemin pour être conduit à Moscou. Amené devant le comte Panin, il avoua naïvement, dans son premier interrogatoire, qu'il était Cosaque du Don, nomma l'endroit de sa naissance, dit qu'il était marié à la fille d'un Cosaque du Don, qu'il avait trois enfants, que, dans ces troubles, il avait épousé une autre femme, que ses frères et ses neveux servaient dans la première armée, que lui-même avait servi les deux premières campagnes contre la Porte, etc., etc.

« Comme le général Panin a beaucoup de Cosaques du Don avec lui, et que les troupes de cette nation n'ont jamais mordu à l'hameçon de ce brigand, tout ceci fut bientôt vérifié par les compatriotes de Pugatschef. Il ne sait ni lire ni écrire, mais c'est un homme extrêmement hardi et déterminé. Jusqu'ici il n'y a pas la moindre trace qu'il ait été l'instrument de quelque puissance, ni qu'il ait suivi l'inspiration de qui que ce soit. Il est à supposer que M. Pugatschef est maître brigand et non valet d'âme qui vive.

« Je crois qu'après Tamerlan, il n'y en a guère en qui aient plus détruit l'espèce humaine [1]. D'abord, il faisait

---

[1] Ce que Catherine dit de la cruauté de Pugatschef n'a rien d'exagéré. Le savant astronome allemand Lowitz s'occupait de travaux scien-

pendre, sans rémission ni autre forme de procès, toutes les races nobles, hommes, femmes et enfants, tous les officiers, tous les soldats qu'il pouvait attraper. Nul endroit où il a passé n'a été épargné : il pillait et saccageait ceux même qui, pour éviter ces cruautés, cherchaient à se le rendre favorable par une bonne réception : personne n'était devant lui à l'abri du pillage, de la violence et du meurtre.

« Mais ce qui montre bien jusqu'où l'homme se flatte, c'est qu'il ose concevoir quelque espérance. Il s'imagine qu'à cause de son courage, je pourrais lui faire grâce, et qu'il ferait oublier ses crimes passés par ses services futurs. S'il n'avait offensé que moi, son raisonnement pourrait être juste, et je lui pardonnerais, mais cette cause est celle de l'empire qui a des lois »

L'impératrice ajoute dans une autre lettre :

« Le marquis de Pugatschef, dont vous me parlez encore dans votre lettre du 16 décembre, a vécu en scélérat, et va finir en lâche ! Il a paru si timide et si faible dans sa prison, qu'on a été obligé de le préparer à sa sentence avec précaution, crainte qu'il ne mourût de peur sur-le-champ [1]. »

Il y eut des monnaies gravées à l'effigie de Pugatschef. Elles portaient ces mots : *Petrus III redivivus et ultor.*

Pugatschef ne fut pas le seul qui chercha à se faire passer pour Pierre III. En 1773, le célèbre aventurier et

---

tifiques dans Dmitrefsk, en 1774, lorsque cette ville fut livrée au rebelle. Celui-ci, après avoir fait élever sur des piques le malheureux astronome, afin, disait-il, qu'il fût plus près des étoiles, finit, pour la même raison, par le faire empaler le 24 août de la même année.

[1] *OEuvres de Voltaire,* édition de Desœr, 1819, t. XII, p. 845, 846, 848.

escroc Stefano Zannowich, originaire d'un bourg de l'Albanie vénitienne, s'étant rendu chez les Monténégrins, se donna à eux pour le mari de Catherine II ; mais ayant trouvé ces peuples peu disposés en sa faveur, il se retira en Pologne, et publia lui-même, en 1784, le récit de cette tentative sous le titre de : *Le fameux Pierre III, empereur de Russie, ou Sticpan-Mali, qui parut dans le duché de Montenegro.*

Le mauvais succès de cette entreprise ne dégoûta pas Zannowich de se faire passer pour prince. Pendant son séjour en Pologne, il fit accroire à quelques seigneurs qu'il était le prince d'Albanie, Castrioto, descendant de Scanderberg, et parvint ainsi à leur extorquer des sommes considérables. Il finit, après de nombreuses aventures, par être jeté à Amsterdam dans une prison, où il s'ouvrit les veines avec un morceau de verre, le 25 mai 1786 [1].

On rencontre dans l'histoire de France, au dix-septième siècle, un certain nombre de personnages dont la vie a été entourée d'un mystère profond, et sur lesquels on ne peut encore aujourd'hui émettre que des conjectures plus ou moins probables. Nous allons nous en occuper successivement, et avec détails, car nous croyons qu'un pareil sujet ne peut manquer d'offrir quelque intérêt au lecteur.

Antoine de Bourbon, comte de Moret, fils naturel de Henri IV et de Jacqueline de Beuil, comtesse de Bourbon-Moret, était né en 1607. Dès sa jeunesse, il s'attacha au parti du duc d'Orléans, et fut mêlé à toutes les intrigues dirigées contre Richelieu. Il se trouvait avec ce prince

---

[1] Il a publié *le grand Castrioto d'Albanie*, histoire, Paris, 1779, in-8.

et le duc de Montmorency au célèbre combat de Castelnaudary, livré le 1er septembre 1631. On sait que Montmorency y fut blessé et pris.

L'historiographe Dupleix, qui, un mois après, alla visiter le lieu où s'était donné le combat, et s'instruire de
toutes les circonstances, rapporte que « le comte de Moret, qui donna du côté d'un chemin creux, avec peu
d'autres, reçut une mousquetade, de laquelle il mourut
trois heures après, ayant été porté hors de la presse dans le
carrosse de Monsieur, qui témoigna un regret extrême
de sa perte [1]. »

Parmi les nombreux auteurs contemporains qui ont
parlé du combat de Castelnaudary, il en est deux seulement qui ne se prononcent pas d'une manière aussi affir-
mative sur la mort du comte de Moret dans cette action.
« Le frère du roi, dit le comte de Brienne dans ses *Mémoires*, étonné du combat qu'il avait perdu, et dans lequel *on disait* que le comte de Moret avait été tué, etc. [2]. »

Une histoire du duc de Montmorency, citée par Griffet
(*Histoire de Louis XIII*, in-4°, t. 2 pag. 502), rapporte
que l'abbesse de Prouille perdit son abbaye pour avoir
donné un asile au comte de Moret. Or, comme le fait fort
bien observer le jésuite, ce fait suppose que le comte vivait encore lorsqu'il arriva dans le monastère, car on
n'aurait pu faire un crime à cette abbesse d'y avoir reçu
le cadavre du prince.

Quoi qu'il en soit, à la fin du dix-septième siècle, le
bruit se répandit que le comte de Moret avait survécu au
combat de Castelnaudary, et qu'il vivait encore. Ce fait a

---

[1] On verra plus loin que, suivant un témoignage d'une certaine importance, Dupleix changea ensuite d'opinion.

[2] Année 1632, collection Michaud-Poujoulat, p. 61.

été discuté fort longuement par plusieurs écrivains, entre autres, par l'abbé Grandet, qui fit imprimer en 1699 la *Vie d'un solitaire inconnu, qu'on a cru être le comte de Moret, mort en Anjou, en odeur de sainteté, le 24 décembre* 1691, puis par le P. Griffet, dans son *Histoire de Louis XIII*, et son édition des Mémoires du P. d'Avrigny, et enfin par le P. Richard, dans l'ouvrage intitulé : *le véritable Père Joseph, capucin*, nouvelle édition, 1750, in-12 [1]. C'est de ce dernier ouvrage que nous allons extraire les passages suivants, relatifs à la disparition et à la réapparition du comte de Moret, en ayant soin toutefois de les accompagner de quelques commentaires.

« Il est mort de nos jours, dit Richard, le 24 décembre 1791, un fameux ermite proche l'abbaye d'Anières, à trois lieues de Saumur en Anjou, qui a passé partout où il a demeuré pour le comte de Moret, parce qu'il avait beaucoup d'air de Henry le Grand. Un jour une personne de qualité l'étant allé voir, fit apporter un portrait de ce prince fort bien fait, pour voir si effectivement il lui ressemblait, et s'étant placé devant le Père, un gentilhomme présenta le portrait derrière lui au-dessus de sa tête, sans qu'il s'en aperçût. En sorte qu'il était aisé de confronter les traits de l'un avec ceux de l'autre, et s'étant trouvés tous semblables [2], on lui demanda, en le faisant

---

[1] Il ne faut pas confondre ce livre, dont la première édition parut en 1704, avec l'*Histoire de la vie du P. Joseph du Tremblay*, capucin, 1702, in-12, qui a aussi pour auteur l'abbé Richard. Le premier de ces deux ouvrages est un panégyrique et le second une satire du célèbre confident de Richelieu.

[2] Tallemant des Réaux dit, en effet, dans l'*Historiette de la comtesse de Moret*, que de tous les enfants de Henri IV, le comte de Moret était celui qui ressemblait le plus à ce prince.

détourner pour lui montrer le tableau, s'il connaissait bien celui à qui il ressemblait : « *Il n'est pas difficile,* » dit-il ; puis les larmes lui vinrent aux yeux tout aussitôt, et il quitta la compagnie, de peur qu'on l'aperçût pleurer.

« Le roi (Louis XIV), ayant appris cette circonstance, fit écrire à l'abbé d'Anières par M. le marquis de Château-neuf, secrétaire d'État, le 30 octobre 1687, pour avoir l'éclaircissement du bruit qui courait alors, que frère Jean-Baptiste, ermite, était fils naturel du roi Henri IV. L'abbé répondit [1] que depuis onze ans et demi que cet er-mite était dans son voisinage, on n'avait pu rien dé-couvrir de sa naissance, de sa famille, de son pays et de son âge ; qu'ayant été malade à la mort, le plus ancien de ses frères qu'il chérissait beaucoup, le conjura, au nom de Dieu, de se faire connaître au moins à eux, lui promettant de n'en jamais parler à personne qu'après sa mort. Il le rebuta, en lui disant : « Il y a plus de quarante ans que je travaille à me cacher, et vous voulez me faire perdre un travail de tant d'années dans un quart d'heure. » Il est vrai, continuait l'abbé d'Anières, que dans la province de Bourgogne, où il a demeuré, le bruit a couru qu'il était fils du roi Henri IV. Et qu'aussitôt qu'il a été en celle-ci, le même bruit s'y est répandu ; ce qui a donné lieu à cela, autant que j'en puis juger, c'est sa grande prestance, son air majestueux, ses manières d'agir nobles et aisées, son visage dans lequel on remarque beaucoup de traits de celui de Henry le Grand. Pour ce qui est de son âge, dit-il, il est malaisé de le savoir pré-cisément. Lorsqu'il vint ici, ce fut au mois de juin 1676 ; il me dit qu'il avait *trois vingt dix ans*, ce furent ses

---

[1] On peut voir une lettre curieuse de cet abbé sur la mort de l'er-mite dans le *Mercure*, février 1692, p. 142 et suiv.

termes. Depuis il m'a dit qu'il avait à peu près l'âge de
monseigneur l'évêque d'Angers, qui a quatre-vingts ans
passés. Une autre fois il m'a raconté qu'il avait vu sortir
les Maures d'Espagne lorsqu'on les en chassa, et qu'il
était déjà grand : enfin, ces frères, par d'autres circonstances, assurent qu'il a quatre-vingt-quatorze ans.

« Voici ce que je sais de sa vie, et ce que j'ai appris de
lui-même : que jusqu'à l'âge de vingt ans il avait été bien
nourri et bien élevé, ce qui était cause de sa grande vigueur ; qu'il avait porté les armes sans avoir été blessé ;
que pensant à se retirer du monde, il avait examiné toutes
les différentes manières de vivre des ordres religieux, et
que rien ne lui avait tant plu que la vie hérémitique de
la façon qu'elle subsistait du temps des premiers soli-
taires d'Orient ; que c'était celle-là qu'il avait em-
brassée ; que pour celle-là il avait passé en Italie, et s'é-
tait retiré dans une forêt qui appartient à la république
de Venise, dont les fréquentes visites de ceux du pays
l'avaient chassé ; et que de là il était allé en Allemagne,
et que pour voir un brave hermite, il faisait volontiers
trois ou quatre cents lieues ; que s'étant retiré dans ce
royaume, il avait demeuré en Lorraine, en Champagne,
dans le Lyonnais, en Bourgogne et enfin en Anjou ; et
que partout il s'était bâti des ermitages, et avait assem-
blé des congrégations. Le roi ayant eu la lecture de cette
lettre, dit, avec sa sagesse ordinaire : « Il suffit que cet
« ermite soit homme de bien ; puisqu'il ne veut pas être
« connu, il le faut laisser en paix et ne nous point oppo-
« ser à ses desseins. »

« Quelque temps après, ce bon vieillard s'entretenant
avec monsieur l'abbé d'Anières sur cette lettre de M. de
Châteauneuf, lui dit : « Que je suis malheureux de m'être

« arrêté en Anjou ! Lorsque j'y suis venu, mon dessein
« était d'aller en Portugal ; si j'y étais, on ne s'informe-
« rait point de moi. » Et il ajouta : « Il y a longtemps que
« je me serais balafré le visage pour effacer les traits qui
« me font ressembler à Henri IV, si je n'avais pas eu
« peur d'offenser Dieu. » M. l'abbé d'Anières lui re-
montra que cette curiosité était digne de Sa Majesté,
qui avait trop de vénération pour la mémoire de son
aïeul, pour n'être pas bien aise de savoir s'il y avait
encore quelqu'un de ses enfants au monde ; le père ne
répliqua rien à cela. Enfin, dans le reste de notre entretien, dit M. l'abbé, le pressant de me dire si le soupçon
qu'on avait qu'il fût fils de Henri IV était bien fondé, il
me répliqua : « Cela peut être, je ne le nie ni ne l'assure. »

« Aux historiens qui assurent que le comte de Moret
a été tué à Castelnaudary, poursuit Richard, je n'ai à opposer, avec un écrivain moderne qui a fait sa vie, et qui
prétend avoir cavé ce fait, que le témoignage de deux
personnes dignes de foi.

« Le premier témoignage est d'un gentilhomme nommé
M. Grandval, officier de la compagnie des gardes de feu
M. le maréchal de la Meilleraie et gouverneur de Mon-
treuil Bellay, petite ville d'Anjou, éloignée d'une demi-
lieue de l'ermitage des Gradelles, où est mort ce solitaire. Après avoir entretenu et considéré plusieurs fois
avec attention et à loisir frère Jean-Baptiste, il a souvent
assuré à M. l'abbé d'Anières, même par serment, que
c'était le comte de Moret, qu'il l'avait vu plusieurs fois à
la cour et à l'armée, et qu'il le reconnaissait très-bien,
qu'il avait ouï dire qu'il n'était pas mort. Ce gentilhomme
avait plus de quatre-vingts ans quand il est mort.

« Le second témoignage est de M. Thomas, prêtre de

Saumur, homme de bien qui a demeuré un an avec le frère
Jean-Baptiste, à l'ermitage d'Orilly en Bourgogne. Dans
les mémoires qu'il a donnés à l'historien de sa vie [1], il dit
positivement que ce ne peut être un autre que le comte
de Moret ; et pour le prouver il apporte six ou sept arguments qui ont paru assez forts au roi, à qui ils ont été
envoyés pour satisfaire l'envie qu'avait Sa Majesté de
savoir la vérité. Le premier est négatif. « Ce qui me fait
« croire, dit-il, que le comte de Moret n'est pas mort à la
« bataille de Castelnaudary, c'est qu'aucun historien ne
« rapporte le lieu de sa sépulture [2], quelle apparence
« qu'il ait été blessé, et ensuite porté à demi-lieue de là,
« dans le carrosse de Monsieur, où il mourut trois heures
« après, d'une mousquetade reçue à l'épaule, comme
« l'assurent quelques autres historiens, sans qu'on sache
« où son corps a été inhumé. De ce premier argument
« on en tire un second. Supposez, dit-il, que le comte
« de Moret ne soit pas mort à cette bataille, il me parait
« convaincant que notre solitaire est lui-même le comte
« de Moret ; car il m'a dit qu'il avait été à cette bataille,
« qu'il y était à trente pas de Monsieur de Montmorency,
« lorsque le cheval de ce dernier s'abattit sous lui, et
« qu'il fut arrêté prisonnier ; qu'alors il s'était souvenu

---

[1] Au P. Grandet, auteur de la *Vie d'un solitaire*, que nous avons mentionnée plus haut.

[2] Cette preuve est en effet très-forte. Le combat de Castelnaudary,
qui ne dura qu'une demi-heure, fut peu meurtrier ; si le comte avait été
tué sur le champ de bataille, son corps aurait été nécessairement retrouvé parmi les morts, et enseveli avec cérémonie, comme devait l'être
un frère naturel de Louis XIII. Si, comme le veulent des historiens cités
plus haut, il mourut dans le carrosse du duc d'Orléans, ou dans le couvent de Prouille où il s'était réfugié, il est encore plus extraordinaire
qu'on ne lui ait pas rendu les honneurs dus à son rang.

« d'une prédiction qu'on lui avait faite à la cour, qu'il
« s'embarquerait dans un parti dans lequel, s'il n'y pre-
« nait garde, il pourrait bien perdre la tête ; sur quoi il
« se détermina à quitter le monde ; qu'il se sauva passant
« une rivière avec plusieurs personnes de qualité [1], et
« qu'ayant appris la mort de M. de Montmorency (dé-
« capité la même année à Toulouse), il prit la résolu-
« tion de se cacher si bas en terre et si avant dans la so-
« litude, que personne ne pût l'y trouver.

« Il tire le troisième d'une conversation qu'il eut avec
« ce solitaire, qui lui avoua que quelques années après
« sa retraite il fut reconnu par un seigneur de la cour qui
« le rencontra par hasard, et qui, ayant dit le lieu où il
« était à Louis XIII, Sa Majesté lui fit donner ordre de le
« venir trouver, avec promesse de lui garder le secret et
« de lui laisser toute sorte de liberté ; qu'il fut à la cour
« pour obéir au roi ; et il me dit (sans répliquer s'il était
« le comte de Moret ou non) ; que le roi lui témoignant
« beaucoup de bonté, lui offrant tel bénéfice qu'il vou-
« drait pour vivre dans le monde, il avait remercié Sa

[1] Nous ne savons pourquoi l'auteur d'un très-bon article consacré au comte de Moret dans la Biographie Michaud, à propos de cette phrase : *Il se sauva passant une rivière*, dit : *ce qui est en contradiction avec tous les historiens.* Les paroles du solitaire se trouvent au contraire confirmées par le témoignage de Pontis. On lit, en effet, dans les *Mémoires* de ce dernier (collection Michaud-Poujoulat, p. 573-574) que le combat se livra en avant *d'un pont* que les troupes de Montmorency devaient traverser pour attaquer l'armée royale ; et ce fut dans des fondrières et des fossés situés non loin de ce pont que l'on plaça une embuscade vers laquelle trois cents chevaux attirèrent les rebelles, et qui décida le combat. Le comte de Moret, qui n'avait jamais assisté à une action, put donc très-bien s'enfuir, sitôt qu'il eut vu la déroute de son parti, passer au travers des cavaliers ennemis dispersés par Montmorency, et se sauver en gagnant le pont.

« Majesté, la priant de le laisser au rang des morts, par-
« mi lesquels on l'avait toujours compté. Après ces mots,
« dit M. Thomas, notre solitaire vit bien qu'il s'était trop
« ouvert à moi ; il changea promptement de discours, et
« fit ce qu'il put pour empêcher d'y réfléchir. » Ce bon
prêtre, continue Richard, ajoute, pour quatrième argument, avoir entendu dire plusieurs fois à M. du Han-Dor-
vaine Fontaine, qui est un gentilhomme âgé de quatre-
vingt-douze ans, ancien major de Philipsbourg, et qui en
reçoit encore les appointements à Bourbonne, où il demeure, qu'il connaissait parfaitement le comte de Moret
pour l'avoir vu plusieurs fois chez feu Monsieur, duc
d'Orléans, et que c'était le frère Jean-Baptiste. Ajoutez
à cette preuve une autre qui n'est pas moins convain-
cante, c'est que ce prince, né (dit-on) à Fontainebleau,
ayant été élevé dans le château de Pau, jusqu'à ce qu'il
revînt à la cour de France, savait en perfection le langage béarnais : cela ne pouvait pas être autrement, puisqu'il avait pour précepteur, en ce pays-là, Scipion Dupleix, mort en 1661, âgé de quatre-vingt-dix-huit ans,
qui composa en faveur du comte de Moret la première
philosophie française qui ait été imprimée en France, et
et que ce solitaire savait en perfection. De plus, quoique
frère Jean n'ait jamais dit clairement qu'il fût le comte
de Moret, il a pourtant assuré qu'il avait été élevé au château de Pau (c'est la sixième preuve dont se sert M. Thomas), qu'il s'y était égaré plusieurs fois dans le labyrinthe de ce château, lorsqu'il s'y divertissait avec de petits
enfants, et qu'on avait fait passer les Maures devant sa
fenêtre pour les lui faire voir lorsqu'ils furent chassés
d'Espagne.

« M. Thomas, pour septième argument, dit encore

deux choses. *La première*, qu'il apprit de M. Guillot, homme de bien, grand pénitencier de Boulogne, qu'il avait vu certains mémoires de Scipion Dupleix, où il était marqué très-positivement que le comte de Moret n'était pas mort à la bataille de Castelnaudary, qu'il s'en était sauvé, et s'était fait capucin. Il serait à souhaiter qu'on pût trouver ses mémoires, qui ne permettraient plus de douter de ce fait ; on ne pourrait pas dire que Dupleix se contredirait, à cause de la différence des temps. Il a vécu quatre-vingt-dix-huit ans ; il n'est mort qu'en 1661. Il a écrit son histoire de Louis XIII immédiatement après la bataille de Castelnaudary, puisqu'il assure qu'il fut d'abord sur les lieux. Quelques années après il put apprendre de la bouche même du roi Louis XIII, qui avait alors vu le comte de Moret vêtu en ermite, qu'il n'était pas mort, et qu'il s'était retiré dans un monastère ; il n'y a rien là d'impossible, ni qui souffre de contradiction ; sa première relation a été faite selon l'opinion la plus commune, et la seconde suivant la vérité dont le roi l'avait informé depuis. »

« *La seconde*, que cette remarque de ce grand pénitencier le faisait souvenir que, passant un jour dans l'ermitage de Saint-Jean du Désert, en Auvergne, le supérieur l'avait assuré que très-certainement le comte de Moret s'était fait capucin, et que le pape lui avait donné la dispense d'en sortir pour demeurer dans une solitude perpétuelle. »

« J'oubliais, ajoute Richard, une circonstance importante. La lettre de M. l'abbé d'Anières, lue au roi, marquait positivement que toutes les fois que cet ermite voyait le tableau de Henri IV, il se sentait si vivement touché, qu'il ne pouvait s'empêcher de pleurer, et qu'il évi-

tait, autant qu'il pouvait, de parler de ce prince; que ses
frères ermites l'avaient assuré que ce père étant dans
l'ermitage de Saint-Peregrin, au diocèse de Langres, le
frère Hilarion, revenant de Tours, lui apprit que madame de Fontevrault, Jeanne-Baptiste de Bourbon, fille
naturelle de Henri IV, était morte le 10 janvier 1670, et
que ce père en paraissait inconsolable sans qu'ils en
sussent la cause; ils n'en avaient plus été surpris dès
que le frère Hilarion leur eut fait part de cette nouvelle :
« *Il ne faut plus s'étonner*, disaient-ils, *de la douleur de
notre père, il pleure la mort de sa sœur.* »

L'abbé Richard cite en outre une liste assez considérable de personnages importants de la cour, qui étaient
tous persuadés de l'identité de frère Jean-Baptiste avec
le comte de Moret, et termine en disant : « J'ai eu l'honneur de le voir plusieurs fois comme eux dans sa chère
solitude, et je n'en suis jamais sorti sans être également
édifié de la véritable piété de ce grand homme de bien,
et de la modestie qu'il avait à cacher une naissance illustre
que ses grandes qualités et son air majestueux décou-
vraient malgré lui [1]. »

Si à tous les faits rapportés plus haut l'on ajoute qu'une
imposture serait incompréhensible de la part d'un vieil
ermite qui, ne cherchant qu'à se cacher au monde, refusait les dignités qu'on lui offrait, il nous semble que
l'on peut, sans être taxé de crédulité, admettre que le
frère Jean-Baptiste était véritablement le comte de Moret.

Les premières années du règne de Louis XIV furent
signalées par un procès célèbre, qui occupa et partagea
longtemps la ville et la cour. Voici à quelle occasion :

---

[1] *Le véritable P. Joseph*, 1750, t. II, p. 54 et suiv.

Henri, duc de Rohan, qui avait joué un si grand rôle sous Louis XIII, était mort, le 13 avril 1638, d'une blessure qu'il avait reçue à la bataille de Rheinfeld, ne laissant qu'une fille, de sa femme, Marguerite de Béthune-Sully. Cette fille, après avoir eu avec Ruvigny, beau-frère de Tallemant des Réaux, une liaison qui dura neuf ans, épousa, contre la volonté de sa mère, le comte de Chabot, qui parvint à obtenir le brevet de duc de Rohan et la dignité de pair. Leur mariage, qui avait brouillé la mère et la fille, venait à peine d'être conclu, lorsqu'on vit apparaître à Paris un jeune homme, nommé Tancrède, que la duchese douairière de Rohan prétendit être fils du feu duc, et pour lequel elle voulut revendiquer les honneurs et les biens de son mari. De tous les récits faits sur cette affaire, nous préférons celui de Tallemant, qui, en sa qualité de beau-frère de Ruvigny, a connu les plus petites particularités de la vie des dames de Rohan. Il raconte ainsi la naissance de Tancrède :

« Madame de Rohan, sa fille, Marguerite de Rohan, et le duc de Candale (amant de madame de Rohan) se trouvaient à Venise, dit Tallemant, quand madame de Rohan se sentit grosse. Elle fit si bien qu'elle eut permission de venir à Paris ; car elle cacha cette grossesse, et il y a toutes les apparences du monde que son mari ne lui touchait pas : autrement, elle ne se fût pas mise en peine de cela... A Paris, madame de Rohan se tenait presque toujours au lit. M. de Candale, qui était aussi revenu, était toujours auprès d'elle. Elle envoyait sa fille sans cesse se promener avec Rachel, sa femme de chambre. Madame de Rohan étant accouchée, l'enfant fut porté chez une madame Milet, sage-femme, après avoir été baptisé à

Saint-Paul, et nommé Tancrède le Bon, du nom d'un valet de chambre de M. de Candale.

« Cependant la femme de chambre de mademoiselle de Rohan, Rachel, s'était doutée de la grossesse de madame de Rohan, et, longtemps après, elle découvrit que l'enfant avait été mené en Normandie, auprès de Caudebec, chez un nommé la Mestairie, père du maître d'hôtel de madame de Rohan. Mademoiselle de Rohan en parle à Ruvigny, qui, sous des noms empruntés, consulte l'affaire : il trouve qu'étant né *constant le mariage*, l'enfant serait reconnu, si on avait la hardiesse de le montrer. Il lui dit que si elle veut l'envoyer aux Indes, il en prendra le soin ; après, il communique la chose à Barrière, leur ami commun, qui avait une compagnie au régiment de la marine ; et ce régiment était en garnison vers Caudebec. Ruvigny lui donne trois hommes affidés, mais qui pourtant ne savaient point qui était cet enfant ; il prend, avec cela, quelques soldats ; ils enfoncent la porte de la maison, et enlèvent Tancrède, âgé alors de sept ans. On le mène en Hollande. Là, Sauvelat, frère de Barrière, capitaine d'infanterie, au service des États, le reçoit et le met en pension, comme un petit garçon de basse naissance [1]. »

Pendant ce temps, on fit accroire à madame de Rohan, qui semble ne s'en être pas beaucoup inquiétée, que son fils était mort. Mais mademoiselle de Rohan commit l'étourderie de conter toute cette histoire à de Thou (celui qui fut décapité avec Cinq-Mars), sous le prétexte de lui demander conseil ; et, rassurée par lui, elle négligea de payer la pension de son frère. De Thou, *qui ne taisait*

---

[1] *Historiette de mesdames de Rohan*, 2e édition, p. 9, 12 et suiv.

que ce qu'il ne savait pas, conta à madame de Montbason
toute cette affaire, qui, d'indiscrétion en indiscrétion,
arriva aux oreilles de la reine, et enfin, à celles de madame de Rohan. Aussi, lorsque, malgré son opposition,
sa fille eut épousé Chabot, qui, comme nous l'avons dit,
devint, par ce mariage, duc de Rohan et pair de France,
elle résolut de faire reparaître son fils. Elle envoya en
Hollande Rondeau, son valet de chambre, qui ramena
Tancrède. « Mais, dit Tallemant, la grande faute qu'on fit,
ce fut de n'avoir pas informé devant les juges des lieux; et
venant ici, on eût été reçu à preuve, c'est-à-dire, on eût
gagné le procès; car, avec de l'argent, on a des témoins,
et, bien qu'il soit difficile de corrompre un ministre, il
fallait pourtant, quoi qu'il en coûtât, avoir un extrait baptistaire. Au lieu que ce devait être le fils·qui se plaignit
d'avoir été enlevé et éloigné de sa mère, la mère se plaignit, disant qu'on lui avait enlevé son fils. Chabot, par le
moyen du coadjuteur, obligea le curé de Saint-Paul à
donner l'extrait baptistaire de Tancrède le Bon. Madame de
Rohan fit un manifeste que j'ai; mais c'est une plaisante
pièce. Elle dit qu'on avait celé la naissance de ce garçon
à cause de la persécution que M. le Prince faisait à M. de
Rohan; car il avait fait déjà mettre la cognée dans toutes
leurs forêts; et on craignait que, voyant un fils qui pourrait être un jour chef du parti huguenot, il ne s'en défît
d'une ou d'autre façon. Ce fut, ajoute-t-elle, ce qui empêcha de l'envoyer à Venise [1]. Elle faisait une grande pa-

---

[1] Il paraît qu'elle donnait encore une autre raison. Craignant, disait-
elle, que le cardinal de Richelieu ne lui enlevât son enfant pour le faire
élever dans la religion catholique, elle jugea à propos, de concert avec
son mari, de cacher sa grossesse.

rade d'un toupet de cheveux blancs que cet enfant avait, comme M. de Rohan [1].

« Ce qu'il y eut de. fâcheux pour Tancrède, c'est que mademoiselle Anne de Rohan, sa tante, déclara qu'elle n'avait jamais ouï parler de cet enfant. Madame Pilou [2] disait à madame de Rohan : « Ecoutez, madame, je veux « croire que ce garçon est à M. de Rohan, aussi bien que « madame votre fille ; mais j'ai vu M. de Rohan tenir « votre fille sur ses genoux, et je ne lui ai jamais rien « ouï dire de ce fils, ni près ni loin. » La vie de la mère nuisit fort à ce garçon [3]; car tout le monde était persuadé qu'il était à M. de Candale.

« Ce garçon avait bonne mine, quoiqu'il fût petit ; car sa mère et ses *deux pères* étaient petits ; il avait du cœur et de l'esprit. On dit qu'à Leyde, où il était entretenu fort pauvrement, un de ses camarades l'ayant appelé *fils de p.....* et *enfant trouvé*, il se battit fort et ferme, et il disait qu'il se souvenait bien d'avoir été en carrosse. Tous ceux du côté de Béthune, et même le maréchal de Châtillon, comme ami de feu M. de Rohan, furent pour Tancrède. Cela fit tort à cet enfant ; car la cour ne voulait point qu'il y eût un duc de Rohan huguenot. A Charenton,

1 Les Mémoires historiques d'Amelot de la Houssaye mentionnent aussi cette particularité dont nous avons déjà parlé (voy. p. 26). Mais elle ne prouverait pas grand'chose, car il n'est pas difficile de teindre les cheveux.

2 Bourgeoise de Paris connue par son esprit.

3 « Cette femme, dit Tallemant, dans *un pays où l'adultère eût été permis*, eût été une femme fort raisonnable ; car on dit, comme elle s'en vante, qu'elle ne s'est jamais donnée qu'à d'honnêtes gens, et qu'elle n'en a jamais eu qu'un à la fois. » *Ibid.*, p. 9.

il y avait toujours une foule de sottes gens autour de ce garçon [1]. »

Tancrède vint à Paris au mois de juillet 1645; et sa mère se pourvut aussitôt devant le parlement pour assurer à son fils l'état et les biens du feu duc de Rohan. Le nouveau duc de Rohan-Chabot et sa femme formèrent, de leur côté, toutes les oppositions juridiques contre cette reconnaissance. Mais la duchesse douairière laissa porter contre Tancrède un jugement par défaut, afin qu'il pût, quand il serait majeur, revenir contre cette sentence provisoire. Le procès occupa plusieurs audiences; et, sur le réquisitoire de l'avocat général Omer Talon, il fut fait défense au *nommé Tancrède* de se dire fils et héritier du duc de Rohan. Tancrède, en attendant sa majorité, n'en resta pas moins chez sa mère, et, dans l'espérance de faire révoquer l'arrêt qui l'avait frappé, il embrassa le parti du parlement, lorsque éclatèrent les troubles de la Fronde.

« Le prince de Condé, dit madame de Motteville, avait hautement porté les intérêts de Chabot et de madame de Rohan, sa fille; il avait été le protecteur de leur mariage; et l'étant alors du ministre (Mazarin), il fallait nécessairement que cet enfant, qui n'avait point encore de père, trouvât de l'assistance dans le parlement, qui regardait ce prince comme son ennemi. Tancrède approcha bien près du bonheur qu'il souhaitait. Le parti parlementaire le favorisa; les parents du feu duc de Rohan le reconnaissaient pour son fils; ils trouvaient avantageux pour eux que le fils de la mère fît revivre le nom du

---

1 *Ibid.*, p. 28 et suiv. Le duc de La Rochefoucauld, dans ses *Mémoires*, reconnaît Tancrède pour fils du duc de Rohan, et dit « qu'il se montrait digne de la vertu de son père. » Collection Michaud-Poujoulat, p. 421.

père, et passaient légèrement sur le doute de sa naissance; car ils croyaient, avec raison, qu'il ne serait pas
le seul qui porterait à faux titre le nom et les armes
d'une illustre maison. Les huguenots, qui étaient alors
fidèles au roi, n'étaient pas fâchés néanmoins de revoir
un duc de Rohan de leur religion, et souhaitaient seulement qu'il pût devenir capable de leur servir de chef, si
un jour ils voulaient former quelque entreprise dans
l'État. Ces favorables dispositions qui allaient rendre
la bizarre naissance de Tancrède un prodige de bonheur furent anéanties par la mort, qu'il reçut auprès
du bois de Vincennes (51 janvier 1649), en une sortie que firent les Parisiens [1]. » Se sentant blessé à mort,
il ne voulut jamais dire qui il était, et parla toujours
hollandais. Il expira le lendemain, à l'âge de dix-neuf
ans. « Ce garçon disait : M. le Prince me menace, il dit
« qu'il me maltraitera; mais il ne me fera point quit-
« ter le pavé. » Un jour que Ruvigny, qui s'était attaché à la mère, lui disait qu'il se tuait à faire tant d'exercices violents : « Voyez-vous, répondit-il, monsieur, en
« l'état où je suis, il ne faut pas s'endormir. Si je ne
« vaux quelque chose, il n'y a plus de ressources pour
« moi. » On eut raison de dire à madame de Rohan, la
fille, en des vers qu'on lui envoya :

> Qu'on termine de grands procès
> Par un peu de guerre civile.

C'est pourtant dommage; car le roman eût été beau [2]. »

---

1 Année 1649, collect. Michaud-Poujoulat, p. 243.

2 Tallemant, *ibid.*, p. 56. — On peut consulter, sur cette curieuse
affaire, l'*Histoire de Tancrède de Rohan*, par le P. Griffet. Liége, 1767,
in-12.

Ce fut seulement en 1654 que la duchesse douairière de Rohan obtint du roi la permission de faire inhumer Tancrède à Genève, dans le tombeau de son mari, avec une épitaphe où il était qualifié de duc de Rohan. Quelques années plus tard, il arriva ce qui arrive presque toujours à la suite d'affaires de ce genre, ainsi qu'on l'a vu plusieurs fois dans ce chapitre : il apparut bientôt un autre fils du duc de Rohan. « Un portier de Charenton, nommé Rambour, raconte Tallemant, alla trouver le frère de mademoiselle d'Haucourt, et lui demanda s'il voulait voir le vrai fils de M. de Rohan. Il dit que oui. Le portier lui amena un garçon de dix-sept à dix-huit ans, bien fait, mais qui avait quelque chose de fou dans les yeux. Il faisait, disait-il, un roman. Madame de Rohan se plaignit d'Haucourt, et voulait faire voir la fausseté de cette affaire, quand M. le premier président, qui crut que l'honneur d'un couvent où ce garçon avait été nourri y était engagé, en fit bien de la difficulté. On dit que ce garçon est fils de M. de Guise et de madame d'Avesnes [1]. »

Parlons maintenant d'un personnage qui, depuis la fin du dix-septième siècle, a occupé l'attention publique.

Un an après la mort du cardinal Mazarin, en 1662, on conduisit dans le plus grand secret, au château de Pignerol, un personnage inconnu qui, en 1686, fut amené par le gouverneur de ce château, nommé Saint-Mars, dans l'île Sainte-Marguerite. « Ce prisonnier inconnu, dit Voltaire, était d'une taille au-dessus de l'ordinaire, jeune et de la figure (prestance) la plus belle et la plus noble.

« Dans la route [2], il portait un masque dont la men-

1 Ibid., p. 59.

2 Voltaire rapporte ailleurs qu'après la publication du *Siècle de Louis XIV*, il reçut du seigneur de Palteau, château près de Villeneuve-

tonnière avait des ressorts d'acier qui lui laissaient la
liberté de manger avec le masque sur son visage. On
avait ordre de le tuer s'il se découvrait. Il resta dans l'île
jusqu'à ce que Saint-Mars, ayant été fait gouverneur de
la Bastille, l'an 1690, l'alla prendre à l'île Sainte-Marguerite et le conduisit à la Bastille, toujours masqué. Le marquis de Louvois alla le voir dans cette île avant la translation, et lui parla debout et avec une considération qui
tenait du respect. Cet inconnu fut mené à la Bastille, où
il fut logé aussi bien qu'on peut l'être dans ce château. On
ne lui refusait rien de ce qu'il demandait. Son plus grand
goût était pour le linge d'une finesse extraordinaire et
pour les dentelles. Il jouait de la guitare. On lui faisait la
plus grande chère ; et le gouverneur s'asseyait devant
lui. Un vieux médecin de la Bastille, qui avait souvent
traité cet homme singulier dans ses maladies, a dit qu'il
n'avait jamais vu son visage, quoiqu'il eût souvent examiné sa langue et le reste de son corps. Il était admira-
blement bien fait, disait ce médecin ; sa peau était un
peu brune ; il intéressait par le seul son de sa voix, ne
se plaignant jamais de son état, et ne laissant point en-
trevoir ce qu'il pouvait être [1].

« Cet inconnu mourut en 1703, et fut enterré, la nuit,
à la paroisse de Saint-Paul. Ce qui redouble l'étonnement, c'est que, quand on l'envoya dans l'île Sainte-Mar-

---

le-Roi, une lettre dans laquelle on lui disait que le prisonnier logea
dans ce château ; que plusieurs personnes le virent descendre d'une litière ; qu'il portait un masque noir, et qu'on s'en souvenait encore dans
les environs. *Fragments sur l'histoire*, art. xxv, 12e remarque.

[1] Voltaire ajoute en note : « Un fameux chirurgien, gendre du médecin
dont je parle, et qui a appartenu au maréchal de Richelieu, est témoin
de ce que j'avance ; et M. de Bernaville, successeur de Saint-Mars, me
l'a confirmé. »

guerite, il ne disparut dans l'Europe aucun homme considérable. Ce prisonnier l'était, sans doute; car voici ce qui arriva les premiers jours qu'il était dans l'île. Le gouverneur mettait lui-même les plats sur la table, et ensuite se retirait, après l'avoir enfermé. Un jour, le prisonnier écrivit, avec un couteau, sur une assiette d'argent, et jeta l'assiette par la fenêtre, vers un bateau qui était au rivage, presqu'au pied de la tour. Un pêcheur, à qui ce bateau appartenait, ramassa l'assiette, et la rapporta au gouverneur. Celui-ci, étonné, demanda au pêcheur : « Avez-vous lu ce qui est écrit sur cette assiette, « et quelqu'un l'a-t-il vue entre vos mains? — Je ne sais « pas lire, répondit le pêcheur; je viens de la trouver; « personne ne l'a vue. » Ce paysan fut retenu jusqu'à ce que le gouverneur fût bien informé qu'il n'avait jamais lu, et que l'assiette n'avait été vue de personne. « Allez, lui dit-il, vous êtes bien heureux de ne savoir pas lire. » Parmi les personnes qui ont eu une connaissance immédiate de ce fait, il y en a une très-digne de foi, qui vit encore [1]. M. de Chamillart fut le dernier ministre qui eût cet étrange secret. Le second maréchal de la Feuillade, son gendre, m'a dit qu'à la mort de son beau-père, il le conjura, à genoux, de lui dire ce que c'était que cet homme qu'on ne connut jamais que sous le nom de l'*homme au masque de fer.* Chamillart lui répondit que c'était le secret de l'État, et qu'il avait fait serment de ne le révéler jamais. Enfin, il reste encore beaucoup de nos contemporains

---

[1] Ceci a été écrit en 1760. On peut voir plus loin le récit d'une autre tentative faite par le prisonnier pour faire connaître qui il était. Ce fut probablement ces deux tentatives qui décidèrent sa translation à la Bastille où la surveillance devait être plus facile.

qui déposent de la vérité de ce que j'avance, et je ne connais point de fait ni plus extraordinaire ni mieux constaté [1]. »

Voici encore quelques détails que nous tirons de l'*Histoire générale de Provence*, de l'abbé Papon :

« J'ai eu la curiosité, dit-il, d'entrer dans sa prison (à l'île Sainte-Marguerite), le 2 février de cette année 1778. Elle n'est éclairée que par une fenêtre, du côté du nord, percée dans un mur qui a près de quatre pieds d'épaisseur, et où l'on a mis trois grilles de fer, placées à une distance égale. Cette fenêtre donne sur la mer. J'ai trouvé dans la citadelle un officier de la compagnie franche, âgé de soixante-dix-neuf ans. Il m'a dit que son père, qui servait dans la même compagnie que lui, avait plusieurs fois raconté qu'un *frater* de cette compagnie aperçut, un jour, sous la fenêtre du prisonnier, quelque chose de blanc qui flottait sur l'eau. Il l'alla prendre, et l'apporta à M. de Saint-Mars. C'était une chemise très-fine, pliée avec assez de négligence, et sur laquelle le prisonnier avait écrit d'un bout à l'autre. M. de Saint-Mars, après l'avoir dépliée et avoir lu quelques lignes, demanda au *frater*, d'un air fort embarrassé, s'il n'avait pas eu la curiosité de lire ce qu'il y avait. Le *frater* lui protesta plusieurs fois qu'il n'avait rien lu ; mais, deux jours après, il fut trouvé mort dans son lit. C'est un fait que l'officier a entendu raconter tant de fois à son père et à un aumônier du fort, qu'il le regarde comme incontestable. Le suivant me paraît également certain, d'après tous les témoignages que j'ai recueillis sur les lieux.

« On cherchait une personne du sexe pour servir le

1 *Siècle de Louis XIV*, ch. xxv.

prisonnier. Une femme du village de Maugins vint s'offrir, dans la persuasion que ce serait un moyen de faire la fortune de ses enfants ; mais quand on lui dit qu'il fallait renoncer à les voir et même à ne conserver aucune liaison avec le reste des hommes, elle refusa de s'enfermer avec un prisonnier dont la connaissance coûtait si cher. Je dois dire encore qu'on avait mis aux deux extrémités du fort, du côté de la mer, deux sentinelles, qui avaient ordre de tirer sur les bateaux qui s'approcheraient à une certaine distance.

« La personne qui servait le prisonnier mourut à l'île Sainte-Marguerite. Le père de l'officier dont je viens de parler, qui était, pour certaines choses, l'homme de confiance de M. de Saint-Mars, a souvent dit à son fils qu'il avait été prendre le mort, à l'heure de minuit, dans la prison, et qu'il l'avait porté sur ses épaules, dans le lieu de la sépulture. Il croyait que c'était le prisonnier lui-même qui était mort. C'était, comme je viens de le dire, la personne qui le servait ; et ce fut alors qu'on chercha une femme pour la remplacer [1]. »

Le Masque de fer mourut à la Bastille, le 19 novembre 1703, à dix heures du soir, après une maladie de quelques jours. « Peu de jours avant sa mort, rapporte Voltaire, il dit lui-même à l'apothicaire de la Bastille qu'il croyait avoir environ soixante ans ; et le sieur Marsolan, chirurgien du maréchal de Richelieu, et ensuite du duc d'Orléans, régent, gendre de cet apothicaire, me l'a dit plus d'une fois [2]. »

Il fut enterré le lendemain de sa mort, à quatre heu-

---

[1] *Histoire générale de Provence*, 1778, in-4, l. II, t. II, p. 12, *note*.
[2] *Dictionnaire philosophique*, art. ANA, ANECDOTES.

res de l'après-midi, dans le cimetière de l'église Saint-Paul. Dans son acte de décès, il fut inscrit sous le nom de Marchiali, et on ne lui donna que quarante-cinq ans. Tout ce qui avait été à son usage fut brûlé; on fit regratter et blanchir les murailles de la chambre qu'il avait occupée, et on en défit les carreaux, afin de s'assurer qu'il n'y avait caché aucun billet [1].

Avant de parler des diverses suppositions qui ont été faites sur ce personnage mystérieux, résumons, en peu de mots, les particularités qui peuvent servir de base aux conjectures :

1⁰ Il croyait avoir une soixantaine d'années quand il mourut, en 1703. Il lui était plus facile de se tromper en moins qu'en plus. Il était donc né plutôt avant qu'après 1643. Cette ignorance où il était de son âge semble indiquer que sa jeunesse avait été entourée d'un grand mystère.

2⁰ Vers 1662, il était déjà renfermé au château de Pignerol. A cette époque, il pouvait donc avoir une vingtaine d'années.

3⁰ Sa peau était brune; et il avait le plus grand goût pour le linge d'une finesse extraordinaire et les dentelles.

4⁰ Son médecin parlait de la douceur de sa voix. Or, comme plusieurs personnes, outre ses gardiens, l'avaient entendu parler, il est évident que s'ils avaient remarqué chez lui le moindre accent, ils en auraient certainement été frappés. Il ne nous semble donc pas possible de supposer que s'il n'était pas né en France, il n'y eût été, du moins, élevé dès son enfance : peut-être même pour-

1 Voyez les *Mémoires du duc de Richelieu*, cités plus bas.

rait-on ajouter que, puisqu'il n'avait pas d'accent, il avait dû être élevé dans une province dont les habitants prononçaient purement le français.

5° Il devait être un personnage d'une haute naissance, puisque Louvois lui-même ne lui parlait que debout et avec respect.

6° Il fallait, puisque l'on avait la précaution de lui faire porter un masque, que son visage offrît quelque ressemblance trop frappante avec un type bien connu en France. Cette précaution indique évidemment que la vue seule de ses traits pouvait indiquer son origine. Aucun personnage important n'ayant disparu vers 1662, il n'est pas permis de supposer que le Masque de fer eût, avant sa détention, joué dans les affaires un rôle qui aurait rendu son portrait populaire.

7° Le secret qui enveloppe l'existence du Masque de fer semble avoir moins intéressé le gouvernement français que l'honneur même de la famille des Bourbons. Si la détention de ce prisonnier n'avait eu, comme on l'a prétendu, d'autre motif qu'une vengeance politique, il est certain qu'après une ou deux générations, le mystère qui entoure cette affaire aurait été éclairci. Quel intérêt Louis XV, par exemple, ce prince sans dignité, aurait-il eu à cacher les circonstances qui auraient nécessité un coup d'Etat sous Louis XIV? Pourtant, pressé un jour de questions sur le Masque de fer, par son premier valet de chambre Laborde, auquel il accordait toute sa confiance, il lui répondit : « Je le plains, mais sa détention n'a fait de tort qu'à lui, et a prévenu de grands malheurs ; tu ne peux pas le savoir. » On raconte aussi que, plus tard, Louis XVI, questionné aussi par sa femme, Marie-Antoinette, et son frère, le comte d'Artois, leur fit une ré-

ponse à peu près semblable ; et il est probable que ce
prince fut le dernier possesseur de ce secret. Louis XV
ne l'avait su qu'à sa majorité : il dut en être de même
de son successeur ; mais la catastrophe sanglante qui termina la vie de ce dernier dut l'empêcher de le communiquer à d'autres personnes de sa famille.

Quoi qu'il en soit, voici maintenant les diverses suppositions qui ont été faites sur ce personnage mystérieux.

Pecquet, dans les *Mémoires secrets pour servir à l'histoire de Perse*, publiés en 1745, prétend que le prisonnier
était le comte de Vermandois, fils naturel de Louis XIV et
de mademoiselle de la Vallière, et que l'on avait arrêté
pour avoir donné un soufflet au grand dauphin. Mais ce
prince mourut d'une fièvre maligne, le 18 novembre 1663 ;
on lui fit des obsèques magnifiques, et il fut enterré dans
le chœur de la cathédrale d'Arras. « Il faut être fou, dit
Voltaire, pour imaginer qu'on enterra une bûche à sa
place, que Louis XIV fit faire un service solennel à cette
bûche, et que, pour achever la convalescence de son propre fils, il l'envoya prendre l'air à la Bastille, pour le reste
de sa vie, avec un masque de fer sur le visage. » Sainte-
Foix s'est donné la peine de réfuter longuement, dans
le dernier volume de ses *Essais sur Paris*, cette conjecture, adoptée aussi par le P. Griffet, dans le ch. 14
du *Traité des preuves qui servent à établir la vérité de
l'histoire*.

Lagrange-Chancel, dans une lettre à Fréron, a essayé
de démontrer que le prisonnier était le duc de Beaufort,
qui, suivant cet écrivain, n'avait pas été tué au siége de
Candie, comme on l'a cru généralement. (Voy. p. 138.)
Or, le Masque de fer était à Pignerol en 1662. « D'ail-

leurs, dit Voltaire, comment aurait-on arrêté le duc de Beaufort au milieu de son armée? comment l'aurait-on transféré en France sans que personne en sût rien? et pourquoi l'eût-on mis en prison, et pourquoi ce masque? »

Ceux qui soutenaient cette opinion se fondaient quelque peu sur ce que le nom de Marchiali, sous lequel on fit dresser à la paroisse Saint-Paul, l'extrait mortuaire du Masque de fer, donnait pour anagramme *hic amiral*. On sait que le duc de Beaufort était, en effet, amiral de France.

« On a aussi imaginé, dit Voltaire, que le duc de Monmouth, à qui le roi Jacques fit couper la tête publiquement dans Londres, en 1685 [1], était l'homme au masque de fer. Il aurait fallu qu'il eût ressuscité, et qu'ensuite il eût changé l'ordre des temps, qu'il eût mis l'année 1662 à la place de 1685 ; que le roi Jacques, qui ne pardonna jamais à personne, et qui par là mérita tous ses malheurs, eût pardonné au duc de Monmouth, et eût fait mourir, au lieu de lui, un homme qui lui ressemblait parfaitement. Il aurait fallu trouver ce Sosie, qui aurait eu la bonté de se faire couper le cou en public, pour sauver le duc de Monmouth ; il aurait fallu que toute l'Angleterre s'y fût méprise ; qu'ensuite le roi Jacques eût prié instamment Louis XIV de vouloir bien lui servir de sergent et de geôlier. Ensuite, Louis XIV, ayant fait ce petit plaisir au roi Jacques, n'aurait pas manqué d'avoir les mêmes égards pour le roi Guillaume et pour la reine Anne, avec lesquels il fut en guerre ; et il aurait

---

[1] Voy. plus haut, p. 110, les détails que nous avons donnés sur son supplice.

soigneusement conservé auprès de ces deux monarques sa
dignité de geôlier, dont le roi Jacques l'avait honoré [1]. »
Il n'y a rien à répondre à toutes ces objections, qui ré-
futent suffisamment les arguments donnés en faveur de
cette opinion par Sainte-Foix, dans ses *Essais sur Paris.*
Aussi l'on doit s'étonner que l'auteur de l'article Monmouth, dans la *Biographie Michaud*, ait terminé par cette
phrase : « On a prétendu que le fameux Masqué de fer
n'était autre que le duc de Monmouth. De toutes les conjectures qui ont été faites à ce sujet, c'est peut-être une
des moins déraisonnables. » C'est précisément le contraire qu'il fallait dire.

Un agent consulaire français, né vers 1725, le chevalier de Taulès, a émis, sur le Masque de fer, une opinion
assez extravagante, qu'il a consignée dans le livre intitulé : *L'homme au masque de fer, mémoire historique, où
l'on réfute les différentes opinions relatives à ce personnage mystérieux, et où l'on démontre que le prisonnier
fut une victime des jésuites,* 1825, in-8. Les jésuites, qui
en ont tant fait, et sur lesquels on en a tant dit, ne s'attendaient guère à être mêlés dans cette affaire. Suivant
le chevalier, le prisonnier était Arwédiks, patriarche des
Arméniens schismatiques, que les jésuites parvinrent, à
force d'intrigues, à faire enlever de Scio, et qui fut transféré de Sainte-Marguerite à la Bastille [2].

Dutens (mort en 1812), qui a soutenu plus d'une fois
d'étranges paradoxes, reproduisit, dans sa *Correspondance
interceptée* (lett. 6) et dans les *Mémoires d'un voyageur*

---

1 *Dictionnaire philosophique,* art. cité.

2 Voy. *Mémoires de l'Académie des inscriptions,* nouvelle série, t. x,
p. 576, *note.*

qui se repose, un bruit qui avait couru longtemps auparavant, savoir : que le prisonnier était un comte Girolamo Magni ou Mattioli, premier ministre du duc de Mantoue. On prétendait que cet homme avait été enlevé de Turin en 1635, ou plutôt en 1679, par ordre du cabinet de Versailles, qu'il avait trompé et qui craignait son habileté et ses intrigues. Cette opinion, aussi peu soutenable que les précédentes, et que l'on peut absolument réfuter de la même manière, a été soutenue par Rouz-Fazillac, dans ses *Recherches historiques et critiques sur l'homme au masque de fer*, Paris, an IX, in-8, de 142 pages ; et, plus récemment, par lord Dover (mort en 1833), dans l'*Histoire véritable du prisonnier d'État nommé communément le Masque de fer*, *faite sur des documents tirés des archives françaises* [1].

L'auteur des *Mémoires du maréchal de Richelieu*, Soulavie, a rapporté une longue histoire sur le Masque de fer. Il raconte que mademoiselle de Valois, fille du régent et alors maîtresse de Richelieu, cédant aux conseils de son amant, consentit à se prostituer à son père, qui était amoureux d'elle, pour acheter de lui la communication d'un Mémoire sur le Masque de fer. Ce Mémoire, rédigé, disait-on, par le gouverneur même du prisonnier, avait été envoyé par la princesse à Richelieu, qui le communiqua à l'abbé Soulavie ; et celui-ci l'a inséré en entier dans les Mémoires du maréchal. Nous en extrayons les passages suivants. C'est le gouverneur qui parle :

« Le prince infortuné, dit-il, que j'ai élevé et gardé jusque vers la fin de mes jours, naquit le 5 septem-

---

[1] Voyez encore dans la Biographie Michaud, art. MASQUE DE FER, l'indication des nombreux ouvrages composés sur ce personnage.

bre 1638, à huit heures et demie du soir, pendant le souper du roi. Son frère, à présent régnant, était né le matin,
à midi, pendant le diner de son père ; mais, autant la
naissance du roi fut splendide et brillante, autant celle
de son frère fut triste et cachée avec soin ; car le roi,
averti par la sage-femme que la reine devait faire un second enfant, avait fait rester en sa chambre le chancelier de France, la sage-femme, le premier aumônier, le
confesseur de la reine et moi, pour être témoins de ce
qu'il en arriverait, et de ce qu'il voulait faire, s'il naissait un second enfant:

« Déjà, depuis longtemps, le roi était averti, par pro-
phéties, que sa femme ferait deux fils ; car il était venu,
depuis plusieurs jours, des pâtres à Paris, qui disaient en
avoir eu inspiration divine, si bien, qu'il se disait dans
Paris, que si la reine accouchait de deux dauphins, comme
on l'avait prédit, ce serait le comble du malheur de l'E-
tat. L'archevêque de Paris, qui fit venir ces devins, les
fit renfermer tous les deux à Saint-Lazare, parce que le
peuple en était ému ; ce qui donna beaucoup à penser
au roi, à cause des troubles qu'il avait lieu de craindre
dans son Etat. Il arriva ce qui avait été prédit par les devins, soit que les constellations en eussent averti les pâtres, soit que la Providence voulût avertir Sa Majesté des
malheurs qui pouvaient advenir à la France. Le cardinal (Richelieu), à qui le roi, par un messager, avait fait
savoir cette prophétie, avait répondu qu'il fallait s'en ad-
viser, que la naissance de deux dauphins n'était pas une
chose impossible et que, dans ce cas, il fallait soigneusement cacher le second, parce qu'il pourrait, à l'avenir,
vouloir être roi, combattre son frère, pour soutenir une
seconde ligue dans l'Etat, et régner.

« Le roi était souffrant dans son incertitude, et la reine, qui poussa des cris, nous fit craindre un second accouchement. Nous envoyâmes quérir le roi, qui pensa tomber à la renverse, pressentant qu'il allait être père de deux dauphins. Il dit à monseigneur l'évêque de Meaux, qu'il avait prié de secourir la reine : « Ne quittez pas « mon épouse jusqu'à ce qu'elle soit délivrée. J'en ai « une inquiétude mortelle. » Incontinent après, il nous assembla, l'évêque de Meaux, le chancelier, le sieur Honorat, la dame Péronnette, sage-femme, et moi ; et il nous dit, en présence de la reine, afin qu'elle pût l'entendre, que nous en répondions sur notre tête, si nous publiions la naissance d'un second dauphin, et qu'il voulait que sa naissance fût un secret de l'État, pour prévenir les malheurs qui pourraient arriver...

« Ce qui avait été prédit arriva ; et la reine accoucha, pendant le souper du roi, d'un dauphin plus mignard et plus beau que le premier, qui ne cessa de se plaindre et de crier, comme s'il eût déjà éprouvé du regret d'entrer dans la vie, où il aurait ensuite tant de souffrances à endurer. Le chancelier dressa le procès-verbal de cette merveilleuse naissance, unique dans notre histoire. Ensuite, Sa Majesté ne trouva pas bien fait le premier procès-verbal, ce qui fit qu'elle le brûla en notre présence, et ordonna de le refaire plusieurs fois, jusqu'à ce que Sa Majesté le trouvât de son gré, quoi que pût remontrer l'aumônier, qui prétendait que Sa Majesté ne pouvait cacher la naissance d'un prince, à quoi le roi répondit qu'il y avait en cela une raison d'État.

« Ensuite, le roi nous dit de signer notre serment. Le chancelier le signa d'abord, puis M. l'aumônier, puis le confesseur de la reine ; et je signai après. Le serment fut signé aussi par le chirurgien et par la sage-femme qui délivra la reine ; et le roi attacha cette pièce au procès-verbal, qu'il emporta, et dont je n'ai jamais ouï parler... Le roi nous ordonna aussi de bien examiner ce malheureux prince, qui avait une verrue au-dessus du coude gauche, une tache jaunâtre à son col, du côté droit, et une plus petite verrue au gras de la cuisse droite, parce que Sa Majesté, en cas de décès du premier né, entendait, avec raison, mettre en sa place l'enfant royal qu'il allait nous donner en garde... Et, pour ce qu'il en fut des bergers qui avaient prophétisé sa naissance, jamais je n'ai pu en entendre parler, mais aussi, je ne m'en suis enquis. M. le cardinal, qui prit soin de cet enfant mystérieux, aura pu les dépayser.

« Pour ce qui est de l'enfance du second prince, la dame Péronnette en fit comme d'un enfant sien, d'abord, mais qui passa pour le fils bâtard de quelque grand seigneur du temps, parce qu'on reconnut, aux soins qu'elle en prenait et aux dépenses qu'elle faisait, que c'était un fils riche et chéri, encore qu'il fût désavoué.

« Quand le prince fut un peu grand, M le cardinal Mazarin, qui fut chargé de son éducation, après monseigneur le cardinal de Richelieu, me le fit bailler pour l'instruire et l'élever comme l'enfant d'un roi, mais en secret. La dame Péronnette lui continua ses offices jusqu'à la mort, avec attachement d'elle à lui, et de lui à elle encore davantage. Le prince a été instruit à ma maison en Bourgogne, avec tout le soin qui est dû à un fils de roi et frère de roi [1]. »

---

[1] *Mémoires du maréchal de Richelieu*, 1790, in-8°, t. iii, ch. 9, p. 71-113. — L'abbé Soulavie, à la suite de l'écrit du gouverneur, a rassemblé un grand nombre de passages de divers écrits relatifs au Masque de fer.

Le reste de ce Mémoire peut se résumer ainsi :

Le jeune prince, ne sachant comment expliquer les égards et les marques de respect qu'on lui témoignait, ne cessait de questionner sur sa naissance et ses parents son gouverneur, qui ne pouvait lui donner aucune réponse satisfaisante. « Un jour, il lui demanda le portrait du roi (Louis XIV); le gouverneur, déconcerté, répondit par de mauvaises défaites, et agit de même toutes les fois que son élève cherchait à découvrir un mystère auquel il paraissait mettre chaque jour plus d'importance. « Le jeune homme n'était point étranger à l'amour; ses premiers vœux s'étaient adressés à une femme de chambre de la maison; il la conjura de lui procurer un portrait du roi; elle s'y refusa d'abord, en alléguant l'ordre qu'avaient reçu tous les gens de la maison de ne lui rien donner hors de la présence de leur maître. Il insista; et elle promit de lui en procurer un. A la vue du portrait, il fut frappé de sa ressemblance avec le roi, et se rendit auprès de son gouverneur, lui réitéra ses questions ordinaires, mais d'une manière plus pressante et plus assurée : il lui demanda de nouveau le portrait du roi. Le gouverneur voulut encore éluder : « Vous me trompez, lui dit-il; voilà le por-
« trait du roi, et une lettre qui vous est adressée
« me dévoile un mystère que vous voudriez en vain
« me cacher plus longtemps. Je suis frère du roi, et
« je veux en partir à l'instant, aller me faire reconnaî-
« tre à la cour, et jouir de mon état. » (Le gouverneur disait, dans sa déclaration, qu'il n'a jamais pu s'assurer par quel moyen le jeune prince s'était procuré la lettre qu'il lui montra; il dit seulement qu'il ignore s'il avait ouvert une cassette dans laquelle il mettait tou-

tes les lettres du roi, de la reine et du cardinal Mazarin,
ou s'il avait intercepté la lettre qu'il lui montra.) Il ren-
ferma le prince, et envoya 'sur-le-champ un courrier à
Saint-Jean-de-Luz, où était la cour, pour traiter de la
paix des Pyrénées et du mariage du roi. La réponse fut
un ordre du roi pour enlever le prince et le gouverneur,
qui fut conduit aux îles Sainte-Marguerite, et ensuite
tranféré à la Bastille, où le gouverneur des îles Sainte-
Marguerite les suivit [1]. »

Occupons-nous maintenant des conjectures émises par
Voltaire, et rappelons, avant tout, avec quel soin cet
historien a recueilli de toutes parts des renseignements
sur le siècle de Louis XIV, et combien, par ses relations
avec les personnages les plus marquants de la cour, il a dû
être à même de recueillir des détails qui auraient pu être
inconnus à d'autres. A la fin de son article *Ana*, déjà cité,
après avoir parlé du P. Griffet, confesseur des prisonniers
de la Bastille, il disait : « Celui qui écrit cet article en sait
peut-être plus que le P. Griffet, et n'en dira pas davantage. » Cette phrase, dans l'édition de 1771, est suivie
d'une note qui a pour auteur Voltaire lui-même, et qu'il a
intitulée : *Addition de l'éditeur*. Il y parle de lui à la troisième personne. Voici les passages de cette note, qui
contiennent quelques faits nouveaux :

« Il est surprenant, dit-il, de voir tant de savants
et tant d'écrivains pleins d'esprit et de sagacité se tourmenter à deviner qui peut avoir été *le fameux Masque de
fer*, sans que l'idée la plus simple, la plus naturelle et la

---

[1] Grimm, *Correspondance littéraire*, 1813, in-8°, t. XVI, p. 234 et
suiv. — Il n'a fait qu'abréger la pièce rapportée par Soulavie ; mais il
prétend que cette pièce a été trouvée par Laborde, ancien valet de chambre de Louis XV, dans les papiers du maréchal de Richelieu.

plus vraisemblable, se soit jamais présentée à eux. Le fait, tel que M. de Voltaire le rapporte, une fois admis, avec ses circonstances, l'existence d'un prisonnier d'une espèce si singulière, mise au rang des vérités historiques les mieux constatées, il paraît que non-seulement rien n'est plus aisé que de concevoir quel était ce prisonnier, mais qu'il est même difficile qu'il puisse y avoir deux opinions sur ce sujet. L'auteur de cet article aurait communiqué plus tôt son sentiment, s'il n'eût cru que cette idée devait déjà être venue à bien d'autres, et s'il ne se fût persuadé que ce n'était pas la peine de donner comme une découverte une chose qui, selon lui, saute aux yeux de tous ceux qui lisent cette anecdote... Pourquoi personne ne s'est-il encore avisé de supposer que *le Masque de fer pouvait avoir été un prince inconnu, élevé en cachette, et dont il importait de laisser ignorer totalement l'existence ?* »

« L'auteur conjecture, de la manière dont M. de Voltaire a raconté le fait, que cet historien célèbre est aussi persuadé que lui du soupçon qu'il va, dit-il, manifester, mais que M. de Voltaire, à titre de Français, n'a pas voulu, ajoute-t-il, publier tout net, surtout en ayant dit assez pour que le mot de l'énigme ne dût pas être difficile à deviner. Le voici, continue-t-il toujours, selon moi :

« Le Masque de fer était sans doute un frère, et un frère aîné de Louis XIV, dont la mère avait ce goût pour le linge fin, sur lequel M. de Voltaire appuie. Ce fut en lisant les mémoires de ce temps, qui rapportent cette anecdote au sujet de la reine, que, me rappelant ce même goût du Masque de fer, je ne doutai plus qu'il ne fût son fils ; ce dont toutes les autres circonstances m'avaient déjà persuadé.

« On sait que Louis XIII n'habitait plus depuis longtemps avec la reine, que la naissance de Louis XIV ne fut due qu'à un heureux hasard habilement amené, hasard qui obligea absolument le roi à coucher en même lit avec la reine. Voici comme je crois que la chose sera arrivée :

« La reine aura pu s'imaginer que c'était par sa faute qu'il ne naissait point d'héritier à Louis XIII. La naissance du Masque de fer l'aura détrompée. Le cardinal (Richelieu), à qui elle aura fait confidence du fait, aura su, par plus d'une raison, tirer parti de ce secret ; il aura imaginé de tourner cet événement à son profit et à celui de l'État. Persuadé, par cet exemple, que la reine pouvait donner des enfants au roi, la partie qui produisit le hasard d'un seul lit pour le roi et pour la reine fut arrangée en conséquence. Mais la reine et le cardinal, également pénétrés de cacher à Louis XIII l'existence du *Masque de fer*, l'auront fait élever en secret. Ce secret en aura été un pour Louis XIV, jusqu'à la mort du cardinal Mazarin.

« Mais ce monarque, apprenant alors qu'il avait un frère, et un frère aîné que sa mère ne pouvait désavouer, qui, d'ailleurs, portait peut-être des traits marqués qui annonçaient son origine, faisant réflexion que cet enfant, né durant le mariage, ne pouvait, sans de grands inconvénients et sans un horrible scandale, être déclaré illégitime après la mort de Louis XIII, Louis XIV aura jugé ne pouvoir user d'un moyen plus sage et plus juste que celui qu'il employa pour assurer sa propre tranquillité et le repos de l'État ; moyen qui le dispensait de commettre une cruauté que la politique aurait représentée comme nécessaire à un monarque moins consciencieux et moins magnanime que Louis XIV.

« Il me semble, poursuit toujours notre auteur, que plus on est instruit de l'histoire de ces temps-là, plus on doit être frappé de la réunion de toutes les circonstances qui prouvent en faveur de cette supposition. »

Dans l'édition des œuvres de Voltaire, publiée à Kehl, on trouve encore une note due aux éditeurs; cette note faisant allusion à l'explication donnée par la lettre de mademoiselle de Valois, qui suppose le Masque de fer un frère jumeau de Louis XIV, né quelques heures après lui, renferme le passage suivant : « Louis XIV n'aurait jamais détenu un de ses frères dans une prison perpétuelle pour prévenir les maux annoncés par un astrologue, auquel il ne croyait pas. Il lui fallait des motifs plus importants. Fils aîné de Louis XIII, avoué par ce prince, le trône lui appartenait ; mais un fils né d'Anne d'Autriche, inconnu à son mari, n'avait aucun droit, et pouvait cependant essayer de se faire reconnaître, déchirer la France par une longue guerre civile, l'emporter peut-être sur le fils de Louis XIII, en alléguant le droit de primogéniture, et substituer une nouvelle race à l'antique race des Bourbons. Ces motifs, s'ils ne justifiaient pas entièrement la rigueur de Louis XIV, servaient au moins à l'excuser ; et le prisonnier, trop instruit de son sort, pouvait lui savoir quelque gré de n'avoir pas suivi des conseils plus rigoureux, conseils que la politique a trop souvent employés contre ceux qui avaient quelques prétentions à des trônes occupés par leurs concurrents.

« M. de Voltaire avait été lié dès sa jeunesse avec le duc de Richelieu, qui n'était pas discret. Si la lettre de mademoiselle de Valois est véritable, il l'a connue; mais, doué d'un esprit juste, il a senti l'erreur, il a cherché d'autres instructions. Il était placé pour en avoir. Il a rectifié la vérité altérée dans cette lettre, comme il a rectifié tant d'autres erreurs. »

Pour résumer en deux mots cette discussion sur le Masque de fer, nous croyons que toutes les probabilités se réunissent pour le croire un fils naturel d'Anne d'Autriche, ou, mieux encore, un frère jumeau de Louis XIV.

Terminons par un fait très-peu connu, rapporté par le *Mémorial de Sainte-Hélène.*

«.La conversation a conduit aujourd'hui à traiter le Masque de fer. On a passé en revue ce qui avait été dit par Voltaire, Dutens, etc., et ce que l'on trouve dans les Mémoires de Richelieu. Ceux-ci le font, comme l'on sait, frère jumeau de Louis XIV, et son aîné. Or, quelqu'un (c'est probablement le comte de Las Cases), a ajouté que, travaillant à des cartes généalogiques, on était venu lui démontrer sérieusement que lui, Napoléon, était descendant linéal de ce Masque de fer, et par conséquent, l'héritier légitime de Louis XIII et de Henri IV, de préférence à Louis XIV, et à tout ce qui en était sorti. L'empereur, de son côté, a dit en avoir, en effet, entendu quelque chose, et il a ajouté que la crédulité des hommes est telle, leur amour du merveilleux si fort, qu'il n'eût pas été difficile d'établir quelque chose de la sorte pour la multitude, et qu'on n'eût pas manqué de trouver certaines personnes, dans le sénat, pour le sanctionner, et probablement, a-t-il observé, celles-là mêmes qui, plus tard, se sont empressées de le dégrader, sitôt qu'elles l'ont vu dans l'adversité.

« On est passé alors à développer les bases et la marche de cette fable. Le gouverneur des îles Sainte-Marguerite, disait-on, auquel la garde du Masque de fer était alors confiée, se nommait M. de *Bonpart*, circonstance, au fait, déjà fort singulière. Celui-ci, assurait-on, ne demeura pas étranger aux destinées de son prisonnier. Il avait une fille ; les jeunes gens se virent, ils s'aimèrent. Le gouverneur en donna connaissance à la cour ; on y décida qu'il n'y avait pas grand inconvénient à laisser cet infortuné chercher dans l'amour un adoucissement à ses malheurs ; et M. de Bonpart les maria.

« Celui qui parlait en ce moment disait que quand on lui raconta la chose, qui l'avait fort amusé, il lui était arrivé de dire qu'il la trouvait très-ingénieuse ; sur quoi le narrateur s'était fâché tout rouge, prétendant que ce mariage pouvait se vérifier aisément sur les registres d'une des paroisses de Marseille qu'il cita, et qui en attestaient, disait-il, toutes les traces. Il ajoutait que les enfants qui naquirent de ce mariage furent clandestinement ou sans bruit écoulés vers la Corse, où la différence de langage, le hasard ou l'intention avait transformé leur nom de Bonpart en Bonaparte et Buonaparte ; ce qui, au fond, présente le même sens.

« A cette anecdote on a ajouté qu'au moment de la révolution, on avait fait une histoire semblable en faveur de la branche d'Orléans [1]. On la fondait sur une pièce trouvée à la Bastille. On supposait qu'Anne d'Autriche, qui accoucha après vingt-trois ans de stérilité, avait mis au monde une fille. La crainte qu'elle n'eût point d'autre enfant avait porté Louis XIII à éloigner cette fille, et lui substituer faussement un garçon, qui avait été Louis XIV. Mais, l'année suivante, la reine accoucha encore ; et cette

---

[1] Le bruit courait, sous la restauration, que si la branche d'Orléans venait jamais à monter sur le trône, on saurait quel était le Masque de fer. — On voit aujourd'hui combien cette supposition était peu fondée.

fois, ce fut un garçon, Philippe, chef de la maison d'Orléans, qui se trouvait ainsi, lui et les siens, les héritiers
légitimes, tandis que Louis XIV et les siens n'étaient plus
que des intrus et des usurpateurs. Dans cette version, le
Masque de fer était une fille. Une brochure courut les
provinces, à ce sujet, lors de la prise de la Bastille ; mais
l'histoire ne fit pas fortune : elle mourut sans avoir même
un instant, à ce qu'il paraît, occupé la capitale [1]. »

Voici encore deux événements pleins de mystère, qui
signalèrent le règne de Louis XIV.

« On fut étonné, cette année (1699), à Fontainebleau,
dit Saint-Simon, qu'à peine la princesse de Savoie, depuis duchesse de Bourgogne, y fut arrivée, que madame
de Maintenon la mena à un petit couvent borgne de Moret, où le lieu ne pouvait l'amuser, ni aucune religieuse,
dont il n'y en avait pas de connues. La princesse y retourna plusieurs fois pendant le voyage ; et cela réveilla
la curiosité et les bruits. Madame de Maintenon y allait
souvent de Fontainebleau; et à la fin, on s'y était accoutumé. Dans ce couvent, était professe une Mauresse inconnue à tout le monde, et qu'on ne montrait à personne. Bontemps, premier valet de chambre et gouverneur de Versailles, par qui les choses du secret domestique passaient de tout temps, l'y avait mise toute jeune,
avait payé une dot qui ne se disait pas, et depuis, continuait
une grosse pension tous les ans. Il prit exactement soin
qu'elle eût son nécessaire, et tout ce qui peut passer pour
abondance à une religieuse, et que tout ce qu'elle pouvait
désirer de toute espèce de douceur lui fût fourni. La feue

---

[1] *Mémorial de Sainte-Hélène*, vendredi 12 juillet 1816. Paris, 1855,
grand in-8°, t. I, p. 495.

reine y allait souvent de Fontainebleau, et prenait grand soin du bien-être du couvent, et madame de Maintenon après elle. Ni l'une ni l'autre ne prenait pas un soin direct de cette Mauresse qui pût se remarquer ; mais elles n'y étaient pas moins attentives. Elles ne la voyaient pas toutes les fois qu'elles y allaient, mais souvent pourtant avec une grande attention à sa santé, à sa conduite et à celle de la supérieure à son égard. Monseigneur y a été quelquefois, et les princes, ses enfants, une ou deux fois; et tous ont demandé et vu la Mauresse. Elle était là avec plus de considération que la personne la plus connue et la plus distinguée, et se prévalait fort des soins que l'on prenait d'elle et du mystère qu'on en faisait ; et, quoiqu'elle vécût très-régulièrement ; on s'apercevait bien que la vocation avait été aidée. Il lui échappa une fois, entendant Monseigneur chasser dans la forêt, de dire négligemment : « C'est mon frère qui chasse. »

« On prétendit qu'elle était fille du roi et de la reine, et que sa couleur l'avait fait cacher et disparaître, et publier que la reine avait fait une fausse couche; et beaucoup de gens de la cour en étaient persuadés. Quoi qu'il en soit, la chose est demeurée une énigme[1]. »

« La même année, raconte encore Saint-Simon, un événement singulier fit beaucoup raisonner tout le monde. Il arriva tout droit à Versailles un maréchal de la petite ville de Salon en Provence, qui s'adressa à Brissac, major des gardes du corps, pour être conduit au roi, à qui il voulait parler en particulier. Il ne se rebuta pas des rebuffades qu'il en reçut, et fit tant, que le roi en fut informé; qui lui fit dire qu'il ne parlait pas

---

1 *Mémoires*, t. II, p. 82.

ainsi à tout le monde. Ce maréchal insista, et dit que, s'il voyait le roi, il lui dirait des choses si secrètes et tellement connues de lui seul, qu'il verrait bien qu'il avait mission pour lui dire des choses importantes; qu'en attendant, du moins, il demandait à être envoyé à un ministre d'État. Là-dessus, le roi lui fit dire d'aller trouver Barbezieux, à qui il avait donné ordre de l'entendre. Ce qui surprit beaucoup, c'est que ce maréchal, qui ne faisait que d'arriver, et qui n'était jamais sorti de son lieu ni de son métier, ne voulut point de Barbezieux, et demanda tout de suite à être envoyé à un ministre d'État; que Barbezieux ne l'était point, et qu'il ne parlerait qu'à un ministre. Sur cela, le roi nomma Pomponne; et le maréchal, sans faire de difficulté ni réponse, l'alla trouver. Ce qu'on sut de son histoire est fort court : le voici. Cet homme, revenant tard de dehors, se trouva entouré d'une grande lumière, auprès d'un arbre assez près de Salon ; une personne vêtue de blanc, et par-dessus à la royale, belle, blonde et fort éclatante, l'appela par son nom, lui dit de la bien écouter, lui parla plus d'une demi-heure, lui dit qu'elle était la reine qui avait été épousée du roi, lui ordonna de l'aller trouver, et de lui dire les choses qu'elle lui communiqua ; que Dieu l'aiderait dans son voyage; et qu'à une chose qu'il dirait au roi, et que le roi seul au monde savait, et qui ne pouvait être sue que de lui, il reconnaîtrait la vérité de tout ce qu'il venait lui apprendre; que si d'abord il ne pouvait parler au roi, il demandât à parler à un de ses ministres d'Etat, et que surtout il ne communiquât rien aux autres, quels qu'ils fussent, et qu'il réservât certaines choses au roi tout seul; qu'il partît promptement, et qu'il exécutât ce qui lui était ordonné hardiment et diligemment, et qu'il assurât qu'il serait puni de mort, s'il négligeait de s'acquitter de la commission. Le maréchal promit, et tout aussitôt la reine disparut, et il se trouva dans l'obscurité auprès de son arbre. Il se coucha au pied, ne sachant s'il rêvait ou s'il était éveillé, et s'en alla après chez lui, persuadé que c'était une illusion et une folie, dont il ne se vanta à personne. A deux jours de là, passant au même endroit, la même vision lui arriva encore, et les mêmes propos lui furent tenus ; il y eut, de plus, des reproches de son doute, et des menaces réitérées, et pour fin, d'aller dire à l'intendant de la province ce qu'il avait vu, et l'ordre qu'il avait reçu d'aller à Versailles, et que sûrement il lui fournirait de quoi faire son voyage. A cette fois, le maréchal demeura convaincu ; mais, flottant entre les craintes des menaces et les difficultés de l'exécution, il ne sut à quoi se résoudre, gardant toujours le silence sur ce qui lui était arrivé. Il demeura huit jours dans cette perplexité, et enfin, comme résolu à ne point faire ce voyage ; et repassant encore par le même endroit, il vit et entendit encore la même chose, et des menaces si effrayantes, qu'il ne songea plus qu'à partir. A deux jours de là, il fut trouver à Aix l'intendant de la province, qui, sans balancer, l'exhorta à suivre son voyage, et lui donna de quoi le faire dans une voiture publique. On n'en a jamais su davantage. Il entretint trois fois M. de Pomponne, et fut chaque fois plus d'une heure avec lui. M. de Pomponne en rendit compte au roi en particulier, qui voulut que Pomponne en parlât plus amplement au conseil d'Etat, où monseigneur n'était point, et où il n'y avait que les ministres d'Etat qui lors, outre lui, étaient le duc de Beauvilliers, Pontchartrain et Torcy, et nul autre. Ce conseil fut long ;

peut-être y parla-t-on d'autre chose après. Ce qui arriva
ensuite, c'est que le roi voulut entretenir le maréchal. Il
ne s'en cacha point : il le vit dans ses cabinets, et le fit
monter par le petit degré qui est sur la cour de marbre,
par où il passe pour aller à la chasse ou se promener.

« Quelques jours après, il le vit encore de même, et à
chaque fois, fut plus d'une demi-heure avec lui, et prit
garde que personne ne fût à portée d'eux. Le lendemain
de la première fois qu'il l'eut entretenu, comme il descendait par ce même petit escalier pour aller à la chasse,
M. de Duras qui avait le bâton, et qui était sur le pied
d'une considération, d'une liberté de dire au roi tout ce
qu'il lui plaisait, se mit à parler de ce maréchal avec
mépris, et à dire le mauvais proverbe, que cet homme
était un fou, ou que le roi n'était pas noble. A ce mot, le
roi s'arrêta, et se tournant au maréchal de Duras, ce
qu'il ne faisait presque jamais en marchant : « Si cela est,
« dit-il, je ne suis pas noble ; car je l'ai entretenu long-
« temps : il m'a parlé de fort bon sens ; et je vous assure
« qu'il est fort loin d'être fou. » Ces derniers mots furent prononcés avec une gravité appuyée qui surprit fort
l'assistance. Après le second entretien, le roi convint que
cet homme lui avait dit une chose qui lui était arrivée, il
y a plus de vingt ans, et que lui seul savait, parce qu'il
ne l'avait jamais dite à qui que ce soit ; et il ajouta que
c'était un fantôme qu'il avait vu dans la forêt de Saint-
Germain, et dont il était sûr de n'avoir jamais parlé.

« Il s'expliqua encore plusieurs fois favorablement sur
ce maréchal, qui était défrayé de tout par ses ordres, et
fut renvoyé aux dépens du roi, qui lui fit donner de l'argent, outre sa dépense, et qui fit écrire à l'intendant de
Provence de le protéger particulièrement, et d'avoir soin

que, sans le tirer de son état et de son métier, il ne manquât de rien le reste de sa vie. Ce qu'il y a de plus marqué, c'est qu'aucun des ministres d'alors n'a jamais
voulu parler là-dessus. Leurs amis les plus intimes les
ont poussés et retournés là-dessus à plusieurs reprises,
sans avoir pu en arracher un mot; et tous, d'un même
langage, leur ont donné le change, se sont mis à rire et
à plaisanter, sans jamais sortir de ce cercle, ni enfoncer
cette surface d'une ligne. Cela m'est arrivé avec M. de
Beauvilliers et M. de Pontchartrain; et je sais, par leurs
intimes amis, qu'ils n'en ont rien tiré davantage, de
même que ceux de MM. de Pomponne et de Torcy. Le
maréchal, qui était un homme d'environ cinquante ans,
qui avait famille, bien famé dans son pays, montra beaucoup de bon sens dans sa simplicité, de désintéressement
et de modestie. Il trouvait toujours qu'on lui donnait
trop, et ne parut d'aucune curiosité; et dès qu'il eut
achevé de voir le roi et M. de Pomponne, il ne voulut
rien voir ni se montrer, parut empressé de s'en retourner, et dit que, content d'avoir rempli sa mission, il n'a-
vait plus rien à faire que de s'en aller chez lui.

« Ceux qui en avaient soin firent tout ce qu'ils purent
pour savoir quelque chose de lui. Il ne répondait rien,
ou disait : « Il m'est défendu de parler, et coupait court,
sans se laisser émouvoir par rien. Revenu chez lui, il ne
parut différent en rien de ce qu'il était auparavant, ne
parlait ni de Paris ni de la cour; répondait deux mots à
ceux qui l'interrogeaient, montrait qu'il n'aimait pas de
l'être, et sur ce qu'il avait été faire, pas un mot de plus
que ce que je viens de rapporter. Surtout nulle vante-
rie : il ne se laissait pas entamer sur les audiences qu'il
avait eues, et se contentait de se louer du roi, qu'il avait

vu, mais, en deux mots, sans laisser entendre s'il l'avait
vu en habits royaux ou d'une autre manière, et ne voulait
jamais s'en expliquer. Sur M. de Pomponne, quand on
lui en parlait, il répondait qu'il avait vu un ministre,
sans s'expliquer comme ni combien de fois, qu'il ne le
connaissait pas; puis il se taisait sans qu'on pût lui en
faire dire davantage.

« Il reprit son métier, et a vécu depuis à son ordinaire. C'est ce que les premiers de la Provence ont rapporté, et ce que m'en a dit l'archevêque d'Arles... qui
passait du temps tous les ans à Salon... Il n'en faut pas
tant pour beaucoup faire raisonner le monde. On rai-
sonna donc beaucoup sans avoir pu rien trouver, et
qu'aucune suite de ce singulier voyage ait pu ouvrir les
yeux. Des fureteurs ont voulu se persuader et persuader
aux autres que ce ne fut qu'un tissu de hardies friponne-
ries dont la simplicité de ce bonhomme fut la première
dupe.

« Il y avait à Marseille une madame Armond dont la
vie est un roman, et qui, laide comme le péché, vieille,
pauvre et veuve, a fait les plus grandes passions, et gou-
verné les plus considérables des lieux où elle s'est trouvée. Elle se fit épouser par ce M. Armond, intendant de
la marine à Marseille, avec les circonstances les plus
singulières; et, à force d'esprit et de manége, elle se fit
aimer et redouter partout où elle vécut, au point que la
plupart la croyaient sorcière. Elle avait été amie intime
de madame de Maintenon, du temps qu'elle était madame
Scarron. Un commerce secret et intime avait toujours
subsisté entre elles jusqu'alors. Ces deux choses sont
vraies; la troisième, que je me garderai bien d'assurer,
est que la vision et la commission de venir parler au roi

fut un tour de passe-passe de sa femme, et que, ce que le maréchal de Salon était chargé par elle de rapporter, cette triple apparition qu'il avait eue, n'était que pour obliger le roi à déclarer madame de Maintenon reine. Ce maréchal ne la nomma jamais, et ne la vit point. De tout cela on n'en a jamais su davantage, quoiqu'on accusât madame de Maintenon d'avoir fait remuer toutes les roues de cette machine extraordinaire, sans qu'on ait eu des preuves directes [1]. »

Tout le monde sait qu'au commencement de la restauration un événement tout à fait semblable arriva à la cour de Louis XVIII. Un laboureur nommé Martin, du bourg de Gallardon, à quatre lieues de Chartres, après avoir eu, en travaillant dans son champ, un certain nombre de visions qui commencèrent le 15 janvier 1816, et qui lui commandaient toutes d'aller trouver le roi, finit par se rendre auprès de l'évêque de Versailles. Celui-ci prévint le ministre de la police. Martin, mandé par le comte de Breteuil, préfet d'Eure-et-Loir, fut envoyé par lui à Paris. Là il fut examiné par Pinel, puis envoyé à Charenton, où le médecin de cette maison, M. Royer-Collard, fit sur lui, jour par jour, une série d'observations qui ont été publiées, et constatent l'état d'hallucination de Martin, auquel pendant ce séjour à Charenton l'archange Raphaël n'avait pas cessé d'apparaître. Enfin, le 2 avril, M. Decazes le mena aux Tuileries dans l'appartement de Louis XVIII, et le laissa seul avec le roi. Voici comment Martin a raconté cette entrevue au curé de Gallardon.

« Le roi était assis à côté de la table ; j'ai salué le roi,

1 *Mémoires*, t. II, p. 517 et suiv.

et je lui ai dit, mon chapeau à la main : « Sire, je vous
salue. » Le roi m'a dit : « Bonjour, Martin. » Et j'ai dit en
moi-même : « Il sait bien mon nom, toujours. — Vous
« savez, sire, sûrement pourquoi je viens. — Oui, je sais
« que vous avez quelque chose à me dire, et l'on m'a
« dit que c'était quelque chose que vous ne pouviez dire
« qu'à moi-même. Asseyez-vous. » J'ai pris un fauteuil,
et je me suis assis vis-à-vis du roi ; et quand j'ai été assis, je lui ai dit : « Comment vous portez-vous? » Le roi
m'a répondu : « Je me porte un peu mieux que ces jours
« passés ; et vous, comment vous portez-vous? — Moi, je
« me porte bien. — Quel est le sujet de votre voyage? »
Alors Martin lui raconta sa première apparition, et comment l'ange lui avait ordonné d'aller trouver le roi, et ce
qu'il l'avait chargé de lui dire. Martin ajoutait que,
« pendant cet entretien, le roi avait plusieurs fois levé
les mains au ciel, et que des larmes coulaient le long
de ses joues.» Il rappela sur l'exil de ce prince des particularités qui lui avaient été révélées par l'ange. « Gar-
« dez-en le secret, reprit le roi, il n'y aura que Dieu,
« vous et moi qui saurons jamais cela. »

Après cette entrevue, Martin retourna passer la nuit à
Charenton, et en partit le lendemain pour retourner à Gallardon, où il reprit sa vie habituelle. Malheureusement la
conduite qu'il tint depuis 1850 jusqu'à sa mort arrivée en
mai 1834, dut faire un peu de tort à sa réputation d'inspiré. Il se mit à prophétiser, à annoncer, entre autres
choses, l'existence de Louis XVII, et à se donner comme
l'une des trois personnes chargées de le replacer sur le
trône de France. On peut consulter sur lui la brochure
publiée en 1830, et qui a été réimprimée un très-grand
nombre de fois sous le titre de *Relation contenant les*

*événements qui sont arrivés au sieur Martin, laboureur
à Gallardon, en Beauce, dans les premiers mois de* 1816,
*in-*8, par L. Silvy.

Pour revenir au maréchal de Salon, il ne faut guère
s'en rapporter à ce que Louis XIV en a dit à ses courtisans ; car, malgré sa gravité habituelle, ce monarque ne
se faisait aucun scrupule de mystifier sa cour, ainsi qu'on
pourra en juger par le fait suivant :

Dans la première moitié de son règne, un Bolonais,
nommé Primi [1], ayant une belle figure, de l'esprit et
de l'ambition, se rendit en France, dans l'espoir de
faire fortune. Pendant son voyage de Lyon à Paris, il fit
connaissance avec un nommé Duval, homme d'esprit,
qui, lors de leur arrivée à Paris, le présenta à l'abbé
de la Baume, devenu plus tard archevêque d'Embrun.
Celui-ci conçut l'idée d'une singulière mystification.
Trouvant dans la finesse et l'audace de Primi, dans son
jargon mêlé d'italien et de français, toutes les qualités
désirables pour l'exécution de son projet, il le séquestra
pendant six semaines, sans voir d'autres personnes que
le duc de Vendôme et le grand prieur de France, son
frère, auxquels il le présenta. Tous trois employèrent
le temps de cette retraite à instruire cet Italien de la généalogie des personnes, de leurs liaisons, de leurs ami-
tiés, de leurs amours, de leurs haines, etc. « Quand
ils le jugèrent assez bien endoctriné, l'abbé de la Baume
répandit dans la société qu'il connaissait un Italien pour
qui le passé et l'avenir n'avaient rien de caché, sur la
présentation seule de l'écriture. Hommes et femmes, la
cour et la ville coururent chez Primi, et tous revenaient

[1] Nous en avons déjà parlé dans les CURIOSITÉS BIBLIOGRAPHIQUES, p. 126.

étonnés de ses réponses, croyant d'ailleurs à l'avenir par le récit du passé. La comtesse de Soissons surtout le protégea,et le rechercha ; et vu son goût pour l'intrigue, il y a bien de l'apparence qu'elle entra dans celles de Primi. Madame voulut voir Primi, qui lui parla très-sciemment des événements de sa vie ; il ne garda même pas le silence à son égard, sur ses liaisons actuelles avec le comte de Guiche, et lui occasionna une telle surprise, qu'elle peignit Primi au roi comme un homme extraordinaire, et pressa le monarque de lui donner aussi de son écriture à examiner. Après s'y être refusé longtemps, Louis XIV donna enfin un billet qui paraissait de sa main, et que madame remit avec empressement à Primi, qui assura que cette écriture était celle d'un vieil avare, d'un fesse-Mathieu, d'un homme enfin incapable de jamais rien faire de beau et de bon. La surprise de madame fut grande de trouver ainsi son devin en défaut ; elle reprit le billet en l'assurant que, pour cette fois, il se trompait lourdement ; mais l'Italien assura qu'il ne se trompait pas. Madame rendit le billet au roi, en lui rapportant les discours de Primi. Le monarque en fut d'autant plus étonné, que le billet en question qu'il avait donné comme de sa main était réellement de celle de M. le président Rose, secrétaire du cabinet, et qui contrefaisait si bien l'écriture de Louis XIV, que celui-ci le chargeait de répondre à beaucoup de choses qu'il voulait qu'on crût de sa main, et c'est ce que Primi avait su par M. de Vendôme. Au reste, on reprochait à M. Rose tous les défauts que Primi avait imputés à l'auteur du billet.

« Le roi,voulant éclaircir le mystère, chargea Bontemps, son premier valet de chambre, de lui amener le lendemain dans son cabinet l'Italien, à qui il dit : « Primi, je n'ai que deux mots à dire : votre secret, que je paierai avec deux mille livres de pension, sinon pendu. »

« L'Italien préféra, comme de raison, la pension à la corde, et il égaya ensuite le roi en lui racontant son départ de Bologne, ses liaisons avec Duval, par celui-ci avec M. de la Baume, et par cet abbé avec MM. de Vendôme; sa retraite de six semaines, et enfin tout ce qui avait préparé et soutenu le rôle qu'il jouait, et parmi les scènes plaisantes qu'il occasionna, toutes celles que le roi voulut entendre. En quittant l'Italien, le monarque passa chez les reines, et leur dit devant toute la cour : « Après avoir longtemps combattu le désir de voir Primi, « j'ai enfin succombé. Je sors avec cet homme extraor- « dinaire, et je dois avouer qu'il vient de me dire des « choses que jamais aucun être de son espèce n'a dites à « personne. » Tout le monde crut voir dans le discours du roi une nouvelle preuve de la singularité des talents de Primi, et sa réputation en augmenta, ainsi que ses espérances de fortune [1]. »

On connaît encore une autre imposture singulière qui se passa à la cour de Louis XIV, et, autant que nous le pouvons supposer, dans les premières années du règne de Jean Sobieski, monté sur le trône de Pologne en 1672. Le fait est rapporté ainsi dans les Mémoires de l'abbé de Choisy :

« Il arriva en ce temps-là en Varsovie un carme français, qui fit demander au roi (J. Sobieski), très-instamment, la permission de lui parler en particulier. Après quelque difficulté pour obtenir son audience, qu'il eut enfin, ayant fait dire qu'il s'agissait d'une affaire particu-

---

[1] Œuvres de Louis XIV, 1806, in-8, t. IV, p. 474.

lière, dont il importait infiniment à Sa Majesté polonaise
d'être informée, ce père carme remit au roi une lettre
dont le sens portait que celui qui avait l'honneur d'écrire
à Sa Majesté, n'ayant pas celui d'être connu d'elle, se
trouvait obligé, aux dépens de la réputation de sa mère,
de faire souvenir Sa Majesté qu'étant en France, au sortir
de l'Académie, il avait eu commerce avec une belle
femme qui, parce qu'elle était mariée, avait fait paraître,
comme de son mari, un fils qu'elle avait eu l'honneur d'avoir de Sa Majesté; que ce fils avait eu des
biens de son prétendu père la seule fortune d'acheter la
charge de secrétaire des commandements de la reine de
France; que, puisque la fortune et le mérite du roi avaient
mis le père sur le trône, celui qui avait l'honneur de se
trouver et de s'avouer son fils avait lieu d'espérer quelque élévation; qu'au surplus, il avait l'avantage d'être
protégé et considéré de la reine, à laquelle il avait fait
confidence, non-seulement de ce qu'il était, mais de la
prière qu'il faisait à Sa Majesté polonaise; et qu'en le reconnaissant pour son fils, la reine serait fort contente de
contribuer, de son côté, à la prière qu'il lui faisait de
demander au roi de le faire duc et pair.

« Cette lettre était signée *Brisacier, secrétaire des
commandements de la reine Marie-Thérèse*, et portait
que le carme aurait l'honneur d'entretenir Sa Majesté de
quelques circonstances auxquelles il suppliait le roi
d'avoir attention. Et tout de suite le carme lui remit deux
lettres, l'une de la reine, dans les termes du monde les plus
forts, pour obliger Sa Majesté polonaise de demander au roi
de France, son mari, la grâce de faire Brisacier duc; et l'autre était une lettre de change de cent mille écus, payable
à Dantzig, aux ordres du roi de Pologne. Tout cela était

accompagné d'un très-beau portrait de la reine de France, dont le cadre était orné de quantité de diamants ; et ce portrait, que le carme lui remit, était au moins de vingt ou vingt-cinq mille écus.

« Le roi, surpris d'une aventure si nouvelle, ne se souvint ni de madame Brisacier, ni d'avoir cru avoir un fils : mais comme, dans le temps de ses premiers voyages en France, il avait eu commerce avec plusieurs femmes de moyenne vertu, il était possible que tout ce que contenait la lettre signée *Brisacier* fût vrai. Le roi commença à se saisir du portrait, envoya à Dantzig savoir si la lettre de change, dont il avait pris copie, était de l'argent comptant ; et lorsqu'il eût appris qu'effectivement rien n'était meilleur que ladite lettre de change, ce prince fit réflexion, qu'au bout du compte cent mille écus étaient toujours aussi bons à prendre que le portrait, qu'il avait mis à part ; que la lettre de la reine de France était une chose effective, qui ne lui laissait quasi pas douter que Brisacier ne pût être son fils ; et il remit au carme une lettre pour le roi, qui contenait partie de ce que portait celle de Brisacier, et le suppliait d'avoir égard qu'ayant un fils en France, qu'il voulait reconnaître, il conjurait Sa Majesté de l'honorer de ses grâces, et de vouloir bien, à sa prière, le faire duc. Moyennant cette lettre, que Sa Majesté polonaise remit au carme, il eut l'industrie de tirer la lettre de change. Ce prince aimait l'argent, et ne perdit pas de temps à envoyer à Dantzig prendre les cent mille écus qu'elle portait.

« La surprise du roi de France ne fut pas médiocre quand il reçut la lettre du roi de Pologne. Brisacier n'était ni de figure, ni n'avait jamais été regardé que comme un sujet très-médiocre, que l'on trouvait même très-honoré de l'emploi de secrétaire des commandements de la reine qu'il exerçait. Sa Majesté tint le cas secret, vécut avec Brisacier comme de coutume, et écrivit au marquis de Béthune (ambassadeur de France en Pologne) de découvrir si effectivement le roi de Pologne était persuadé que Brisacier fût son fils.

« Le marquis prit le temps que le roi était de bonne humeur à la chasse. « Oserais-je, sire, lui dit-il, deman-
« der à Votre Majesté ce que c'est qu'un nommé Brisa-
« cier, qui fait courir le bruit en France qu'il a l'hon-
« neur d'être votre fils ; et que Votre Majesté, prête à le
« reconnaître, a demandé au roi, mon maître, de l'élever
« à la plus grande dignité de son royaume? — Le diable
« m'emporte, dit le roi, si je sais ce que c'est que M. ni
« madame Brisacier. Je n'étais pas chaste quand j'étais
« en France, y ayant de bonnes et de mauvaises fortu-
« nes. » Et tout de suite le roi lui conta ce que contenait la lettre de Brisacier, les éclaircissements qu'il lui donnait de sa naissance, la circonstance de la lettre de change de cent mille écus, et celle du portrait enrichi de diamants; et ajouta que ce qui l'avait le plus déterminé à croire que ledit Brisacier était véritablement son fils, c'était une lettre de la reine de France, qui le lui assurait, et qu'elle le protégeait, et paraissait avoir une extrème considération pour lui.

« Le marquis de Béthune lui dit ce qu'il savait des talents et de la figure du sieur Brisacier, bien capable d'avoir fait une imposture qu'il était nécessaire d'approfondir. Au retour de la chasse, le roi lui remit l'original de la lettre de la reine de France, en lui disant : « Voyez,
« monsieur, si je puis moins faire pour un homme qui se
« dit mon fils, et qui m'est recommandé aussi fortement

« par une princesse de la piété, de la vertu et du rang de
« la reine ! »

« Le marquis de Béthune envoya une copie de l'original au roi son maître, qui passa chez la reine, et lui dit :
« Voyez, madame, ce que c'est que cette lettre. » La reine
reconnut son seing, et dit : « C'est mon écriture ! » Et à
mesure qu'elle la lisait, sa surprise augmentait, et continua de dire qu'elle n'avait jamais pensé à une telle im-
pertinence, qu'elle ne savait ce que c'était, et qu'il fallait que Brisacier fût devenu fou ; qu'apparemment le
fripon lui avait fait signer cela en lui présentant des lettres de compliments, que l'on signe d'ordinaire sans les
voir, parce que ce ne sont que des lettres d'usage, dont
le style est toujours le même, et qui ne signifient rien.
« Oh bien, madame, dit le roi, prenez garde dorénavant
« à ce qu'on vous fait signer. J'exige de vous que
« vous ne disiez rien du tout de cette aventure à ce
« fou de Brisacier. » Peu de jours après, le roi le fit arrêter et l'envoya à la Bastille ; on prit tous ses papiers et on
l'interrogea.

« Ce petit extravagant avoua qu'il avait imaginé toute
cette belle histoire. Il conta comme quoi il avait engagé
un carme de sa connaissance à porter la lettre qu'il avait
fait signer à la reine sans qu'elle sût ce que c'était ; il
n'oublia pas la circonstance du portrait envoyé et de la
lettre de change de cent mille écus. Ce roi envoya les
interprétations et les dépositions du tout à Sa Majesté polonaise, qui connut si bien la fausseté de l'engagement
où on l'avait voulu mettre, qu'il fit des excuses au roi de
sa crédulité.

« Quand Brisacier eut fait quelque pénitence à la Bastille, on le mit en liberté comme un fou, avec ordre de

sortir de France. Son premier soin fut de courir après sa
lettre de change, que le roi de Pologne avait touchée ; il
se rendit à Varsovie pour essayer d'en rapporter quelque chose. Le roi le reçut comme un fripon et comme
un imposteur. Cependant ses créanciers firent tant de
justes représentations à Sa Majesté polonaise, qu'il promit d'en payer quelques-uns. Les princes ont toujours de
la peine à rendre ce qu'ils ont touché. On donna cinq à
six cents pistoles à ce malheureux, qui passa en Moscovie, où il mourut, dans le dessein d'aller aux Indes chercher la fortune qu'il n'avait pu faire en Europe, et le roi,
peu à peu, et dans tous les plus mauvais et les plus reculés effets qu'il put avoir de temps en temps, et dans
l'espace de quatre ans, rendit aux créanciers la somme
qu'il avait touchée [1]. »

L'Orient semble avoir eu le privilége de fournir, de
tout temps, un certain nombre d'aventuriers, qui, se faisant passer pour de hauts personnages, ont largement
exploité la crédulité des habitants de l'Europe. Voici ce
que l'on trouve dans Juvénal des Ursins, à l'année 1389.

« Il y avoit, dit-il, un nommé Paulus Tigrin, lequel se
disoit patriarche de Constantinople, et sur les marches
de devers Orient, leva de merveilleuses finances, et vint
en Cypre, où par le roy fut reçeu grandement et honorablement, et le tenoit-on riche desja de trente mille
florins, et commença sa renommée à croistre dans le
pays, et donnoit bénéfices, et faisoit merveilleuses assemblées de finances, et vint à Rome du temps d'Urbain,
l'anti-pape, lequel fit faire information de la vie dudit
Paule et de son gouvernement, et trouva-t-on que ce

1 *Mémoires de l'abbé de Choisy*, t. IX, collection Michaud-Poujoulat, p. 644.

n'estoit qu'un abuseur ; si le fit prendre et emprisonner, et eut sa finance qui estoit grande. A l'anti-pape Urbain, Boniface lui succéda, et délivra, à sa coronation, ledit Paule, et le laissa aller où il voulut, lequel s'en vint le plustost qu'il peut, vers les marches de Savoye, et dit au comte qu'il estoit son parent, luy déclarant une grande généalogie, laquelle ledit seigneur de Savoye creut, et une très-bonne chère eut de luy, et luy donna le sien grandement. Et le fit vestir et habiller selon l'estat de patriarche et notablement. Et à douze chevaux l'envoya vers le pape en Avignon, en le recommandant, comme son parent et vray patriarche de Constantinople. Parquoy le receut le sainct père bien honorablement. Auquel récita maux infinis que luy avoit fait l'antipape Urbain, sous ombre qu'il favorisoit le pape Clément, et luy donna le pape plusieurs beaux et bons dons. Si demanda congé de visiter le roy de France, et y vint, et le receut le roy honorablement, et luy fit très bonne chère, et se monstroit une très-dévote créature, et fréquentoit bien et dévotement l'église et voulut visiter l'église et l'abbaye de Saint-Denys, et, après plusieurs choses, dit à l'abbé et religieux qu'il sçavoit qu'ils avoient le corps de monseigneur saint Denys ; mais il avoit de belles choses de saint Denys, comme sa ceinture, et plusieurs bons livres, qu'on n'avoit pas par deçà. Et que si on luy vouloit bailler deux religieux, qu'il les leur feroit avoir. Et luy fut accordé que ainsi ce feroit, et furent deux religieux ordonnez. Et cauteleusement et malitieusement se tira vers les marches de la mer, et se mit en un vaisseau avec ses richesses, et s'en alla. Les deux religieux allèrent après, le cuidans trouver, et furent jusques à Rome, et s'en enquéroient le mieux qu'ils pouvoient. Mais ils sceurent

que ce n'estoit qu'un trompeur et abuseur. Parquoy ils
s'en revinrent [1]. »

Le dix-septième siècle, en France du moins, semble
avoir été signalé par un assez grand nombre d'impostures de ce genre.

En 1634, il arriva à Paris un aventurier nommé Zaga-
Christ, qui se prétendit fils du roi d'Abyssinie, et avait
erré plusieurs années en Égypte, en Syrie et en Italie.
Son arrivée excita une vive curiosité, d'autant plus qu'il
jouissait, à ce que racontent les mémoires du temps, d'une
qualité précieuse qui, à une époque de corruption, ne
pouvait manquer de le faire réussir auprès des femmes. « La
femme d'un conseiller au parlement, nommé Saulnier,
alla le voir par curiosité comme les autres, rapporte
Tallemant, et sachant la réputation qu'il avoit pour ces
choses de nuit, et que, comme un galant de l'Amadis, il se
servoit dans ses combats d'une antenne au lieu d'une lance,
elle eut bientôt conclu avec lui. Le mari ne s'en doutoit
point ; mais Des Roches, chanoine de Notre-Dame, en-
ragé de ce que Zaga-Christ lui enlevoit ses amours, car
on a tout su ensuite par une lettre, le fit avertir de tout.
Le mari fait informer des déportements de sa femme. Les
amants, voyant cette persécution, résolurent de s'enfuir,
et prirent ce qu'ils purent. Mais ils furent arrêtés à Saint-
Denis. Elle fut mise en religion, où elle traita avec son
mari. Elle disoit qu'elle aimoit mieux quatre mille écus
dans son buffet qu'un sot sur son chevet. Zaga-Christ ne
voulut point répondre devant Laffemas au Fort-l'Évêque,
et dit que les rois ne répondoient qu'à Dieu seul [2]. » Il

---

[1] *Histoire de Charles VI*, collection Michaud-Poujoulat, p. 582.
[2] Tome VI, p. 187.

obtint à grand'peine sa mise en liberté sous caution, et comme il était fort effrayé de la sévérité avec laquelle on procédait contre lui, on attribua à un suicide sa mort, arrivée en 1658, au village de Ruel. On lui fit cette épitaphe :

Ci-gît du roi d'Éthiopie
L'original ou la copie.
Le fut-il? ne le fut-il pas?
La mort a fini les débats.

En 1670, il vint à Paris un personnage qui se qualifiait pompeusement de prince du sang ottoman, bacha, plénipotentiaire souverain de Jérusalem, Chypre, Trébisonde, etc., et qui y fit imprimer, comme étant sa propre histoire, un récit d'aventures merveilleuses. C'était tout simplement un chrétien de Valachie, qui, forcé de quitter sa patrie à la suite d'une aventure scandaleuse, s'était enfui à Constantinople, y avait embrassé l'islamisme, et s'était mis à courir le monde en débitant force mensonges. On ne sait ni comment, ni où il mourut.

Si Louis XIV mystifiait souvent sa cour, il fut lui-même plusieurs fois la victime de mystifications.

En 1686, des flibustiers, dans une expédition à la Côte-d'Or, emmenèrent avec eux un certain Aniaba, qui se fit passer pour le fils d'un roi africain, et fut reçu en France en cette qualité. Louis XIV le fit baptiser par Bossuet et le tint sur les fonts de baptême. Cependant, désireux de retourner dans son pays, il profita de la nouvelle de la mort de son prétendu père pour répandre le bruit que le peuple de ces contrées le redemandait afin de le placer sur le trône. Louis XIV donna des ordres pour le faire reconduire en Afrique, où son arrivée ne produisit aucune sensation. Avant de partir, il eut la singulière idée d'instituer, sous le nom de l'Étoile de Notre-Dame, un ordre de chevalerie, décrit par le P. Hélyot dans le tome VIII de l'*Histoire des Ordres religieux et militaires*.

Voici l'analyse d'un brevet délivré par lui, et dont l'original a été vendu à Paris en 1838 :

« Louis Aniaba, par la grâce de Dieu, roi d'Essinies, à la Côte-d'Or en Afrique, reconnaissant envers Dieu qui, de sa miséricorde infinie, lui a départi les lumières de l'Evangile dont les rois ses prédécesseurs avaient été privés, institue, sous la protection de la très-sainte Vierge, un ordre de chevalerie sous le nom de l'ordre de l'Etoile de Notre-Dame. Et voulant laisser en France, après son départ, des monuments de sa dévotion, et reconnaître les services qui lui ont été rendus par Oudar-Augustin-Justina, auteur du grand tableau qu'il a donné à l'église Notre-Dame de Paris, où il est représenté à genoux devant la sainte Vierge, et son enfant Jésus qui lui remet le collier de sondit ordre, en présence du roi de France, *son bienfaiteur et son parrain*, et de M. l'évêque de Meaux, il établit ledit Justina chevalier de son ordre. (Paris, 12 février 1701). La signature de L. Aniaba se trouve en marge et au bas [1]. »

En 1706, on présenta à Louis XIV un autre aventurier nommé Nicolas OErn, qui prenait le titre de prince de Laponie. C'était un Lapon, que Charles XI avait envoyé comme missionnaire en Laponie, et qui, depuis, avait couru le monde. Il finit, à ce que l'on croit, par aller mourir dans les prisons d'Astracan.

Une *relation, envoyée à M. de Ferriol, ambassadeur*

---

[1] *Catalogue des archives du baron° Joursanvault*, Paris, 1838, t. I, p. 138, n° 814.

*à Constantinople, touchant le dessein qu'ont les mission-
naires d'entrer en Éthiopie,* par Benoit de Maillet (mort
en 1738), renferme des particularités assez curieuses sur
un intrigant nommé Mourot, qui voulait se faire passer
pour ambassadeur du roi d'Éthiopie en France.

Citons encore, pour finir ce chapitre, les noms de Marie
Stella, qui se prétendait fille de Philippe Égalité ; d'un savant connu seulement sous le faux nom de George Psal-
manazar, et qui, pendant une partie de sa vie, se fit passer pour Japonais [1], et, dans le but de mieux tromper le
public, forgea une langue de toutes pièces ; et enfin d'une
madame Billet, femme d'un procureur au bailliage de Lons-
le-Saulnier, laquelle prétendant être fille du prince
de Conti et de la duchesse Mazarin, prit le nom de
Louise de Bourbon-Conti, et mourut probablement dans
la misère, en 1825. Ses *Mémoires,* qui forment deux volumes in-8, ont été minutieusement réfutés par le comte
de Barruel-Beauvert, dans l'ouvrage intitulé : *Histoire
tragi-comique de la soi-disant ci-devant princesse Sté-
phanie-Louise de Bourbon-Conti.* Besançon, 1810, in-8.

---

[1] Il mourut en 1763. La *Biographie Michaud* contient sur lui un article très-détaillé, auquel nous renvoyons le lecteur.

DES ROIS AUTEURS,

MUSICIENS, PEINTRES, SERRURIERS, ETC.

« Auguste, dit Suétone [1], composa en prose beaucoup d'ouvrages de différents genres, et il en récita quelques-uns dans le cercle de ses amis, qui lui tenaient lieu de public. Telles sont les *Réponses à Brutus, concernant Caton*, qu'il lut lui-même en grande partie, quoique déjà vieux, mais dont il fut obligé de faire achever la lecture par Tibère ; telles sont encore les *Exhortations à la philosophie*, et des *Mémoires sur sa vie*, en treize livres, qui vont jusqu'à la guerre des Cantabres, et qu'il ne poussa pas plus loin. Il essaya aussi de la poésie ; on a de lui un opuscule en vers hexamètres, qui a pour titre et pour objet *la Sicile*, et un autre petit recueil d'épigrammes, auquel il travaillait ordinairement dans le bain. Il avait commencé, avec beaucoup d'ardeur, une tragédie d'Ajax ; mais n'étant pas content du style, il la détruisit, et ses amis lui demandant un jour « ce qu'Ajax était devenu, — Ajax, répondit-il, s'est précipité sur une éponge [2]. »

«Tibère, rapporte le même auteur, cultiva avec ardeur les lettres grecques et latines, et choisit pour modèle, parmi les orateurs de Rome, Messala Corvinus, dont il avait admiré, tout jeune encore, la vieillesse laborieuse ;

---

[1] *Vie d'Auguste*, ch. 85, traduction de la collection Dubochet.

[2] On sait que, chez les anciens, l'éponge servait à effacer. Voyez CURIOSITÉS BIBLIOGRAPHIQUES, p. 289.

mais il obscurcissait son style à force d'affectation et de
formes bizarres ; ce qu'il disait d'abondance valait quelquefois mieux que ce qu'il avait médité. Il composa un
poëme lyrique, intitulé : *Plaintes sur la mort de L. César*. Il écrivit aussi des poésies grecques, dans lesquelles il imita Euphorion, Rhianus et Parthénius, auteurs
qui faisaient ses délices, et dont il fit placer les ouvrages et les portraits dans les bibliothèques publiques,
parmi les plus illustres des écrivains anciens [1]. »

« Claude, dans sa jeunesse, dit encore Suétone, essaya
d'écrire l'histoire, encouragé par Tite-Live, et aidé par
Sulpicius Flavus. Il commença, devant un nombreux audi-
toire, la lecture de son travail. Il écrivit beaucoup pendant son règne, et fit toujours lire ses ouvrages en public, par un de ses lecteurs. Son histoire commençait
après le meurtre du dictateur César ; mais il passa ensuite à une époque plus récente, c'est-à-dire, à la fin des
guerres civiles, quand il vit que les plaintes continuelles
de sa mère et de son aïeul l'empêchaient d'écrire librement et avec vérité sur les temps antérieurs. Il laissa
deux livres de la première de ces histoires, et quarante
et un de la seconde. Il composa aussi huit livres de mémoires sur sa vie, lesquels manquent plutôt d'esprit que
d'élégance. Il fit en outre une apologie assez savante de
Cicéron, en réponse aux livres d'Asinius Gallus.

« Il inventa trois lettres, qu'il croyait fort nécessaires,
et qu'il voulut ajouter à l'alphabet. Il avait déjà publié
un volume sur ce sujet avant que d'être empereur ; et
quand il le fut, il n'eut pas de peine à obtenir qu'on adop-
tât l'usage de ces lettres. On les retrouve dans la plupart

[1] *Vie de Tibère*, ch. 70, ibid., p. 100.

des livres, des actes publics et des inscriptions de cette époque. Il ne montra pas moins d'ardeur pour l'étude des lettres grecques, et il témoigna en toute occasion le cas qu'il faisait de ce bel idiome. Un barbare parlait devant lui en grec et en latin : Je vois avec plaisir, lui dit Claude, que vous savez mes deux langues. « Je suis, dit-il, attaché à la Grèce par le lien des mêmes études. » Dans le sénat, il répondit presque toujours en grec aux discours des ambassadeurs ; et, sur son tribunal, il cita souvent des vers d'Homère. Quand il s'était défait d'un ennemi ou d'un conjuré, et que le tribun qui était de garde lui demandait le mot d'ordre, il lui donnait en grec celui-ci :

Me venger aussitôt du premier qui m'offense.

« Enfin, il écrivit dans cette langue vingt livres de l'histoire des Tyrrhéniens, et huit de celles des Carthaginois. C'est à l'occasion de ces ouvrages qu'à l'ancien musée d'Alexandrie on en ajouta un autre, appelé du nom de l'empereur ; et l'on statua que tous les ans, à certains jours, il serait fait en entier par les membres de ces deux musées, à tour de rôle, une lecture publique, dans l'un de l'histoire des Carthaginois, dans l'autre de celle des Tyrrhéniens [1]. »

Néron qui, comme on sait, récitait souvent des vers en public, avait composé un poëme intitulé : le Borgne, contre le préteur Clodius Pollion [2].

Domitien, au dire de Suétone, n'ouvrit jamais un

1 *Vie de Claude*, ch. 41 et 42, traduction de la collection Dubochet, p. 145.

2 Suétone, *Vie de Domitien*, ch. 1.

livre d'histoire ou de poésie ; il fit pourtant un petit trait sur le soin de la chevelure, et le dédia à l'un de ses amis [1].

« Adrien (que l'on sait avoir été fort habile astrologue) était si avide de réputation, dit un des écrivains de l'Histoire Auguste, qu'il remit à quelques-uns de ses affranchis, qui étaient lettrés, l'histoire de sa vie, écrite par lui-même, avec l'ordre de la publier sous leur nom ; et ce qu'on a de Phlégon est, dit-on, de ce prince. Il composa aussi, à l'exemple d'Antimaque, des livres fort obscurs , intitulés *Catacriens* [2]. » — Nous avons cité plus haut (voy. p. 74) quelques vers du même prince.

Marc-Aurèle avait écrit sur sa vie des *Commentaires* qui sont perdus ; il ne nous reste des ouvrages de ce grand prince que douze livres de *Réflexions morales* en grec; et des *Lettres à Fronton*, publiées par Maï.

Les œuvres de l'empereur Julien se composent de *Lettres*, de la *Satire des empereurs romains* et du *Misopogón*.

Valentinien Ier, ainsi qu'on le sait par le témoignage d'Ausone, luttait avec ce poëte pour la composition de poésies licencieuses, telles que le *Centon nuptial*.

Deux empereurs grecs sont restés célèbres par leurs écrits. Le premier, Léon VI, surnommé le Savant (mort en 911), est l'auteur d'une tactique remplie des détails les plus précieux pour l'histoire de l'art militaire à cette époque. Il aurait dû se borner à cet ouvrage, et ne pas nous transmettre seize oracles de sa façon, que plus tard les Grecs cherchèrent à appliquer à une foule d'événements.

Les ouvrages de l'autre empereur, de Constantin VI,

---

[1] *Vie de Domitien,* ch. 18.

[2] Spartien, ch. 16.

dit *Porphyrogénète*, sont d'un haut intérêt. Ce prince, que son oncle Alexandre, sa mère Zoé et les favoris de celle-ci, avaient longtemps écarté des affaires publiques, se tourna tout entier du côté de l'étude. Après avoir rassemblé une bibliothèque nombreuse qu'il rendit publique, il travailla lui-même et fit travailler sous ses yeux à faire de nombreux extraits des ouvrages laissés par les auteurs grecs [1]. Le plus important de ces extraits, auquel il a attaché son nom, est celui où il avait rassemblé en cinquante-trois livres tout ce qu'il avait trouvé de plus remarquable dans les écrits des anciens. Ce recueil, qui a malheureusement contribué à faire perdre les auteurs originaux, a été lui-même presque entièrement perdu. Il ne nous en est resté que deux livres : l'un, intitulé *Excerpta legationum*, traite des ambassades ; l'autre, des vertus et des vices. On lui doit encore deux livres fort curieux sur la description géographique des provinces de l'empire grec, un traité sur l'administration de l'empire, un autre sur les cérémonies de la cour byzantine, une vie de son aïeul l'empereur Basile, une histoire de la fameuse image d'Edesse, et un fragment de tactique. Zonare lui attribue aussi quelques ouvrages de poésie, dont la perte doit être peu regrettable.

Au mérite d'écrivain, Constantin en joignait encore quelques autres qui témoignaient du loisir que lui laissait l'administration de son empire. Ainsi, peintre distingué, il était encore un connaisseur habile en architecture, en sculpture, et s'entendait très-bien à la fonte des métaux et à la construction des navires. En outre, il aimait passionnément la musique, et composa plusieurs chants d'église.

[1] Voyez CURIOSITÉS BIBLIOGRAPHIQUES, p. 258.

« Le roi Chilpéric, dit Grégoire de Tours (liv. v, ch. 45), écrivit un petit traité portant qu'on ne devait pas désigner la sainte Trinité en faisant la distinction des personnes, mais seulement l'appeler du nom de Dieu, affirmant qu'il était indigne de Dieu qu'on lui attribuât la qualification de personne, comme à un homme fait de chair. » Ses prétentions ne se bornaient pas à la théologie, il écrivit aussi des vers à la façon de Caïus Sedulius[1]; il ajouta aux lettres latines l'υ grec, et trois autres caractères inventés par lui, pour qu'on pût rendre dans cette langue plusieurs sons des langues germaniques. « Il envoya, dit le même historien, des ordres dans toutes les cités de son royaume, pour que l'on enseignât les enfants de cette manière, et pour que les livres anciennement écrits fussent effacés à la pierre ponce et retranscrits de nouveau. »

« Charlemagne, dit Éginhard, consacra sous la direction d'Alcuin, beaucoup de temps et de travail à l'étude de la rhétorique, de la dialectique, et surtout de l'astronomie, apprenant l'art de calculer la marche des astres, et suivant leur cours avec une attention scrupuleuse et une étonnante sagacité; il essaya même d'écrire, et avait habituellement sous le chevet de son lit des tablettes et des exemples pour s'exercer à former des lettres quand il trouvait quelques instants de loisir; mais il réussit peu dans cette étude commencée trop tard et à un âge peu convenable... Toutes les nations soumises à son pouvoir n'avaient point eu jusqu'alors de lois écrites; il ordonna d'écrire leurs coutumes, et de les consigner sur

---

[1] Poète latin et prêtre chrétien du cinquième siècle, auteur d'un poëme intitulé : *Paschale Carmen.*

des registres; il en fit de même pour les poëmes anti-
ques et barbares qui chantaient les actions et les guerres des anciens rois, et, de cette manière, les conserva à
la postérité. Une grammaire de la langue nationale fut
aussi commencée par ses soins [1]. »

Nous avons parlé ailleurs des goûts littéraires de
Charles le Chauve [2].

« Robert II, raconte le moine, auteur de la chronique de
Saint-Bertin, était très-pieux, prudent, lettré, et suffisamment philosophe, mais surtout excellent musicien. Il
composa la prose du Saint-Esprit, qui commence par ces
mots : *Adsit nobis gratia*, les rhythmes *Judæa et Hieru-
salem*, *concede nobis, quæsumus*, et *Cornelius centurio*,
qu'il offrit à Rome sur l'autel de Saint-Pierre, notés avec
le chant qui leur était propre, de même que l'antiphonë
Eripe, et plusieurs autres beaux morceaux. Sa femme
Constance, le voyant toujours occupé de ses travaux, lui
demanda comme par plaisanterie, de faire aussi quelque
chose en mémoire d'elle. Il écrivit alors le rhythme *O
constantia martyrum*, que la reine, à cause du nom de
Constantia, crut avoir été fait pour elle. Ce roi avait souvent coutume de venir à l'église de Saint-Denis, revêtu
de ses habits royaux, et la couronne en tête; il y dirigeait
le chœur à matines, à vêpres et à la messe, et il y chantait avec les moines. Aussi, comme il assiégeait certain
château le jour de la fête de saint Hippolyte, pour qui il
avait une dévotion particulière, il quitta le siége afin de
venir à l'église de Saint-Denis diriger le chœur pendant

---

[1] *Vie de Charlemagne*, traduction de la collection Guizot, t. III, p. 151,
153.

[2] Voy. CURIOSITÉS LITTÉRAIRES, p. 398.

la messe ; et tandis qu'il chantait dévotement avec les
moines, *Agnus Dei, dona nobis pacem,* les murs du château assiégé tombèrent subitement, et l'armée du roi en
prit possession ; ce que Robert attribua toujours aux mérites de saint Hippolyte. »

Depuis le règne de ce prince jusqu'à la fin du quinzième siècle, nous n'avons pas trouvé un seul roi de
France qui se soit signalé d'une manière particulière
dans les lettres, les sciences ou les arts.

Louis XI passe avec raison pour être l'un des principaux auteurs du recueil spirituel et licencieux intitulé :
Les *Cent Nouvelles nouvelles,* réimprimé un très-grand
nombre de fois. On lui doit encore un traité de morale
et de politique, le *Rozier des guerres,* qu'il adressa à son
fils. C'est par erreur que Sismondi a écrit dans son *Histoire des Français* (t. xiv, p. 616), que cet ouvrage remarquable n'avait pas été publié [1]. Il a été imprimé, à
Paris, chez la veuve *Michel Lenoir,* in-4° gothique et
plus tard in-8°.

Il existe à la Bibliothèque du roi un manuscrit des
poésies de François Iᵉʳ, manuscrit provenant de M. Cha-
tre-Imbert de Cangé.

On y remarque une lettre en prose et en vers que
ce prince adressa de sa prison à l'une de ses maîtresses,
une églogue intitulée *Admetus,* et un très-grand nombre
de petites pièces qui ne manquent ni de grâce ni de délicatesse.

En voici quelques-unes :

> Le mal d'amour est plus grand que ne pense
> Celui qui l'a seulement ouï dire ;

---

[1] La *Biographie* Michaud n'indique aucune édition de cet ouvrage.

Ce qui nous semble ailleurs légère offense,
En amitié se répute martyre.
Chacun se plaint, et gémit, et soupire ;
Mais s'il survient une seule heure d'aise,
La douleur cesse, et le tourment s'apaise.

———

Elle jura par ses yeux et les miens,
Ayant pitié de ma longue entreprise,
Que mes malheurs se tourneraient en biens,
Et pour cela me fut heure promise.
Je croy que Dieu les femmes favorise,
Car de quatre yeux qui furent parjurés,
Rouges les miens devinrent sans feintise,
Les siens en sont plus beaux et azurés.

Les vers qu'il fit sur Agnès Sorel sont plus connus. Le manuscrit dont nous avons parlé les reproduit ainsi avec quelques variantes.

Ici dessoubz des belles gît l'eslite,
Car de loüanges sa beauté plus merite,
Estant cause de France recouvrer,
Que tout cela que en cloître put ouvrer
Clause nonnain, ou en désert hermite [1].

Le Père Daniel, dans son *Histoire de France* (voy. t. x), a rapporté une lettre curieuse qu'il copia sur l'original, et qui fut écrite par François Ier à sa mère, lorsque les Impériaux levèrent le siége de Mézières. Le *Père des lettres,* comme on peut le voir, n'était pas très-fort sur l'orthographe.

« Madame, tout asetheure (à cette heure), ynsy que je me vouloys mettre o lyt, est aryvé Laval, lequel m'a aporté

1 Voy. Gaillard, *Histoire de François Ier*, 1819, in-8, t. iv, p. 286.

la serteneté (certitude) deu lèvemant du syège de Mé-
syères. Je croy que nos anemys sont en grant pène, vu
la honteuse retrète qu'yl ont fet : pour tout le jour de
demayn, je soré le chemyn qu'ys prandront. Et selon
sela, il nous fodra gouverner. Et s'yl on joué la pasyon,
nous jourons la vanganse. Vous suplyant, vouloyr mander partout pour fère remercyer Dieu : car sans poynt
de fote, il a montré se coup qu'yl est bon François.

« Et fesant fyn à ma lettre, remetant le tout seur le porteur, pry à Dieu qu'yl vous doynt très bonne vye et
longue.

« Vostre très-humble et très-obéysant fyls.

« FRANÇOIS. »

Le successeur de François Ier, Henri II, s'occupa peu
de littérature, et se livra assidûment aux exercices de
corps qu'il aimait passionnément. Il était parvenu, nous
devons le dire, à être l'un des meilleurs, sinon le meilleur sauteur de sa cour. (Voy. Brantôme, t. 1, p. 657.) Il
n'en fut pas de même de son fils Charles IX, qui, tout en
apprenant toutes sortes de métiers, savait aussi s'occuper de poésie.

« Il se fit dresser une forge, raconte Brantôme, et je
l'ai vu forger canons d'arquebuses, fèrs de chevaux et
autres choses, aussi fortement que les plus robustes ma-
réchaux et forgerons qui fussent aux forges. Il vouloit
tout savoir et faire, jusqu'à faire l'écu, le double ducat,
le teston et autre monnoie, ores bonne et de bon alloy,
ores falsifiée et sophistiquée, et prenoit plaisir à la montrer.

« Il voulut savoir la poésie et se mêler d'en écrire, et

fort gentiment. M. de Ronsard [1] en a montré en son livre quelque petit échantillon; et m'étonne qu'il n'en a montré davantage, car il a bien plus composé que cela, et surtout des quatrains, qu'il faisoit fort gentiment, prestement et impromptu, sans songer, comme j'en ai vu plusieurs qu'il daignoit bien quelquefois montrer à ses plus privés en sortant de son cabinet. Bien souvent quand il faisoit mauvais temps, ou de pluie, ou d'un extrême chaud, il envoyoit quérir messieurs les poètes en son cabinet, et là passoit son temps avec eux; et prenoit ce temps-là à propos; car lorsqu'il faisoit beau il étoit toujours hors de la chambre, en campagne, en action, ou à jouer à la paume, et surtout à la longue paume qu'il aimoit fort, disant que

Le séjour des maisons, palais et bâtiments,
    Est la sépulture des vivants [2].

« A la messe, dit plus loin Brantôme, le roi Charles se levoit bien souvent et s'en alloit chanter, à l'imitation du feu roi Henri son père, qui en faisoit de même, au lettrier avec ses chantres; et se mettoit parmi eux, et chantoit sa taille et le dessus fort bien; et aimoit ses chantres, et surtout Etienne Leroy, dit M. de Saint-Laurens, qui avoit une très-belle voix. Le roy amprès son frère chantoit très-bien aussi, mais ils étoient différents tous deux en leurs airs qu'ils chantoient, et en ceux qu'ils avoient ouï chanter à d'autres. »

Henri IV a composé quelques chansons et quelques poésies rassemblées à la suite des *Amours du grand Al-*

1 Les vers de Charles IX à Ronsard sont trop connus pour que nous les citions ici.

2 Edition du *Panthéon*, t. I, p. 568-569.

candre. Il a paru en outre dans la collection des Documents inédits, publiés par ordre du ministère de l'instruction publique, 2 vol. in-4 de lettres de ce prince.

Les éditeurs de l'*Isographie* ont découvert, dans les manuscrits de Béthune, à la Bibliothèque du roi, une lettre de Louis XIII enfant, à Henri IV, lettre que nous rapportons ici, d'après le texte qu'en a donné M. Monmerqué, dans ses notes sur Tallemant des Réaux [1]. »

PAPA,

« Depuy que vous ete pati, j'ay bien donné du paisi à
« maman. J'ay été a la guere dans sa chambre, je sui allé
« reconete les enemy, il été tous a un tas en la ruele
« du li a maman ou j dormé. Je les ay bien éveillé ave
« mon tambour. J'ay été à vote asena papa, moucheu de
« Rong ma monté tout plein de belles ames, e tau tau de
« go canon, e puy j m'a donné de bonne confiture e ung
« beau peti canon d'agen, j ne me fau qu'un peti cheval
« pour le tire. Maman me renvoie demain à Sain Ge-
« main où je pieray bien Dieu pou bon papa afin qu'il vou
« gade de tout dangé et qu'il me fasse bien sage, e la ga-
« che de vou pouvoi bien to faire tes humbe sevices.
« J'ay fort envie de domi papa, Fe Fe Vendome vou dira
« le demeuran, et moy que je suj vote tes humbe et tes
« obeissan fi papa et seviteu.

« DAUPHIN. »

Disons, en passant, que ce fut par suite d'une observation fort juste de Malherbe que les rois de France signèrent Louis et non plus Loys, comme ils l'avaient fait

---

[1] *Historiette de Malherbe*, 1re édition, t. I, p. 164. Elle ne se trouve pas dans la 2e édition.

jusqu'alors. « Henri IV, dit Tallemant des Réaux, montra,
un jour, à ce poëte la première lettre que M. le dauphin, depuis Louis XIII, lui avait écrite, et ayant remarqué qu'il avoit signé *Loys* sans *u*, il demanda au roi si
M. le dauphin avait nom *Loys*. Le roi demanda pourquoi : «Parce qu'il signe *Loys* et non *Louys*. » On envoya
quérir celui qui montrait à écrire à ce jeune prince,
pour lui faire voir sa faute, et Malherbe disait qu'il était
cause que M. le dauphin avait nom *Louis*[1]. »

Tallemant, en parlant des occupations de Louis XIII,
s'exprime ainsi :

« On ne saurait quasi compter tous les beaux métiers
qu'il apprit, outre tous ceux qui concernent la chasse ;
car il savait faire des canons de cuir, des lacets, des fi-
lets, des arquebuses, de la monnaie ; et M. d'Angoulême
lui disait plaisamment : « Sire, vous portez votre aboli-
« tion avec vous. » Il était bon confiturier, bon jardinier ; il fit venir des pois verts, qu'il envoya vendre au
marché. On dit que Montauron (célèbre financier), les
acheta bien cher ; car c'étaient les premiers venus.......
Le roi se mit à apprendre à larder. On voyait venir l'é-
cuyer Georges avec de belles lardoires et de grandes
longes de veau. Et une fois, je ne sais qui vint dire que
Sa Majesté lardait. Voyez comme cela s'accorde bien,
majesté et *larder* !

« J'ai peur d'oublier quelqu'un de ces métiers. Il rasait bien ; et un jour, il coupa la barbe à tous ses officiers, et ne leur laissa qu'un petit toupet au menton. On
en fit une chanson :

1 *Ibid.*

Hélas! ma pauvre barbe,
Qu'est-ce qui t'a fait ainsi?
    C'est le grand roi Louis,
    Treizième de ce nom,
Qui toute a ébarbé sa maison.

Çà, monsieur de La Force,
Que je vous la fasse aussi :
    Hélas! sire, merci,
    Ne me la faites pas,
Plus ne me connaîtraient vos soldats.

Laissons la barbe en pointe
Au cousin de Richelieu,
    Car par la vertudieu!
    Ce serait trop oser
Que de la lui prétendre raser.

« Il composait en musique, et ne s'y connaissait pas
mal. Il mit un air à ce rondeau sur la mort du cardinal :

Il a passé, il a plié bagage, etc.

« Miron, maître des requêtes, l'avait fait. Il peignait
un peu. Enfin, comme dit son épitaphe :

Il eut cent vertus de valet
Et pas une de maître.

« Son dernier métier fut de faire des châssis avec
M. de Noyers [1]. »

Tallemant parle ailleurs des concerts que donnait
Louis XIII. « Il fit, une fois, chez lui, dit-il, un concert,
où tous ceux de la musique de la chambre chantaient; il
en avait mis M. de Mortemart et M. le maréchal de

[1] *Historiette de Louis XIII*, t. II, p. 67 et suivantes.

Schomberg : lui-même aussi en était. M. de Nemours, par grande grâce, y fit entrer Le Pailleur, et il avait dit au roi qu'il s'entendait fort bien en musique. On y chanta, sur la fin, des airs du roi. Le Pailleur, pour faire sa cour, dit, à demi haut : « Ah ! que ce dernier air mériterait bien d'être chanté encore une fois ! » Le roi dit : « On trouve cet air-là beau : recommençons-le. » On le chanta encore trois fois. Le roi battait la mesure. Il avait proposé de faire une symphonie depuis les plus bas instruments jusqu'aux trompettes, et il voulait qu'il n'y entrât personne qui ne sût la musique, et pas une femme : « car, disait-il, elles ne peuvent se taire [1]. »

On sait que, pendant le seizième siècle et le dix-septième, les princes et les grands seigneurs se servaient de plumes mercenaires pour entretenir leur correspondance familière et amoureuse, et que leurs maîtresses leur répondaient de la même manière. Voici quelques détails curieux qui nous ont été transmis par Arnauld d'Andilly [2] sur la manière dont Louis XIII écrivait à sa mère, Marie de Médicis, à l'époque où celle-ci était retirée à Angoulême et négociait avec son fils.

« M. de Bérulle, dit-il, était celui qui négociait de la part de Sa Majesté auprès de la reine mère ; et lorsqu'un jour que le roi était encore à Saint-Germain, il était près de partir pour Angoulême, M. Drageant me pria de faire la lettre que Sa Majesté devait copier de sa main pour écrire à la reine mère. Je la fis, et comme M. de Bérulle m'aimait très-particulièrement, il avait une en-

---

[1] *Historiette de la maréchale de Thémines*, t. v, p. 196.

[2] Il était père de l'abbé Arnauld, dont nous avons cité plusieurs fois les mémoires.

tière confiance en moi, lorsque, dans son séjour de Tours,
il me parlait de sa négociation qui durait encore, il me
dit qu'ayant présenté à la reine mère l'une des dernières
lettres que Sa Majesté lui avait écrites de Saint-Germain,
elle pleura après l'avoir lue, dont étant fort surpris, il
avait demandé à Sa Majesté s'il avait été assez malheureux pour lui apporter une lettre qui l'eût tellement touchée ; à quoi elle lui avait répondu : « C'est tout le con-
« traire, car c'est de joie, et non pas de douleur que je
« pleure, parce qu'ayant, depuis mon éloignement, reçu
« tant de lettres du roi, voici la première que j'ai reçue
« de mon fils. » Comme je n'avais pas oublié ce que portait cette lettre, je demandai à M. de Bérulle si elle ne
commençait pas par *Ainsi*. Il demeura fort étonné, et me
dit : « Oui. Mais comment le pouvez-vous savoir ? — Je
« le puis bien savoir, lui répondis-je, puisque je l'ai faite.»
Et sur cela il m'embrassa [1]. »

Louis XIV, dont l'éducation avait été si négligée par
sa mère et Mazarin, que, suivant le témoignage de son
valet de chambre La Porte, on ne permettait pas qu'on
lui lût de l'histoire de France, même avec la bonne intention de l'endormir, Louis XIV n'en a pas moins laissé
un très-grand nombre d'écrits. Un choix qui a été fait
avec discernement en a été publié à Paris, 1806, Treuttel
et Würtz, 6 vol. in-8. La première et la seconde partie
se composent de *Mémoires historiques, politiques et militaires*; la troisième, d'un choix de *lettres particulières*.
Ces morceaux, dignes de la main qui les a écrits, renferment souvent des passages éminemment remarquables.
La quatrième partie renferme des *Opuscules littéraires*,

---

[1] *Mémoires d'Arnaud d'Andilly*, collection Michaud-Poujoulat, p. 432.

et la cinquième, des additions et pièces justificatives. Au nombre des opuscules littéraires se trouvent deux petites chansons, et l'impromptu suivant fait par le roi en congédiant le Conseil :

Le Conseil à ses yeux a beau se présenter,
Sitôt qu'il voit sa chienne, il quitte tout pour elle :
    Rien ne peut l'arrêter
    Quand la chasse l'appelle [1].

On a inséré, dans la même partie, une traduction faite par Louis XIV enfant, d'un livre des *Commentaires de César*. Elle avait été imprimée à l'imprimerie royale, en 1651, dix-huit pages in-f°, sous le titre de : *la Guerre des Suisses, traduite du premier livre des Commentaires de Jules César, par Louis XIV Dieu-Donné, roi de France et de Navarre* [2]. Louis XIV, qui avait treize ans quand cette traduction fut publiée, n'y avait probablement guère contribué. Du moins il avait bien vite oublié le peu de latin que lui avait enseigné son précepteur, Hardouin de Péréfixe; car en 1662, lors de la fête que Fouquet lui donna à Vaux, il fut obligé de se faire expliquer la devise de ce dernier : *Quò non ascendam?*

On a aussi de Louis XV un petit ouvrage de géographie, composé probablement sous la direction de son maître, le savant géographe Delisle Il est intitulé: *Cours des principaux fleuves et rivières de l'Europe, composé et imprimé par Louis XV, roi de France. Paris, de l'impri-*

---

[1] Louis XIV, en fait de langues étrangères, ne connaissait que l'italien qu'il avait appris parce que c'était la langue maternelle des trois nièces de Mazarin.

[2] Henri IV avait aussi traduit le même ouvrage dans sa jeunesse. — Le manuscrit autographe de cette traduction avait été vu par Casaubon.

meric du cabinet de S. M., 1718, in-4 de soixante-douze
pages. Il n'a été tiré qu'un très-petit nombre d'exemplaires
de cet opuscule.

Louis XVI n'avait que douze ans lorsqu'on imprima
à trente-six exemplaires, une *Description de la forêt
de Compiègne, comme elle était en 1765, avec le Guide de
la forêt*, par Louis-Auguste, dauphin, Paris, imprimerie
de Lottin, 1766, in-8 de soixante-quatre pages. La même
année, parut aussi, du même auteur, *Maximes morales et
politiques, tirées de Télémaque*, imprimées par Louis-Auguste, Versailles, de l'imprimerie de monseigneur le dauphin, dirigée par A. M. Lottin, 1766, in-8, ouvrage tiré à
vingt-cinq exemplaires. Plus tard, Louis XVI rédigea entièrement les instructions données à Lapérouse, et qui ont
été insérées dans la relation de l'expédition de ce dernier.
On lui a encore attribué plusieurs ouvrages, entre autres
le commencement de la traduction du grand ouvrage
de Gibbon, une traduction des *Doutes historiques sur
la vie et le règne de Richard III* (par Walpole), Paris,
1800, in-8. Enfin, comme son habileté dans l'art de la
serrurerie était bien connue [1], on l'a cru auteur d'un
traité des serrures à combinaison, imprimé sous le titre
de *Supplément à l'art du serrurier*, Paris, 1781, in-f° de
soixante-sept pages.

Louis XVIII, qui, *en latin citait Horace*, et avait les plus
grandes prétentions comme homme d'esprit et écrivain,
a publié, sous le voile de l'anonyme, un certain nombre

---

[1] On sait que la fameuse armoire de fer trouvée aux Tuileries après le
10 août 1792 avait été presque entièrement confectionnée par Louis XVI.
Cette armoire existe encore aujourd'hui à Dax, et se trouve, avec la plupart des papiers qu'elle contenait, en la possession du comte Ducos, fils
du membre du Directoire, Roger Ducos.

d'ouvrages politiques et littéraires, tous fort médiocres.
Le plus connu est celui qui a pour titre : *Relation d'un
voyage de Paris à Bruxelles et à Coblentz*[1]; il ne fut publié qu'en 1825, in-8. Cet ouvrage, rempli d'inconvenan-
ces, fut, au moment de son apparition, le sujet d'amères
critiques. Voici comment il a été apprécié par M. A. Re-
née dans un article de la *Revue de Paris*[2].

« Je m'étonne, en vérité, que le roi-poëte n'ait point
procédé en ceci à la manière de Chapelle et Bachaumont
dans leur voyage, menant prose et vers du même train ;
le ton général de l'œuvre s'y fût merveilleusement prêté.
Vitellius faisant retraite devant quelque rival d'empire
et poussé du port d'Ostie à celui de Brindes, tout haletant
dans sa fuite après ses succulentes étapes, interrogeant
du nez les crus et les plages, pâlissant à l'idée de manquer l'heure de quelque arrivage prochain, pourrait fournir aux érudits la matière d'un petit livre d'un intérêt
pareil à la relation du voyage de Monsieur. Ce Vitellius
de notre monarchie est en proie à un tel souci de comes-
tibles, souci qui monté en chaise et qui roule avec lui,
dirait le poëte, qu'il en perd le souvenir de son frère et
des siens et le sentiment des terribles angoisses qui, dans
ces instants, faisaient blanchir les cheveux de la reine.
Ce qu'il y a de plus dur pour Monsieur, au fort de cette
crise, c'est la maigre chère des auberges flamandes, c'est
l'éclanche qu'il lui faut attaquer au pied levé à tous ses
relais. Aussi ne manque-t-il jamais de nous initier au
menu détail de ses infortunes. C'est surtout quand il lui

---

[1] C'est la relation de la fuite de ce prince hors de France, en juin 1791.

[2] Cet article fait partie d'une série intitulée : *Les Bourbons littérateurs*. On doit aussi au même écrivain : *Les Bonapartes littérateurs*.

faut traverser le pays de *Marche en famine*, vrai désert d'Afrique pour un explorateur comme·lui, que le récit se fait attendrissant. Tout était perdu, certain soir, dans un de ces coupe-gorge, quand la Providence vint en aide, et députa madame de Balbi avec renfort de bouteilles et de poulets ; madame de Balbi, la suivante d'honneur de Madame et l'Égérie du cabinet de Monsieur ; madame de Balbi, qui poussa le dévouement, en cette occasion, jusqu'à céder à Monsieur son propre lit. Mais quoi ! n'y a-t-il pas dans le fait du prince un peu trop de cet égoïsme qui lui est assez familier ? Ne sont-ce pas là des privautés de sultan ? »

Napoléon a beaucoup écrit. Voici l'énumération des principaux ouvrages qui lui sont dus entièrement, ou dont la plus grande part peut lui être attribuée : *Lettre de M. Buonaparte à M. Matteo Buttafuoco*, député de Corse à l'Assemblée nationale, 1790, in-f° ; *le Souper de Beaucaire*, Avignon, 1795, in-8 ; *Collection générale et complète de ses lettres, proclamations, discours, messages*, etc., 1803 et 1813, 2 vol. in-8 ; *Correspondance inédite, officielle et confidentielle*, 1818-1820, 7 vol. in-8 ; *OEuvres de Napoléon Bonaparte*, 1821-22, 5 vol. in-8 ; *Histoire de la Corse et des lettres* inédites sur cette contrée publiées dans l'*Illustration* (1843), d'après des manuscrits appartenant à M. Libri ; *Mémoires pour servir à l'histoire de France sous Napoléon*, par Gourgaud et Montholon, 1822-25, 8 vol. in-8 ; *Napoléon en exil*, par O'Méara, traduit de l'anglais, 1825, 2 vol. in-8 ; *Mémorial de Sainte-Hélène*, 1823, 8 vol. in-8 [1].

On peut consulter, sur les ouvrages attribués au roi

[1] Voyez l'intéressant article consacré aux Bonaparte, dans la *Littérature française et contemporaine*, par MM. Bourquelot et Louandre.

Louis-Philippe, l'ouvrage publié en 1845, in-8, par M. Quérard, sous le titre de : *les Auteurs déguisés de la littérature française au dix-neuvième siècle.*

Le roi d'Angleterre, Alfred le Grand (mort en 900), s'étonnait souvent, à ce que rapporte Lingard, que les illustres savants qui jadis florissaient en Angleterre, et qui avaient lu tant d'ouvrages étrangers, n'eussent jamais songé à en traduire les plus utiles dans leur propre langue. Pour y suppléer, il entreprit lui-même cette tâche. De ses traductions, deux sont historiques et deux didactiques. Les premières sont l'*Histoire ecclésiastique des Anglais,* par Bède (1644, in-f°), et l'*Epitome* d'Orose (1775, in-8), le meilleur abrégé d'histoire ancienne qu'on eût alors; ouvrages également propres à exciter et à satisfaire la curiosité de ses sujets. Des deux autres, l'un était la *Consolation de la philosophie,* par Boëce (1698, in-8), traité alors en grande estime; et le second, destiné à l'instruction du clergé, était la *Pastorale* de Grégoire le Grand, ouvrage recommandé tant par son propre mérite que par la réputation de son auteur. Il envoya une copie de ce dernier à tous les évêques de ses Etats, en demandant qu'il fût conservé dans la cathédrale pour l'usage du clergé diocésain [1]. »

Henri II composait avec facilité des vers en langue provençale [2]. Il en fut de même de son fils et successeur Richard Cœur-de-Lion. Voici, pour donner une idée du talent de ce dernier, la traduction littérale d'une ballade qu'il composa pendant sa captivité au retour de

---

[1] *Histoire d'Angleterre,* traduction citée, t. I, p. 157.

[2] Voyez, sur ce prince, une notice intéressante dans le tome XIV de l'*Histoire littéraire de la France.*

la croisade. L'original de cette pièce, souvent publiée, existe à la fois dans la langue du midi et dans celle du nord de la France. Il est pourtant plus probable qu'elle a été d'abord composée en provençal.

Jamais nul homme prisonnier ne dira sa raison
Franchement, sinon comme homme malheureux,
Mais pour consolation doit-on faire chanson,
Assez j'ai d'amis, mais pauvres sont les dons ;
Honte leur est, puisque pour ma rançon
        Je suis ici deux hivers prisonnier.

Maintenant sachent bien mes sujets et mes barons
Anglais, Normands, Poitevins et Gascons,
Que je n'ai jamais eu si pauvre compagnon
Que je laissasse pour argent en prison ;
Je ne le dis point pour nul reproche,
        Mais encore suis-je prisonnier.

Toutefois sais-je bien pour vrai certainement,
Qu'homme mort ou prisonnier n'a ni ami, ni parent ;
Et s'ils me laissent pour or et pour argent,
Mal est pour moi, mais pire est pour mon peuple.
Après ma mort ils en auront reproche,
        S'ils me laissent ici prisonnier.

Je ne m'étonne plus si j'ai le cœur dolent,
Car mon seigneur (Philippe-Auguste) met ma terre en
Il ne lui souvient plus de notre serment   [tourment,
Que nous fîmes au saint ensemble,
Bien je sais de vrai que guère longtemps
        Je ne serai en çà prisonnier.

On sait que Henri VIII avait la prétention d'être l'un des plus savants et des plus habiles théologiens de la

chrétienté. Il composa plusieurs livres de controverse,
tantôt contre Luther, tantôt contre les catholiques[1].

« Jacques Ier, rapporte Lingard, tenait de son précepteur Buchanan, la maxime « qu'un souverain doit être
le plus savant clerc de ses États. » Il a laissé dans ses
ouvrages de nombreux échantillons de ses connaissan-
ces ; mais son orgueil et sa suffisance littéraires, son habitude d'interroger les autres, et le pompeux étalage
qu'il faisait continuellement de son savoir, bien qu'ils lui
valussent les flatteries de ses serviteurs et de ses courtisans, provoquaient le mépris et la risée des vrais érudits.
Il considérait la théologie comme la première des sciences,
à cause de son objet, et comme la plus importante pour
lui-même en qualité de chef de l'Eglise anglicane et de
défenseur de la foi [2].

« Outre la théologie, il était une autre science dans laquelle il était également versé, celle de la démonologie.
Il démontra, avec un grand étalage d'érudition, l'existence des sorcières et les méfaits de la sorcellerie, contre les objections de Scott et de Wierus ; il découvrit
même une solution satisfaisante de cette obscure, mais
intéressante question : « Pourquoi le diable avait-il plus
d'influence sur les vieilles femmes que sur les autres ? »
Les vieilles femmes n'eurent pas lieu de se féliciter de
la sagacité de leur souverain. La sorcellerie, à sa sol-

---

[1] Voy. Lingard, t. iii, p. 140, 281, 521. La fameuse *Grammaire* de
Lilly fut l'œuvre d'une société de savants, dans laquelle figurèrent
Henri VIII et Wolsey. Thomas Elyot désigne « le roi » comme le prin-
cipal auteur de cet ouvrage. Henri VIII prit aussi une grande part au
Dictionnaire d'Elyot.

[2] Dans son *Commentaire sur l'Apocalypse*, il cherche à prouver que le
pape est l'Antechrist.

licitation, fut déclarée un crime capital, et depuis le commencement de son règne, il se passa à peine une année sans qu'une vieille ou une autre fût condamnée à expier sur le gibet ses communications imaginaires avec l'esprit malin [1]. »

Jacques composa aussi un traité contre l'usage du tabac. Ses prétentions littéraires le rendirent un objet de ridicule pour ses sujets. Voici, entre autres, une épigramme faite sur lui par Hayley :

« Jacques, également impropre à gouverner et à comprendre les arts, n'a ni bon sens ni esprit ; son bon sens est une pointe, et son esprit un calembour ; il tue tout ce qu'il protége : heureusement il ne s'est pas ingéré de favoriser les arts. »

Le lendemain même de l'exécution de Charles Ier, c'est-à-dire, le 31 janvier 1649, il parut un ouvrage portant le titre grec de : *Eikon Basiliké*, ou *Portrait de sa sacrée Majesté dans sa solitude et ses souffrances.* On donnait comme écrit par Charles lui-même ce livre, qui contenait, avec de pieux commentaires, un exposé de ses pensées sur les principaux événements de son règne. Son apparition causa une profonde sensation en Angleterre, et il s'en vendit, dit-on, cinquante éditions dans la première année. Sous la république, Milton essaya, mais faiblement, de prouver que le roi n'avait pu composer ce livre. Plus tard, lorsque Charles II fut monté sur le trône, un ecclésiastique, le docteur Gauden, s'en déclara l'auteur ; mais on lui acheta son secret en lui donnant l'évé-

---

[1] Dans sa *Démonologie*, il annonce que son projet est de réfuter les opinions de Wierus et de Scott, *qui n'ont pas eu honte*, dit-il, *de nier publiquement l'existence de la magie, et de renouveler les erreurs des sadducéens, en contestant l'existence des esprits.*

ché d'Exeter, puis celui de Worcester. Après la mort de
Gauden, il s'éleva, à propos de ce livre, des discussions
entre les amis de ce docteur et les amis des Stuarts, qui
en faisaient une question de parti. De nos jours, il paraît encore de temps en temps des dissertations sur ce
sujet ; mais, suivant Lingard, les prétentions de Gauden
sont aujourd'hui généralement reconnues comme fon-
dées [1].

D'Israeli, dans ses *Curiosities of literature* (édit. de
Paris, t. II, p. 289), parle d'un poëme composé par Charles Ier.

Jacques II avait laissé des mémoires où il racontait sa
vie depuis l'âge de seize ans. Ces mémoires, entièrement
écrits de sa main, formaient 4 vol. in-folio, et furent,
aussitôt après sa mort, portés au collége des Ecossais, à
Paris. Au commencement de la révolution, le principal
de ce collége, nommé Innes, les fit passer à Stapleton,
principal du collége anglais, à Saint-Omer, afin qu'il les
envoyât à Londres. Pour plus de précaution, on avait
jugé à propos de les cacher dans la cave d'un habitant
de Saint-Omer. La femme de celui-ci ayant vu arrêter son
mari, et craignant une visite domiciliaire, arracha et détruisit les magnifiques couvertures de ces volumes. Les
manuscrits eux-mêmes finirent par être livrés aux flammes. Un abrégé de ces mémoires, composé sur les manuscrits autographes, avait été publié sous le nom de
Macpherson.

Jacques Ier d'Ecosse, assassiné en 1437, était, à ce
qu'il paraît, l'un des plus habiles musiciens de son temps,

---

[1] Voyez, édition citée, tome V, notes, p. 638 ; Chevillier, *Origine de
l'imprimerie*, p. 221 et 232, et Timperley, *Encyclopedia of literary and
typographical anecdote*, année 1648.

et savait jouer de presque tous les instruments connus. On a de lui divers écrits qui ont été publiés à
Edimbourg en 1783, in-8, sous le titre de *Restes poétiques de Jacques I*er. On y remarque, entre autres, un
poëme sur la fille du comte de Somerset, Jeanne, qu'il
épousa plus tard.

On a de l'empereur Frédéric II, qui fut l'un des meilleurs poëtes de son temps, des vers en langue romane,
des lettres en latin, et un traité intitulé : *De Arte venandi
cum avibus*. Ce traité, où le prince fait preuve d'érudition, a été imprimé plusieurs fois, mais d'une manière
incomplète. La bibliothèque Mazarine en possède un manuscrit plus ample des deux tiers que les éditions imprimées.

L'empereur Charles IV (mort en 1378) est auteur de
mémoires publiés dans le deuxième volume des *Scriptores rerum germanicarum*, sous le titre de : *Commenta-
ria de vitâ Caroli IV, Bohemiæ regis, et postea impera-
toris IV*.

Maximilien I*er composa un très-grand nombre d'écrits
sur toutes sortes de sujets. Parmi ces ouvrages qui,
pour la plupart, sont perdus, nous citerons un tableau
de ses découvertes dans l'art militaire ; une description
de cent quarante de ses jardins de plaisance en Autriche; des traités sur le blason, sur l'éducation et l'entretien
des chevaux, sur les dépôts d'armes, sur la chasse au tir,
sur la fauconnerie, sur la cuisine, sur les vins, sur la pêche, sur l'art de cultiver les jardins, sur l'architecture et
sur la morale. On croit qu'il dicta à son secrétaire Marc
Treitzsauverein le texte d'un livre intitulé : *Weiss Ku-
nig*, le Roi sage. Cet ouvrage singulier, qui a été imprimé
pour la première fois en 1775, contient un abrégé de la

vie de ce prince. Maximilien a gravé lui-même sur bois les planches d'un poëme sur les aventures du célèbre chevalier Theuerdannck.

Charles-Quint, dont l'éducation avait été très-négligée, et qui le regretta toute sa vie, composa, suivant un bruit rapporté par Brantôme, « un livre de sa main, comme Jules César en son latin. Je ne sais s'il l'a fait, ajoute le même écrivain ; mais j'ai vu une lettre imprimée parmi celles de Belleforest, qu'il a traduite d'italien en français, qui le testifie, et avoir été tourné en latin à Venise par Guillaume Marindre : ce que je ne puis bien croire ; car tout le monde y fût accouru pour en acheter, comme du pain en un marché en temps de famine ; et certes la cupidité d'avoir un tel livre si beau et si rare y eût bien mis autre cherté qu'on ne l'a vu, et chacun eût voulu avoir le sien [1]. »

Swerre, roi de Norwége, mort en 1202, est, à ce que l'on présume, l'auteur du *Miroir royal*, composé en irlandais, et qui fut publié avec une version danoise et latine, sous le titre de *Speculum regale*, Soræ, 1768, in-4. On trouve, dans cet ouvrage, un petit traité d'astronomie et de physique pratique qui renferme de belles descriptions poétiques et des détails curieux sur les volcans de l'Islande. On a encore, du même prince, un traité de droit public, édité en 1815 par Verlauff, sous le titre de *Anecdoton historiam Swereri regis Norvegiæ illustrans*, in-8.

Gustave-Adolphe avait écrit des mémoires historiques qui, conservés en manuscrit au palais de Stockholm, furent consumés en partie, lors de l'incendie de ce palais, à la

---

[1] *Vies des grands capitaines*, ch. 1, édition du *Panthéon*, t. 1, p. 19.

fin du dix-septième siècle. Les fragments sauvés du feu ont été publiés avec des remarques par Benoît Bergius.

Il s'égara, dans le même incendie, la relation que le prince suédois, qui fut depuis Charles X, avait, à seize ans, écrite de ses voyages. Elle se retrouva à une vente en 1697, et a été publiée dans le neuvième volume du recueil intitulé : *Bibliotheca historica sueogothica*. Stockholm, 1782-1805, 10 vol. in-8.

Gustave IV, qui fut détrôné en 1809, et mourut ignoré au mois de mars 1857, passa les dernières années de sa vie à publier des écrits politiques, des apologies et des réfutations que personne ne lisait.

Le comte de Raczynski a publié à Varsovie, en 1823, un recueil de lettres adressées par le roi de Pologne J. Sobieski à sa femme, pendant la campagne où il força les Turcs de lever le siége de Vienne (1683). Une traduction française en a été publiée.

Stanislas Leczinski a laissé plusieurs ouvrages en polonais et en français. Ces derniers, relatifs à la philosophie, la morale et la politique, ont été réunis sous le titre d'*OEuvres du philosophe bienfaisant*. Paris, 1763, 4 vol. in-8.

Pierre le Grand a traduit plusieurs ouvrages concernant les arts, entre autres, l'*Architecture*, de Sébastien Leclerc, l'*Art de tourner*, par Plumier, et l'*Art des écluses et des moulins* par Sturm. On a publié, en 1773, 2 vol. in-4, le journal qu'il rédigea pendant ses campagnes contre la Suède (de 1698 à 1714). Cet ouvrage a été traduit en français la même année. En 1774, il parut une collection de trois cent dix-huit lettres adressées par Pierre au feld-maréchal Scheremetof.

Outre plusieurs écrits en russe et en allemand, outre

sa correspondance avec Voltaire, Catherine II a composé en français les ouvrages suivants : *Antidote, ou Réfutation du voyage en Sibérie, par l'abbé Chappe,* imprimé à la suite de cet ouvrage, 1769-71, 6 vol. in-12 ; *Oleg,* drame historique, traduit en français de l'original russe de Derschawin, etc.

Les ouvrages du roi de Prusse, Frédéric II, tous écrits en français, forment 25 vol. in-8, et se composent de poésies, de correspondances et de mémoires historiques. Parmi ces derniers, on distingue : les *Mémoires pour servir à l'histoire de la maison de Brandebourg ;* l'*Histoire de mon temps* (1740-1745), et l'*Histoire de la guerre de sept ans.*

On attribue à Sisebut, roi goth d'Espagne, mort en 621, un poëme latin, *de Ecclipsibus solis et lunæ,* dont un fragment a été inséré dans le tome II de l'*Anthologia latina* de Burmann.

C'est à Alphonse X, l'un des princes les plus instruits de son siècle, et qui s'occupa beaucoup de chimie et d'astronomie, que l'on doit les belles tables astronomiques appelées de son nom, *Tables alphonsines.* Il fit aussi rédiger le recueil de lois intitulé *Las siete partidas.*

Les Chansons de Thibaut, comte de Champagne et roi de Navarre, ont été publiées par Lévesque de La Ravallière. Paris, 1742. 2 vol. in-12.

On a conservé longtemps de Denis, roi de Portugal, mort en 1325, deux *Cancioneros,* dont l'un contenait des hymnes à la louange de la Vierge, et l'autre des vers sur des sujets profanes. Nous ne savons pas si ces ouvrages subsistent encore, ou s'ils ont été publiés.

Edouard, ou Duarte, roi de Portugal, mort de la peste

en 1438, a laissé un très-grand nombre d'ouvrages [1] sur des sujets divers. Le plus remarquable est un livre de morale, de philosophie et de politique, intitulé : *Leal conselheiro*, le fidèle conseiller. Il le composa, en grande partie, à la prière de sa femme qui en faisait sa lecture habituelle.

On attribue à Emmanuel III, mort en 1521, une *Histoire des Indes*, dont on a des fragments.

Le cardinal Henri, roi de Portugal, mort en 1580, a composé plusieurs ouvrages, presque tous ascétiques, et dont le plus connu, intitulé : *Méditations sur le mystère de la vie du Sauveur*, a été traduit plusieurs fois en latin.

Les poésies toscanes de Robert d'Anjou, roi de Naples, mort en 1343, ont été publiées à Rome, en 1642, par Ubaldini. Le même prince avait composé, en l'honneur de saint Louis, évêque de Toulouse, un office qui a été en usage jusqu'au concile de Trente.

Parmi les productions de René d'Anjou, roi de Sicile, qui fut aussi peintre et musicien, nous citerons *l'Abusé en court*, qui porte pour titre :

« Cy commence un petit traittié intitulé *l'Abusé en court*, fait nagaires et composé par très-hault et très-puissant prince René. » C'est un petit in-fol. gothique qui paraît avoir été imprimé par Colart Mansion, à Bruges, avant 1480. Le seul exemplaire connu de cette édition a été vendu 445 fr. à la vente de Maccarthy. Il y en a eu trois autres éditions faites à la fin du quinzième siècle. Les œuvres complètes de René

---

[1] On peut en voir la liste dans l'*Histoire de Portugal* de Schœfer, traduction de M. Bodin, Paris, 1845, grand in-8, p. 452.

viennent d'être publiées, 1845, 4 vol. in-4, par le comte de Quatrebarbes.

Ferdinand Ier, roi des Deux-Siciles, mort en 1825, est auteur d'un petit ouvrage, intitulé : *Origine de la colonie de Saint-Leucio, et de ses progrès jusqu'à ce jour*, par Ferdinand, roi des Deux-Siciles. Naples, de l'imprimerie royale, 1789. Cette brochure a été traduite en français.

Les reines auteurs sont assez nombreuses. Parmi celles qui ont écrit en français, nous mentionnerons les deux Marguerite, reines de Navarre [1]; Elisabeth, femme de Charles IX, à laquelle Brantôme attribue plusieurs petits ouvrages qui n'ont jamais été imprimés; Marguerite d'Autriche, fille de l'empereur Maximilien [2], Christine de Suède, etc. [3]. Tout le monde connaît les *Adieux* attribués à Marie Stuart, et qui, à ce que pense M. Valery, ont été publiés pour la première fois dans l'*Anthologie françoise*, de Monnet, Paris, 1765. Cette circonstance, jointe au silence gardé par Brantôme, qui, accompagnant cette princesse en Écosse, donne beaucoup de détails sur la douleur qu'elle éprouva en quittant la France, doit rendre leur authenticité fort suspecte. Il n'en est pas de même des vers suivants, rapportés par le même écrivain, dans le chapitre qu'il a consacré à cette princesse. Elle les composa après la mort de son époux François II.

---

[1] L'une, sœur de François Ier, est auteur de l'*Heptaméron*, de poésies et de lettres publiées par M. Génin; l'autre, femme de Henri IV, a laissé des *poésies*, des *mémoires* et des *lettres* publiés par M. F. Guessard dans la collection de la Société de l'histoire de France.

[2] La correspondance de cette princesse avec son père a été publiée par M. Leglay, dans la collection de la Société de l'Histoire de France. Ses *chansons* se trouvent en manuscrit à la bibliothèque royale.

[3] Ses ouvrages ont été recueillis dans les mémoires publiés sur cette princesse par Archenholz, 1751, 4 vol. in-4.

En mon triste et doux chant,
D'un ton fort lamentable,
Je jette un deuil tranchant,
De perte incomparable,
Et en soupirs cuisans
Passe mes meilleurs ans.

Fut-il un tel malheur
De dure destinée,
Ny si triste douleur
De dame fortunée,
Qui mon cœur et mon œil
Vois en bierre et cercueil?

Qui en mon doux printemps
Et fleur de ma jeunesse
Toutes les peines sens
D'une extrême tristesse,
Et en rien n'ai plaisir
Qu'en regret et désir.

Si en quelque séjour,
Soit en bois, ou en prée,
Soit sur l'aube du jour,
Ou soit sur la vesprée,
Sans cesse mon cœur sent
Le regret d'un absent.

Elisabeth d'Angleterre, qui composait des vers grecs et
latins, a laissé des poésies anglaises sur lesquelles on
peut consulter d'Israeli[1].

Un assez grand nombre de monarques orientaux ont
laissé soit des poésies, soit des écrits de morale et de
politique, comme l'ouvrage attribué à Tamerlan, et que

---

[1] *Amenities of literature*, t. II, p. 75 et 266.

Langlès a traduit en français, sous le titre de : *Instituts politiques et militaires de Tamerlan*, 1787, in-8. Nous citerons seulement les vers suivants, composés par le calife de Cordoue, Abdérame Ier (mort en 787). Ce prince, en souvenir de Damas, sa patrie, d'où l'avait chassé la haine des Abassides, avait fait planter, près de la terrasse de son palais, un palmier, le premier qu'on eût vu en Espagne, et lui avait voué une affection particulière. Nous donnons une traduction littérale de cette pièce d'après la version espagnole rapportée dans les notes de l'histoire d'Espagne de M. Rosséuw-Saint-Hilaire.

« Toi aussi, beau palmier, tu es ici étranger. Le doux zéphyr d'Algarbe baise et caresse ta beauté. Tu crois dans un ciel fécond, et tu élèves ta cime jusqu'au ciel. Que de tristes larmes tu verserais si, comme moi, tu pouvais sentir! Tu ne ressens pas, comme moi, les coups d'un sort cruel. Je nage dans un torrent de larmes, de peines et de douleurs. J'ai mouillé de mes pleurs les palmiers que l'Euphrate arrose, mais les palmiers et le fleuve ont oublié mes souffrances lorsque mon funeste destin et la cruauté d'Al-Abbas me forcèrent d'abandonner les plus tendres affections de mon âme. Il ne te reste aucun souvenir de moi, ô ma patrie bien-aimée ; mais moi, malheureux, je ne puis cesser de te pleurer. »

—

DES EUNUQUES.

Suivant une tradition rapportée par Ammien Marcellin et Claudien, ce fut Sémiramis qui, la première, s'avisa

de faire mutiler des enfants, idée assez singulière pour
une femme. Quoi qu'il en soit, on sait que l'un des grands
de la cour de Pharaon, Putiphar, était eunuque ; ce qui
rend fort excusable la passion que son épouse ressentit
pour Joseph. — Au cinquième siècle avant notre ère, le
commerce des eunuques avait pris une assez grande ex-
tension, à en juger par l'histoire suivante, rapportée par
Hérodote.

« Je ne connais, dit-il, personne qui se soit plus cruellement vengé d'une injure qu'Hermotime, qui tenait le
premier rang parmi les eunuques de Xerxès. Ayant été
pris par des ennemis, il fut vendu à Panionius, de l'île de
Chio. Cet homme vivait d'un trafic infâme : il achetait
des jeunes garçons bien faits, les faisait eunuques et les
menait à Éphèse, où il les vendait très-cher ; car la fidélité des eunuques les rend, chez les Barbares, plus précieux que les autres hommes. Panionius, qui vivait, dis-
je, de ce trafic, fit eunuques un grand nombre de jeunes
garçons, et entre autres Hermotime. Cet Hermotime ne
fut pas malheureux en tout : conduit de Sardes au roi,
avec d'autres présents, il parvint avec le temps, auprès
de Xerxès, à un plus haut degré de faveur que tous les
autres eunuques.

« Tandis que le roi était à Sardes, et qu'il se disposait à
marcher, avec ses troupes, contre Athènes, Hermotime,
étant allé pour quelque affaire dans l'Atarnée, canton de
la Mysie, cultivé par les habitants de Chio, y rencontra
Panionius. L'ayant reconnu, il lui témoigna beaucoup
d'amitié ; et commençant par un grand détail de tous les
biens qu'il lui avait procurés, il passa ensuite à ceux
qu'il promettait de lui faire par reconnaissance, s'il voulait venir avec toute sa famille demeurer chez lui. Panio-

nius, charmé de ces offres, alla chez Hermotime avec sa
femme et ses enfants. Quand celui-ci l'eut en sa puissance
avec toute sa famille : « O le plus scélérat de tous les
« hommes, lui dit-il, toi qui gagnes ta vie au plus infâme
« métier, quel mal t'avions-nous fait, moi et les miens,
« à toi ou à quelqu'un des tiens, pour m'avoir privé de
« mon sexe, et m'avoir réduit à n'être plus rien ? T'étais-
« tu donc imaginé que les dieux n'auraient aucune con-
« naissance de ton action ? Scélérat, par un juste juge-
« ment, ils t'ont attiré, au moyen d'un appât trompeur,
« entre mes mains, afin que tu ne puisses te plaindre de
« la peine que je vais t'infliger. » Après ces reproches, il
se fit amener les quatre enfants de Panionius, et le força
de les mutiler lui-même. Panionius, s'y voyant contraint,
le fit, et, cet ordre exécuté, Hermotime obligea les enfants
à faire la même opération à leur propre père. C'est ainsi
que fut puni Panionius, et qu'Hermotime se vengea [1]. »

Ce n'était point seulement à la garde des femmes que
l'on employait les eunuques, ils servaient aussi aux plus
infâmes débauches. Juvénal et plusieurs Pères de l'É-
glise y font souvent allusion. Saint Basile recommandant
aux femmes de ne pas se fier aux mutilations les plus
complètes, comparait les eunuques aux bœufs que l'on
a privés de leurs cornes, mais qui peuvent encore donner des coups de tête. Pour plus amples renseignements, nous renvoyons le lecteur aux articles *Abélard*,
Combabus et *Héloïse*, du Dictionnaire de Bayle, qui semble s'être étendu avec complaisance sur ce sujet assez
scabreux.

Domitien avait en vain défendu de faire des eunuques.

---

1 L. VIII, ch. 103, traduction de Larcher.

Leur nombre ne fit que s'accroître. Ce fut le débauché
Héliogabale qui semble avoir introduit à la cour des empereurs romains ces êtres dégradés, qui furent tout-puis-
sants sous son règne honteux.

Lampridius rapporte, à la grande louange d'Alexandre
Sévère, que ce prince « chassa d'auprès de lui les eunuques [1], et voulut qu'ils servissent sa femme à titre d'esclaves. Tandis qu'Héliogabale avait été l'esclave des eunuques, Alexandre les réduisit à un certain nombre, et
borna leurs services dans le palais aux bains des femmes.
Il leur ôta non-seulement les charges de receveurs et
d'intendants qu'Héliogabale leur avait données, mais
aussi celles qu'ils exerçaient auparavant. Il disait que
les eunuques étaient un troisième genre de l'humanité ;
qu'ils ne méritaient pas d'être employés, ni même regardés par des hommes, et qu'ils étaient à peine dignes de
servir des femmes de distinction. »

Constantin, et, plus tard, Léon Ier, punirent la mutilation comme un homicide. Constance II, second fils de
Constantin, accorda aux eunuques le droit de tester.
C'était bien le moins qu'il reconnût le droit de dispo-
ser de leurs biens à ceux par lesquels il se laissa entièrement gouverner. Son favori et grand chambellan,
l'eunuque Eusèbe, remplit le palais de ses compagnons
d'infortune ; et c'est à partir de cette époque que date
l'influence exercée, dans le palais des empereurs d'Orient,
par les individus de cette espèce.

Au sixième siècle, Justinien renouvela la défense de

---

[1] *Vie d'Alexandre Sévère*, ch. 22. — Il ajoute dans le chapitre suivant :
« Il donna ces eunuques à tous ses amis, avec la permission, s'ils ne con-
tractaient pas de bonnes mœurs, de les faire mourir, sans avoir besoin
de l'autorité d'un jugement. »

Constantin, et l'étendit à toutes les contrées de l'empire, prononçant la peine du talion contre ceux qui auraient commis, ou seulement favorisé la violation de cette loi Si les coupables ne perdaient pas la vie dans une opération aussi dangereuse, ils étaient dépouillés de leurs biens et relégués dans l'île de Gypséis en Ethiopie. A la fin du neuvième siècle, Léon le Philosophe substitua à ce châtiment barbare une amende de dix livres d'or et un exil de dix ans. Il fallait que, de son temps, les eunuques fussent fort nombreux, puisque Léon le Grammairien, au chap. 3 de la vie de ce prince, fait mention d'un monastère d'eunuques, situé à Topos. Ces pauvres gens devaient souvent se répéter l'un à l'autre ces paroles mélancoliques, qu'un certain personnage de Candide murmurait avec tant d'amertume : « *Ah! che sciagura d'essere senza...* »

Vers 250, Valésius, philosophe chrétien d'Arabie, prétendit que la concupiscence agissait sur l'homme avec tant de violence, qu'on ne pouvait lui résister, même avec le secours de la grâce ; et, partant de ce principe, il enseignait que l'homme ne pouvait être sauvé s'il n'était eunuque. Cette folle doctrine, qui ne tendait à rien moins qu'à faire périr le genre humain dans ce monde, sous le faux prétexte de le sauver dans l'autre, trouva d'assez nombreux partisans, désignés sous le nom de Valésiens. Ils faisaient eunuques de gré ou de force, non-seulement ceux qui embrassaient leur secte, mais encore les étrangers qu'ils rencontraient ou qu'ils recevaient chez eux ; et, après leur avoir fait subir cette opération, ils permettaient à leurs disciples de manger de toutes sortes de viandes ; ce qu'ils leur défendaient auparavant.

L'un des canons du concile tenu à Nicée en 325,

porte : « Si quelqu'un a été fait eunuque, ou par les médecins, dans une maladie, ou par les barbares, qu'il demeure dans le clergé ; mais celui qui s'est mutilé lui-même, se trouvant en état de santé, doit être interdit s'il fait partie du clergé ; et, à l'avenir, on ne doit en promouvoir aucun. Et comme il est évident que ceci est dit seulement contre ceux qui, de dessein prémédité, osent se mutiler eux-mêmes, le canon reçoit dans le clergé, si d'ailleurs ils en sont dignes, ceux qui ont été faits eunuques par les barbares ou par leurs maîtres. »

On a remarqué que quatre patriarches de Constantinople étaient eunuques savoir : Nicétas, Ignace, Photius et Methodius [1].

Matthieu Pàris fait mention d'une particularité qui, nous le croyons, est unique dans l'histoire des princes d'Occident. Il raconte, à l'année 1255, que l'empereur Frédéric II, ayant épousé Isabelle, sœur du roi d'Angleterre, confia la garde de cette princesse à plusieurs eunuques maures, qui, dit-il, ressemblaient à de vieux masques. L'empereur, dont les relations avaient été si fréquentes avec les Sarrasins, avait, on le voit, adopté quelque peu les mœurs orientales.

Au moyen âge, les eunuques furent encore assez communs. En effet, sans parler des vengeances particulières analogues à celle dont Abélard fut la victime, la mutilation était opérée très-fréquemment par les médecins dans certaines maladies, et, entre autres, dans les hernies. Ce préjugé, qui avait des suites si funestes, subsistait encore du temps d'Ambroise Paré, qui s'est élevé contre avec une grande force, et prescrit de conserver autant que

---

[1] Voyez dans le *Dictionnaire philosophique* de Voltaire le plaisant article qui suit le mot *Terre* et précède le mot *Théiste*.

possible les organes précieux, qui, ajoute-t-il, *font la paix en la maison.* En outre, pendant longtemps, dans certaines contrées, on châtrait les prisonniers de guerre [1], et cet usage cruel a fourni à un chroniqueur lombard du dixième siècle, à Luitprand, l'occasion de raconter l'historiette suivante.

Théobald, marquis de Spolète, se trouvant en guerre avec les Grecs, s'empara un jour d'un certain nombre d'ennemis qui avaient fait une sortie d'un château voisin. Il les renvoya dans ce château après les avoir mutilés. « Alors, dit le chroniqueur, on vit venir de la forteresse une femme en fureur, les cheveux épars, brûlant d'amour et tremblant pour la virilité de son mari. Déchirant son visage avec ses ongles ensanglantés, elle alla se lamenter à haute voix devant la tente de Théobald. « Femme, lui dit-il, pourquoi viens-tu ici te plaindre si bruyamment? » Celle-ci lui répondit en ces termes : « Guerrier, c'est un crime nouveau et inouï que de faire la guerre à des femmes innocentes. Aucune de nous ne descend des Amazones. Étrangères au métier des armes, nous nous livrons uniquement aux travaux de Minerve. — Mais, dit Théobald, quel guerrier insensé, excepté du temps des Amazones, a jamais fait la guerre aux femmes? — Quoi! n'est-ce pas faire aux femmes la guerre la plus cruelle, n'est-ce pas leur causer le plus de mal possible, que d'enlever à leurs maris les *orchidia*, qui donnent à notre corps la santé, et qui surtout sont pour nous l'espoir de la postérité? En mutilant les hommes, ce n'est pas leur bien, c'est le nôtre que vous en-

---

[1] Harald IV, roi de Norwége, ayant, en 1134, battu et pris Magnus IV, qui lui disputait la couronne, lui fit crever les yeux, couper un pied et le rendit eunuque.

levez. La perte de mes brebis ne m'a pas jusqu'ici fait venir dans votre camp. J'approuve le dommage que vous m'avez causé en m'enlevant ces troupeaux, mais l'autre perte dont je suis menacée, cette perte cruelle, irréparable, j'en ai horreur, je la maudis et ne puis m'y soumettre. Que tous les saints me préservent d'un tel malheur ! » A ce discours, tous les assistants se prirent à rire ; cependant la pauvre femme sut si bien gagner leur cœur, que non-seulement on lui rendit son mari intact, mais qu'on lui restitua les troupeaux qui lui avaient été enlevés. Comme elle s'en retournait, Théobald lui envoya demander ce qu'il faudrait faire à son mari s'il était repris dans un combat. « Bon, répondit-elle, il a des yeux, des oreilles, un nez, des mains et des pieds ; toutes ces parties sont à lui, faites-en ce que vous voudrez, mais respectez les autres, qui sont à votre servante [1]. »

Les mutilations pouvant provenir de causes si diverses, il en résulta qu'au moyen âge on ne rougissait pas beaucoup d'être eunuque. C'est du moins ce que peut faire conjecturer le fait suivant. On trouve, dans le Cartulaire de Notre-Dame de Paris, que publie le savant M. Guérard, une charte (de l'an 1071), où l'un des témoins a signé ainsi :

Signum Alcheri, archipresbyteri et *eunuchi.*

Voici maintenant quelques noms d'eunuques célèbres :
Un illustre écrivain grec de la fin du premier siècle, Favorinus d'Arles, dont il est souvent question dans Aulu-Gelle, était eunuque de naissance ; ce qui ne l'empêcha pas d'avoir à soutenir un procès scandaleux contre le

---

1 *Rerum gestarum ab Europæ imperatoribus et regibus*, lib. IV, ch. 4, 1610, in-fol., p. 72-75.

mari d'une dame romaine, personnage consulaire. Aussi disait-il plus tard : « Il y a dans ma vie trois choses étranges : étant Gaulois, de parler grec ; eunuque, d'être accusé d'adultère; et, brouillé avec l'empereur (Adrien), d'être encore en vie. »

Parmi les écrivains et les savants modernes, nous citerons Paracelse, Boileau, le botaniste J. Robin et l'académicien Gombauld, dont Saint-Évremond a dit dans la comédie des *Académistes :*

> Gombauld, pour un châtré, ne manque pas de feu.

Le ministre Maurepas était soupçonné, dit dans un style assez singulier la Biographie Michaud, « de manquer, dans son organisation particulière, de *ce ressort organique* qui est toujours, chez les autres hommes, le germe des passions les plus vives, et quelquefois le mobile des affections généreuses et des actions énergiques. » Aussi fit-on courir sur lui un couplet qui commençait par ces vers :

> Maurepas devient tout-puissant,
> V'là c'que c'est que d'être impuissant.

Jérôme Cardan, dont nous avons déjà parlé p. 151, fut impuissant de vingt et un ans à trente-deux ans. Il attribuait cela aux malignes influences de la constellation sous laquelle il était venu au monde. « Le soleil et les deux planètes malfaisantes, Mercure et Vénus, étaient, dit-il, dans les signes humains ; et parce que Jupiter tenait l'ascendant, et que Vénus était dominatrice sur toute la figure, je n'ai été offensé qu'aux parties génitales... Et depuis l'âge de vingt et un ans jusqu'à l'âge de trente et un ans, j'ai déploré ma destinée et porté envie à celle de tout autre homme. » Comme dans l'histoire de sa vie, qu'il écrivit à soixante-quatorze ans, il dit qu'à cette époque l'usage des femmes lui affaiblissait beaucoup l'estomac, il fallait, ainsi que Bayle l'a fort judicieusement remarqué, qu'à cet âge il se divertît quelquefois à ce jeu-là. « Il eut donc, ajoute-t-il, de quoi se dédommager un peu des dix années qu'il regrettait tant ; car peut-être les eût-il si mal employées, qu'il n'eût pas pu vivre à cet égard jusqu'à l'âge de soixante ans [1]. »

L'un des plus illustres généraux de la guerre de trente ans, le comte de Tilly, se vanta d'être resté toute sa vie étranger aux plaisirs du vin et de l'amour [2].

Le maréchal de Gassion, dont l'intrépidité était proverbiale, se trouvait à peu près dans le même cas que Tilly. « Il était fort sobre, dit Tallemant des Réaux ; il n'était point joueur non plus, ni adonné aux femmes. *Femmes et vaches*, disait-il, *ce m'est tout un, mordioux!* Et Marion Cornuel disait : *Bœufs et Gassions, ce m'est tout un* [3]. »

L'auteur du *Discours historique sur les causes de la guerre de Hongrie* rapporte que l'intrépide Battori, prince de Transylvanie, surnommé *l'Invincible*, « était aussi lâche dans l'exercice de Vénus qu'il était brave dans celui de Mars [4] », et qu'ayant avoué son impuissance, son mariage avec Marie-Christine, fille de l'archiduc Charles, fut déclaré nul [5].

[1] Art. CARDAN, notes C et L.

[2] « Veneris vinique expertem tota ætate se fuisse jactaverat, » dit un historien contemporain.

[3] Tome v, p. 176.

[4] Cologne, 1666, p. 264 et 266.

[5] Nous parlerons dans un autre volume des procès pour cause d'impuissance, intentés par des femmes à leurs maris.

L'histoire des peuples orientaux présente un assez grand nombre de généraux, de princes et de ministres eunuques : tels furent Narsès, qui chassa les Goths d'Italie, sous Justinien ; Kafour, sultan d'Egypte, mort en 968 ; Messour, favori d'Haroun-al-Raschild ; Sarou-Taki-Khan, premier ministre de Perse, mort en 1645 ; le sultan de Perse, Mohammed-Aga, de la dynastie des Khadjars, etc.

L'un des plus vaillants généraux de Soliman Ier était un eunuque, nommé Ali, qui commandait l'armée turque, lors de l'invasion de la Hongrie, en 1556. De Thou raconte que, dans cette expédition, les chrétiens ayant surpris une ville au pouvoir des Turcs, on dépêcha aussitôt un courrier à Ali pour lui apprendre cette nouvelle. « Comme ce courrier ne la lui annonça qu'en tremblant, et que, par la tristesse répandue sur son visage, il faisait connaître à Ali qu'il s'agissait d'un grand malheur, on assure que le pacha se moqua de sa consternation d'une manière qui fit rire tous les assistants, et que, peu touché de la perte d'une place qu'il pouvait facilement reprendre, il lui dit : « Insensé, de quoi me parles-tu, de quelle perte fâcheuse viens-tu m'entretenir ? Voilà, ajouta-t-il, en montrant la place de sa mutilation, voilà vraiment une perte déplorable pour moi, lorsqu'on me priva de ce qui me rendait homme [1]. »

Quant aux eunuques qui se sont rendus célèbres comme chanteurs, leur nombre serait trop considérable pour que nous en parlions. Bornons-nous à dire que nous ne savons à quelle époque remonte ce cruel usage de se

[1] Liv. xvii, ann. 1556. Voici le texte : « Eu demum mihi clades deploranda contigit, cum hinc (genitalium sedem ostentans) ea membra adempta sunt, quibus vir eram. »

procurer de belles voix par la castration; il en est déjà question dans les *Saturnales* de Macrobe. Les castrats ne commencèrent guère, autant que nous pouvons le conjecturer, à être connus en France qu'à la fin du seizième siècle ou au commencement du siècle suivant.

« Feu madame de Longueville, dit Tallemant des Réaux, s'avisa la première, ne voulant pas prononcer le mot de *châtré*, de dire cet *incommodé*, en montrant un châtré qui chantait fort bien, et qui vint à la cour du temps du cardinal de Richelieu. « Mon Dieu! mademoiselle, disait-elle à mademoiselle de Senecterre, que cet *incommodé* chante bien! » Depuis, on appela ainsi tous les châtrés de ces comédies en musique que le cardinal Mazarin faisait jouer [1]. »

Au dix-huitième siècle, Voltaire faisait observer qu'il n'y avait plus en Europe que le Grand Turc et le pape qui se livrassent à la fabrication des eunuques [2].

—

DES FEMMES GUERRIÈRES [3].

S'il faut en croire un poète bohémien du quatorzième siècle, Dalémile, il y aurait eu, au huitième siècle, sous le règne du duc Prémislas, un État d'amazones en Bohême. Voici un résumé des traditions qu'il a recueillies :

[1] *Historiette de Berlaut*, t. v, p. 141.

[2] Voyez, à ce sujet, une mystification de Gigli, CURIOSITÉS LITTÉRAIRES, p 287.

[3] Nous ne parlerons ici que du moyen âge et des temps modernes.

Libussa ou Libossa, femme de Prémislas, mort en 735, s'était formé une garde de jeunes filles, habiles à manier les armes. Après la mort de cette princesse, l'amazone qui les commandait, Vlasta, les rassembla sur le mont Widoulé (non loin de Prague), et y éleva un fort qu'elle destinait à être le centre de son nouvel empire. Prémislas, à cette nouvelle, leur députa un des seigneurs de sa cour, qu'elles mutilèrent horriblement, après lui avoir coupé le nez et les lèvres. Le nombre de ses compagnes s'étant accru, Vlasta fit élever, vis-à-vis de Wissegrad, une seconde forteresse, que l'on appela *Diewin* ou *Château des jeunes filles*. De là elles ravageaient les campagnes d'alentour; et tout ce qui n'appartenait pas à leur sexe était cruellement mutilé ou égorgé. Après une victoire sur les troupes de Prémislas, Vlasta publia un code dont les trois derniers articles statuaient qu'il était défendu aux hommes de porter les armes sous peine de mort; qu'ils ne pourraient aller à cheval que les jambes jointes et pendantes sur le côté gauche du cheval; que celui qui oserait monter autrement serait puni de mort; que les hommes, à quelque classe qu'ils pussent appartenir, devaient conduire la charrue et faire tous les travaux, tandis que les femmes combattraient pour eux; que les jeunes filles choisiraient elles-mêmes leurs maris, et que celui qui refuserait de se soumettre serait puni de mort.

Après d'inutiles tentatives de conciliation, Prémislas attaqua le fort de Widoulé, et toutes les femmes qui s'y trouvèrent furent égorgées. Vlasta ayant appris ce désastre, ordonna qu'il fût fait, à Diewin, un sacrifice aux dieux; et, sur l'autel, on égorgea vingt-quatre prisonniers. Ses compagnes se jetèrent sur les victimes, dont elles recueillaient le sang dans des coupes enchantées. Elles sortirent ensuite de Diewin, et périrent toutes les armes à la main.

Tel est le récit du poète, et nous sommes étonné qu'il ait été pris au sérieux par l'auteur de l'article consacré à *Vlasta*, dans la Biographie Michaud, article auquel nous avons emprunté les détails qui précèdent. Dalémile n'a certainement pas fait autre chose que de recueillir quelques vieilles traditions, qu'il a peut-être embellies si elles ne l'étaient déjà. Cette légende, du reste, était populaire en Bohême ; car il est aussi question de ces amazones dans une chronique du onzième siècle, dans celle de Cosme de Prague. Voici son récit, bien différent de celui de Dalémile. Il est en prose latine, rimée et remplie d'expressions poétiques. On dirait, en le lisant, que c'est un fragment de quelque poëme écrit en latin barbare.

« A cette époque (sous Prémislas), les jeunes filles grandissaient sur la terre, libres de toute espèce de joug. Semblables à des amazones, portant les armes des guerriers et se gouvernant elles-mêmes, elles combattaient comme de jeunes soldats, et se livraient avec ardeur à la chasse. Ce n'étaient pas les hommes qui choisissaient leurs épouses, c'étaient les jeunes filles qui se choisissaient leurs maris. Comme chez la nation scythique des Plauci et des Picenatici, on n'apercevait aucune différence entre l'habillement des hommes et celui des femmes. L'audace de celles-ci s'accrut à tel point, que, non loin de Prague, sur un rocher défendu par la nature, elles se construisirent une forteresse, à laquelle fut donné le nom virginal de *Diewin*. Les jeunes gens, de leur côté, s'indignant de cette audace, s'assemblèrent en plus grand nombre sur une roche voisine, bâtirent, au milieu des bois, une ville que les modernes appellent Wissegrad, mais qui, alors, tirait des arbres son nom de Nurasten. Tantôt la paix, tantôt la guerre régnaient entre les deux partis : les jeunes filles étaient plus rusées, les hommes étaient plus hardis. Une fois, la paix ayant été conclue entre eux; ils convinrent de s'abandonner, sans armes, pendant trois jours, à des festins et à des jeux dans un lieu déterminé. Que dirai-je de plus? Les jeunes gens, dans les repas, se mêlent aux jeunes filles, semblables à des loups dévorants cherchant leur proie dans les bergeries. La première journée se passa joyeusement, au milieu de festins et de libations trop copieuses, et le temps qu'ils mettent à apaiser une soif donne le temps de naître à une autre soif. Les jeunes gens, pleins d'impatience, peuvent à grand'peine se modérer jusqu'à l'heure fixée. La nuit était arrivée, et la lune sereine brillait dans le ciel. Alors l'un d'eux donna en ces termes le signal de la lutte : « Le temps des jeux, des festins et des buveries est passé ; levez-vous, la brillante Vénus vous appelle de son sistre bruyant. » Chacun d'eux ravit aussitôt une jeune fille ; et quand vint le matin, la paix était conclue. Alors, enlevant les restes des festins, ils livrent aux flammes les murs déserts de Diewin. Depuis cette époque, après la mort de la princesse Lubossa, les femmes sont demeurées sous la domination des hommes [1]. »

Pendant le moyen âge, les femmes guerrières ne sont pas rares. En voici quelques exemples empruntés, pour la plupart, à l'histoire de notre pays.

A la bataille gagnée par Robert Guiscard sur l'empe-

[1] *Cosmæ pragensis Decani chronica Bohemorum*, inséré dans le recueil de Freher, *Rerum bohemicarum scriptores*, 1602, in-fol. p. 6.

reur grec Alexis Comnène, auprès de Dyrrachium, Gaïte, femme du prince normand, « qui le suivait à la guerre, dit Anne Comnène, et combattait comme une Pallas, » rallia la lance à la main, et ramena au combat les troupes de son mari dispersées par les Grecs [1].

Orderic Vital, au liv. VIII, parle ainsi d'Isabelle, fille de Simon de Montfort et femme de Raoul de Conches. « Elle était, dit-il, généreuse, entreprenante, gaie, aimable et gracieuse pour ceux qui l'approchaient. A la guerre, elle montait à cheval, armée comme un chevalier, parmi les chevaliers, et semblable à la jeune Camille, l'honneur de l'Italie, dans les troupes de Turnus, elle ne le cédait point en intrépidité aux chevaliers couverts de cuirasses et aux soldats armés de javelots. » Après la mort de son mari, elle se retira dans le couvent de Haute-Bruyère.

Au liv. XII du même chroniqueur, on trouve l'histoire de Julienne, femme d'Eustache de Breteuil et fille naturelle du roi d'Angleterre, Henri Ier. Ayant été envoyée avec des troupes, par son mari, pour défendre le château de Breteuil, elle y fut assiégée par son père, que les habitants avaient introduits dans la ville. Voyant qu'elle ne pouvait faire une longue résistance, elle demanda une entrevue à son père.

« Le roi, qui ne se doutait pas de tant de fourberie dans une femme, se rendit à l'entrevue où sa malheureuse fille voulait le faire périr. Elle tendit une baliste et lança un trait vers son père, qui, par la protection de Dieu, ne fut point atteint. Alors Henri fit, à l'instant même, détruire le pont du château, afin d'intercepter toute communication. Juliane, se voyant entourée de toutes

---

[1] *Alexiade,* liv. IV, ch. 5.

parts, et sans espoir d'être secourue, rendit le château à
Henri ; mais elle ne put obtenir de lui de sortir en liberté.
D'après son ordre, elle fut forcée de se laisser glisser du
haut des murs, sans pont et sans soutien, et descendit
ainsi, honteusement, jusqu'au fond du fossé, en montrant son corps nu à l'armée. Cet événement arriva au
commencement du carême, dans la troisième semaine de
février, de telle sorte que l'eau du fossé glaça la chair
délicate de la princesse, qui s'y plongea dans sa chute.
Cette malheureuse guerrière se tira de là honteusement,
et comme elle put, puis alla, en toute hâte, rejoindre
son mari à Paci (sur Eure) [1]. »

Au nombre des femmes qui contribuèrent à la défense de châteaux ou de villes, nous citerons la sœur de
Duguesclin, Jeanne Hachette, et une autre héroïne moins
connue, Jeanne Maillotte, qui se distingua à Lille, lors de
la révolte des *Hurlus*. Nous renvoyons à Froissart pour
les aventures des deux comtesses de Montfort et de Blois,
qui, pendant la captivité de leurs maris, n'en continuè-
rent pas moins, l'une contre l'autre, une guerre achar-
née, dont le but était la possession du duché de Bretagne [2].

Quant à Jeanne d'Arc, et aux aventurières qui, après sa
mort, aspirèrent à jouer le même rôle qu'elle, leur histoire est trop connue pour que nous nous y arrêtions.

La célèbre femme poète, Louise Labé [3], avait à peine
seize ans, lorsque ayant accompagné son père au siége

---

1 Orderic Vital, l. xii, collection Guizot, t. xxviii, p. 289.

2 Nous parlerons ailleurs d'une tentative de croisade faite par les dames génoises, en 1301.—Voyez aussi dans de Thou, l. xLVI, année 1569,
le récit de la défense du château de Benegon par Marie de Barbançon.

3 Née à Lyon en 1526, morte en 1566.

de Perpignan, en 1542, elle fut saisie d'une ardeur guerrière, et se distingua si bien par sa bravoure, qu'on la
surnomma le *capitaine Loys*. Ses exploits ont été célébrés par un anonyme, dans une fort longue pièce à sa
louange. Voici quelques-uns de ces mauvais vers.

> Louize ainsi furieuse,
> En laissant les habits mols
> Des femmes, et envieuse
> Du bruit, par les Espagnols
> Souvent courut, en grand'noise,
> Et maint assaut leur donna.
> Quand la jeunesse françoise
> Perpignan environna,
> Là sa force elle déploye,
> Là de sa lance elle ploye
> Le plus hardi assaillant ;
> Et brave dessus la selle,
> Ne montrait rien en elle
> Que d'un chevalier vaillant.

Ce fut là, du reste, son unique campagne. Après la
levée du siége, elle revint se marier à Lyon, et se li-
vrant sans contrainte à son goût pour les lettres et à sa
passion, non moins vive, pour les beaux-esprits de son
temps, elle se composa une vie à peu près semblable à
celle que Ninon mena au siècle suivant [1].

---

[1] « Elle faisoit part de son corps, dit Du Verdier, non toutefois à tous
et nullement à gens méchaniques et de ville condition, quelque argent
que ceux-là lui eussent voulu donner. Elle aima les savants hommes sur
tous, les favorisant de telle sorte que ceux de sa cognoissance avoient la
meilleure part en sa bonne grâce, et les eut préférés à quelconque grand
seigneur, et fait courtoisie à l'un plutôt gratis qu'à l'autre pour grand
nombre d'escus. » Voyez Goujet, *Bibliothèque françoise*, tome XII, p. 79
et suiv.

A peu près à la même époque, une religieuse espagnole, Catherine d'Erauso, se sauva de son couvent, prit des habits d'homme, servit comme mousse, sur les navires qui allaient en Amérique, puis déserta, et, après plusieurs aventures, s'engagea dans l'armée de terre, et se signala dans les guerres contre les Indiens. Elle parvint au grade d'officier, quitta le service, à la suite d'une blessure reçue dans un duel, qui fit découvrir son sexe, et revint en Europe, où elle reçut une pension de Philippe III. Tels sont, du moins, les faits qui sont rapportés dans des *Mémoires* écrits, dit-on, par l'héroïne elle-même, et publiés, pour la première fois, à Paris, avec des pièces justificatives, 1829, in-8, sous le titre de *Historia de la monja-alferez* (Histoire de la religieuse officier) [1].

« Ce fut en l'année 1638, si je ne me trompe, dit l'abbé Arnauld, que j'eus l'honneur de connaître cette amazone de nos jours, madame la comtesse de Saint-Balmont [2], dont la vie a été un vrai prodige de valeur et de vertu, ayant rassemblé en sa personne toute la fierté d'un soldat déterminé et toute la modestie d'une femme véritablement chrétienne. La moitié de ce témoignage lui fut rendue, en ma présence, par quelques soldats espagnols qu'elle avait pris à la guerre, et qu'elle avait envoyés à Verdun, à M. de Feuquières, lequel leur ayant demandé, en riant, s'ils avaient en leur pays des femmes aussi vaillantes que celle-là, l'un d'eux prit la parole, et lui répondit sérieusement qu'il ne la prendrait jamais pour

---

[1] Voyez sur cet ouvrage, qui n'est peut-être qu'un roman, un article inséré dans le XLIII° volume de la *Revue encyclopédique*, p. 742 et suiv.

[2] Barbe d'Ernecourt, comtesse de Saint-Balmont, née à Neuville, entre Bar et Verdun, en 1608.

une femme, et qu'il lui avait vu faire des actions d'un soldat furieux. Ceux qui liront ces mémoires ne seront peut-être pas fâchés de savoir un peu plus particulièrement des nouvelles d'une femme si extraordinaire. Elle était d'une très-bonne maison de Lorraine, et née avec des inclinations dignes de sa naissance. La beauté de son visage répondait à celle de son âme; mais sa taille ne répondait pas à sa beauté, étant petite et un peu grossière. Dieu, qui la destinait à une vie plus laborieuse que celle des femmes ordinaires, la rendit ainsi plus robuste et plus propre aux fatigues du corps; il lui donna aussi un si grand mépris pour la beauté, qu'ayant eu la petite vérole, elle se réjouissait d'en être marquée, comme les autres ont accoutumé de s'en fâcher, disant qu'elle en serait plus semblable à un homme. Elle épousa le comte de Saint-Balmont, qui ne lui cédait ni en naissance ni en mérite. Ils vécurent ensemble dans une parfaite union; mais les troubles qui arrivèrent en Lorraine les contraignirent de se séparer.

« Madame de Saint-Balmont demeura dans ses maisons pour les conserver. Jusque-là, elle n'avait exercé son humeur guerrière qu'à la chasse, qui est une espèce de guerre; mais l'occasion se présenta bientôt de l'exercer véritablement : elle fut telle. Un officier de cavalerie vint faire son logement sur ses terres, et y vécut avec assez de désordre. Madame de Saint-Balmont, avec beaucoup d'honnêteté, lui envoya faire des plaintes qu'il reçut fort mal; ce qui l'ayant piquée, elle résolut d'en tirer raison elle-même; et, ne consultant que son cœur, elle lui écrivit un billet qu'elle signa; *le chevalier de Saint-Balmont*. Dans ce billet, elle lui marquait que le mauvais traitement qu'il avait fait à sa belle-sœur l'obligeait

à s'en ressentir, et qu'il le voulait voir l'épée à la main.
Le capitaine accepta le défi, et se rendit au lieu qui lui
avait été marqué Là, madame de Saint-Balmont l'attendait en habit d'homme. Ils se battirent ; elle eut l'avantage sur lui ; et, après l'avoir désarmé, elle lui dit ga-
lamment : « Vous avez cru, monsieur, vous battre contre
« le chevalier de Saint-Balmont ; mais c'est madame de
« Saint-Balmont qui vous rend votre épée, et qui vous
« prie, à l'avenir, d'avoir plus de considération pour les
« prières des dames. » Elle le quitta, après ces mots,
rempli de confusion et de honte ; et l'histoire ajoute
qu'il s'absenta aussitôt, et qu'on ne l'a jamais vu depuis.
Pour elle, cette occasion n'ayant servi qu'à lui enfler le
courage, elle ne se contenta plus de conserver seulement
ses biens, en repoussant la force par la force ; mais elle
donna protection à quantité de gentilshommes, ses voisins, qui ne firent pas difficulté de se réfugier dans son
bourg, et de se ranger sous ses ordres, quand elle allait
à la guerre, d'où elle revenait toujours avec des avan-
tages, exécutant ses entreprises avec autant de prudence
que de valeur. Je l'ai vue diverses fois chez madame de
Feuquières, à Verdun ; et c'était une chose assez plaisante de voir combien elle était embarrassée en habit
de femme, et avec quelle liberté et quelle vigueur, après
l'avoir quitté hors de la ville, elle montait à cheval, et
servait elle-même d'escorte aux dames qui l'accompagnaient, et qu'elle avait laissées dans son carrosse. Cependant cette vie, si éloignée de celle d'une femme, et
qui, dans d'autres qui s'en sont mêlées, a presque toujours été accompagnée de libertinage, n'avait rien d'ap-
prochant en celle-ci. Quand elle était en repos, chez elle,
toute sa journée était employée en offices de piété, en

prières, en saintes lectures, en visites des malades de sa paroisse, qu'elle assistait avec une charité admirable, ce qui, lui attirant l'estime et l'admiration de tout le monde, lui faisait aussi porter un respect qui n'aurait pu être plus grand pour une reine [1]. »

Madame de Saint-Balmont, après la paix de Westphalie, s'occupa de littérature, et publia *les Jumeaux martyrs*, tragédie, 1650, in-4°, et 1651, in-12. Elle mourut chez les religieuses de Sainte-Claire, à Bar-le-Duc, le 22 mai 1660. Le P. de Vernon a écrit sa vie, qu'il a intitulée *l'Amazone chrétienne*, Paris, 1678, in-12.

Nous ne connaissons que le nom de l'héroïne dont Jacques de Joigny, imprimeur à Reims, a donné la biographie, sous le titre de : *Les Merveilles de la vie, des combats et victoires d'Ermine, citoyenne de Reims*, Reims, 1648, in-8. — On peut encore consulter, sur une autre héroïne de la première moitié du dix-septième siècle, *l'Histoire de Louis XIII*, par Dupleix, p. 225.

A la fin du dix-septième siècle, une Anglaise, nommée Marie Read, cacha son sexe, et passa sa vie dans les mers de l'Amérique, au milieu de pirates, dont elle partageait les dangers et les profits. Le navire sur lequel elle se trouvait ayant été pris par les Anglais, elle fut, avec ses compagnons, condamnée à mort à la Jamaïque, le 16 novembre. Elle se déclara enceinte, obtint ainsi un sursis à l'exécution, tomba malade, et mourut en prison, ayant environ quarante ans.

Dans la seconde moitié du même siècle, une amazone d'un autre genre, mademoiselle Maupin, actrice à l'Opéra, remplit la France du bruit de ses aventures sanglan-

---

1 *Mémoires de l'abbé Arnauld*, collection Michaud-Poujoulat, p. 494. Voyez aussi un chapitre de Tallemant, t. VIII, p. 217.

tes et scandaleuses. Habile dans l'escrime, et portant ordinairement des habits d'homme, costume au moyen duquel elle pouvait plus facilément se livrer à ses goûts infâmes, elle insulta, un jour, une femme que trois hommes accompagnaient. Il en résulta, à l'instant même, entre elle et ceux-ci qui ignoraient son sexe, un duel où elle les tua successivement tous les trois. Elle obtint, dit-on, sa grâce, quitta pourtant Paris, y revint, après de nombreuses galanteries, et reparut à l'Opéra. Elle finit par renoncer au monde, et mourut en 1707.

La mère de Wyermann, peintre hollandais, mort en 1747, était vulgairement appelée Lys Saint-Mourel. Elle avait servi dans les armées, et s'était retirée avec le grade de sergent, dont elle continua de porter l'habit et la canne pendant le reste de sa vie.

Citons encore le fait suivant :

La première femme qui ait fait le tour du monde, fut une jeune Bretonne, nommée Barre. Elle était habillée en homme, et accompagna, comme domestique, le botaniste français Commerson dans ses voyages (1767 à 1770). Son sexe fut reconnu, à Taïti, par les insulaires.

RAPPROCHEMENTS BIOGRAPHIQUES.

On sait, d'après Tite-Live, que Tarquin le Superbe, consulté par son fils, sur la conduite qu'il devait tenir dans la ville de Gabies, où il était tout-puissant, se contenta d'abattre, devant l'envoyé de Sextus, les têtes

des pavots les plus élevés de ses jardins [1]. Un trait semblable se trouve rapporté par deux auteurs, l'un antérieur
de quatre siècles, l'autre postérieur de huit siècles, à
Tite-Live. Voici ces deux récits, qui diffèrent à peine de
celui de l'historien latin.

Périandre, tyran de Corinthe, et l'un des sept sages
de la Grèce, mort 565 ans avant J.-C., fit demander à Thrasybule, tyran de Milet, quelle forme de gouvernement
il pourrait établir, afin de régner avec sécurité. « Thrasybule, dit Hérodote, conduisit l'envoyé de Périandre
hors de la ville, se promenant avec lui dans les blés,
et faisant à cet envoyé des questions sur son départ
de Corinthe ; et, revenant souvent sur cet objet, il coupait tous les épis plus élevés que les autres, et les jetait par terre, de sorte qu'il détruisit ce qu'il y avait
de plus beau et de plus grand parmi les blés. Quand il
eut parcouru ce champ, il renvoya le député de Périandre, sans lui donner aucune sorte de conseil. Ce député ne fut pas plutôt de retour à Corinthe, que Périandre s'empressa de lui demander quels conseils lui donnait Thrasybule. Il lui répondit qu'il ne lui en avait donné
aucun ; mais qu'il était surpris qu'il l'eût envoyé auprès
d'un homme assez insensé pour détruire son propre bien ;
et en même temps, il raconta ce qu'il lui avait vu faire.
Périandre, comprenant le sens de cette action, et persuadé que Thrasybule lui conseillait de faire mourir les citoyens les plus élevés, se porta, dès ce moment, à toutes
sortes de cruautés envers ses concitoyens. Il exila
et fit mourir ceux qu'avait épargnés son père Cypsélus,
et acheva ce que celui-ci avait commencé [2]. »

---

1 Tite-Live, l. I, ch. 54.

2 L. v, ch. 95, traduction de Larcher.

« Quelques-uns des principaux d'entre les Francs, dit le
moine de Saint-Gall, ayant formé le projet de mettre la
main sur l'empereur Charles (Charlemagne), ce prince
en fut instruit ; mais, répugnant à perdre ces hommes
qui, s'ils eussent voulu le bien, auraient pu être d'un
grand secours aux chrétiens, il envoya des messagers
demander à Pépin le Bossu (son fils naturel, qu'il avait
fait enfermer dans un couvent) ce qu'il fallait faire
des coupables. Les députés le trouvèrent dans le jardin
avec les moines les plus âgés, occupé, pendant que les
plus jeunes vaquaient à des travaux plus rudes, à arracher avec une bêche les orties et les mauvaises herbes,
afin que les plantes utiles pussent croître avec plus de
vigueur. Ils lui exposèrent le sujet de leur arrivée ; mais
lui, poussant de profonds soupirs, à la manière des gens
infirmes, toujours plus rancuneux que les hommes bien
portants, répondit : « Si Charles attachait le moindre prix
« à mes avis, il ne me tiendrait pas ici pour être si indi-
« gnement traité ; je ne lui demande rien, dites-lui seu-
« lement ce que vous m'avez vu faire. » Mais ceux-ci,
craignant de retourner vers le formidable empereur sans
réponse positive, pressèrent Pépin à plusieurs reprises de
leur dire ce qu'ils devaient rapporter à leur maître. L'autre leur répliqua tout en colère : « Je n'ai rien à lui man-
« der, sinon ce que je fais ; je nettoie les ordures, pour
« que les bons légumes puissent croître plus librement. »
Les envoyés se retirèrent donc tout affligés, et comme
des hommes qui ne rapportaient aucune réponse raisonnable. De retour auprès de Charles, et interrogés sur le
résultat de leur mission, ils se plaignirent de s'être fati-
gués à faire un si long chemin, et d'avoir pris tant de
peine sans pouvoir lui rapporter même une réponse pré-

cise. Le monarque, plein de sagacité, leur demanda de point en point où ils avaient trouvé Pépin, ce qu'il faisait et leur avait dit. « Nous l'avons vu, répondirent-ils, assis « sur un escabeau rustique, nettoyant avec une bêche « une planche de légumes ; lui ayant expliqué la cause « de notre voyage, nous n'avons pu tirer de lui, après « force instances, que ces seuls mots: «Je n'ai rien à man- « der à l'empereur, sinon ce que je fais ; je nettoie les « ordures, pour que les bons légumes puissent croître plus « librement. » A ces paroles, l'empereur, qui ne man- quait pas de sagacité et était plein de sagesse, se frottant les oreilles et enflant ses narines, leur dit : « Fidèles vas- saux, vous me rapportez une réponse remplie de sens. » Pendant que tous les conspirateurs tremblaient pour leurs jours, lui, passant de la menace à l'effet, les fit tous dis- paraître du milieu des vivants, et, pour étendre et forti- fier sa puissance, gratifia ses fidèles des terres occupées par ces hommes inutiles à son service [1]. »

César, débarquant sur la côte d'Afrique, tomba sur le rivage, et, pour écarter la mauvaise impression que cette chute pouvait faire naître dans l'esprit de ses soldats, s'écria aussitôt : *O terre d'Afrique ! je te saisis*. Des pa- roles à peu près semblables ont été mises, par les chro- niqueurs, dans la bouche de deux princes du moyen âge.

La flotte de Guillaume le Conquérant ayant abordé, le 28 septembre 1066, sur la côte d'Angleterre, près de Hastings, le duc ne débarqua que le dernier de tous. Au moment où son pied touchait le sable, il fit un faux pas et tomba sur la face. Un murmure s'éleva ; des voix criè- rent : «Dieu nous garde ! c'est un mauvais signe. » Mais

---

1 *Des faits et gestes de Charles le Grand*, collection Guizot, t. III, p. 247.

Guillaume, se relevant, dit aussitôt : « Qu'avez-vous ? Quelle chose vous étonne ? J'ai saisi cette terre de mes mains, et, par la splendeur de Dieu ! tant qu'il y en a, elle est à vous [1]. »

En 1546, Edouard III, débarquant en Normandie pour commencer la campagne que signala la désastreuse bataille de Crécy, se tira d'affaire absolument de la même manière. « Quand la navie du roi d'Angleterre eut pris terre en la Hogue, dit Froissart, et elle fut là toute arrêtée et ancrée sur le sablon, ledit roi issit de son vaissel, et du premier pied qu'il mit à terre, il chèy si roidement, que le sang lui vola hors du nez. Adonc le prirent ses chevaliers, qui de-lez lui étoient, et lui dirent : « Cher sire, retraiez-vous en votre nef, et ne venez mais-hui à terre, car veci un petit signe pour vous. » Dont répondit le roi tout pourvument et sans délai : « Pourquoi ? Mais est un très-bon signe pour moi, car la terre me désire : » De cette réponse furent tous réjouis [2]. »

Nous nous étendrons plus longuement, dans un autre volume, sur ces anecdotes fort suspectes qui se retrouvent dans l'histoire de différents peuples.

Suivant une tradition tant soit peu douteuse, Sophocle fut, à l'âge de quatre-vingt-dix ans, accusé de démence par son fils Jophon. Il récita devant les juges [3] le passage de l'arrivée d'Œdipe dans la forêt sacrée de Colone (*Œdipe à Colone*), et il n'en fallut pas davantage pour que son accusateur fût débouté de sa plainte. — Au dix-septième siècle, l'abbé Cotin, ayant cédé tous ses biens

---

[1] A. Thierry, *Histoire de la conquête d'Angleterre*, 1856, t. i, p. 584.

[2] L. i, part. 1, ch. 266.

[3] C'était devant les *phratores*, c'est-à-dire, devant les membres de la confrérie à laquelle sa famille appartenait.

pour une rente viagère. ses parents demandèrent son
interdiction. L'abbé, pour se défendre, invita ses juges
à venir l'entendre prêcher, et ce moyen eut, dit-on, un
plein succès. C'est là, je crois, le seul point de ressemblance que l'abbé ait eu avec le grand tragique grec.

Tout le monde connaît l'héroïsme de Zopire, qui, pour
aider Darius à se rendre maître de Babylone, qu'il assiégeait depuis longtemps, se coupa le nez, les oreilles, les
lèvres, et, se présentant aux habitants de la ville, comme
ayant été mis dans cet état par ordre du roi, sut gagner
leur confiance, et parvint plus tard à livrer la place aux
Perses. Un pareil dévouement fut renouvelé, au onzième
siècle, au profit de l'empereur Alexis Comnène, par un
nommé Alcasée, qui, au moyen de ce stratagème, put
s'emparer de la personne du faux Léon, dont nous avons
parlé plus haut (voy. page 214) [1].

Le trait d'Apelles, visitant Protogène à Rome, et au
lieu de son nom, laissant sur une toile un trait d'une admirable précision [2], fut renouvelé au seizième siècle. Frank
Floris, dit *Frank Flores*, peintre anversois (mort en 1500),
ayant été à Leyde, dans le but de faire connaissance avec
Aartgen, peintre hollandais (mort en 1564), et ne l'ayant
pas trouvé chez lui, prit un charbon et dessina sur la muraille une figure de saint Luc. Aartgen, à son retour, s'é-
cria que Floris seul pouvait être l'auteur d'un pareil
dessin, et il alla aussitôt lui rendre sa visite.

On sait que Spartacus, au moment d'engager la bataille

---

[1] Anne Comnène, *Alexiade*, l. x, ch. 5.

[2] Le texte de Pline, qui rapporte cette anecdote, a beaucoup exercé la
sagacité des érudits. Voyez entre autres le *Journal des savants* (avril
1823, p. 219), où M. Quatremère de Quincy a prouvé qu'il s'agissait non
pas d'une simple ligne, mais d'un dessin au trait.

où il périt, près de Rhegium, l'an 71 avant J.-C., tua son
cheval devant son armée, disant que, s'il était vainqueur,
il n'en manquerait pas, et que s'il était vaincu, il n'en
aurait plus besoin. Ce trait a dû être renouvelé plusieurs
fois. En voici deux exemples qui nous ont été conservés
par Brantôme.

Dans les guerres des Turcs en Hongrie, le comte Lu-
dovic Lodron, au moment d'un combat, haranguant un
jour ses soldats, « il y eut un vieux routier, soldat allemand, qui s'avança à lui dire : « Cela est bon, brave ca-
« pitaine Lodron, à dire à vous, qui êtes monté à l'adve-
« nant sur un bon cheval, et semble que déjà vous avisez
« à vous sauver. » A quoi Lodron aussitôt y pourvut ; et,
ayant mis pied à terre, tira son épée et coupa les jarrets
de son cheval. Alors Lodron, cela fait, s'écria assez haut :
« Aujourd'hui, compagnons, dit-il, vous m'aurez donc
« pour capitaine et soldat ensemble à combattre à pied
« avec vous en même fortune. » Le comte, grièvement
blessé dans ce combat, fut pris par les Turcs, et comme
on désespérait de pouvoir, à cause de sa blessure, le
faire arriver vivant à Constantinople, il fut massacré, et
sa tête envoyée à Constantinople [1].

Brantôme raconte ailleurs un trait à peu près semblable
de M. de Tays, le jour de la bataille de Cérisoles [2].

« Les Perses, dit Théophane, redoutaient tellement
Narsès, qu'ils se servaient de son nom pour faire peur
aux enfants [3]. » « Richard-Cœur-de-Lion fist tant de grans
faiz en la sainte terre, dit Joinville, que les Sarrazins le
doutoient trop, si comme il est escript ou (au) livre de la

1 Tome I, p. 93.
2 *Ibid.*, p. 623.
3 *Chronographia*, p. 246.

terre sainte, que quant les enfants aux Sarrazins braioient, les femmes les escrioient et leur disoient : Taisiez-vous, vezci (voici) le roy Richart ; et pour eulx faire taire. Et quant les chevaus aus Sarrazins et aus Beduins avoient poour (peur) d'un bysson (buisson), il disoient à leur chevaus : cuides-tu que ce soit le roy Richart [1] ? »

Le célèbre général allemand Jean de Werth qui, lors de l'invasion des impériaux en France (1636), commandait de nombreux corps de cavalerie, inspirait par ses marches rapides une telle terreur aux habitants des villes et des campagnes, que, « son nom seul, dit le *Mercure galant*, y inspirait l'effroi. Ce nom devint si terrible, qu'il ne fallait que le prononcer pour épouvanter les enfants [2]. »

On sait que M. Augustin Thierry, dans la première de ses *Lettres sur l'Histoire de France*, a rejeté comme mensonger le récit où un moine contemporain [3] nous représente Philippe-Auguste, au moment même où s'engageait la bataille de Bouvines, offrant à peu près sa couronne au plus digne des chevaliers qui l'entouraient. Il n'est peut-être pas sans intérêt de rappeler qu'Anne Comnène fait adresser à peu près les mêmes paroles aux chevaliers normands par Robert Guiscard, prêt à engager contre Alexis Comnène la bataille de Dyrrachium dont nous avons déjà parlé [4].

L'historien de l'Université de Paris [5] rapporte que Mau—

---

[1] *Histoire de saint Louis*, collection Michaud-Poujoulat, ch. 42, p. 188.

[2] Avril 1702, p. 298.

[3] Richier, abbé de Sénones.

[4] *Alexiade*, l. IV, ch. 4.

[5] Du Boulai a puisé cette anecdote dans un sermon qui n'est pas de saint Bonaventure, comme il le prétend, mais de Godescalc Hollen, théologien du quinzième siècle.

rice de Sully, qui devint, en 1160, évèque de Paris, venait d'être nommé chanoine et archidiacre, lorsqu'une vieille femme vêtue de bure, un bâton blanc à la main, entra dans la ville, et s'informa partout où elle pourrait trouver son fils, le docteur Maurice. Des dames, craignant que Maurice ne fût humilié de voir sa mère sous de pareils vêtements, donnèrent à cette femme de riches habits, la couvrirent d'un manteau et la conduisirent ensuite auprès de lui. Mais celui-ci refusa de la reconnaître sous ce costume. « Ma mère, dit-il, est une pauvre femme qui ne porte jamais qu'une tunique de bure. » On fut obligé de la ramener et de lui faire reprendre ses premiers habits, puis on la conduisit à Maurice, qui se trouvait alors au milieu d'une assemblée brillante. Dès qu'il l'aperçut, il se précipita vers elle avec respect, et l'embrassa en disant : « Cette fois c'est bien là ma mère. » — On raconte absolument la même chose de Sixte-Quint et de sa sœur Camilla, que des cardinaux avaient parée d'habits magnifiques pour la présenter au nouveau pape après son exaltation.

La dame de Fayel, tant célébrée par les romanciers, n'est pas, à ce qu'il paraît, la seule femme, au moyen âge, à laquelle on ait fait manger le cœur de son amant. Le célèbre poète Raoul de Coucy, qu'elle aimait, étant, à ce que raconte la tradition, mort au siège de Saint-Jean-d'Acre, en 1191, chargea en mourant son écuyer de porter son cœur à sa maîtresse. L'écuyer, au moment d'accomplir sa mission, fut surpris par le sire de Fayel. L'époux, pour se venger de sa mésaventure, fit si bien accommoder le cœur de Raoul, que la dame, douée d'un bon appétit et d'un goût peu difficile, dévora sans s'en apercevoir ce morceau délicat, qui, datant au moins de plusieurs semaines, devait être d'une fraîcheur douteuse. Quoi qu'il en soit, la dame, instruite un peu tard de l'horrible repas qu'elle venait de faire, jura de ne plus prendre de nourriture, et se laissa mourir de faim. Les Provençaux racontent la même chose du troubadour Cabestaing, les Italiens d'un prince de Salerne, et les Espagnols d'un marquis d'Astorgas.

On sait que le grand Albuquerque, se trouvant dans l'Inde, et manquant un jour d'argent, put trouver à l'instant même des sommes considérables en engageant sa barbe. Ce ne fut pas la première fois qu'une barbe fut ainsi engagée à des créanciers. Voici ce que raconte Jacques de Vitry. Après avoir rapporté que les habitants de Syrie regardent comme le plus grand opprobre, non-seulement qu'on leur coupe la barbe, mais même qu'on leur en enlève un seul poil, il ajoute : « Lorsque le comte d'Edesse, Baudouin, eut laissé croître sa barbe à la manière des Orientaux, parce qu'il avait pris pour femme la fille d'un noble chef, Arménien de nation, mais Grec par la foi, nommé Gabriel, il voulut, dans sa pauvreté, extorquer de l'argent à son beau-père, qui était fort riche ; lui dit que, forcé par la nécessité, il avait engagé sa barbe à quelques-uns de ses créanciers pour prix d'une somme considérable. Alors Gabriel, rempli à la fois de douleur et d'étonnement, voulant sauver sa fille et son gendre d'un éternel opprobre, donna à ce dernier 50 000 besants, sous la condition expresse que, désormais, il ne se hasarderait plus à engager sa barbe, dans quelque circonstance qu'il se trouvât ou à quelque excès de pauvreté qu'il fût réduit [1]. »

Mahomet II ayant entendu parler de l'adresse et de la

---

[1] Jacques de Vitry, *Histoire des Croisades*, l. i, collection Guizot, t. xxii, p. 142.

vigueur extraordinaires de Scanderberg, qui, d'un seul coup, abattait la tête d'un taureau, et attribuant ce résultat à la bonne trempe du cimeterre de son intrépide adversaire, le fit prier de lui faire présent de son sabre. Scanderberg y consentit ; mais le sultan, n'y ayant rien trouvé de remarquable, s'en plaignit à Scanderberg, qui se contenta de lui répondre qu'il lui avait envoyé le cimeterre, mais non le bras qui le maniait Un trait semblable est rapporté d'un chef arabe et de Godefroi de Bouillon par Guillaume de Tyr.

« Le premier, dit le chroniqueur, s'étant avancé un jour vers le duc en lui donnant les plus grandes marques de respect, lui demanda avec les plus vives instances de daigner, en sa présence même, frapper de son glaive un très-grand chameau qu'il avait fait amener dans cette intention, afin, dit-il, de pouvoir lui-même rendre témoignage de sa force devant les hommes de sa nation. Comme il était venu de très-loin, uniquement pour le voir, le duc acquiesça à ses désirs, et, tirant son glaive, il fit tomber la tête du chameau avec autant de facilité que si on lui eût demandé de briser un objet fragile. L'Arabe, à cette vue, demeura frappé d'étonnement ; mais, après un moment de réflexion, il crut pouvoir attribuer l'effet d'une force si prodigieuse au tranchant de l'épée que le duc portait sur lui. Il lui demanda la permission de lui parler en particulier, et s'informa alors si Godefroi pourrait faire la même chose avec l'épée d'une autre personne. Souriant à cette question, le duc se fit aussitôt donner l'arme que portait le chef arabe, puis il ordonna qu'on lui amenât un autre chameau, et lui abattit la tête avec autant de facilité. A cette seconde épreuve, l'étranger ne put plus contenir son admiration, et manifesta un extrême étonnement, convaincu, comme il le fut dès lors, que la force des coups résidait dans la main du guerrier, bien plus que dans la trempe de son fer. Persuadé de la vérité des rapports qu'on lui avait faits, l'Arabe offrit à Godefroi des présents en or, en argent, en chevaux, et gagna sa bienveillance ; puis, étant retourné dans son pays, il se fit le héraut des exploits qu'il avait vus, et parla à tous ceux qu'il rencontra de la force extraordinaire du prince [1]. »

Tout le monde connaît le trait de Christophe Colomb et de l'œuf qu'il fit tenir debout sur une table. Quelques écrivains l'attribuent aussi au célèbre constructeur de la coupole de la cathédrale de Florence, Brunelleschi, qui parvint, dit-on, par ce moyen, à faire taire ses envieux et ses rivaux.

Lorsque Charles-Quint traversa la France, en 1540, pour se rendre en Belgique, et se mit ainsi à la merci de son ennemi François Ier, le fou de ce dernier prince inscrivit provisoirement l'empereur sur son *Calendrier des fous*, se réservant d'effacer son nom et de le remplacer par celui du roi, si ce dernier prince laissait échapper l'occasion de se venger de son rival. Brantôme, dans sa Vie du marquis de Pescaire, raconte une anecdote semblable du fou d'Alphonse V le Magnanime, roi d'Aragon, de Naples et de Sicile.

« Ce grand roi Alphonse avait en sa cour un bouffon qui écrivoit dans ses tablettes toutes les folies que lui et ses courtisans faisoient le jour ou la semaine. Par cas, un jour le roi voulut voir ses tablettes, où il se trouva le premier en date, pour avoir donné mille écus à un Maure

---

[1] Guillaume de Tyr, liv. IX, collection Guizot, t. II, p. 45.

pour lui aller quérir des chevaux barbes en Barbarie. Ce qu'ayant vu, le roi lui dit : « Et pourquoi m'as-tu mis « là ? Et quelle folie ai-je faite en cela ? » L'autre lui répondit : « Pour t'être fié à un tel homme, qui n'a foi ni « loi : il emportera ton argent, et n'aura ni chevaux ni « argent, et ne retournera plus. » A quoi répliqua le roi : « Et s'il retourne, que diras-tu sur cela ? » Le bouffon, « achevant de parler, dit alors : « S'il retourne, je t'effa- « cerai de mes tablettes et le mettrai en ta place, pour « être un grand fou et un grand fat d'être retourné, et « qu'il n'ait emporté tes beaux ducats[1]. »

Le mot de Bailly, monté sur la charrette qui le menait à l'échafaud, *c'est de froid que je tremble*, a été aussi attribué au comte de Stafford, décapité comme conspirateur, en 1680, à l'âge de soixante-neuf ans. Il se retrouve encore dans le *Richard III* de Shakespeare. — Lingard raconte que Charles Ier, le matin de son exécution (30 janvier 1640), se revêtit de deux chemises à cause de la rigueur du temps. « Car, dit-il, si je tremblais de froid, mes ennemis l'attribueraient à la peur. Je ne veux pas m'exposer à un pareil reproche. »

« On a remarqué, dit Tallemant, que le cardinal de Richelieu et son successeur, le cardinal de Mazarin, ont eu chacun un frère moine, fou et archevêque d'Aix[2]. »

Une fatalité singulière semble s'être attachée aux fils aînés des rois de France depuis Hugues Capet. Bien peu ont pu vivre assez pour succéder à leurs pères. Voici les noms de ceux d'entre eux qui sont morts avant d'être montés sur le trône.

Hugues, fils aîné de Robert II, et associé à la couronne

---

1 Édition du *Panthéon*, t. I, p. 47.

2 *Historiette du cardinal de Lyon*, t. III, p. 24 (note).

à dix ans, mourut six ans avànt la mort de son père.

Philippe, fils de Louis VI, mort en 1131. (Voy. plus haut, p. 92.)

Philippe, fils de Louis VIII, mort en 1218.

Louis, fils de saint Louis, mort en 1260.

Louis, fils de Philippe III, mort en 1276.

Jean Ier, fils posthume de Louis le Hutin, ne vécut que quatre jours. (Voy. plus haut l'histoire de Joannino.)

Louis, fils de Philippe V, mort en 1316, à sept mois.

Philippe, fils de Charles IV, mort jeune en 1313.

Les quatre premiers fils de Charles VI, Charles, dauphin de Viennois; Charles, duc de Guyenne; Louis, duc de Guyenne; Jean, duc de Touraine, moururent avant leur père. Ce fut son cinquième fils, Charles VII, qui lui succéda.

Louis et Joachim, fils de Louis XI, morts en bas âge.

Charles, dauphin de Viennois, Charles et François, fils de Charles VIII, morts en bas âge.

Louis XII eut deux fils dont on ne connaît pas les noms et qui moururent au berceau.

François, dauphin de Viennois, fils de François Ier.

Louis de France, le grand dauphin, fils de Louis XIV, mort en 1711, à cinquante ans ; son fils, Louis, duc de Bourgogne, dit *le second dauphin*, étant mort en 1712, ce fut Louis XV, troisième fils de ce dernier, qui monta sur le trône.

Louis, dauphin, fils de Louis XV, mort en 1765.

Louis-Joseph-Xavier-François, dauphin, fils de Louis XVI, né en 1781, mort en 1789.

Louis-Charles, duc de Normandie, autrement dit Louis XVII, fils de Louis XVI, mort au Temple en 1795.

Enfin, de nos jours, le duc d'Orléans.

Charles de Valois, qui ne fut jamais roi, était fils d'un
roi (Philippe le Hardi), frère d'un roi (Philippe le Bel),
gendre d'un roi (Charles II, roi de Sicile), oncle d'un roi
(Louis le Hutin) et père d'un roi (Philippe VI). Ajoutons
qu'il avait épousé Catherine de Courtenai, petite-fille de
Baudouin II, dernier empereur de Constantinople.

On a dit du grand dauphin, Louis, dont nous venons
de parler, qu'il fut fils de roi, frère de roi, aïeul de roi,
jamais roi.

Louis XIII, monté sur le trône le 10 mai 1610, mourut le 10 mai 1643, trente-trois ans juste après son avénement.

Deux rois de Pologne, Sobieski et Auguste, moururent
le jour anniversaire de leur élection.

« Il y a longtemps qu'on a dit, rapporte Vigneul-Marville, que d'ordinaire les maisons les plus illustres finis-
sent par quelque chose de honteux ou de funeste. Sans
remonter bien haut, et à ne nous en tenir qu'à des exemples arrivés en ce siècle, la maison de Valois a fini par
une femme débauchée, la maison de Montmorency s'est
trouvée éteinte dans un seigneur malheureux, qui a
laissé sa tête sur un échafaud. Le dernier de la maison
de Longueville, Jean-Louis-Charles d'Orléans, est mort
insensé. Peut-être que le déplaisir de se voir méprisé et
dépouillé de tout, comme je l'ai appris d'une lettre qu'il
écrivait de Rome à un ami, n'a pas peu contribué à lui
renverser la cervelle; mais aussi faut-il avouer qu'il avait
naturellement beaucoup de disposition à la folie, s'il n'é-
tait déjà un peu fou, comme on le peut juger par les
extravagances qui lui échappaient de temps en temps. Je
lui ai ouï dire que M. de Longueville, son père, avait
offert 400 000 livres aux jésuites, pour le recevoir dans

leur société. Il y demeura durant quelques mois ; mais à la fin, fatigué de tant de contrainte, il quitta l'habit, et reprit sa qualité de prince et de duc, qu'il soutint très-mal en France et en Italie. »

—

ERREURS POPULAIRES

CONCERNANT QUELQUES PERSONNAGES CÉLÈBRES.

« Il ne faut pas croire légèrement tout ce que l'on nous raconte, dit Sénèque. Les uns déguisent la vérité pour tromper, les autres, parce qu'ils ont été trompés. » D'autres écrivains grecs et latins ont aussi recommandé de se méfier des bruits populaires, et, certes, c'était à bon droit qu'ils donnaient de pareils conseils ; car Dieu seul peut savoir combien les historiens de l'antiquité nous ont légué d'erreurs de tout genre, qui n'ont fait que grossir encore en passant par le moyen âge pour arriver jusqu'à nous [1]. De temps en temps cependant, à force de recherches minutieuses, les érudits parviennent à découvrir la fausseté de quelque anecdote admise et acceptée jusqu'alors par tout le monde. Nous nous occuperons seulement, dans ce chapitre, d'erreurs relatives à des personnages célèbres, en nous réservant de parler dans un

---

[1] « Il n'y a point, dit un des écrivains de l'His'oire Auguste, Vopiscus, il n'y a point d'historien qui n'ait fait quelque mensonge. Tite-Live, Salluste, Tacite, Trogue-Pompée, n'ont pas toujours dit la vérité : on en trouverait des preuves manifestes. »

autré volume de celles qui appartiennent plus spécialement à l'histoire [1].

Denys le Jeune a-t-il été maître d'école à Corinthe? Oui, s'il fallait s'en rapporter à Rollin et à presque tous les écrivains modernes qui ont eu occasion de parler de ce prince. Mais comme cette opinion ne reposait sur aucune preuve sérieuse, un érudit allemand du dernier siècle, Heumann, s'avisa le premier de la discuter. Voici l'analyse qui a été donnée, dans un savant recueil, de la dissertation aujourd'hui fort rare qu'il composa à cette occasion :

« Heumann montre, dit M. Boissonade, que les historiens de Denys ont gardé le silence sur cette circonstance. Diodore de Sicile dit que Denys, après la perte de son royaume, acheva sa vie à Corinthe dans la pauvreté. Si Denys avait été maître d'école, Diodore eût-il oublié cette circonstance? S'il n'en parle pas, c'est qu'il la croyait fausse; car il est impossible qu'il ne la connût pas. Plutarque a eu deux occasions de parler du séjour de Denys à Corinthe, et il ne dit pas un mot de son école ; c'est que, sans doute, il n'avait rien trouvé de pareil dans les auteurs où il puisait, dans Théopompe et les autres historiens des affaires de Sicile. Élien parle, sur la foi de Théopompe, de la manière dont Denys vivait à Corinthe ; je le citerai, d'après l'excellente traduction de M. Dacier.

« Denys passa le reste de sa vie dans la plus affreuse « misère, et mourut dans un âge fort avancé. Théopompe « raconte que, ses yeux s'étant affaiblis peu à peu par « l'excès du vin, il perdit entièrement la vue, et qu'alors,

---

[1] Telles sont, par exemple, les particularités relatives à l'histoire des premiers siècles de Rome, à Guillaume Tell, au dévouement d'Eustache de Saint-Pierre, à la mort des enfants d'Edouard, etc.

« presque toujours assis dans les boutiques des barbiers,
« il apprêtait à rire à tout le monde. Il continua de traîner
« de cette manière, dans le sein de la Grèce, une vie mi-
« sérable et ignominieuse. La chute de Denys, qui, du plus
« haut degré du bonheur, se vit réduit à l'état le plus
« vil, est un exemple bien frappant de la nécessité de se
« conduire avec modération et avec douceur. » La circonstance de l'école n'était donc pas dans Théopompe,
historien contemporain de Denys ; car, si elle y eût été,
certainement Élien et Plutarque, grands amateurs de petites anecdotes, ne l'auraient pas négligée. Cornélius Népos, dans la vie de Timoléon, n'a pas oublié l'exil de
Denys et sa misère ; mais il n'indique pas par le moindre
mot qu'il ait été maître d'école. Le silence de ces écrivains n'est-il pas de la plus grande force ? Cicéron, dans
une de ses lettres à Papirius Pœtus, parle de l'école de
Denys comme d'un fait incertain, appuyé sur un ouï-
dire : *Dionysius tyrannus, cum Syracusis pulsus esset,
Corinthi dicitur ludum aperuisse*. Il est vrai que, dans les
Tusculanes, il s'exprime plus positivement : *Dionysius
tyrannus expulsus pueros docebat*. Mais Cicéron n'est
pas historien ; il n'avait pas besoin, pour l'usage qu'il faisait de cet exemple, que l'exactitude en fût historique-
ment inattaquable. En général (et c'est un principe auquel les critiques ne font peut-être pas toujours assez
d'attention), on doit faire une très-grande différence pour
l'importance d'un récit et les conséquences critiques à
en tirer, entre l'historien qui raconte *ex professo*, après
un mûr examen, après des recherches préliminaires, et
le philosophe, le poète, l'auteur quelconque qui, n'écrivant pas une histoire, n'emploie un fait que comme exemple et témoignage. Pour moi, je crois que les deux passa-

ges de Cicéron sont de peu d'autorité, et que, d'ailleurs, le premier, où se trouve la formule *dicitur*, pourrait fournir un argument plus fort que le second, parce qu'il semble écrit avec plus de réflexion [1]. »

M. Boissonade discute ensuite plusieurs passages d'auteurs anciens que l'on avait voulu opposer à Heumann, mais qui, à vrai dire, ne prouvent absolument rien. Un seul témoignage invoqué par la Biographie Michaud (art. *Denys* et *Damon*) semblerait avoir quelque importance. C'est celui d'Aristoxène, philosophe grec, cité par Jamblique, qui lui est postérieur d'environ six siècles [2]. Or, voici les propres paroles de ce dernier :

« Les pythagoriciens s'interdisent, autant que possible. les gémissements et les larmes, et toutes pareilles faiblesses. Ils ne se permettent pas davantage les flatteries, les prières, les supplications, ni rien de semblable. Denys, qui, après la perte de sa couronne, vint à Corinthe, nous racontait souvent l'aventure de Phintias et de Damon, deux pythagoriciens, etc. [3]. » On voit qu'il n'y est pas dit le moindre mot de l'école de Denys.

« Heumann, ajoute M. Boissonade, a voulu expliquer la naissance de ce conte. Il dit qu'à peu près vers cette époque, vivait un grammairien nommé Denys, qui élevait les jeunes gens ; il en est parlé dans Diogène de Laërce, et, avec quelques détails, dans le beau traité de Jonsius sur les écrivains de l'histoire philosophique. Heumann croit que la parité des noms du tyran Denys et de Denys le maître de grammaire a pu donner naissance à l'anecdote

---

1 *Notices des manuscrits*, t. x, p. 157 et suiv.

2 Aristoxène était né vers 350 avant Jésus-Christ, et Jamblique vivait sous Constantin.

3. *Vie de Pythagore*, § 233.

du tyran de Syracuse, devenu maître d'école à Corinthe.
J'ai trouvé qu'il a existé un grammairien de Corinthe
même, qui s'appelait Denys ; il avait travaillé sur Hésiode
et écrit d'autres ouvrages dont on peut voir les titres
dans Suidas. Je ne sais pas quelle est son époque ; mais
si, par hasard, elle coïncidait avec l'exil de Denys le
Tyran, la fable du *Tyran, maître d'école*, s'expliquerait
tout de suite par le nom de son homonyme, Denys de
Corinthe [1]. »

Napoléon, qui, dans le *Mémorial de Sainte-Hélène*, a
émis des opinions fort justes sur divers points de l'histoire ancienne, « condamnait beaucoup ce qu'il appelait
des niaiseries historiques, ridiculement exaltées par les
traducteurs et les commentateurs. Elles prouvaient, dans
l'origine, disait-il, des historiens qui jugeaient mal des
hommes et de leur situation. C'était à tort, par exemple,
faisait-il observer, qu'ils vantaient si haut la continence
de Scipion et s'extasiaient sur le calme d'Alexandre [2], de
César et d'autres, pour avoir dormi la veille d'une bataille. Il n'y a qu'un moine, disait-il, privé d'une femme,
dont le visage s'enlumine à leur seul nom et qui hennit à
leur approche derrière ses barreaux, qui puisse faire un
grand mérite à Scipion de n'avoir pas violé celle que le
hasard mettait en son pouvoir, quand il en avait tant d'autres à sa libre disposition ; autant valait qu'un affamé
lui tînt aussi grand compte d'être passé tranquillement à
côté d'une table bien servie sans s'être rué dessus.
Quant à avoir dormi au moment d'une bataille, il n'est
point, assurait-il, de nos soldats, de nos généraux, qui

---

[1] *Ibid.*, p. 163.

[2] On sait que le matin de la bataille d'Arbelle, Parménion fut obligé
de réveiller Alexandre.

n'aient répété vingt fois cette merveille, et tout leur héroïsme n'était guère que dans la fatigue de la veille [1]. »

Quant à Scipion, nous pouvons affirmer que sa continence était problématique, même pour les Romains. Voici
ce que dit Aulu-Gelle :

« D'après des témoignages historiques, vrais ou faux
(c'est ce que nous ignorons), Scipion eut une assez mauvaise réputation dans sa jeunesse. Il est à peu près certain que c'est contre lui que le poète Nœvius fit ces vers :

« L'homme même dont le bras s'est illustré par tant
« d'exploits, dont le nom est brillant de gloire, qui fixe
« sur lui les regards des nations, jadis son père le ramena
« de chez sa maîtresse avec un manteau pour tout vête-
« ment. »

« Je pense que ce sont ces vers qui ont porté Valérius
Antias à contredire l'opinion de tous les autres écrivains
sur les mœurs de Scipion, en avançant dans son histoire
que la jeune captive dont nous avons parlé plus haut ne
fut pas rendue à son père, mais que Scipion la retint auprès de lui, pour la faire servir à ses plaisirs [2]. »

C'est encore parmi les anecdotes apocryphes que l'on
doit reléguer la prétendue entrevue du même Scipion et
d'Annibal [3], lors d'une ambassade envoyée par les Romains à Antiochus. Tite-Live rapporte cette anecdote
sans la garantir, d'après Claudius, qui, dit-il, a copié
les mémoires grecs d'Acilius ; mais si elle eût été vraie,
on ne saurait expliquer le silence de Polybe sur la part

---

[1] *Mémorial*, 21 mars 1816.

[2] *Nuits Attiques*, l. vi, ch. 8, traduction de la collection Dubochet.

[3] On sait que, dans cette entrevue, Annibal dit à Scipion qu'il se donnerait la première place parmi les grands capitaines, s'il n'avait pas été
vaincu par lui à Zama.

prise par Scipion à l'ambassade en question, et dont il parle avec détail, ni les contradictions où tombe Plutarque en racontant le fait de deux manières différentes en deux endroits de ses ouvrages.

Il est encore d'autres points d'histoire ancienne, tels que la poltronnerie de Démosthène et d'Horace, qui ont été pour les savants modernes un sujet de discussion; mais comme nous n'avons rien pu trouver de décisif sur ces questions très-peu importantes, nous ne nous y arrêterons pas [1]. Disons, du reste, pour en finir avec ce qui regarde l'antiquité, qu'il y avait une foule de détails sur lesquels les écrivains de cette époque étaient loin d'être d'accord. Ainsi, on peut lire dans le *Banquet des Savants*, liv. v, chap. 14 et 15, la discussion à laquelle se livre Athénée, pour prouver que tout ce que l'on avait écrit sur la bravoure de Socrate n'était qu'une fable.

L'histoire du Bas-Empire nous offre quelques erreurs populaires. L'une d'elles, la disgrâce et l'aveuglement de Bélisaire, et la misère profonde où il était tombé, est tellement reconnue, que nous ne la discuterons pas [2]. Disons seulement que J. Tzetzès, poète grec du douzième siècle, a raconté le premier que l'illustre vainqueur des Vandales avait été *privé du plaisir des regards*, pour nous servir des expressions de la célèbre romance de M. de Chateaubriand.

Lebeau, dans son histoire du Bas-Empire, a encore signalé une autre tradition mensongère relative au mariage de l'empereur Théophile, qui succéda à Michel II en 829:

---

[1] Voyez encore, pour des sujets analogues, l'article consacré à Sapho, par M. Mongin, dans l'*Encyclopédie nouvelle*.

[2] Lebeau, *Histoire du Bas-Empire*, édition de Saint-Martin, t. ix, l. xlix, ch. 67.

« La fable du mariage de Théophile, dit-il, a été adoptée par quelques modernes, qui ont été bien aises de rencontrer dans ces siècles demi-barbares un trait de galanterie romanesque. Voilà le fait tel qu'il est raconté par cinq historiens, qui, s'étant copiés l'un l'autre, ne valent ensemble qu'un seul témoignage.

« Euphrosyne, mère de Théophile, disent-ils, voulant marier son fils, envoya dans toutes les provinces de l'empire ordre d'amener à Constantinople toutes les filles distinguées par leur beauté. Lorsqu'elles furent arrivées, on les assembla toutes dans une salle du palais, et l'impératrice mit entre les mains de son fils une pomme d'or, pour la donner à celle qu'il choisirait pour épouse. Armées de tous leurs appas, elles étaient rangées sur deux files vis-à-vis l'une de l'autre. Le nouveau Pâris, la pomme d'or à la main, passait entre les deux rangs, et, faisant la revue de tous ces attraits, il s'arrêta devant Icasie, qui lui semblait effacer toutes les autres par l'éclat de sa beauté ; alors lui présentant la pomme, soit faute d'esprit, soit que l'étonnement lui en eût ôté l'usage, il ne trouva rien de plus galant à lui dire que ces mots : « *En vérité, les femmes ont causé bien des malheurs !* » A ce compliment, Icasie répondit : « *Elles ont aussi produit de grands biens.* » Réponse qui valait un peu moins que le silence. Cependant Théophile craignit d'épouser une fille qui montrait tant d'esprit ; et donna la pomme à Théodora[1]. Ce conte, plat et ridicule en toutes ses parties, se réfute assez de lui-même. Je ferai seulement observer qu'il suppose, contre la vérité, qu'Euphrosyne était mère

---

[1] Théodora était nièce d'un célèbre patrice, Manuel, Arménien d'origine, et ce fut probablement par son moyen qu'elle se fit connaître à la cour.

de Théophile : elle n'était qu'une odieuse belle-mère ; et si on ne l'avait pas encore fait sortir du palais, du moins est-il certain qu'elle était fort éloignée de prendre un intérêt si vif aux plaisirs du jeune empereur [1]. »

L'histoire de France présente un assez grand nombre d'anecdotes ou de faits controuvés. Les historiens modernes s'accordent généralement à dire que Charles le Simple, cédant la Neustrie au Normand Rollon, en 911, lui donna, en même temps, sa fille Gisèle en mariage. Ce dernier fait a été réfuté par Th. Licquet, auteur d'une *Histoire de Normandie* [2] (Rouen, 1835, in-8).

« M. Licquet, dit Raynouard dans un article du Journal des Savants, soutient que Charles le Simple n'a pas eu de fille appelée Gisèle, ni même aucune autre fille. L'histoire donne à ce prince deux femmes, Frédérune et Ogive. Il est aisé de démontrer que Gisèle ne pouvait être la fille de l'une d'elles. Le traité de Saint-Clair-sur-Epte est de 911 : or, Charles avait épousé Frédérune, sa première femme, en 907, et Ogive postérieurement. Le rapprochement des dates prouve l'impossibilité qu'aucune de ces deux reines eût donné à ce prince une fille qui fût nubile en 911. On dirait en vain que, très-jeune encore, elle avait été fiancée à Rollon ; car les historiens qui parlent de Gisèle en parlent comme d'une personne déjà nubile. Après avoir établi que Rollon, âgé de soixante-quinze ans, à l'époque du traité de Saint-Clair-sur-Epte, n'avait pas épousé une Gisèle, fille du roi de France, M. Licquet rassemble les documents historiques qui doivent nous convaincre que Dudon de Saint-Quen-

---

[1] *Ibid.*, l. LXIX, ch. 2, in-8, t. XIII, p. 82.

[2] Voy. pourtant Depping, *Hist. des Normands*, 1844, in-18, p. 415.

tin et plusieurs autres écrivains ont fait erreur, en appliquant à Rollon le mariage qu'un autre chef normand, Godefroi, contracta avec une Gisèle, fille de Lothaire, lorsqu'il reçut de Charles le Gros la province de Frise. Reginon le dit expressément; Sigebert et d'autres chroniqueurs le répètent. Il est à remarquer que Reginon, dont l'ouvrage finit en 906, écrivait cinq ans avant le traité de Saint-Clair-sur-Epte, conclu en 911.

« Par une conséquence de ce redressement d'un fait aussi remarquable, ajoute Raynouard, l'auteur aurait dû avertir qu'il fallait aussi ne pas admettre le récit de Dudon et des écrivains qui l'ont copié ou amplifié, relativement à l'arrivée de deux chevaliers de la cour du roi de France, qui vinrent, dit-on, de la part de ce prince, auprès de Gisèle, et que Rollon, sur l'avis qu'il en eut, fit décapiter en plein marché, à Rouen [1]. »

Jacques d'Armagnac, duc de Nemours, dont nous avons déjà parlé, ayant été exécuté par ordre de Louis XI, en 1477, la compassion que son supplice excita dans le public donna naissance à une tradition qui, rapportée par Mézerai, Bossuet et Garnier, a trouvé créance jusqu'à nos jours. Ces historiens prétendent que les jeunes enfants du duc furent conduits, vêtus de blanc, sous l'échafaud de leur père, pour qu'ils fussent inondés de son sang. Aucun auteur contemporain n'a fait allusion à cette circonstance, qui était pourtant de nature à frapper vivement l'imagination. Après la mort de Louis XI, l'avocat Masselin, qui, au nom des malheureux orphelins, entièrement dépouillés de leurs biens, présenta requête aux états du royaume, assemblés

---

[1] *Journal des Savants*, décembre 1855, p. 755.

en 1483, ne parla point non plus de cette cruauté, bien qu'il n'omît rien de ce qui pouvait exciter la pitié en faveur de ceux dont il plaidait la cause. On doit donc regarder cette tradition comme mensongère.

Jusqu'au commencement de ce siècle, on a imprimé et réimprimé que François Ier, après la bataille de Pavie, écrivit immédiatement à sa mère cette seule phrase : *Tout est perdu, fors l'honneur* ; et l'on ne manquait pas de se récrier sur la simplicité et l'énergie de cet *apophthegme à la laconienne*, comme dit le docteur Pancrace. Par malheur pour la mémoire du *roi chevalier*, Dulaure a retrouvé, dans les registres manuscrits du parlement, le texte de la lettre adressée par ce prince à Louise d'Angoulême. Le voici tel qu'il est rapporté par cet écrivain :

« Pour vous advertir comment se porte le ressort de mon infortune, de toutes choses ne m'est demouré que l'honneur et la vie, qui est sauve ; et pour ce que, en nostre adversité, cette nouvelle vous fera quelque peu de resconfort, j'ay prié qu'on me laissât vous escripre ces lettres, ce qu'on m'a agréablement accordé. Vous suppliant de volloir prendre l'extrémité de vous meismes, en usant de vostre accoustumée prudence ; car j'ay espoir en la fin que Dieu ne m'abandonnera point ; vous recommandant vos petits enfants et les miens, vous suppliant de faire donner seur passage et le retour pour l'aller et le retour en Espaigne à ce porteur, qui va vers l'empereur, pour savoir comme il fauldra que je sois traicté. Et sur ce très humblement me recommande à vostre bonne grâce [1]. »

---

[1] *Registres manuscrits du Parlement*, au 10 novembre 1525. — Dulaure, *Histoire de Paris*, 1837, in-8, t. III, p. 209.

On a fait aussi grand bruit du billet de Henri IV :
« Pends-toi, brave Crillon, etc. » Or, ce billet, qui
sera publié pour la première fois dans le troisième volume du recueil des lettres de ce prince (in-4), porte,
non pas *pends-toi*, mais *pendez-vous*, locution familière
d'ailleurs à Henri IV, qui l'a employée fort souvent
dans sa correspondance.

Au nombre des lettres historiques dénaturées ou
forgées de toutes pièces, certains auteurs mettent la
lettre écrite par le vicomte d'Orthez, gouverneur de
Bayonne, à Charles IX, qui, lors de la Saint-Barthélemy,
lui avait ordonné de faire massacrer les protestants ;
cette lettre, donnée par plusieurs écrivains modernes,
avec quelques variantes, est rapportée ainsi par d'Aubigné[1], que nous soupçonnerions bien volontiers d'en être
l'auteur, car on y retrouve l'énergie et la vigueur de
style de ce grand écrivain.

« Sire, j'ai communiqué le commandement de Votre
Majesté à ses fidèles habitants et gens de guerre de la
garnison : je n'y ai trouvé que bons citoyens et braves soldats ; mais pas un bourreau. C'est pourquoi eux
et moi, supplions très-humblement Votre dite Majesté,
de vouloir bien employer en choses possibles, quelque
hasardeuses qu'elles soient, nos bras et nos vies, comme
étant, autant qu'elles dureront, sire, vôtres. »

Ajoutons, que nous avons entendu dire à quelques personnes du pays basque, qu'il existait dans les archives
de Bayonne des pièces prouvant que le vicomte d'Orthez ne s'était nullement opposé aux ordres de Charles IX ; c'est là un fait qu'il nous a été impossible de
vérifier et dont nous n'oserions pas garantir l'exactitude.

---

[1] *Histoire universelle*, édition de 1618, part. 2, l. i, ch. 5. p. 28.

Mais ce que nous n'osons pas nier pour le vicomte d'Orthez, nous le nions, sans crainte, pour Hennuyer, évêque de Lisieux, que l'on prétend aussi s'être opposé dans son diocèse au massacre des protestants. Le caractère implacable du prélat, sa haine violente contre les calvinistes, ses charges d'aumônier de Charles IX, et de confesseur de Catherine de Médicis, qui devaient le retenir à la cour, rendraient inexplicable cet acte de fermeté, quand même l'on n'aurait pas d'ailleurs la certitude de l'absence de Hennuyer, hors de son diocèse. — Aussi les auteurs du *Gallia christiana* n'ont pas hésité à rejeter complétement cette anecdote [1].

Est-ce pour la reine Blanche de Castille que Thibaut, roi de Navarre et comte de Champagne, a composé ses chansons amoureuses? Tel est le sujet discuté par Lévesque de la Ravallière dans une dissertation mise en tête des œuvres de ce prince [2], et où il se prononce pour la négative. Ce n'est pas l'opinion d'un autre érudit, M. F. Bourquelot, qui, dans son *Histoire de Provins*, a fort bien discuté l'histoire des amours de la mère de saint Louis. Quoi qu'il en soit, il est certain que Blanche eut de son vivant une fort mauvaise réputation. Divers passages de la chronique de Reims et de Mathieu Paris ne peuvent laisser aucun doute à cet égard. Voici en latin, car nous n'osons les traduire, les termes employés par le chroniqueur anglais : « Hæc domina, ut dicebatur, tam dicti comitis (Thibaut de Champagne), quam legati Romani (le cardinal Romain de Saint-Ange), semine polluta, metas transgressa fuerat pudicitiæ [3]. »

---

[1] Voy. édition de 1759, t. XII, art. LISIEUX.

[2] Paris, 1742, 2 vol. in-12.

[3] *Historia Angliæ*, p. 508.

C'est surtout lorsqu'il s'agit d'apprécier les caractères de certaines reines ou princesses, que les erreurs les plus grossières ont été commises par les biographes. Choisissons un exemple entre mille. La Biographie Michaud termine ainsi l'article consacré à Christine de France, duchesse de Savoie : « Digne fille de Henri IV, elle fut une des princesses les plus accomplies de son siècle. » Disons-le d'abord, ce n'était guère le moyen d'être une personne accomplie, que de ressembler à Henri IV, grand roi, il est vrai, mais paillard effronté, ladre et quelque peu larron, qui avouait lui-même que, s'il n'eût été roi, il eût été pendu [1]. — Puis, pour savoir à quoi s'en tenir sur les vertus publiques de cette femme qui, *digne fille de son père*, eut de nombreux amants, et que ses sujets révoltés chassèrent honteusement en 1659, il suffit de parcourir les mémoires contemporains et les historiens français et italiens. Voici comment osa en parler Richelieu, qui s'adressait au frère même de cette princesse, à Louis XIII. « La mauvaise conduite de Madame, votre sœur, dit-il, dans sa *Succincte narration*, lui ayant fait perdre en peu de temps l'*estime et la réputation*, qui lui devaient être plus chères que sa propre vie, du *mépris*, ses sujets passèrent à la haine, et de la haine à la révolte [2]. »

Suivant une opinion assez générale, lorsque le Palatinat fut incendié par Turenne, en 1674, l'électeur Charles-Louis, irrité de ces dévastations, adressa un cartel au général français : voici le texte de sa lettre et de

---

[1] « Il étoit larron naturellement, il ne pouvoit s'empêcher de prendre ce qu'il trouvoit; mais il le renvoyoit. Il disoit que s'il n'eût été roi, il eût été pendu. » Tallemant des Réaux, t. I, p. 93.

[2] Collection Michaud-Poujoulat, 2e série, t. IX, p. 345.

la réponse de Turenne, tel qu'il fut publié pour la première fois, en 1685, c'est-à-dire, onze ans plus tard, dans la *Vie du vicomte de Turenne*, espèce de roman écrit par un détestable écrivain, Gatien de Courtilz, qui s'était caché sous le pseudonyme de Dubuisson. :

« Si vous commandiez l'armée des Turcs, et non pas celle du roi Très-Chrétien, je ne serais pas surpris de voir mes États en feu, et mes sujets égorgés de sang-froid : mais comme cela ne s'est jamais fait, j'entends de brûler seulement, à moins qu'on ne refuse de payer les contributions, je suis persuadé que ce que vous en faites n'est que pour me chagriner ; et je pourrais bien vous en faire repentir, si j'avais une armée aussi forte que celle que vous avez l'honneur de commander. Si vous faisiez bien réflexion aux obligations que m'ont ceux de la maison de Bouillon, à qui mes pères ont souvent donné retraite, vous auriez été plus retenu, et vous vous seriez du moins acquitté par là d'une obligation que vous avez à cette maison, à qui vous et les vôtres êtes redevables de votre grandeur. Votre père même fut ravi de trouver cet asile dans le temps que sa fidélité était suspecte à Henri IV. Et peut-être qu'un jour, vous et les vôtres, serez trop heureux de rechercher ma protection. Je ne vous en dirai pas davantage sur ce sujet de peur qu'il ne paraisse y avoir plus de colère que de justice dans cette lettre. Cependant, afin que vous ne m'objectiez point, pour vous excuser, que la cruauté de mes sujets, à l'égard de vos soldats, vous a forcé, contre votre naturel, à faire plus que vous n'eussiez voulu faire, je vous dirai que vous saviez aussi bien que moi que ces meurtres avaient été faits par les sujets de l'évêque de Spire et non pas par les miens. D'ailleurs, quand bien même vous ne l'auriez pas su [1], il vous était facile de m'en demander justice, et je n'étais pas prince à vous la refuser. Mais vous avez voulu vous la faire vous-même, et vous vous y êtes pris par des voies si indignes, que je n'aurai jamais de joie que je n'en aie tiré raison. C'est pour cela que je vous écris, et comme je ne pourrais espérer de me venger pleinement dans une bataille où la confusion m'empêcherait de vous joindre, ou nous séparerait bientôt, je vous demande un combat particulier. Ce sera là où vous voudrez, et je vous laisse maître aussi bien que du lieu. J'espère que vous avez trop de courage pour vous excuser sur votre emploi, ou du moins que si vous avez la délicatesse de n'en vouloir rien faire que vous n'en ayez reçu la permission du roi votre maître, vous vous emploierez de si bonne sorte pour l'obtenir, qu'il ne vous la refusera pas. J'attendrai votre réponse avec impatience, et si elle est conforme à mes désirs, ce sera le moyen de m'obliger à vous rendre l'estime que j'avais toujours eue pour vous. »

Voici maintenant, toujours suivant Gatien de Courtilz, la réponse de Turenne :

Monseigneur,

« Il me revenait tant d'honneur du combat que V. A. E. me demandait, qu'il n'a pas tenu à moi que je ne l'aie satisfaite. Cependant je ne m'y portais qu'à regret, et c'était moins le souvenir des obligations que nous avons à sa maison qui me donnait ce chagrin que le profond respect que j'ai toujours eu pour elle. Si V. A. savait jusqu'à quel

---

[1] Il fait allusion aux massacres de soldats français par les paysans allemands.

point ce respect a toujours été, elle ne m'accuserait pas
de l'avoir offensée de gaieté de cœur, et elle attribuerait
les maux qu'elle m'impute, aux malheurs inséparables
de la guerre. J'ai fait tout ce qu'il a été en mon pouvoir
pour les empêcher, et j'ai fait punir les coupables sans
y être poussé que par l'amour de la justice. C'est à V. A.
à juger, après cela, si je me suis attiré ces reproches et
si, au contraire, je n'ai pas fait tout ce qui était du devoir
de ma charge. Cela ne m'a pas empêché néanmoins de
demander au roi cette permission que V. A. témoignait
désirer si passionnément. Mais le commandement de S. M.
me ravit l'honneur que voulait me faire V. A., dont je
serais consolé, pourvu qu'elle soit persuadée de la passion que j'aurai toute ma vie de lui faire reconnaître à
quel point je suis, etc. »

Gatien de Courtilz s'était bien gardé d'indiquer où il
avait puisé le texte de ces lettres, dans lesquelles on pourrait relever des erreurs et des invraisemblances de tout
genre. Toutefois, un an après la publication de la *Vie du
vicomte de Turenne*, le marquis de Beauvau, écrivain fort
crédule, raconta dans ses *Mémoires* cette particularité du
cartel, se bornant à donner, non pas la teneur, mais un
résumé des lettres du prince et du maréchal, résumé où se
rencontrent de même plusieurs erreurs. Postérieurement
à ces deux auteurs, l'anecdote qu'ils avaient racontée et le
texte de ces lettres furent amplifiés et modifiés de diverses
manières, sans qu'on pût jamais apporter quelque preuve
de leur authenticité. Enfin, en 1757, un certain Colini publia une *Dissertation historique et critique* [1], où, discutant

1 *Dissertation historique et critique sur le prétendu cartel ou lettre de
défi envoyée par Charles-Louis, électeur palatin, au vicomte de Turenne*,
Mannheim, 1757, in 8°, de 133 pages.

les récits de Gatien, de Beauvau et des autres écrivains, il démontre clairement, à notre avis, la fausseté de toute cette histoire. Il allègue, entre autres preuves, le témoignage d'un jurisconsulte célèbre, de Reiger, qui fut pendant trente ans attaché à la personne de Charles-Louis, en qualité de secrétaire de la guerre, de conseiller et de protonotaire, et qui dément formellement toutes les particularités relatives à ce cartel, dans son *Histoire de la branche électorale palatine de Simmeren* (Francfort-sur-Mein, 1693 et 1735); il dit seulement que l'électeur envoya à Turenne un trompette nommé Hanssgen, avec une lettre où, tout en lui demandant si la dévastation du Palatinat était due à une ancienne animosité du maréchal ou à un ordre du roi, il protestait que cette dévastation ne pouvait le détourner de son attachement à l'Empire. Cet envoi d'un trompette donna lieu alors à des bruits de défi qui furent adoptés par des écrivains sans consistance, et répétés par d'autres plus dignes de foi, à tous égards. Colini ajoute encore que les recherches les plus minutieuses dans les archives électorales, dans celles de la maison de Turenne, et enfin au dépôt de la guerre en France, n'ont pu faire découvrir la moindre trace de l'original, ou la copie des lettres publiées par Gatien de Courtilz et ses successeurs.

Suivant Vasari, dont le récit a été adopté jusque dans ces dernières années, la maladie qui enleva Raphaël provint d'un abus excessif des plaisirs de l'amour ; saisi d'une fièvre violente, l'illustre artiste, qui aspirait alors au chapeau de cardinal, en cacha la cause aux médecins. Ceux-ci, l'attribuant à un grand échauffement, ordonnèrent une saignée qui, en épuisant le malade, ne tarda pas à amener sa mort. Cette histoire est assez invraisemblable au premier abord. En effet, il serait difficile de

concevoir que Raphaël se fût livré à un violent excès
avec une femme à laquelle il était attaché par une longue
habitude ; puis les motifs allégués par Vasari pour expliquer comment il aurait caché la cause de son mal aux
médecins, ces motifs doivent paraître bien frivoles, quand
on se rappelle le relâchement des mœurs à Rome à cette
époque, et à quel point la vie privée de Raphaël était
connue de tout le monde. Aussi des doutes s'élevèrent, il
y a une vingtaine d'années, sur la confiance que méritait
le récit de Vasari. Plusieurs savants italiens, entre autres
M. Longhena, traducteur de l'*Histoire de Raphaël* de
M. Quatremère de Quincy, émirent l'opinion fort probable que Raphaël, affaibli depuis longues années par un
travail opiniâtre, fut victime d'une de ces fièvres violentes qui trompent souvent les médecins les plus habiles
et à laquelle ne peut résister un corps déjà épuisé. A
l'appui de cette opinion, le même écrivain cite un ancien écrit italien qui avait appartenu au cardinal Anto-
nelli, et dont voici la traduction.

« Raphaël Sanzio était d'une complexion très-noble et
très-délicate. Sa vie tenait à un fil très-léger, quant au
corps, parce qu'il était tout esprit, outre que ses forces
physiques s'étaient de beaucoup diminuées, et qu'on est
étonné qu'elles aient pu se soutenir pendant une vie si
courte. Or, se trouvant très-faible et étant un jour à la
Farnesine, il reçut l'ordre de se rendre aussitôt chez le
pape. S'étant donc mis à courir pour ne pas être en re-
tard, il arriva d'un trait au Vatican, tout essoufflé et
en sueur ; et là, se tenant dans de vastes salles et causant
longuement sur la construction de Saint-Pierre, sa sueur
se refroidit sur son corps, et il fut pris sur-le-champ
d'un mal subit. Ensuite étant allé chez lui, il fut atteint

d'une espèce de fièvre pernicieuse qui le conduisit malheureusement au tombeau [1]. »

Casimir Delavigne a dit quelque part :

> Galilée indigné change l'ordre des cieux,
> Sans pitié loin du centre il rejette la terre,
> Du soleil par son cours il la rend tributaire;
> N'a-t-il pas expié, par *trois ans de prison,*
> L'inexcusable tort d'avoir trop tôt raison?

Les trois ans de prison de Galilée ont été célébrés nonseulement par les poëtes, mais aussi par les peintres, qui ont plus d'une fois représenté l'illustre vieillard traçant sur les murs de son cachot la figure de la terre. Mais cette tradition doit être uniquement attribuée à l'indignation qu'excita soit à cette époque, soit plus tard, la conduite de l'inquisition envers Galilée. Après avoir essuyé des tracasseries et des persécutions de tout genre, l'illustre savant reçut, lors de la publication de son *Dialogue sur les deux grands systèmes du monde,* l'ordre du pape de venir comparaître devant l'inquisition, à Rome, où il arriva le 13 février 1633. Il descendit chez l'ambassadeur toscan Niccolini; mais au mois d'avril il fut contraint de se rendre dans les prisons de l'inquisition, où il resta environ quinze jours; on le renvoya ensuite chez l'ambassadeur. Enfin, le 20 juin, il fut ramené devant le tribunal, qui lui fit prononcer une abjuration de ses doctrines, le condamna à la prison pour un temps indéfini, et lui enjoignit de réciter une fois par semaine, *pendant trois ans,* les sept psaumes de la pénitence. Il ne fut pas jeté dans un cachot, mais il eut pour prison d'abord le logement même d'un des officiers supérieurs du tribunal, puis le palais de l'arche-

---

[1] *Histoire de la vie et des ouvrages de Raphaël,* 5e édition, 1833, p. 366.

vêque de Sienne, Piccolomini, son élève et son ami. Enfin, au mois de décembre de la même année, le pape
lui accorda la permission de résider à la campagne, près
de Florence, avec défense toutefois d'aller dans cette
ville ou de recevoir ses amis. Les persécutions ne cessèrent qu'avec sa mort, arrivée le 8 janvier 1642.

« La condamnation de Galilée, dit M. Libri, a fait
naître un doute bien grave sur la question de savoir si,
pendant le procès, Galilée avait été soumis à la torture.
Comme la relation originale de ce procès n'a jamais été
publiée, on en est réduit sur ce point à des conjectures.
Il est hors de doute que la protection du grand-duc, et
surtout l'amitié de Niccolini, lui valurent un traitement
moins rigoureux en apparence que celui qui attendait
ordinairement les victimes de l'inquisition. Après avoir
obtenu d'abord l'autorisation de rester chez l'ambassadeur, il eut à l'inquisition un local séparé, et fut renvoyé
chez Niccolini avant la fin du procès; à peine sa condamnation fut-elle prononcée, que le pape la commua en
une relégation dans le jardin de la *Trinita dei monti.*
Bientôt après, on lui permit de partir pour Sienne, où il
fut reçu chez l'archevêque, qui était son élève. Mais
d'autre part, il faut réfléchir aussi à la puissance de ses
ennemis et à la colère du pape, qui disait que le livre de
Galilée était aussi pernicieux que les écrits de Calvin et
de Luther. On lit dans la sentence que les juges, ayant
cru s'apercevoir que Galilée n'avait pas dit la vérité sur
ses intentions, jugèrent à propos d'en venir au *rigoureux examen* contre lui, et qu'il répondit catholique-
ment. Or, dans les livres de droit inquisitorial, cette
terrible formule de l'*examen rigoureux* est toujours, sans
exception, expliquée par la torture, et il reste encore des

procès originaux de l'inquisition dans lesquels les doutes que l'on a sur l'intention de l'accusé s'éclaircissent par l'*examen rigoureux*, amènent à des *réponses catholiques*, et où tout cela signifie la torture, qui est décrite en détail dans ces actes. Nous dirons même que, d'après les lois du saint-office, dès qu'il y avait doute *sur l'intention*, il fallait en venir nécessairement à la torture. C'est ce qui résulte de l'*Arsenal sacré de l'inquisition*, qui est le code de procédure de ce tribunal de sang. Il est vrai que ni Galilée, ni l'ambassadeur Niccolini, n'ont jamais dit un mot relatif à la torture. Mais on sait que l'inquisition imposait le plus profond silence à tous ceux qui avaient le malheur de comparaître devant ce terrible tribunal, et l'on voit, par la correspondance de Niccolini, que le procès de Galilée était enveloppé d'un mystère particulier. Telle était la terreur que ce procès avait inspirée, que Gherardini dit que cette persécution sembla peu de chose à ceux qui connaissaient le pouvoir des ennemis de Galilée. Viviani, qui avait pour ce grand homme une véritable idolâtrie, a dû se faire violence et feindre d'approuver la condamnation. Galilée lui-même évitait avec soin de parler de ce procès. Il est vrai qu'un jour l'excès de l'indignation l'a porté à s'écrier : « On « me forcera à quitter la philosophie pour me faire l'his- « torien de l'inquisition ! On me fait tout ce mal afin que « je devienne l'ignorant et le niais de l'Italie : il faudra « feindre de l'être. » Mais, dans la même lettre, il a soin d'ajouter : « Quant à mon affaire, ne m'en demandez pas « davantage. » L'expression qui se trouve dans la sentence est positive : *examen rigoureux*, signifie torture ; et les circonstances dans lesquelles cette expression est employée lui donnent encore plus de poids. D'ailleurs est-il probable que des gens si animés contre Galilée, et qui ne purent jamais lui pardonner sa supériorité ; que ces mains qui l'ont persécuté même au delà du tombeau ; qui ont tenté de faire casser son testament, qui se sont efforcés de faire jeter son cadavre à la voirie, est-il probable que, lorsqu'ils le tenaient vivant à Rome, ils n'aient pas assouvi leur vengeance ? N'ont-ils pas fait périr Giordano Bruno et Dominis, du vivant de Galilée? Longtemps après n'ont-ils pas brisé par la torture le corps d'Oliva, qui fut l'un des principaux membres de l'Académie *del Cimento?* L'inquisition a pris soin d'expliquer elle-même dans les vocabulaires particuliers les expressions dont elle se servait, et jusqu'à ce que le contraire soit positivement démontré par des preuves incontestables, il est établi que Galilée a été soumis au *rigoureux examen* [1]. »

L'emprisonnement de Galilée n'est pas le seul que l'on puisse révoquer en doute. Il paraît qu'il faut aussi, malgré les vers de Lamartine [2], rejeter absolument celui de

[1] *Histoire des sciences en Italie*, t. iv, p. 259 et suiv.

[2]   Là le Tasse, brûlé d'une flamme fatale,
          Expiant dans les fers sa gloire et son amour,
          Quand il va recevoir la palme triomphale,
               Descend au noir séjour.

Lord Byron qui, en passant à Ferrare, voulut visiter cette prison, jugea à propos d'y tracer au crayon ces vers de notre poète, mais il les a estropiés de manière à les rendre à peu près méconnaissables. Voici, d'après M. Valery, la copie exacte de son autographe :

          La le Tasse brul d'un flame fatal
          Expiant dans les fers sa gloire et son amur
          Quand il va recevoir la palm trionfal
               Descend au noyr seyur.

Voyez encore M. Valery, l. i, ch. 7 et 16, relativement à l'erreur commise par Byron sur le prisonnier de Chillon.

Tasse, bien que l'on montre encore aujourd'hui aux voyageurs, à Ferrare, une espèce de cachot, où il fut, dit-on, renfermé. Voici ce que dit un écrivain qui connaît à fond l'histoire littéraire de l'Italie, et que nous avons déjà eu maintes fois l'occasion de citer. « Comment supposer, s'écrie M. Valery, que le Tasse ait pu habiter sept années et deux mois dans un pareil gîte, y revoir son poème, et y composer ses divers dialogues philosophiques à la manière de Platon ? J'eus l'occasion de consulter à ce sujet quelques hommes instruits de Ferrare, et j'appris que pas un d'eux ne croyait à cette tradition contredite par l'examen des lieux et les faits historiques... La lecture des diverses vies du Tasse, sa correspondance, la meilleure de ses vies, m'ont persuadé que son emprisonnement à l'hôpital Sainte-Anne a bien plus de rapports avec ce que l'on a depuis appelé une détention dans une maison de santé, avec les tracasseries et les vexations de la police, qu'avec une mise au cachot [1]. »

Que de fois a-t-on répété ce vers de Gilbert.

La faim mit au tombeau Malfilâtre ignoré.

Or, 1° Malfilâtre, loin d'être ignoré, avait, de son vivant, acquis une réputation que réellement ses vers ne méritaient pas. 2° Il ne mourut pas de faim, mais de maladies, suites de ses débauches.

Les peintres n'ont pas moins contribué que les poètes à propager des erreurs de tout genre [2].

Il y a quelques années, on a vu à l'exposition un ta-

---

1 *Voyages en Italie*, l. VII, ch. 14, t. I, p. 479.

2 Nous pourrions encore citer un tableau exposé en 1843, et où l'on avait représenté Salomon de Caus dans une maison de fous. Nous reviendrons ailleurs sur toute cette histoire.

bleau de M. Gigoux, représentant Léonard de Vinci expirant dans les bras de François Ier, sujet déjà traité en 1781, par Ménageot.

La tradition à laquelle le peintre a emprunté son sujet repose uniquement sur une épitaphe latine conçue en termes fort amphibologiques. Elle est, il est vrai, rapportée par Vasari [1], mais on ne l'a jamais vue sur aucun monument. Léonard de Vinci mourut au château de Clou, à Amboise, le 2 mai 1519. Or, à cette époque, la cour était à Saint-Germain en Laye, où la reine était accouchée de Henri II, le 31 mars, et les ordonnances royales données le 1er mai sont datées de cet endroit. De plus, le journal de François Ier ne signale aucun voyage du roi jusqu'au mois de juillet. Enfin, l'élève de Léonard, François Melzi, auquel il lègue ses livres et ses pinceaux, et qui était dépositaire de son testament, écrivit au frère du grand peintre une lettre où il raconte la mort de son maître ; pas un mot n'y fait allusion à la circonstance mentionnée plus haut, et qui, si elle eût été vraie, n'aurait certainement pas été oubliée.

C'est surtout quand il s'agit des mots appelés *mots historiques*, que les erreurs ont été nombreuses. Citons seulement les exemples suivants :

Philippe de Valois, le soir de la bataille de Crécy,

---

[1] Voici cette épitaphe :

Leonardus Vincius : quid plura ? Divinum ingenium,
Divina manus,
Emori in *sinu regio* meruere.
Virtus et fortuna hoc monumentum contingere
Gravissimis impensis curaverunt.

Sinu regio, expression fort vague, et probablement métaphorique, peut fort bien être traduite par *chez le roi*, et être regardée comme une allusion à la mort de Léonard dans un château royal.

arriva au château de la Broye, et quand le châtelain lui demanda qui il était, il répondit, à ce que racontent plusieurs écrivains modernes : *C'est la fortune de la France,* réponse très-belle, et qui aurait pu être faite au seizième siècle, mais non certainement au quatorzième. On l'a tirée des premières éditions de Froissart ; mais les éditeurs avaient mal lu les manuscrits qui leur avaient servi pour l'impression, et où l'on trouve seulement cette phrase : Ouvrez, ouvrez, châtelain, c'est *l'infortuné roi de France*[1]. »

Le président Mathieu Molé n'a point prononcé cette phrase célèbre et fort peu claire : « Il y a loin du poignard d'un assassin à la poitrine d'un honnête homme ; » mais celle-ci, qui est fort insignifiante : « Quand vous m'aurez tué, il ne me faudra que six pieds de terre[2]. »

On sait maintenant à quoi s'en tenir sur l'authenticité des mots : « *Fils de saint Louis, montez au ciel*[3] ; » et « *La garde meurt et ne se rend pas.* » Cette dernière phrase est la traduction très-longue et très-poétique d'un mot fort énergique, composé seulement de cinq lettres.

Parmi les nombreuses anecdotes qui sont ou tout à fait reconnues comme controuvées, ou seulement contestées par divers écrivains, nous mentionnerons l'histoire de Marie d'Aragon, femme d'Othon III[4] ; l'empoisonnement

---

[1] Voy. Froissart, l. I, part. 1, ch. 292, p. 240.

[2] Voy. Biographie Michaud, p. 289, note.

[3] Voy. Biographie Michaud, art. Louis XVI.

[4] Godefroy de Viterbe raconte que cette princesse ayant fait périr un chevalier dont elle était éprise, et qui avait repoussé son amour, fut plus tard mise à mort pour ce crime. Voy. *Mémoires de l'Académie des Inscriptions et Belles-Lettres,* t. XXIII, une dissertation de Zurlauben sur ce sujet.

de l'empereur Henri VII dans une hostie[1] ; l'assassinat de
la comtesse de Châteaubriand[2] ; le fait de Vincent de
Paul se substituant à un forçat[3] ; l'anecdote de l'abbé de
Rancé et de la tête de madame de Montbazon ; l'entrevue
de Marie Mancini et de Louis XIV.[4] ; l'anecdote du verre
d'eau, etc.

Il y a encore une foule de traditions inventées par la
haine politique ou religieuse, car le fanatisme a toujours
procédé de la même manière. Si certains petits livres des
jésuites racontent, de nos jours, que, dans sa dernière
maladie, Voltaire dévorait ses excréments, les ennemis
de l'Eglise ou du christianisme n'étaient guère mieux
traités au moyen âge. Voici, par exemple, comment un
chroniqueur du douzième siècle, Guibert de Nogent, raconte la mort de Mahomet, dans le premier livre de ses
Gesta Dei per Francos. « Il était, dit-il, sujet à des attaques d'épilepsie. Un jour qu'il se promenait seul, il tomba,
frappé de l'une de ces convulsions ; et, tandis qu'il en
était tourmenté, des pourceaux, qui survinrent, le dévo-
rèrent si complétement, qu'on ne *trouva que ses talons*
pour débris de tout son corps. »

Entre Guibert de Nogent et les implacables ennemis
de Voltaire, peut-on croire qu'il y ait sept siècles d'intervalle !

Il est quelques personnages célèbres dont on a nié
l'existence. Sans parler de la prétendue *papesse Jeanne,*
qui a donné lieu, jusqu'au dix-huitième siècle, à de

[1] Voy. Muratori, *Rer. Ital. scriptores*, t. xv, p. 49.
[2] Voy. les dissertations de Hévin, dans l'*Histoire de François I*er de
Varillas, 1686, in-8°, et du bibliophile Jacob, 1838, in-8°.
[3] Biographie Michaud, t. XLIX, p. 152.
[4] Bayle, *Réponses aux questions d'un provincial*, ch. 71.

vives controverses entre les catholiques et les protestants,[1] on a encore, mais sans avoir aucunement éclairci la question, contesté l'existence de Corinne, de Laure de Noves, de Clémence Isaure, la fondatrice des Jeux floraux, etc.

Par compensation, il est des femmes dont les jours ont été prolongés de manière à faire envie à Mathusalem : ainsi, l'on a prétendu que Marion de l'Orme était morte seulement au milieu du dernier siècle.

———

MÉLANGES.

Les portraits de Pétrarque sont fort différents les uns des autres, ce qui fait supposer que l'on n'a pas la représentation exacte des traits du grand poète. Les portraits de Dante, au contraire, devaient être très-ressemblants, car ils diffèrent peu entre eux. Il avait la tête longue, le front haut et développé, le nez recourbé, de manière que la pointe était basse et les ailes du nez relevées, le menton proéminent. M. W.-F. Edwards, qui a reconnu très-fréquemment ce type à Bologne, à Ferrare, à Venise, en Lombardie, et aussi dans une partie de la Bourgogne, le considère comme le type distinctif de la race kymrique [2].

Il y a un certain nombre d'hommes connus à divers

---

[1] Cette papesse aurait siégé, disait-on, entre Léon IV, qui mourut le 17 juillet 855, et Benoît III, qui mourut le 8 avril 858. Voy., dans le *Dictionnaire historique* de Bayle, au mot PAPESSE, le long et curieux article consacré à cette singulière histoire.

[2] *Mémoires de la Société ethnologique*, 1841, in-8°, t. I, p. 46 et suiv.

titres qui n'ont jamais voulu laisser faire leurs portraits.
Tels furent, dit-on, Agésilas, le poète Accius, le philosophe Plotin, Gataker, célèbre théologien anglais, le jurisconsulte Marc Velser, etc.

Florian, qui était très-laid, et que sa laideur affligeait
beaucoup, ne laissait mettre en tête de ses œuvres que
des portraits peu ressemblants, mais où ce défaut était
dissimulé.

———

En l'an 1000, l'empereur Othon III visita le tombeau de
Charlemagne (mort en 814), à Aix-la-Chapelle. Voici le
récit de cette visite, faite par un témoin oculaire, le
chroniqueur Novalis : « Le corps était placé dans une
sorte de cellule, solidement bâtie en chaux et en marbre,
que nous avons été obligés de briser pour pénétrer jusqu'à lui ; et, dès que nous nous sommes approchés, nous
avons senti une très-forte odeur ; puis, fléchissant le genou, nous nous sommes prosternés et nous l'avons adoré.
Immédiatement après, l'empereur Othon le revêtit de vêtements blancs, coupa ses ongles, et remit tout en ordre
autour de lui. Rien dans les membres du mort n'annonçait
la corruption, seulement l'extrémité de son nez s'était un
peu amoindrie. Mais l'empereur fit à l'instant remplacer
par de l'or la partie qui manquait ; puis, enleva une dent
au cadavre, et après avoir fait réparer la cellule, il s'en
alla. »

Albert le Grand, mort en 1280, fut enterré, dit Thévet,
au milieu du chœur du couvent des Jacobins, à Cologne.
« Ce corps était encore entier du temps de l'empereur
Charles le Quint, et fut déterré par son commandement,

et après remis en son premier monument [1]. » Le corps de
Charles lui-même fut trouvé entièrement intact, lorsque
Philippe IV le fit exhumer, en 1656. Certains historiens
espagnols n'ont pas manqué de proclamer que ce phénomène était dû à la pureté de mœurs du grand empereur.
Mais si l'on veut savoir à quoi s'en tenir sur cette prétendue vertu du rival de François Ier, on n'aura qu'à lire
le chapitre que lui a consacré Brantôme.

Landino, célèbre érudit florentin du quinzième siècle,
mort en 1504, à l'âge de quatre-vingt-un ans, fut enseveli dans un palais, qui lui avait été donné à Florence
pour un savant commentaire du Dante. « Son corps, qui
ne s'est point corrompu, s'y montre encore ; il peut être
regardé comme le mieux conservé qu'il y ait en Europe.
Une inscription de huit vers italiens rappelle la vie,
les ouvrages de Landino, et le phénomène de son cadavre. Le capitaine Gavignani, Bolonais, lui arracha, en
1632, deux dents, qu'il emporta comme relique. Un curé
l'a mutilé par pudeur d'une autre manière, lorsqu'il sut
que la princesse Violante Béatrix de Bavière devait venir
le visiter ; aussi la princesse, frappée de l'étrange attentat, dit en plaisantant que celui qui l'avait ordonné mériterait bien de subir la peine du talion [2]. »

Le corps du connétable de Bourbon fut longtemps conservé dans la citadelle de Gaëte, où l'on avait l'usage
bizarre de changer son costume trois fois l'an. On raconte que le soldat chargé de cette toilette disait: *Questo
B..... grida la notte come un diavolo, se non a si veste
a suo tempo* [3].

---

[1] *Histoire des hommes illustres*, t. II, p. 67.

[2] Valery, *Voyages en Italie*, 1838, t. II, p. 213, note.

[3] *Ibid.*, t. III, p. 28, note.

Divers historiens parlent aussi de l'incorruptibilité des cadavres du grand sénéchal de Sicile, Acciajoli ; de Grégoire VII ; du jésuite polonais Drusbicki ; d'Agnès Sorel, dont le tombeau fut ouvert sous Louis XVI ; de madame de Sévigné, etc.

———

L'histoire des arabes d'Espagne offre l'exemple, probablement unique, d'un prince devant la vie et un royaume à la longueur d'une partie d'échecs.

Muhamad VI, roi de Grenade, étant monté sur le trône au préjudice de son frère aîné, Jusef, en 1396, fit immédiatement enfermer ce prince dans la forteresse de Salobréna. « Douze ans plus tard, Jusef était encore dans sa prison, lorsque Muhamad, atteint d'une maladie mortelle, voulut assurer la couronne à son fils, et envoya l'ordre de tuer son frère. Cet ordre, adressé au gouverneur du fort, était ainsi conçu : « Alcaïde de Sa- « lobréna, mon serviteur, aussitôt que l'officier de mes « gardes, Ahmed-ben-Xarac, te remettra cet écrit, tu ôte- « ras la vie à Cid Jusef, mon frère, et tu m'enverras sa « tête par le retour du messager. Je compte sur ton zèle « à me servir. » Lorsque Ahmed arriva à Salobréna, il trouva le prince jouant aux échecs avec l'alcaïde. Ils étaient assis, l'un et l'autre, sur des coussins de drap de soie brodés en or ; des tapis de la même étoffe couvraient le parquet, car Jusef avait été jusque-là traité dans sa prison avec magnificence. L'alcaïde n'eut pas plutôt parcouru l'écrit fatal, qu'il ne put contenir son émotion et son trouble ; les excellentes qualités de Jusef lui avaient gagné tous les cœurs, et l'alcaïde, qui avait plus que tout autre l'oc-

casion de le voir de près et d'apprécier son mérite, avait
conçu pour lui le plus tendre attachement. Ahmed le
pressait de remplir la commission dont le roi le chargeait, et l'alcaïde, hors de lui, ne savait comment en parler au prince. Jusef, soupçonnant la triste vérité, prit
l'ordre des mains tremblantes de l'alcaïde, et, lui adres-
sant la parole avec douceur, il lui demanda seulement
quelques heures pour prendre congé de ses femmes et
de sa famille. Ahmed dit alors que l'exécution ne pouvait
être différée, parce qu'on lui avait fixé l'heure précise à
laquelle il devait être de retour à Grenade, sous peine de
perdre lui-même la vie. « Au moins, répliqua Jusef, qu'il
« me soit permis de finir ma dernière partie d'échecs. »
Ahmed y ayant consenti, quoique avec peine, le prince
reprit le jeu, et invita l'alcaïde à continuer ; mais celui-ci
était si agité, qu'il ne pouvait conduire ses pièces. Jusef
lui faisait remarquer ses fréquentes distractions. Au moment où la partie était près de finir, deux cavaliers de
Grenade, qui étaient arrivés au galop de leurs chevaux,
entrèrent dans la salle où était le prince, annoncèrent la
mort de Muhamad, et lui baisèrent la main comme au
nouveau souverain de Grenade. Jusef osait croire à peine
à ce changement de fortune, lorsque d'autres cavaliers
vinrent confirmer la nouvelle, et dire au prince que le
peuple l'attendait avec la plus vive impatience [1]. »

On pourrait dresser une liste assez longue des princes
qui ont fait mourir leurs fils, depuis Constantin le Grand,

---

[1] Conde, *Histoire de la domination des Arabes en Espagne*, traduit de
l'espagnol par Marlès, t. III, p. 267.

meurtrier de son fils Crispinus, jusqu'à Pierre le Grand,
meurtrier de son fils Alexis. Ces catastrophes, très-fré-
quentes dans les histoires byzantine et orientales, ont été,
heureusement fort rares parmi les modernes. — Philippe II, vivement inquiété par le caractère indomptable
de son fils don Carlos, jugea à propos de s'en débarrasser. « Il conclud, dit Brantôme, que le meilleur étoit de
le faire mourir ; dont un matin on le trouva en prison
estouffé d'un linge , non, dict - on, sans avoir avant
desbagoulé contre son père mille injures et exécrations,
malédictions et vilainies, lorsqu'on lui annonça sa mort,
et l'avoir adjourné devant Dieu à y comparoistre un jour
pour sa cruauté[1]. »

———

Avant la révolution, la noblesse, qui affectait le plus
profond mépris pour le commerce, dérogea souvent à
ses habitudes orgueilleuses. Voici, pour le prouver, une
lettre récemment publiée, et qui fut écrite par le duc de
La Rochefoucauld, l'auteur des *Maximes*.

« Monsieur, il y a deux ou trois ans que mon fils de
Marsillac continue un petit commerce, en Angleterre,
quy luy a réussy jusqu'à ceste heure, et il espère enco-
res mieus soubs vostre protection le succès qu'il en désire, quy est de pouvoir tirer des chevaus et des chiens
pour du vin qu'il envoie. Son adresse ordinaire est : *à
M. Graf ;* mais, dans l'incertitude du lieu où il sera, il
ose prendre la liberté de vous supplier par moy, de commander à quelqu'un des vostres de prendre soin de ce

[1] T. ii, p. 126.

porteur qu'il envoie pour la conduite des chevaus et des chiens qu'il espère tirer du pris de son vin.

« Sy, pour surcroist de faveur, vous avés agréable de vous souvenir de ce que je vous gaigné à Chantilly, et m'envoier ce qu'il vous plaira du païs où vous estes, je le recevray avec grand estime, et vous tesmoigneray toutte ma vie et à tout ce quy vous appartient, que je suis très-véritablement, monsieur, vostre très humble et très obéissant serviteur,

« LA ROCHEFOUCAULD. »

A la Rochefoucauld, ce 20e février 1642.

La suscription, d'une autre main, porte : *A monsieur, monsieur de la Ferté, ambassadeur pour le roy en An-gleterre* [1].

—

Nous avons déjà parlé des morts prédites ; nous parlerons, dans d'autres volumes, de diverses autres prédictions. En voici pourtant deux assez singulières, qui nous ont semblé devoir trouver place ici.

« Henri IV n'avoit que dix à onze ans, rapporte l'Estoile, et il étoit nommé le prince de Navarre ou de Béarn, lorsqu'au retour du voyage de Bayonne, que le roi Charles IX fit en 1564, étant arrivé avec Sa Majesté à Salon du Crau, en Provence, où Nostradamus faisoit sa demeure, celui-ci pria son gouverneur qu'il pût voir ce jeune prince. Le lendemain, le prince étant nu à son lever, dans le temps que l'on lui donnoit sa chemise, Nostradamus fut introduit dans sa chambre ; et, l'ayant contemplé assez long-

---

[1] *Bulletin de la société de l'histoire de France*, t. II, 1835, p. 138.

temps, il dit au gouverneur qu'il auroit tout l'héritage.
« Et si Dieu, ajouta-t-il, vous fait grâce de vivre jus-
« que-là, vous aurez pour maître un roi de France et
« de Navarre. »

« Ce qui sembloit lors incroyable est arrivé en nos
jours : laquelle histoire prophétique le roi a depuis racontée fort souvent, même à la reine : y ajoutant par
gausserie qu'à cause qu'on tardoit trop à lui bailler la
chemise, afin que Nostradamus pût le contempler à l'aise,
il eut peur qu'on vouloit lui donner le fouet [1]. »

Voici l'autre prédiction, rapportée par Lemontey, qui
n'a pas indiqué où il l'avait puisée.

« Plusieurs années avant que le nom de madame Scarron fût parvenu jusqu'à Louis XIV, la cour était à Saint-
Germain. On s'occupait beaucoup alors de sorciers et de
devination. Le roi ne fut pas, dans la suite, exempt de
cette faiblesse. On connaît le voyage mystérieux du maréchal ferrant de Salon (voy. p. 295), et l'audience qu'il lui
donna; on sait qu'il recevait à toute heure le prieur de Cor-
bière, astrologue en titre de M. de Louvois. Mais à l'époque
dont nous parlons, il s'intéressait peu à ces jongleries,
moins par réflexion que par la légèreté de son âge. Quoi
qu'il en soit, il fut instruit que des courtisans qui habi-
taient l'étage supérieur du château, devaient y faire venir une fameuse devineresse de Paris; il eut la curiosité
de l'entendre; et la société consentit à l'admettre, bien
déguisé, dans son petit sabbat. Quand son tour de consulter fut venu, la magicienne l'envisagea attentivement,
et lui dit « qu'il était marié, mais galant et à bonnes for-
« tunes; qu'il deviendrait veuf, et qu'il se prendrait de

---

[1] *Journal de l'Estoile*, année 1589, collection Michaud-Poujoulat, p. 5.

« passion pour une veuve surannée, de basse condition,
« et le rebut de tout le monde ; qu'il l'épouserait, et au-
« rait un tel aveuglement pour elle, qu'elle le gouverne-
« rait, et le mènerait, toute sa vie, par le bout du nez. »
Le roi s'échappa, suffoquant de rire, et descendit dans
son appartement.

« La première personne qu'il rencontra fut le duc de
Créqui, avec qui il vivait familièrement. Il se hâta de lui
raconter mot à mot le discours de la sibylle. Tous deux
s'égayèrent à l'envi sur l'ineptie de la sorcière, sur la
crédulité de ses dupes, et sur le bon tour que le roi lui avait
joué ; faisant, d'ailleurs, l'un et l'autre, les plus plaisants
commentaires du sort magnifique qu'elle avait promis au
monarque. Mais quand, dans la suite, la mort de la reine
et l'engouement de Louis XIV pour madame Scarron eurent
réalisé une prédiction si absurde, cette scène bouffonne
se représenta sans cesse au roi humilié. Il n'osa lever les
yeux devant Créqui, évita soigneusement sa présence, et
ne lui adressa plus ni un mot ni un regard. Ce courtisan
ambitieux comprit que son malheur était irréparable ;
et, précipité au tombeau par le chagrin, il révéla, en
mourant, au pieux Charmel, la cause singulière de son
martyre[1]. »

———

« M. de Montluc, dans son livre, allègue, dit Brantôme,
plusieurs vaillants capitaines, qui n'ont jamais été blessés, entre autres, M. de Sansac le bon homme. Si j'avais

---

[1] *Essai sur l'établissement monarchique de Louis XIV*, pièces justificatives 1.º 5, Œuvres, t. v, p. 263.

entrepris d'en alléguer plusieurs, je le ferais ; comme nous avons vu M. de Nemours, Jacques de Savoie, lequel, si jamais prince fut vaillant et hasardeux, celui-là l'a été, et pourtant jamais blessé, ayant exercé et fait l'état de gendarmerie, de cavalerie, et aussi d'infanterie ; car il s'est mêlé de tous ces trois états.

« M. le vidame de Chartres en a été de même, s'étant employé en toutes ces trois charges, sans jamais s'y être épargné, et même au siége et assauts de Coni, assiégé par M. de Brissac, tous deux couronnels, qui ont vu et senti grésler plus d'arquebusades sur eux, que le ciel ne jette de gresle sur les champs en mars, lorsque l'hiver veut prendre congé de nous ; et n'ont jamais été blessés, sinon lorsqu'ils sont morts.

« Notre roi Henri dernier (Henri III), sans aller plus loing, ni en batailles, ni en siéges de villes qu'il a faits, n'a non plus été blessé, ne s'y épargnant non plus que les moindres.

« Pour venir aux petits, feu M. de Gouas a été un aussi brave et vaillant soldat et capitaine, qui ait été de son temps, et fort adventureux ; il ne fut jamais blessé, et vint à mourir à la Rochelle, d'une petite arquebusade dans la jambe, qui n'était nullement dangereuse.

« Ceux qui ont connu le capitaine Mons, qu'on appelait le borgne Mons, neveu de ce brave M. de Mons, qui mourut à la guerre de Toscane, lieutenant de M. de Sipierre, de sa compagnie de chevau-légers, on ne saurait dire autrement qu'il n'ait été un des plus hasardeux et déterminés soldats de la France, et cherchant la fumée des arquebusades, et les allait ballainer toujours désarmé et en pourpoint ; jamais aucune n'entra en son corps, ni blessé : enfin, son heure étant venue, en une petite escarmouche faite à la Rochelle, lorsque nous étions encore aux masures à la fosse aux lions, que les courtisans appelaient ainsi, il fut blessé, et moi avec lui; et mourut après dans quatre jours, ayant été et étant encore par sa valeur lieutenant d'une des couronnelles de M. de Strozze.

« J'ai vu le capitaine Sainte-Colombe, vaillant et brave soldadin, et déterminé s'il en fut un. On disait qu'il était de cette maison valeureuse de Sainte-Colombe en Béarn, mais non légitime; toutefois je vous assure que ce bâtard ne faisait point de déshonneur aux légitimes, mais ordinairement il était blessé. A la Rochelle, il fut blessé trois fois ; et n'avait pas plutôt un coup de guéri, qu'il en avait un autre. A la conquête de Normandie la Basse, faite par le seigneur de Matignon, non encor maréchal, il y fut blessé deux fois ; pour la troisième, il mourut à Saint-Lô : de sorte que nous l'appelions et son corps une garenne d'arquebusades.

« Le vaillant capitaine Laroutte, qui depuis fut tué à la reprise de Marçant dernièrement, d'où il était gouverneur, a été tout de même sujet aux blessures.

« Feu M. de Courboson, puisné de Lorges, vaillant certes s'il en fut un, car de cette race, ils ont été tous braves et vaillants, aussitôt qu'il était en quelque bonne affaire, aussitôt était-il payé de quelque coup ; bien contraire à son frère Saint-Jean Lorges, qui ne devait rien en valeur à tous ses frères, et ne s'épargnait au hasard non plus qu'eux, se sauva de blessures, jusqu'à ce qu'il fût proditoirement et malheureusement massacré par la menée du maréchal de Matignon, qui en fut fort blâmé. Car c'était un brave et vaillant gentilhomme.

« Le brave M. de Crillon a été aussi couvert d'une infinité de plaies sans avoir encore pu mourir par elles, les ayant toutes soignées de vaillante façon [1]. »

———

On pourrait faire un tableau assez curieux du rôle que les poètes de tous les temps et de tous les pays se sont fait jouer dans leurs ouvrages. C'est là en général qu'ils ont donné libre carrière à leur vanité ; les œuvres de quelques auteurs offrent pourtant un côté plus plaisant, et l'on pourrait appliquer à bon nombre d'entre eux ce que Barthélemy nous a raconté de monsignor Baïardi, dont nous avons eu déjà occasion de parler dans un autre volume [2].

Ce prélat, que Barthélemy visita à Naples, voulut lui faire connaître plusieurs poésies latines de sa composition. Il lui lut entre autres un poème sur la fontaine de Trévi. « Voici, dit Barthélemy dans ses mémoires, quel était le plan de ce petit ouvrage.

« Le poète court à la nouvelle fontaine ; il aperçoit de loin le beau Neptune qui frappe de son trident les rochers entassés sous ses pieds, et en fait jaillir des torrents impétueux. Il approche du bassin où ces eaux rassemblées lui présentent un spectacle ravissant ; ce sont des naïades qui se jouent dans leur sein ; lui-même se mêle à leurs jeux ; un pouvoir inconnu, en le revêtant tout à coup d'une figure céleste, lui avait prodigué tous les attraits qui régnaient dans ses nouvelles compagnes. Il n'avait rien épargné pour décrire avec une

[1] T. I, p. 586 et suiv.
[2] Voy. *Curiosités littéraires*, p. 208.

exactitude scrupuleuse les heureux changements qu'il avait éprouvés. Il s'arrêtait avec complaisance sur la légèreté des mouvements, la justesse des proportions, l'arrondissement des formes, et la douceur des traits. Pendant qu'il me présentait ce tableau dégradé par une lecture rapide et une prononciation étrangère à mes oreilles, je comparais l'état de cette ancienne nymphe des eaux avec son état actuel : son menton regarni et couvert d'une barbe épaisse, ses joues pendantes et semées de taches jaunes, ses yeux profondément ensevelis dans leur orbite, ses rides repliées en plusieurs manières sur son front, tout cela me frappa tellement, que, la lecture finie, après quelques compliments, je dis à l'auteur : « Je ne puis pourtant pas dissimuler que depuis votre métamorphose vous êtes un peu changé. » Il en rit, et croyant à cette mauvaise plaisanterie, que je m'amusais beaucoup : Encore un moment, me dit-il ; vous m'avez vu en néréide, je vais à présent me montrer en bacchante ; et, en tirant aussitôt de son inépuisable cassette un dithyrambe d'un volume effroyable, et rassemblant ses forces, il entonna le cantique sacré ; mais la chaleur avec laquelle il déclamait lui causa, dès les premiers vers, un redoublement de toux si violent, que je l'engageai à remettre à un autre jour la suite de sa lecture. Il y consentit, quoiqu'à regret ; et je me sauvai bien vite, et bien résolu à ne plus fatiguer sa poitrine [1]. »

———

Le nom de *dixième muse* a été donné à une foule de femmes auteurs, de tous les pays, entre autres, aux Italien-

[1] *Œuvres*, 1821, in-8º, t. 1, p. 18.

nes Avogrado, Fedele (quinzième siècle), Bertani (seizième
siècle), Cicci, Sulgher-Fantastici, Fenaroli (dix-huitième
siècle) ; à la Portugaise Violante de Ceo (dix-septième siècle); aux Anglaises Catherine Philips et Anne Killigrew
(dix-septième siècle); enfin, aux Françaises Pernette de
Guillet (seizième siècle), Claudine Colletet [1], Deshoulliè-
res, Gournais, l'Héritier, la Suze, Anne de la Vigne (dix-
septième siècle), Bermann et Bourette (dix-huitième siècle), etc.

———

« On dit ordinairement, rapporte Vigneul-Marville,
que la science n'est pas héréditaire, et qu'elle ne passe
guère des pères aux enfants, aux frères, aux neveux,
aux cousins; néanmoins il y a des familles qu'on peut
appeler familles de savants. Telles sont les familles
des Manuce, des Estienne, des Scaliger, des Morel, des
Godefroi, des Pithou, des Montelon, des de Thou, des
Bignon, des Dupuys, des Séguier, des Talon, des Demê-
mes, des Lamoignon, des Heinsius, des Vossius, des
Capel, des Justel, des Valois, des Sainte-Marthe, des
Moreau, des Patin, etc., etc. » Bornons-nous à ajouter
les noms des Bernouilli à cette liste que nous pourrions
grossir beaucoup, si nous voulions citer des familles
d'artistes. Mais nous aurons occasion d'y revenir ailleurs. »

———

« C'est une remarque qui se vérifie tous les jours, dit
ailleurs le même écrivain, que ceux à qui il manque

---

1 Voy. *Curiosités littéraires*, p. 150.

quelque chose du côté de la naissance, se trouvent récompensés du côté de l'esprit par les talents extraordinaires. Melin de Saint-Gelais, l'un de nos bons poètes français, était fils naturel d'Octavien de Saint-Gelais, sieur de Lansac. Jean-Antoine Baïf, aussi bon poète français et grand musicien, eut pour père Lazare Baïf, abbé de Charoux, maître des requêtes et ambassadeur à Venise, qui le fit légitimer. Claude-Emmanuel Lhuillier, surnommé Chapelle, du lieu dit la Chapelle, où sa mère le mit au monde, entre Paris et Saint-Denis, était fils naturel de M. Lhuillier, maître des comptes. *Fulvius Ursinus*, savant antiquaire d'Italie, était bâtard d'un seigneur de la maison des Ursins. *Antonius Bosinus*, auteur de la *Roma sotterranea*, était fils naturel d'un chevalier et d'une esclave africaine. *Pomponius Lœtus*, que toute l'Italie venait écouter avec tant d'empressement, qu'on retenait dès la nuit des places dans son école, était bâtard d'un prince de Salerne. Galilée, était fils naturel de Vincenzo Galilei, gentilhomme florentin. Le fameux Érasme n'était pas de meilleure maison que ces messieurs. »

Dans cette liste de bâtards célèbres que nous pourrions allonger beaucoup, nous sommes étonné de ne pas voir figurer Boccace, qui naquit à Paris en 1313, d'une habitante de cette ville et d'un marchand florentin.

———

« Trois comédies de Plaute, dit Aulu-Gelle, celles qu'il a intitulées *Saturion* et *Addictus*, et une autre dont le nom m'échappe, furent composées au moulin, au rapport de Varron et de plusieurs autres. Ils racontent que le poète ayant perdu dans des entreprises de négoce

tout l'argent qu'il avait 'gagné au théâtre, et se trouvant
à son retour à Rome, dans le plus complet dénûment, fut
obligé, pour vivre, de se louer à un boulanger, qui
l'employa à tourner une de ces meules qu'on fait
mouvoir à bras. On rapporte aussi que le poète Nævius
écrivit en prison le *Devin*, et une autre pièce intitulée
Léon [1]. »

———

« La prison n'a pas nui aux gens d'étude, dit Vigneul-
Marville ; car, sans parler de Démosthène qui s'enferma
volontairement dans une prison pour étudier la morale,
ce fut dans une prison que Boëce composa son excellent
livre de la Consolation de la philosophie. Grotius fit dans
la prison son commentaire sur saint Matthieu, le chef-
d'œuvre de ses livres sur la Sainte-Écriture. Buchanam,
dans les cachots d'un monastère de Portugal, composa sa
belle paraphrase des Psaumes de David, que le fameux
poète Nicolas Bourbon préférait à l'évêché de Paris. Pe-
lisson, durant cinq ans de prison, reprit ses études de la
langue grecque, de la philosophie et de la théologie,
avec un soin qui a produit beaucoup de fruit dans l'é-
glise [2]. Jérôme Magius (Maggi), dans les fers chez les
Turcs, a écrit deux traités (en latin), l'un des Cloches et
l'autre du Chevalet, sans d'autre secours que celui de sa
mémoire. Étienne Zegedin, durant sa captivité à Constantinople, écrivit des livres de théologie. On prétend

[1] L. iii, ch. 4.

[2] Il écrivait sur les marges des livres qu'on lui prêtait, avec le plomb
des vitres, ou avec une encre formée de croûtes de pain brûlé, qu'il faisait délayer dans quelques gouttes de vin.

que ça été sur les galères de Barbarie que Michel Cervante composa son Don Quichotte. »

Oddi, géomètre italien du seizième siècle, écrivit en prison ses traités de mathématiques. Il se servait d'encre composée de charbon pilé et de noir de fumée, détrempés d'eau; un roseau lui tenait lieu de plume. — Ses manuscrits sont conservés dans la bibliothèque Vincenzi, à Urbin.

Un aventurier, nommé Samuel Gringalet, ayant été, en 1702, comme espion de la Hollande, enfermé à la Bastille, d'où il ne sortit qu'en 1715, composa pendant sa détention un petit livre très-rare, qui est intitulé : *Réflexions pieuses inspirées, à la Bastille, à Samuel Gringalet, sur les quatre questions : Qui suis-je? Où suis-je? Qui m'y a mis? Et pourquoi? Essais philosophiques et théologiques pour arriver à la parfaite intelligence de tous les mystères renfermés dans l'Écriture sainte de l'Ancien Testament et du Nouveau Testament*, la Haye, 1725, in-8° de 174 pages.

L'Anglais Prynne, condamné comme libelliste en Angleterre, écrivit en prison l'ouvrage suivant : *Confortable cordials... Cordiaux confortables contre les craintes peu confortables de l'incarcération, contenant quelques vers latins, des sentences et des textes de l'Écriture*, écrits par M. W. Prynne, sur les murs de sa chambre, dans la tour de Londres, puis traduits par lui en vers anglais, 1641.

Le catalogue de ses ouvrages imprimés a été classé ainsi : ouvrages écrits *avant, pendant et après* son emprisonnement.

Voltaire corrigea son *OEdipe* à la Bastille. Le procureur général la Chalotais, enfermé au château de Saint-Malo, écrivit son premier mémoire avec un cure-dent, de l'encre composée d'eau, de suie, de vinaigre et de sucre sur des papiers d'enveloppe de sucre et de chocolat.

Gastelier, médecin, député à l'assemblée législative, arrêté en 1793, publia à Sens, en 1796, in-8°, une *Dissertation sur le supplice de la guillotine*. « J'ai composé, étant en prison, cette dissertation, dit l'auteur, sur un supplice que je devais subir le 15 thermidor, sans la mort de Robespierre, arrivée le 10. »

On peut consulter, pour plus de détails sur les ouvrages composés en prison : *Dissertatio de carcere eruditorum museo*, Hambourg, 1710, in-8°, par l'Allemand J. Chr. Wolf ; et l'*Histoire de la détention des philosophes*, par Delort, 1829, 2 vol. in-8°.

———

Une foule d'hommes célèbres à divers titres ont eu des homonymes tout à fait inconnus. Ainsi, pour ne parler que des philosophes anciens, il y a eu, au dire de Diogène Laërce, trois Épiménides, deux Anaximandres, trois Anaximènes, trois Anaxagores, quatre Socrates, sept Xénophons, huit Eschines, vingt Théodores, quatre Platons, six Xénocrates, huit Aristotes, vingt Démétrius, cinq Diogènes, cinq Héraclites, six Démocrites, etc. On juge par là de la confusion qui a dû résulter pour les modernes de cette similitude de noms.

Dante, Tasse, Tassoni ont eu leurs homonymes inconnus.

Il y a eu, au quatorzième siècle, un poète français du nom de Jean de la Fontaine.

Outre Jean-Baptiste et Jean-Jacques Rousseau, la Biographie Michaud mentionne encore sept individus du même nom. Voici une épigramme faite à ce sujet :

Trois auteurs que Rousseau l'on nomme,
Connus de Paris jusqu'à Rome,
Sont différents. Voici par où :
Rousseau de Paris fut grand homme ;
Rousseau de Genève est un fou ;
Rousseau de Toulouse un atome [1].

———

« L'empereur Maximilien Ier poussait si loin la réserve et la décence, que jamais il ne changea de linge devant personne. Peu d'instants avant d'expirer, il s'en fit donner de blanc, et défendit expressément qu'on enlevât, lorsqu'il ne serait plus, celui qu'il venait de prendre. Il ordonna que, lorsqu'il aurait rendu le dernier soupir, on lui coupât les cheveux, qu'on lui tirât les dents, qu'on les broyât et qu'on les réduisît en cendres, publiquement, dans la chapelle de sa cour. Pour montrer le néant des grandeurs de la vie, il commanda que son corps fût exposé toute une journée, qu'on l'enfermât dans un sac rempli de chaux vive, et couvert de taffetas et de damas blanc, qu'on le déposât dans le cercueil déjà préparé pour le recevoir, qu'on l'inhumât dans l'église du palais de Neustadt, sous l'autel de saint Georges, et qu'on le plaçât de manière que la tête et le cœur fussent sous les pieds du célébrant. Il pensait que son corps, souillé par le péché, serait ainsi mortifié aux yeux des hommes [2]. »

[1] Plusieurs écrivains, comme l'Allemand Mylius, qui a fait un ouvrage sur tous les Mylius, Miller ou Müller, ont composé les biographies de tous les personnages de même nom, genre de livre qui peut être utile, mais doit être fort ennuyeux.

[2] W. Coxe, *Histoire de la maison d'Autriche*, ch. 25.

———

Xerxès, marchant contre les Grecs, rencontra, en traver-
sant la Lydie, un platane d'une si merveilleuse beauté,
que, dit Élien, « il s'arrêta un jour entier dans cet endroit, sans que rien l'y forçât ; il posa son camp dans
ce lieu désert, autour du platane, y suspendit des orne-
ments précieux, et décora toutes ses branches de colliers
et de bracelets d'or. En s'éloignant, il en confia la garde
à un de ses immortels. C'était, assurément, ajoute l'écrivain grec, une chose bien ridicule dans ce prince, qui ne
respectait le pouvoir de la divinité ni sur mer, ni sur
terre, et qui osait se frayer de nouvelles routes, tenter
des navigations inconnues, d'être, en quelque sorte, l'esclave et l'admirateur d'un arbre. » Nous ne partageons
guère l'opinion d'Élien, car il y a, ce nous semble, quelque enseignement à tirer de cette passion inspirée par
un chef-d'œuvre de la nature au roi des rois, dont le
cœur devait être blasé par toutes les jouissances que
peuvent donner le pouvoir et la richesse.

———

« C'est une chose remarquable, dit Vigneul-Marville,
que de tous les gens de lettres qui s'attachent à de certaines professions, il n'y en a point qui s'en écartent plus
volontiers pour écrire sur d'autres matières que les médecins. Jules Scaliger, médecin, a écrit de la critique et
de la poétique. Vignier, médecin, a composé plusieurs
gros volumes de l'histoire universelle. Le médecin Arnaud de Villeneuve s'est mêlé de dogmatiser et d'écrire
de la théologie. Fabius Niphus, médecin d'Italie, s'est appliqué aux mathématiques. Cæseus, médecin anglais, a
écrit de la musique. Marcile Ficin, qui était médecin et

curé tout ensemble, a traduit Platon de grec en latin, et
a expliqué sa philosophie. Guillaume Capel, médecin, a
donné au public les mémoires de MM. du Bellay, et a fait
une traduction française de Machiavel. Copernic, médecin et chanoine, a traité de l'astronomie et du mouvement de la terre. Nostradamus, médecin de profession,
s'est jeté à corps perdu dans l'astronomie judiciaire ; et
le médecin Cardan, qui tenait un peu de la doctrine de
Nostradamus, laquelle consiste à mentir hardiment et à
dire la vérité par hasard, a écrit ses livres de la subtilité,
l'éloge de Néron, et d'autres matières assez écartées de
sa profession. Lazius, médecin allemand, a traité de l'histoire romaine. Philippo Cauriana, médecin de la reine Catherine de Médicis, a commenté six livres de l'histoire
de Tacite. Paul Jove, médecin et depuis évêque, a composé les éloges des hommes illustres de son temps et
plusieurs histoires. Aloysius Lilius, médecin à Rome, s'est
appliqué à la réforme du calendrier romain ; et Cornelius Amalthée, de la même profession, a mis en latin le
catéchisme du concile de Trente. Le médecin Raynerius
Snoius, a mis au jour des paraphrases sur les Psaumes
de David, avec l'opuscule de saint Athanase sur les mêmes
Psaumes, et a donné au public l'histoire de Hollande, en
treize livres. Jean-Jacques Chiflet, médecin du roi d'Espagne, a remué divers points de critique touchant notre
histoire, pour les intérêts de son maître. Sorbière, médecin assez connu, a traduit de latin en français l'utopie
de Thomas Morus, le traité de Crellius, *de Causis mortis
Christi*, et a fait plusieurs sortes d'ouvrages sur diverses
matières curieuses. Brachet de la Milletière, médecin de
Paris, a traité des controverses. Thomas Reinesius, médecin et philosophe, a donné au public un recueil d'an-

ciennes inscriptions et un autre *de Variarum lectionum.*
Marin Cureau de la Chambre, médecin du roi, a mis sous
la presse les caractères des passions, le traité de l'iris, et
d'autres ouvrages de physique et de morale. Spon, médecin de Lyon, a écrit ses voyages et divers traités d'é-
rudition curieuse. Charles Patin, qui enseigne aujourd'hui
la médecine à Padoue, a écrit de la science des médailles.
Petit, médecin de Paris, a publié un traité *de Furore poc-
tico* et un recueil de ses poésies. Perrault, médecin et
depuis architecte, a traduit Vitruve de latin en français,
et a donné des leçons publiques de géométrie et d'architecture..»

Pour faire suite à ces observations, on pourrait écrire un
chapitre curieux sur les contrastes offerts par la profession de certains personnages, et leurs écrits ou leurs actes.
Ces contrastes sont surtout très-piquants lorsqu'il s'agit
d'ecclésiastiques composant des ouvrages licencieux, ou
se mêlant aux affaires politiques. Le fait suivant en
donnera une idée.

« Le P. Joseph (le confident de Richelieu), dit l'abbé
Arnauld, était un homme hardi et peu scrupuleux :
témoin la réponse qu'il fit à un officier qui, étant venu
prendre ses ordres pour quelque entreprise en Allemagne, ayant pris congé de lui, se souvint qu'il avait oublié
quelque chose. Étant donc revenu sur ses pas, il le
trouva disant la messe. Il s'approcha, et lui dit tout
bas : « Mais, mon père, si ces gens-là se défendent? —
Qu'on tue tout, » lui répondit le Père. Et il poursuivit sa
messe, sans s'en embarrasser autrement[1]. »

---

[1] *Mémoires*, année 1643, collection Michaud-Poujoulat, p. 508.

Thomas Howard, troisième duc de Norfolk, homme d'État célèbre, mort en 1554, après avoir servi sous huit rois, avait encouru la disgrâce de Henri VIII, qui l'avait fait jeter en prison (1547). Il n'échappa au supplice que par la mort de ce prince. Ce fut une circonstance semblable, la mort de François II, qui, treize ans plus tard, sauva de l'échafaud le roi de Navarre et le prince de Condé, emprisonnés comme chefs de la conspiration d'Amboise.

Le fait suivant aurait dû trouver place dans le chapitre des *Rapprochements biographiques*. Clovis, auquel on expliquait un jour la Passion, s'écria, au récit des souffrances du Christ : « Que n'étais-je là avec mes Francs ! » — Au seizième siècle, « Crillon, priant un jour devant un crucifix, tout d'un coup se mit à crier : Ah ! Seigneur, si j'y eusse été, on ne vous eût jamais crucifié [1]. »

Un gentilhomme bourguignon, le baron de Sirot, qui avait servi longtemps en Allemagne, et qui contribua puissamment au gain de la bataille de Rocroi, « se vantait, dit l'abbé Arnauld, d'une chose fort singulière et fort glorieuse : de s'être trouvé dans trois batailles rangées, d'y avoir combattu main à main contre trois rois, savoir, les rois de Pologne, de Suède et de Danemark, et d'avoir remporté des marques de les avoir vus de si près,

[1] Tallemant, t. 1, p. 89.

leur ayant enlevé, à l'un son bonnet, à l'autre son écharpe, et à l'autre un de ses pistolets [1]. »

———

Brantôme raconte que, quand François Ier, fait prisonnier par les Espagnols, fut emmené à Pavie, « tout le monde en presse y accourait pour le voir, il leur dit : « Eh bien, messieurs, que voulez-vous ? Voulez-vous de moy quelque chose ? Pour le présent, je ne peux rien donner que mon chapeau, que voylà. Je vous le donne ; gardez-le bien jusqu'à ce que je retourne, ou que je l'envoye quérir par quelqu'un des miens [2]. » On reprocha plus tard à Lautrec de n'avoir pas repris ce chapeau, lorsqu'il s'empara de Pavie. Toutefois, d'autres, pour l'excuser, disaient que cette relique avait été transportée à Gênes.

———

Un gentilhomme dauphinois, nommé Chastellard, s'était épris d'une passion violente pour Marie Stuart. Il la suivit en Ecosse ; « mais, dit Brantôme, il voulut s'attaquer à un si haut soleil, qu'il s'y perdit comme Phaëton ; car, forcé d'amour et de rage, il fut si présumptueux de se cacher soubs le lict de la reyne, lequel fut descouvert, ainsy qu'elle se vouloit coucher. Mais la reyne, sans faire aucun scandale, luy pardonna... Mais ledict Chastellard, non content et plus que forcené d'amour, y retourna pour la seconde fois, ayant oublié sa première faute et son pardon. Alors la reyne, pour son honneur, et ne don-

[1] *Mémoires*, année 1643, collection Michaud-Poujoulat, p. 510.
[2] T. I, p. 585.

ner occasion à ses femmes de penser mal, voire à son
peuple s'il le sçavoit, perdit patience, le mit entre les
mains de la justice, qui le condamna aussy tost à avoir la
teste tranchée, veu le crime du faict. Et le jour venu,
ayant esté mené sur l'eschaffaut, avant mourir avoit en
ses mains les hymnes de M. de Ronsard ; et, pour son
éternelle consolation, se mit à lire tout entièrement
l'hymne de la mort, qui est très-bien faict et propre pour
faire abhorrer la mort, ne s'aydant autrement d'autre livre spirituel, ny de ministre ny de confesseur. Après
avoir faict son entière lecture, se tourne vers le lieu où
il pensoit que la reyne fust, s'escria haut : « Adieu, la
« plus belle et la plus cruelle princesse du monde ; » et
puis, fort constamment tendant le cou à l'exécuteur, se
laissa deffaire fort aysément [1]. »

Les amoureux de reines n'ont pas toujours eu une destinée aussi cruelle. Tallemant parle d'un maître des requêtes nommé Hennequin, lequel « faisait des présents à
la reine (Marie de Médicis), qui les renvoyait à sa femme.
Une fois, il se fit mener dans une charrette de paille, de
peur qu'on ne le découvrit, à une maison où était la reine.
Elle ne voulut pas qu'on lui fît rien quand on le trouva
sous son lit [2]. »

On peut encore consulter cet écrivain (t. IV, p. 131)
sur les rapports de Gombauld et de la même princesse.
Celle-ci avouait qu'elle n'avait jamais pu voir le poète
sans émotion, parce qu'il ressemblait à un homme
qu'elle avait aimé à Florence.

1 Tome II, p. 149.
2 T. IV, p. 214.

———

L'origine de la fortune de quelques hommes a été souvent bien singulière. Voici ce que Brantôme raconte du sieur de Montpezat, gentilhomme du Quercy, pris à la bataille de Pavie par un soldat espagnol, qui ne le quittait pas d'un seul instant. Un soir, ce soldat fut de garde auprès de François Ier, et emmena avec lui son prisonnier. Le roi n'ayant auprès de lui personne pour l'aider à se déshabiller, Montpezat « s'ingéra avec une certaine petite crainte et honte » de lui offrir ses services. François, pour le remercier, paya immédiatement sa rançon, « et, par ainsy, lèdict sieur de Montpezat, en liberté, se mit à servir le roy très-bien, et coucha toujours en sa chambre. Le roy dès lors le prit en amitié, et se confia tant en luy, qu'il l'envoya vers madame la régente pour luy apporter des paroles secrètes et de conséquences ; et fit plusieurs voyages en poste vers elle et vers l'empereur, où il s'en acquitta si bien (car il avait force esprit) que peu à peu il parvint au grade de maréchal de France. » Plus tard, le roi le maria richement et lui donna le gouvernement de Languedoc. « Qui poisera ce discours, s'écrie Brantôme, dira bien que c'est un beau revers de fortune, de simple gendarme estre venu mareschal de France, et mesmes de ce temps-là ; car les places n'estoient breneuses, comme force que l'on a veues despuis[1]. »

Voici par opposition comment finit la faveur de Barradat, mignon de Louis XIII. « Sa faveur, dit le *Ménagiana*, ne dura pas plus de six mois ; et c'est de là que *la fortune de Barradat* passa en proverbe pour une fortune de peu de durée. Le sujet de la disgrâce de ce favori est fort plaisant. Il était un jour à la chasse avec le roi, lorsque

---

1 T. I, p. 265.

le chapeau de ce prince étant tombé, il alla justement
sous le ventre du cheval de Barradat. Dans ce moment-là
ce cheval, étant venu à pisser, gâta tout le chapeau du
roi, qui se mit dans une si grande colère contre le maître
du cheval, que s'il l'avait fait exprès. Cet accident, qui
en aurait fait rire un autre, fut pris en très-mauvaise
part par le roi, qui commença dès ce temps-là à ne plus
aimer Barradat. »

———

Henri d'Escourbeau de Sourdis, archevêque de Bordeaux, mort en 1641, pouvait se vanter d'être le prélat
du monde qui avait été le plus battu. En effet, le duc d'Espernon lui fit donner des coups de bâton à Bordeaux.
Plus tard le maréchal de Vitry, gouverneur de Provence,
eut un démêlé avec lui et lui appliqua un coup de canne.
Sur la plainte de Sourdis, le maréchal fut mis à la Bastille, et y demeura longtemps.

———

Philippe de Cospéan, évêque de Lisieux, mort en 1646,
ayant sacré l'évêque de Riez, ce prélat l'en alla remercier : « Hélas ! monsieur, lui dit-il, c'est à moi à vous
« rendre grâces : avant que vous fussiez évêque j'étais le
« plus laid des évêques de France [1]. »

———

On raconte que le célèbre débauché J. Wilmot, comte
de Rochester, ne put, malgré tout son esprit, prononcer
un seul discours à la chambre des lords. Un jour pourtant,

1 Tallemant, t. IV, p. 96.

après avoir assisté assidûment à plusieurs séances, il se leva et commença ainsi : « Milords, je me lève cette fois..... Milords, je divise mon discours en quatre parties..... » Ici il s'arrêta quelques instants, et fut enfin en état d'ajouter : « Milords, si jamais je me lève une autre fois dans cette chambre, je vous permets de me mettre en pièces. » Et il tint parole.

Les ministres de Louis XV, le duc de la Vrillière, Bourgeois de Boynes, l'abbé Terray et le duc d'Aiguillon, ayant été disgraciés à l'avénement de Louis XVI, on fit courir sur eux cette épigramme :

Ami, connaissez-vous l'enseigne ridicule
Qu'un peintre de saint Luc fait pour des parfumeurs ?
Il met dans un flacon, en forme de pilule,
Boynes, Maupeou, Terray, sous leurs propres couleurs ;
Il y joint d'Aiguillon, et puis il l'intitule :
Vinaigre des quatre voleurs.

L'épitaphe suivante, faite sur Louis XV, pourra compléter ce que nous avons dit au chapitre des *surnoms historiques* :

Ci-gît Louis, quinzième du nom,
Dit le *Bien-aimé* par surnom,
Et de ce titre le deuxième [1].
Dieu nous préserve du troisième !

Ainsi soit-il !

[1] On sait qu'avant lui on avait donné ce surnom à Charles VI.

TABLE DES MATIÈRES

CONTENUES

DANS CE VOLUME.

—

I

FIN DE LA TABLE DES MATIÈRES.

Paris. — Imp. Schneider et Langrand, rue d'Erfurth, 1.

www.ingramcontent.com/pod-product-compliance
Lightning Source LLC
Chambersburg PA
CBHW050553270326
41926CB00012B/2033